江苏文脉整理与研究工程

江苏文库

研究编

江苏历代文化名人传

江苏历代文化名人传·萧统

胡大雷 于堃 著

江苏人民出版社

图书在版编目(CIP)数据

江苏历代文化名人传. 萧统 / 胡大雷,于堃著.
南京:江苏人民出版社,2025. 3. —— ISBN 978 - 7 - 214 -
29813 - 3

Ⅰ. K825.4;K825.6

中国国家版本馆 CIP 数据核字第 2025XT4142 号

书　　　名	江苏历代文化名人传·萧统	
著　　　者	胡大雷　于　堃	
出 版 统 筹	张　凉	
责 任 编 辑	周晓阳	
责 任 监 制	王　娟	
装 帧 设 计	姜　嵩	
出 版 发 行	江苏人民出版社	
地　　　址	南京市湖南路 1 号 A 楼,邮编:210009	
照　　　排	江苏凤凰制版有限公司	
印　　　刷	苏州市越洋印刷有限公司	
开　　　本	718 毫米×1000 毫米　1/16	
印　　　张	20.25　插页 4	
字　　　数	290 千字	
版　　　次	2025 年 3 月第 1 版	
印　　　次	2025 年 3 月第 1 次印刷	
标 准 书 号	ISBN 978 - 7 - 214 - 29813 - 3	
定　　　价	88.00 元	

(江苏人民出版社图书凡印装错误可向承印厂调换)

江苏文脉整理与研究工程

总主编

信长星　许昆林

第二届学术指导委员会

主　　任　莫砺锋

委　　员　（按姓氏笔画排序）

邬书林　宋镇豪　张岂之　茅家琦

郁贤皓　袁行霈　莫砺锋　赖永海

编纂出版委员会

出版说明

　　江苏文化源远流长、历久弥新,文化经典与历史文献层出不穷,典藏丰富;文化巨匠代有人出、彪炳史册,在中华民族乃至整个人类文明的发展史上有着相当重要的地位。为科学把握江苏文化的内涵与特征,在新时代彰显江苏文化对中华文化的贡献,江苏省委、省政府决定组织实施"江苏文脉整理与研究工程",以梳理江苏文脉资源,总结江苏文化发展的历史规律,再现江苏历史上的文化高地,为当代江苏构筑新的文化高地把准脉动、探明趋势、勾画蓝图。

　　组织编纂大型江苏历史文献总集《江苏文库》,是"江苏文脉整理与研究工程"的重要工作。《文库》以"编纂整理古今文献,梳理再现名人名作,探究追溯文化脉络,打造江苏文化名片"为宗旨,分六编集中呈现:

　　(一)书目编。完整著录历史上江苏籍学人的著述及其历史记录,全面反映江苏图书馆的图书典藏情况。

　　(二)文献编。收录历代江苏籍学人的代表性著作,集中呈现自历史开端至一九一一年的江苏文化文本,呈现江苏文化的整体景观。

　　(三)精华编。选取历代江苏籍学人著述中对中外文化产生重要影响、在文化学术史上具有经典性代表性的作品进行整理,并从中选取十余种,组织海外汉学家翻译成各国文字,作为江苏对外文化交流的标志性文化成果。

　　(四)方志编。从江苏现存各级各类旧志中选择价值较高、保存较好的志书,以充分发挥地方志资治、存史、教化等作用,保存江苏的地方文献与历史文化记忆。

（五）史料编。收录有关江苏地方史料类文献，反映江苏各地历史地理、政治经济、文化教育、宗教艺术、社会生活、风土民情等。

（六）研究编。组织、编纂当代学者研究、撰写的江苏文化研究著作。

文献、史料、方志三编属于基础文献，以影印方式出版，旨在提供原始文献，以满足学术研究需要；书目、精华、研究三编，以排印方式出版，既能满足学术研究的基本需求，又能满足全民阅读的基本需求。

"江苏文脉整理与研究工程"工作委员会

江苏文库·研究编编纂人员

主　编

王月清　张新科

副主编

徐之顺　姜　建　王卫星　胡发贵　胡传胜　刘西忠

一脉千古成江河

——江苏文库·研究编序言

樊和平

　　"江苏文脉整理与研究工程"是江苏文化史上继往开来的一个浩大工程。与当下方兴未艾的全国性"文库热"相比,江苏文脉工程有三个基本特点:一是全面系统的整理;二是"整理"与"研究"同步;三是以"文脉"为主题。在"书目编—文献编—精华编—史料编—方志编—研究编"的体系结构中,"研究编"是十分独特的板块,因为它是试图超越"修典"而推进文化传承创新的一种学术努力。

　　"盛世修典"之说不知起源于何时,不过语词结构已经表明"盛世"与"修典"之间的某种互释甚至共谋,以及由此而衍生的复杂文化心态。历史已经表明,"修典"在建构巨大历史功勋的同时,也包含内在的巨大文化风险,最基本的是"入典"的选择风险。《四库全书》的文化贡献不言自明,但最终其收书的数量竟与禁书、毁书、改书的数量大致相当,还有高出近一倍的书目被宣判为无价值。"入典"可能将一个时代的局限甚至选择者个人的局限放大为历史的文化局限,也可能由此扼杀文化多样性而产生文化专断。另一个更为潜在和深刻的风险,是对待传统的文化态度。文献整理,尤其是地域典籍的整理,在理念和战略上面临的最大考验,是以何种心态对待文化传统。当今之世,无论对个体还是社会,传统已经不仅是文化根源,而且是文化和经济发展的资源甚至资本。然而一旦传统成为资源和资本,邂逅市场逻辑的推波助澜,就面临沦为消费和运作对象的风险,从而以一种消费主义和工具主义的文化态度对待文化传统和文献整理。当传统成为消费和运作的对象，其文化价值不仅可能被误读误用，而且也可能在对传统的消费中使文化坐吃山空，造就出文化上的纨绔子弟，更可能在市场运作中使文化不断被糟蹋。"江苏文脉整理与研究工程"的"整理工程"以全面系统的整理的战略应对可能存在的第一种风险，即入典选择的风险；以"研究工程"应对第二种可能的风险，即消费主义与工具主义的风险。我们不仅是既往传统的继承者，更应当是未来传统的创造者；现代人的使命，不仅是继承优秀传统，更应当创造新的优秀传统，这便是传统的创造性转化与创新性发展的真义。诚然，创造传统任重道远，需要经过坚忍不拔的卓越努力和大浪淘沙般的历史积淀，但对"江苏文脉整理与研究工程"而言，无论如何必须在"整理"的同时开启"研究"的千里之行，在研究中继承和发展传统。这便是"研究编"的价值和使命所在，也是"江苏文脉整理与研究工程"在"文库热"中于顶层设计层面的拔群之处。

一 倾听来自历史深处的文化脉动

20 世纪是文化大发现的世纪，20 世纪以来西方世界最重要的战略，就是文化战略。20 世纪 20 年代，德国社会学家马克斯·韦伯的《新教伦理与资本主义精神》，揭示了西方资本主义文明的文化密码，这就是"新教伦理"及其所造就的"资本主义精神"，由此建构"新教伦理＋资本主义"的所谓"理想类型"，为西方资本主义进行了文化论证尤其是伦理论证，奠定了 20 世纪以后西方中心论的文化基础。20 世纪 70 年代，哈佛大学教授丹尼尔·贝尔的《资本主义文化矛盾》，揭示了当代资本主义最深刻的矛盾不是经济矛盾，也不是政治矛盾，而是"文化矛盾"，其集中表现是宗教释放的伦理冲动与市场释放的经济冲动分离与背离，进而对现代西方文明发出文化预警。20 世纪 70 年代之后，亨廷顿的《文明的冲突与世界秩序的重建》将当今世界的一切冲突归结为文明冲突、文化冲突，将文化上升为西方世界尤其是美国国家战略的高度。以上三部曲构成西方世界尤其是美国文化帝国主义的国家文化战略，正如一些西方学者所发现的那样,时至今日,文化帝国主义被另一个概念代替——"全球化",显而易见,全球化不仅是一种浪潮,更是一种思潮,是西方世界的国家文化战略。文化虽然受经济发展制约甚至被经济发展水平所决定,但回顾从传统到现代的中国文明史,文化问题不仅逻辑地而且历史地成为文明发展的最高最难的问题,正因为如此,文化自信才成为比理论自信、道路自信、制度自信更具基础意义的最重要的自信。

在全球化背景下,文脉整理与研究具有重大的国家文化战略意义,不仅必要,而且急迫。文化遵循与经济社会不同的规律,全球化在造就广泛的全球市场并使全球成为一个"地球村"的同时,内在的最大文明风险和文化风险便是同质性。全球化催生的是一个文化上的独生子女,其可能的镜像是:一种文化风险将是整个世界的风险,一次文化失败将是整个人类的文化失败。文化的本质是什么? 梁漱溟先生说,文化就是人的生活的根本样法,文化就是"人化"。丹尼尔·贝尔指出,文化是为人的生命过程提供解释系统,以对付生存困境的一种努力。据此,文化的同质化,最终导致的将是人的同质化,将是民族文化或西方学者所说地方性知识的消解和消失;同时,由于文化是人类应对生存困境的大智慧,或治疗生活世界痼疾的抗体,它所建构的是与自然世界相对应的精神世界和意义世界,文化的同质性将导致人类在面临重大生存困境时智慧资源的贫乏和生命力的苍白,从而将整个人类文明推向空前的高风险。应对全球化的挑战和西方文化帝国主义的国家战略,"江苏文脉整理与研究工程"是整个中华民族浩大文化工程的一部分和具体落实,其战略意义决不止于保存文化记忆的自持和自赏,在这个全球化的高风险正日益逼近的时代,完整地保存地方文化物种,认同文化血脉,畅通文化命脉,不仅可以让我们在遭遇全球化的滔滔洪水之时可以于故乡文化的山脉之巅"一览众山小"地建设自己的精神家园和文化根据地,而且可以在患上全球化的文化感冒甚至某种文化瘟疫之后,不致乞求"西方药"来治"中国病",而是根据自己的文化基因和文化命理,寻找强化自身的文化抗体和文化免疫力之道,其深远意义,犹如在今天经过独生子女时代穿越时光隧道,回首当年我们的"兄弟姐妹那么多"

和父辈们儿孙满堂的那种天伦风光,不只是因为寂寞,而且是为了中华民族大家庭的文化安全和对未来文化风险的抗击能力。

"江苏文脉整理与研究工程"是以江苏这一特殊地域文化为对象的一次集体文化自觉和文化自信,与其他同类文化工程相比,其最具标识意义的是"文脉"理念。"文脉"是什么?它与"文献"和文化传统的关系到底如何?这是"文脉工程"必须解决的基本问题。

庞朴先生曾对"文化传统"与"传统文化"两个概念进行了审慎而严格的区分,认为"传统文化"可能是历史上曾经存在过的一切文化现象,而"文化传统"则是一以贯之的文化道统。在逻辑和历史两个维度,文化成为传统都必须同时具备三个条件:历史上发生的,一以贯之的,在现实生活中依然发挥作用的。传统当然发生于历史,但历史上发生的一切,从《道德经》《论语》到女人裹小脚,并不都成为传统,即便当今被考古或历史研究所不断发现的现象,也只能说是"文化遗存",文化成为传统必须在历史长河中一以贯之而成为道统或法统,孔子提供的儒家学说,老子提供的道家智慧,之所以成为传统,就是因为它们始终与中国人的生活世界和精神世界相伴随,并成为人的生命和生活的文化指引。然而,文化并不只存在于文献典籍之中,否则它只是精英们的特权,作为"人的生活的根本样法"和"对付生存困境"的解释系统,它必定存在于芸芸众生的生命和生活之中,由此才可能,也才真正成为传统。《论语》与《道德经》之所以成为传统,不只是因为它们作为经典至今还为人们所学习和研究,而且因为在中国人精神的深层结构中,即便在未读过它们的田夫村妇身上,也存在同样的文化基因。中国人在得意时是儒家,"明知不可为而偏为之";在失意时是道家,"后退一步天地宽";在绝望时是佛家,"四大皆空",从而建立了与自给自足的自然经济结构相匹合的自给自足的文化精神结构,在任何境遇下都不会丧失安身立命的精神基地,这就是传统。文化传统必须也必定是"活"的,是在现实中依然发挥作用的,是构成现代人的文化基因的生命因子。这种与人的生活和生命同在的文化传统就是"脉",就是"文脉"。

文脉以文献、典籍为载体,但又不止于文献和典籍,而是与负载它的生命及其现实生活息息相关。"文脉"是什么?"文脉"对历史而言是

"血脉"，对未来而言是"命脉"，对当下而言是"山脉"。"江苏文脉"就是江苏人的文化血脉、文化命脉、文化山脉，是历史、现在、未来江苏人特殊的文化生命、文化标识、文化家园，以及生生不息的文化记忆和文化动力。虽然它们可能以诸种文化典籍和文化传统的方式呈现和延续，但"文脉工程"致力探寻和发现的则是跃动于这些典籍和传统，也跃动于江苏人生命之中的那种文化脉动。"江苏文脉整理与研究工程"的最大特点就在于它是"文脉工程"而不是一般的"文化工程"，更不是"文库工程"。"文化工程""文库工程"可能只是一般的文化挖掘与整理，而"文脉工程"则是与地域的文化生命深切相通，贯穿地域的历史、现在与未来的生命工程。

"江苏文脉整理与研究工程"是"整理"与"研究"的璧合，在"研究工程"中能否、如何倾听到来自历史深处的文化脉动，关键是处理好"文献"与"文脉"的关系。"整理工程"是对文脉的客观呈现，而"研究工程"则是对文脉的自觉揭示，若想取得成功，必须学会在"文献"中倾听和发现"文脉"。"文献"如何呈现"文脉"？文献是人类文明尤其是人类文化记忆的特殊形态，也是人类信息交换和信息传播的特殊方式。回首人类文明史，到目前为止，大致经历了三种信息方式。最基本也是最原初的是口口交流的信息方式，在这种信息方式中，信息发布者和信息传播者都同时在场，它是人的生命直接和整体在场并对话的信息传播方式，是从语言到身体、情感的全息参与，是生命与生命之间的直接沟通，但具有很大的时空局限。印刷术的产生大大扩展了人类信息交换的广度和深度，不仅可以以文字的方式与不在场的对象交换信息，而且可以以文献的方式与不同时代、不同时空的人们交换信息，这便是第二种信息方式，即以印刷为媒介的信息方式或印刷信息方式。第三种信息方式便是现代社会以电子网络技术为媒介的信息方式，即电子信息方式。文献与典籍是印刷信息方式的特殊形态，它将人类文化史和文明史上具有特殊价值的信息以印刷媒介的方式保存下来，供后人学习和研究，从而积淀为传统。文字本质上是人的生命的表达符号，所谓"诗言志"便是指向生命本身。然而由于它以文字为中介，一旦成为文献，便离开原有的时空背景，并与创作它的生命个体相分离，于是便需要解读，在解读中便可能发生误读,但无论如何,解读的对象并不只是文字本身,而是文字背后的生命现象。

文献尤其是典籍是不同时代人们对于文化精华的集体记忆,它们不仅经受过不同时代人们的共同选择,而且经受过大浪淘沙的历史洗礼,因而其中不仅有创造它的那个个体或文化英雄如老子、孔子的生命表达,而且有传播和接受它的那个民族的文化脉动,是负载它的那个民族的文化生命,这种文化生命一言以蔽之便是文化传统。正因为如此,作为集体记忆的精华,文献和典籍是个体和集体的文化脉动的客观形态,关键在于,必须学会倾听和揭示来自远方的生命旋律。由于它们巨大的时空跨度,往往不能直接把脉,而需要具有一种"悬丝诊脉"的卓越倾听能力。同时,为了把握真实的文化脉动,不仅需要对文献和典籍即"文本"进行研究,而且需要对创造它们的主体包括创作的个体和传播接受的集体的生命即"人物"进行研究。正如席勒所说,每个人都是时代的产儿,那些卓越的哲学家和有抱负的文学家却可能成为一切时代的同代人。文字一旦成为文献或典籍,便意味着创作它的个体成为一切时代的同代人,但无论如何,文献和它们的创造者首先是某个时代的产儿,因而要在浩如烟海的文献和典籍中倾听到来自传统深处的文化脉动,还需要将它们还原到民族的文化生命之中,形成文化发展的"精神的历史"。由此,文本研究、人物研究、学派流派研究、历史研究,便成为"文脉研究工程"的学术构造和逻辑结构。

二　中国文化传统中的江苏文脉

江苏文脉是中国文化传统的一部分,二者之间的关系并不只是部分与整体的关系,借助宋明理学的话语,是"理一"与"分殊"的关系。文脉与文化传统是民族生命的文化表达和自觉体现,如果只将它们理解为部分与整体的关系,那么江苏文脉只是中国文化传统或整个中华文化脉统中的一个构造,只是中华文化生命体中的一个器官。朱熹曾以佛家的"月映万川"诠释"理一分殊"。朗月高照,江河湖泊中水月熠熠,此番景象的哲学本真便是"一月普现一切水,一切水月一月摄"。天空中的"一月"与江河中的"一切水月"之间的关系是"分享"关系,不是分享了"一月"的某一部分,而是全部。江苏文脉与中国文化传统之间的关系便是"理一分殊",中国文化传统是"理一",江苏文脉是"分殊",正因为如此,关于江苏文脉的研究必须在与整个中国文化传统的关系中整体性地把握和展开。其中,文化与地域的关系、江苏文化在中华文化发展中的贡献和地位,是两个基本课题。

到目前为止的一切人类文明的大格局基本上都是由以山河为标志的地理环境造就的,从轴心文明时代的四大文明古国,到"五大洲四大洋"的地理区隔,再到中国山东—山西、广东—广西、河南—河北,江苏的苏南—苏北的文化与经济差异,山河在其中具有基础性意义。在这个意义上,可以将在此以前的一切文明称为"山河文明"。如今,科技经济发展迎来一个"高"时代:高铁、高速公路、电子高速公路……正在并将继续推倒由山河造就的一切文明界碑,即将造就甚至正在造就一个"后山河时代"。"后山河时代"的最后一道屏障,"山河时代"遗赠给"后山河时代"的最宝贵的文明资源,便是地域文化。在这个意义上,江苏文脉的整理与研究,不仅可以为经过全球化席卷之后的同质化世界留下弥足珍贵的"文化大熊猫",而且可以在未来的芸芸众生饱尝"独上高楼,望尽天涯路"的孤独之后,缔造一个"蓦然回首"的文化故乡,从中可以鸟瞰文化与世界关系的真谛。江苏独特的地域环境与江苏文化、江苏文脉之间的关系,已经不是所谓"一方水土一方人"所能表达,可以说,地脉、水脉、山脉与江苏文脉之间的关系,已经是一脉相承。

我们通过考察和反思发现,水系,地势,山势,大海,是对江苏文脉尤其是文化性格产生重大影响的地理因素。露水不显山,大江大河入大海,低平而辽阔,黄河改道,这一切的一切与其说是自然画卷和自然事件,不如说是江苏文脉的大地摇篮和文化宿命的历史必然,它们孕生和哺育了江苏文明,延绵了江苏文脉。历史学家发现,江苏是中国唯一同时拥有大海、大江、大湖、大平原的省份,有全国第一大河长江,第二大河黄河(故道),第三大河淮河,世界第一大人工河大运河,全国第三大淡水湖太湖,全国第四大淡水湖洪泽湖。江苏也是全国地势最低平的一个省区,绝大部分地区在海拔 50 米以下,少量低山丘陵大多分布于省际边缘,最高峰即连云港云台山的玉女峰也只有 625 米。丰沛而开放的水系和低平而辽阔的地势馈赠给江苏的不只是得天独厚的宜居,更沉潜、更深刻的是独特的文化性格和文脉传统,它们是对江苏地域文化产生重大影响的两个基本自然元素。

不少学者指证江苏文化具有水文化特性,而在众多水系中又具长江文化的特性。"水"的文化特性是什么?"老聃贵柔",老子尚水,以水演绎世界真谛和人生大智慧。"天下莫柔弱于水,而攻坚强者莫之能胜。"柔弱胜刚强,是水的品质和力量。西方文明史上第一个哲学家和科学家泰勒斯向全世界宣告的第一个大智慧便是:水是万物的始基。辽阔的平原在中国也许还有很多,却没有像江苏这样"处下"。老子也曾以大海揭示"处下"的智慧:"江海所以能为百谷王者,以其善下之,故能为百谷王。"历史上江苏的文化作品、江苏人的文化性格,相当程度上演绎了这种"水性"与"处下"的气质与智慧。历史上相当时期黄河曾经从江苏入海,然而黄河改道、黄河夺淮,几番自然力量或人力所为,最终黄河在江苏留下的只是一个"故道"的背影。黄河在江苏的改道当然是一个自然事件或历史事件,但我们也可能甚至毋宁将它当作一个文化事件,数次改道,偶然之中有必然,从中可以发现和佐证江苏文脉的"长江"守望和江南气质。不仅江苏的地脉"露水不显山",而且江苏的文化作品,江苏人的文化性格,一句话,江苏文脉,也是"露水不显山",虽不是"壁立千仞",却是"有容乃大"。一般说来,充沛的水系,广阔的平原,往往造就自给自足的自我封闭,然而,江苏东临大海,无论长江、淮河,还是历史上的黄河,都从这里入大海,归大海,不只昭示江苏的开放,而且演绎江苏文化、江苏文脉、江苏人海纳百川的博大和静水深流的仁厚。

黄河与长江好似中华文脉的动脉与静脉,也好似人的身体中的任督二脉,以长江文化为基色的江苏文化在中华文脉的缔造和绵延中作出了杰出贡献。有学者指出,在中国文明史上,长江文化每每在黄河文化衰弱之后承担起"救亡图存"的重任。人们常说南京古都不少为小朝廷,其实这正是"救亡图存"的反证,"天下兴亡,匹夫有责"的口号首先由江苏人顾炎武喊出，偶然之中有必然。学界关于江苏文化有三次高峰或三次大贡献，与两次大贡献之说。第一次高峰是开启于秦汉之际的汉文化，第二次高峰是六朝文化，第三次高峰是明清文化。人们已对六朝文化与明清文化两大高峰对中国文化的贡献基本达成共识，但江苏的汉文化高峰及其贡献也应当得到承认，而且三次文化高峰都发生于中国社会的大转折时期，对中国文化的承续作出了重大贡献。在秦汉之际的大变革和大一统国家的建构中，不仅在江苏大地上曾经演绎了波澜壮阔的对后来中国文明产生深远影响的历史史诗，而且演绎这些历史史诗的主角刘邦、项羽、韩信等都是江苏人，他们虽然自身不是文化人，但无疑对中国文化产生了深远影响。董仲舒提出"罢黜百家，独尊儒术"的主张，奠定了大一统的思想和文化基础，他本人虽不是江苏人，却在江苏留下印迹十多年。江苏的汉文化高峰对中国文化的最大贡献，一言概之即"大一统"，包括政治上的大一统和思想文化上的大一统。六朝被公认为中国文化发展的高峰，不少学者将它与古罗马文明相提并论，而六朝文化的中心在江苏、在南京。以南京为核心的六朝文化发生于三国之后的大动乱，它接纳大量流入南方的北方士族，使南北方文化合流，为保存和发展中国文化作出了杰出贡献。明朝是中国历史上第一次在南京，也是第一次在江苏建立统一的帝国都城，江苏的经济文化在全国处于举足轻重的地位，扬州学派、泰州学派、常州学派，形成明清时代中国文化的江苏气象，形成江苏文化对中国文化的第三次重大贡献。三大高峰是江苏的文化贡献，在重大历史转折关头或者民族国家危难之际挺身而出，海纳百川，则是江苏文化的精神和品质，这就是江苏文脉。也正因为如此，江苏文化和江苏文脉在"匹夫有责"的担当精神中总是透逸出某种深沉的忧患意识。

江苏文脉对中国文化的独特贡献及其特殊精神气质在文化经典中得到充分体现。中国四大文学名著，其中三大名著的作者都来自江苏，这就是《西游记》《红楼梦》《水浒》，其实《三国演义》也与江苏深切相关，虽然罗贯中不是江苏人，但却以江苏为重要的时空背景之一。四大名著中不仅有明显的江苏文化的元素，甚至有深刻的江苏地域文化的基因。《西游记》到底是悲剧还是喜剧？仔细反思便会发现，《西游记》就是文学版的《清明上河图》。《清明上河图》表面呈现一幅盛世生活画卷,实际却是一幅"盛世危情图",空虚的城防,懈怠的守城士兵……被繁华遗忘的是正在悄悄到来的深刻危机。《西游记》以唐僧西天取经渲染大唐的繁盛和开放,然而在经济的极盛之巅,中国人的精神世界却空前贫乏,贫乏得需要派一个和尚不远万里,请来印度的佛教,坐上中国意识形态的宝座,入主中国人的精神世界。口袋富了,脑袋空了,这是不折不扣的悲剧。然而,《西游记》的智慧,江苏文化的智慧,是将悲剧当作喜剧写,在喜剧的形式中潜隐悲剧的主题,就像《清明上河图》将空虚的城防和懈怠的士兵淹没于繁华的海洋一样。《西游记》喜剧与悲剧的二重性,隐喻了江苏文脉的忧患意识,而在对大唐盛世,对唐僧取经的一片颂歌中,深藏悲剧的潜主题,正是江苏文脉"匹夫有责"的担当精神和文化智慧的体现。鲁迅说,悲剧将人生的有价值的东西毁灭给人看。《西游记》是在喜剧形式的背后撕碎了大唐时代人的精神世界的深刻悲剧。把悲剧当作喜剧写,喜剧当作悲剧读,正是江苏文化、江苏文脉的大智慧和特殊气质所在,也是当今江苏文脉转化发展的重要创新点所在。正因为如此,"江苏文脉研究"必须以深刻的哲学洞察力和深厚的文化功力,倾听来自历史深处的江苏文化的脉动,读懂江苏,触摸江苏文脉。

三 通血脉,知命脉,仰望山脉

江苏文化的巨大魅力和强大生命力,是在数千年发展中已经形成一种传统、一种脉动,不仅是一种客观呈现的文化,而且是一种深植个体生命和集体记忆的生生不息的文脉。这种文化和文脉不仅成为共同的价值认同,而且已经成为一种地域文化胎记。在精神领域,在文化领域,江苏不仅有灿若星河的文学家,而且有彪炳史册的思想家、学问家,更有数不尽的才子骚客。长江在这片土地上流连,黄河在这片土地上改道,淮河在这片土地上滋润,太湖在这片土地上一展胸怀。一代代中国人,一代代江苏人,在这里缔造了文化长江、文化黄河、文化淮河、文化太湖,演绎了波澜壮阔的历史诗篇,这便是江苏文脉。

为了在全球化时代完整地保存江苏文脉这一独特地域文化的集体记忆,以在"后山河时代"为人类缔造精神家园提供根源与资源,为了继承弘扬并创造性转化、创新性发展中国优秀传统文化,2016 年江苏启动了"江苏文脉整理与研究工程"。根据"文脉"的理念,我们将研究工程或"研究编"的顶层设计以一句话表达:"通血脉,知命脉,仰望山脉。"由此将整个工程分为五个结构:江苏文化通史,江苏历代文化名人传,江苏文化专门史,江苏地方文化史,江苏文化史专题。

"江苏文化通史"的要义是"通血脉",关键词是"通"。"通"的要义,首先是江苏文化与中国文明的息息相通,与人类文明的息息相通,由此才能有民族感或"中国感",也才有世界眼光,因而必须进行关于"中国文化传统中的江苏文脉"的整体性研究;其次是江苏文脉中诸文化结构之间的"通",由此才是"江苏",才有"江苏味";再次是历史上各个重要历史时期文化发展之间的"通",由此才能构成"史",才有历史感;最后是与江苏人的生命与生活的"通",由此"江苏文脉"才能真正成为江苏人的文化血脉、文化命脉和文化山脉。达到以上"四通","江苏文化通史"才是真正的"通"史。

"江苏文化专门史"和"江苏文化史专题"的要义是"知命脉",关键词是"专",即"专门"与"专题"。"江苏文化专门史"在框架上分为物质文化史、精神文化史、制度文化史、特色文化史等,深入研究各类专门史,总体思路是系统研究和特色研究相结合,系统研究整体性地呈现江苏历史上的重要文化史,如哲学史、文学史、艺术史等,为了保证基本的完整性,我们根据国务院学科分类目录进行选择;特色研究着力研究历史上具有江苏特色的历史,如民间工艺史、昆曲史等。"江苏文化史专题"着力研究江苏历史上具有全国性影响的各种学派、流派,如扬州学派、泰州学派、常州学派等。

"江苏地方文化史"的要义是"血脉延伸和勾连",关键词是"地方"。"江苏地方文化史"以现省辖市区域划分为界,13 市各市一卷。每卷上编为地方文化通史,讲述地方整体历史脉络中的文化历史分期演化和内在结构流变,注重把握文化运动规律和发展脉络,定位于地方文化总体性研究;下编为地方文化专题史,按照科学技术、教育科举、文学语言、宗教文化等专题划分,以一定逻辑结构聚焦对地方文化板块加以具体呈现,定位于凸显文化专题特色。每卷都是对一个地方文化的总结和梳理,这是江苏文化血脉的伸展和渗入,是江苏文化多样性、丰富性的生动呈现和重要载体。

"江苏历代文化名人传"的要义是"仰望山脉",关键词是"文化"。它不是一般性地为江苏历朝历代的"名人"作传,而只是为文化意义上的名人作传。为此,传主或者自身就是文化人并为中国文化的发展、为江苏文脉的积累积淀作出了重要贡献;或者虽然自身主要不是文化人而是政治家、社会活动家等,但对中国文化发展具有重大影响。如何对历史人物进行文化倾听、文化诠释、文化理解,是"文化名人传"的最大难点,也是其最有意义的方面。江苏历史上的文化名人汗牛充栋,"文化名人传"计划为100位江苏文化名人作传,为呈现江苏文化名人的整体画卷,同时编辑出版一部"江苏文化名人辞典",集中介绍历史上的江苏文化名人1000位左右。

一脉千古成江河,"茫茫九派流中国"。江苏文脉研究的千里之行已经迈出第一步,历史馈赠我们一次千载难逢的宝贵机遇,让我们巡天遥看,一览江苏数千年文化银河的无限风光,对创造江苏文化、缔造江苏文脉的先行者们献上心灵的鞠躬。面对奔涌如黄河、悠远如长江的江苏文脉,我们惟有以跋涉探索之心,怵惕敬畏之情,且行且进,循着爱因斯坦的"引力波",不断走近并播放来自江苏文脉深处的或澎湃,或激越,或温婉静穆的天籁之音。

我们一直在努力;

我们将一直努力!

目　录

第一章　萧统的家世渊源

第一节　萧统的先世

据《南齐书》记载，兰陵萧氏原籍为东海兰陵（今山东省南部），西晋末年"永嘉之乱"后，避乱南迁至晋陵武进县（今江苏常州和丹阳一带），仍以北方地名称之，但冠以"南"，遂为南兰陵萧氏。从《梁书》记述可知，梁代萧氏皇室是最早南迁的萧氏萧整子孙，萧辖为次子，萧副子为其孙，萧道赐为其曾孙，萧顺之为其玄孙，梁武帝萧衍为其六世孙。

梁武帝的父亲萧顺之，《南史·武帝纪》记载其为齐高帝的"始族弟"，他有帮助萧道成建立齐朝的功绩，《梁书·武帝纪》则提到萧顺之的官爵云："道赐生皇考讳顺之，齐高帝族弟也。参预佐命，封临湘县侯。历官侍中、卫尉、太子詹事、领军将军、丹阳尹，赠镇北将军。"①萧顺之历任诸多官职，死后赠镇北将军，谥号为懿。

"萧氏"本是殷人的旧姓，是帝喾之后。据王符《潜夫论·志氏姓》记载：

萧统

① （唐）姚思廉：《梁书》，北京：中华书局 1973 年版，第 1 页。

"及徐氏、萧氏……皆殷氏旧姓也"①，又云："汉兴，相国萧何封酂侯，本沛人，今长陵萧其后也。前将军萧望之，东海、杜陵萧其后也。"②

萧子显提出南兰陵萧氏为汉代萧何与萧望之后代。《南齐书·高帝纪》云萧道成"汉相国萧何二十四世孙也"③，接着记述其演变发展过程云："何子酂定侯延生侍中彪，彪生公府掾章，章生皓，皓生仰，仰生御史大夫望之，望之生光禄大夫育，育生御史中丞绍，绍生光禄勋闳，闳生济阴太守阐，阐生吴郡太守永，永生中山相苞，苞生博士周，周生蛇丘长矫，矫生州从事逵，逵生孝廉休，休生广陵府丞豹，豹生太中大夫裔，裔生淮阴令整，整生即丘令隽，隽生辅国参军乐子，宋升明二年九月赠太常，生皇考。萧何居沛，侍中彪免官居东海兰陵县中都乡中都里。晋元康元年，分东海为兰陵郡。中朝乱，淮阴令整字公齐，过江居晋陵武进县之东城里。寓居江左者，皆侨置本土，加以南名，于是为南兰陵人也。"④姚思廉《梁书·武帝纪》云："汉相国（萧）何之后也。"⑤

而《汉书·萧望之传》未云其为萧何之后。颜师古于其传后之注云："近代谱牒妄相托附，乃云望之萧何之后，追次昭穆。流俗学者共祖述焉。但酂侯汉室宗臣，功高位重，子孙嗣绪，具详表、传。长倩钜儒达学，名节并隆，博览古今，能言其祖。市朝未变，年载非遥，长老所传，耳目相接。若其实承何后，史传宁得弗详？《汉书》既不叙论，后人焉所取信？不然之事，断可识矣。"⑥颜师古于此批评萧氏家族显然有附会之意。

李延寿亦有辩驳，其《南史·齐本纪》云："据齐、梁纪录，并云出自萧何，又编御史大夫望之以为先祖之次。案何及望之于汉俱为勋德，而望之本传不有此陈，齐典所书，便乖实录。近秘书监颜师古博考经籍，注解《汉书》，已正其非，今随而改削云。"⑦李延寿记述萧道成先世时既

---

① （汉）王符著，（清）汪继培笺，彭铎校正：《潜夫论笺校正》，北京：中华书局1985年版，第460页。
② （汉）王符著，（清）汪继培笺，彭铎校正：《潜夫论笺校正》，北京：中华书局1985年版，第460页。
③ （梁）萧子显：《南齐书》，北京：中华书局1972年版，第1页。
④ （梁）萧子显：《南齐书》，北京：中华书局1972年版，第1页。
⑤ （唐）姚思廉：《梁书》，北京：中华书局1973年版，第1页。
⑥ （汉）班固撰，（唐）颜师古注：《汉书》，北京：中华书局1962年版，第3271页。
⑦ （唐）李延寿：《南史》，北京：中华书局1975年版，第127页。

未提及萧何,亦未论及萧望之。

后欧阳修、宋祁《新唐书·宰相世系表》记述"萧氏"来源云:"萧氏出自姬姓,帝喾之后。商帝乙庶子微子,周封为宋公,弟仲衍八世孙戴公生子衍,字乐父,裔孙大心平南宫长万有功,封于萧,以为附庸,今徐州萧县是也,子孙因以为氏。其后楚灭萧,裔孙不疑为楚相春申君上客,世居丰、沛。汉有丞相酂文终侯何,二子:遗、则。则生彪,字伯文,谏议大夫、侍中,以事始徙兰陵丞县。"①欧阳修、宋祁认为"萧氏"出自姬姓,帝喾之后,萧氏祖先是商帝乙庶子微子启的后裔,萧氏世系的记载和《梁书》《南齐书》均不一致,则是要明确兰陵萧氏为萧望之后世之说。因六朝和隋唐之人颇重谱牒之学,《梁书》《南齐书》与《新唐书》所载萧氏世系的萧绍以后人物应该是正确的,而之前则只能推测为世居兰陵,即使不是萧望之后人,先世也可能同族。而萧何则与兰陵萧氏本无关系,《新唐书》这段话当为唐代萧氏后人编造的伪说。

第二节　梁武帝

梁高祖萧衍,字叔达,南兰陵中都里人,《梁书·武帝纪》云:"以宋孝武大明八年甲辰岁生于秣陵县同夏里三桥宅。生而有奇异,两胯骈骨,顶上隆起,有文在右手曰'武'。"②年长之后博学多通,又"好筹略,有文武才干,时流名辈咸推许焉"③。二十多岁时,"初为卫军王俭东阁祭酒,俭一见深相器异,请为卢曹属。"④竟陵王萧子良喜与文学之士交游,萧衍为"竟陵八友"之一,"竟陵王子良开西邸,招文学,高祖与沈约、谢朓、王融、萧琛、范云、任昉、陆倕等并游焉,号曰'八友'。"⑤后其兄长萧懿、其弟萧融被东昏侯萧宝卷所杀,至永元二年(500),萧衍以为兄弟复仇名义起兵,进攻建康,东昏侯萧宝卷被王珍国所杀,萧衍拥戴萧宝融,

① (宋)欧阳修、宋祁:《新唐书》,北京:中华书局1975年版,第2277页。
② (唐)姚思廉:《梁书》,北京:中华书局1973年版,第1—2页。
③ (唐)姚思廉:《梁书》,北京:中华书局1973年版,第2页。
④ (唐)李延寿:《南史》,北京:中华书局1975年版,第168页。
⑤ (唐)姚思廉:《梁书》,北京:中华书局1973年版,第2页。

任大司马，掌管中外军国大事，后萧宝融被逼迫，禅让帝位给萧衍。齐中兴二年（502）四月，萧衍在都城的南郊祭告天地，登坛接受百官跪拜朝贺，建立梁朝，是为梁武帝。

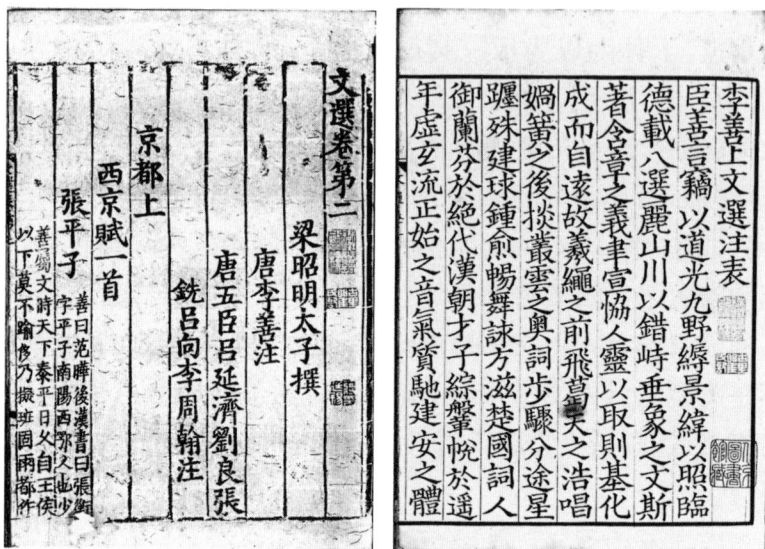

中国国家图书馆藏《文选》，南宋赣州州学刊本，宋元明递修，瞿镛藏本

梁武帝萧衍大力信佛崇佛。他年轻时钻研六经，崇尚儒学，即使是中年信道，晚年又转向了信佛崇佛佞佛之道。自从天监三年（504）皈依佛教之后，梁武帝便开始大力弘扬佛法。他在位期间，不仅大肆扩建佛寺、广为铸造佛像，还有主持法会、亲自讲诵经文等崇佛之举。

史书又多有关于梁武帝萧衍崇佛、信佛、佞佛，以致佛教在朝廷大肆蔓延，并对整个官场影响颇深的记载。

如《梁书·武帝纪》记载有大通三年（529）"十一月乙未，行幸同泰寺，高祖升法座，为四部众说《摩诃般若波罗密经》义，讫于十二月辛丑"。公元533年"二月癸未，行幸同泰寺，设四部大会。高祖升法座，发《金字摩诃波若经》题，讫于己丑"。中大同元年（546）"三月庚戌，法驾出同泰寺大会，停寺省讲《金字三慧经》"。梁武帝不仅在寺院讲经，大建寺庙，举办法会，更是"舍身"给寺院为奴隶，再由公卿等施舍财物把他赎回来。如大通元年（527）"三月辛未，舆驾幸同泰寺舍身。甲戌，还宫,赦天下,改元。"①中大通元年(529),"九月癸巳,舆驾幸同泰寺,设四部无遮大会,因舍身,公卿以下,以钱一亿万奉赎,十月己酉,舆驾还宫,大赦,改元。"②《南史》则云:"上释御服,披法衣,行清净大舍,以便省为房,素床瓦器,乘小车,私人执役。"③中大同元年(546),"三月庚戌,法驾出同泰寺大会,停寺省讲《金字三慧经》。夏四月丙戌,于同泰寺解讲,设法会,大赦,改元。孝悌力田为父后者,赐爵一级,赉宿卫文武各有差。"④太清元年(547)"三月庚子,高祖幸同泰寺,设无遮大会,舍身,公卿等以钱一亿万奉赎。夏四月丁亥,舆驾还宫,大赦天下,改元,孝悌力田为父后者,赐爵一级,在朝群臣宿卫文武并加颁赉"⑤。

此外,梁武帝修建了包括他所舍身的同泰寺、光宅寺、大爱敬寺、皇宅寺、智度寺等诸多所寺院,群臣奏表上书称梁武帝为"皇帝菩萨",《魏书》本传载云:"衍崇信佛道,于建业起同泰寺,又于故宅立光宅寺,于钟山立大爱敬寺,兼营长千二寺,皆穷工极巧,殚竭财力,百姓苦之。曾设斋会,自以身施同泰寺为奴,其朝臣三表不许,于是内外百官共敛珍宝而赎之。衍每礼佛,舍其法服,著乾陀袈裟。令其王侯子弟皆受佛诫,有事佛精苦者,辄加以菩萨之号。其臣下奏表上书亦称衍为皇帝菩萨。"⑥

另据,《梁书·文学传》记载梁武帝萧衍诏令明佛理的中书通事舍人任孝恭撰史:

> 任孝恭,字孝恭,临淮临淮人也。曾祖农夫,宋南豫州刺史。孝恭幼孤,事母以孝闻。精力勤学,家贫无书,常崎岖从人假借。每读一遍,讽诵略无所遗。外祖丘它,和高祖有旧,高祖闻其有才学,召入西省撰史。初为奉朝请,进直寿光省,为司文侍郎,俄兼中书通事舍人。敕遣制《建陵寺刹下铭》,又启撰高祖集《序文》,并富丽,自是专掌公家笔翰。孝恭为文敏速,受诏立成,若不留意,每

① (唐)姚思廉:《梁书》,北京:中华书局1973年版,第71页。
② (唐)姚思廉:《梁书》,北京:中华书局1973年版,第73页。
③ (唐)李延寿:《南史》,北京:中华书局1975年版,第206页。
④ (唐)姚思廉:《梁书》,北京:中华书局1973年版,第90页。
⑤ (唐)姚思廉:《梁书》,北京:中华书局1973年版,第92页。
⑥ (北齐)魏收:《魏书》,北京:中华书局1974年版,第2187页。

奏,高祖辄称善,累赐金帛。孝恭少从萧寺云法师读经论,明佛理,至是,蔬食持戒,信受甚笃。而性颇自伐,以才能尚人,于时辈中多有忽略,世以此少之。①

此记载任孝恭年少时就在萧寺师从云法师读经论和佛理,学习佛教经典,颇能通晓佛理,"萧寺",此即指寺庙,因梁武帝萧衍崇佛大建寺庙,故称。任孝恭外祖丘它和高祖梁武帝萧衍交好,梁武帝闻任孝恭有才学,便召入西省撰修史书,先后任奉朝请、入宫值班供职寿光省司文侍郎、中书通事舍人等职务。任孝恭因文章辞藻华丽,梁武帝令其撰写《建陵寺刹下铭》一文,其又替梁武帝文集作序,专门负责掌管公家的公文写作工作。任孝恭写作文章思维敏捷,下笔立成,多受梁武帝赏赐,此得益于其少时借书阅读的好习惯。任孝恭晚年食素持戒,信受佛教甚笃,性格颇为自矜、骄傲,喜欢自夸,世人也多因此轻视他。可见,当时食素持戒、笃信佛教之风在官僚中也甚为风行,而熟读佛教经典、颇通晓佛理也会受到梁武帝的重用。

汤用彤先生于其《汉魏两晋南北朝佛教史》一书中指出梁武帝萧衍在竟陵王门下时就已经受到佛教的影响:"梁朝佛教至梁武帝而全盛。武帝原在竟陵王门下,自早与僧人有接触。其佛教之信仰与其在鸡笼山西邸,有重大之关系。盖武帝一系恐原系道教世家。其《舍道归佛文》有曰:'弟子经迟迷荒,耽事老子。历叶相承,染此邪法。'《隋书·经籍志·道经部》有云:'武帝弱年好事,先受道法,及即位,独自上章。朝士受道者众。三吴及海边之际,信之踊甚。'武帝弱年之所以奉道,当由家世之熏染。而中年之改奉佛,当由其在竟陵门下与名僧及信佛之文人交游,而渐有改变也。武帝一热烈之佛教信徒也。即皇帝位三年乃舍道归佛。其愿文有曰:'愿使未来世中,童男出家,广弘经教,化度含识,同共成佛。宁在正法之中,长沦恶道。不乐依老子教,暂得生天。'在位四十八年,几可谓为以佛化治国。征扶南僧人僧伽婆罗于寿光殿等处译经。初翻经日,帝躬临法座,笔受其文。礼接甚厚,引为家僧。又有扶南僧曼陀罗亦被勅共翻经。又曾遣僧诣外国寻禅经。而天竺沙

---

① (唐)姚思廉:《梁书》,北京:中华书局 1973 年版,第 726 页。

门真谛,亦闻萧王之名,远来扬都。帝造金银铜像甚多。如造丈八铜像置光宅寺。勅僧祐督造剡溪大石像。建爱敬、智度、新林、法王、仙窟、光宅、解脱、开善诸寺。而尤以同泰寺为最伟大。"①汤用彤先生把梁武帝舍道归佛的转向归结到其竟陵八友的身份,认为其在竟陵王门下早就与佛教名僧有密切的接触,和信佛的文人多有交游,受此影响,他的信仰已经逐渐有向崇信佛教改变的迹象。

　　梁朝佛教至梁武帝已经达到了全盛的时期,梁武帝即皇帝位三年就舍道归佛了,他的愿文还有"愿使未来世中,童男出家,广弘经教,化度含识,同共成佛。宁在正法之中,长沦恶道。不乐依老子教,暂得生天"的愿望。佛教愿文的"愿",是信佛之人最终要达成的愿望和期盼的目标,可见梁武帝确实为热烈的佛教信徒。上文中的天竺优禅尼国僧人真谛,是印度大乘唯识学创始人无著、世亲的嫡传,听闻梁武帝信佛之名后,也长途跋涉携带许多贝叶梵本来到京邑建康(今南京),受到梁武帝的接见和重视,从此开始了长达二十年的译经生涯。

　　事实上梁武帝并非一开始就崇尚佛教,也是崇尚道教的。陈寅恪《天师道与滨海地域之关系》一文对这个问题有极为深入详尽的论证,此不赘言。萧氏的籍贯南兰陵(今江苏武进)也属于"三吴及边海之际"之地,所以萧衍实际是"历叶相承"的天师道世家,并非如《隋志·经籍志》所言由于其"弱年好事"而信奉道教。梁武帝《述三教诗》:"少时学周孔,弱冠勤六经。……中复观道书,有名与无名。……晚年开释卷,犹月映众星。"②诗中所言,梁武帝自称少时学周孔儒学,中年转而信奉道教,直到晚年才"开释卷"改信佛教。但事实上他把自己的信仰分为三个不同阶段,把儒学、道教和佛教三教如此罗列,最终的目的还是为了抬高佛教的地位,所以才会说"穷源无二圣",意指佛教方是其最终的归宿。梁武帝还于天监二年(503)"置大小道正。平昌孟景翼,字道辅,时为大正,屡为国讲说。"③从这些行为可以看出梁武帝本人也是极

① 汤用彤:《汉魏两晋南北朝佛教史》,上海:上海书店1991年版,第474—475页。
② (唐)释道宣编:《广弘明集》,卷三十上,《弘明集　广弘明集》,上海:上海古籍出版社1981年版,第365页。
③ (宋)李昉等:《太平御览》,北京:中华书局1960年版,第2973页下。

力尊崇道教的。

梁武帝本身还经历了从信奉道教到舍道事佛的转变过程,《广弘明集》卷四有记载其舍事道法之事,梁武帝有《舍事李老道法诏》,其内记载有他颁发的诏令、敕及其子萧纶《上武帝舍事道法启》,其云:"梁高祖武皇帝年三十四登位,在政四十九年,……旧事老子,宗尚符图,穷讨根源,有同妄作。帝乃躬运神笔,下诏舍道文曰:'维天监三年四月八日,梁国皇帝兰陵萧衍稽首和南……弟子经迟迷荒,耽事老子,历叶相承,染此邪法。习因善发,弃迷知返,今舍旧翳,归凭正觉。愿使未来世中,童男出家,广弘经教,化度含识,同共成佛。宁在正法之中,长沦恶道,不乐依老子教,暂得生天。'……于时帝与道俗二万人,于重云殿重阁上手书此文,发菩提心。至四月十一日,又敕门下:'《大经》中说道有九十六种,唯佛一道是于正道,其余九十五种名为邪道。朕舍邪外,以事正内诸佛如来。若有公卿能入此誓者,各可发菩提心。……公卿百官侯王宗族宜反伪就真,舍邪入正。……故言清信佛弟子,其余诸信皆是邪见,不得称清信也,门下速施行。'"①此是天监三年(504)梁武帝以国君的身份宣示"佛一道是于正道",佛教为国家唯一正法,他坦诚过去"耽事老子",认为信奉道教是"染邪法",现在要迷途知返,不但自己"舍事道法,皈依佛教",并劝公卿百官侯王宗族"宜反伪就真,舍邪入正"。

---

① (唐)释道宣编:《广弘明集》,卷四,《弘明集　广弘明集》,上海:上海古籍出版社 1981 年版,第 116 页。

第二章　萧统的生平

第一节　聪慧仁孝

萧统(501—531),字德施,小字维摩,南朝梁武帝萧衍的长子。后因萧统未即位就去世,故谥号"昭明",后世称"昭明太子"。齐和帝中兴元年(501)九月,萧统生于襄阳,其母亲丁令光彼时是梁武帝萧衍之妾。萧统出生之时,萧衍镇守襄阳,时为雍州刺史。萧统出生后不久南齐发生内乱,萧衍趁机起兵征讨东昏侯萧宝卷。第二年初,萧衍攻下建康(今南京),并将丁令光和萧统接到建康。四月萧衍夺取帝位,改国号为梁,改元天监,是为梁武帝。萧统天资聪慧,据《梁书》记载,他生性聪明、敏锐,3岁时学习《孝经》《论语》等诸多儒家经典,5岁时就已经遍读五经,且读书数行并下,过目皆忆,能够背诵。萧统在做太子过程中受到极好的帝王培养模式的教育,他本身也勤奋好学,后又编纂《文选》。萧统的《文选》能成为历代"选集"的典范,有时代环境的客观原因,亦离不开萧统个人因素的必然作用。

萧统受到的教育主要以儒家教育为主,并且受其父亲梁武帝萧衍和母亲丁贵嫔的潜移默化影响和熏陶,最终形成了聪慧仁孝的思想性格特点。萧统首先是深受其母亲丁贵嫔本性宽仁慈善的影响。萧统被立为皇太子后,因其年龄尚小,所以仍旧居住在宫内,直至天监五年(506)六月才移驾东宫居住。《梁书》记载:"(萧统)自出宫,恒思恋不乐。高祖知之,每五日一朝,多便留永福省,或五日三日乃还宫。"①由此可知,萧统自从移驾东宫居住后,思恋父母,并不开心,梁武帝萧衍知道后便常安排他住在其母的宫中,过五日三日才回东宫。所以萧统年幼的时候,相当多的时间都是有父母陪伴度过的,潜移默化中受到父母巨大的影响。

梁武帝纳萧统的母亲丁令光为妾之时,正妻郗氏还在,丁令光"事德皇后小心祗敬,尝于供养经案之侧,仿佛若见神人,心独异之"②。此时丁令光方 14 岁。后来郗氏病逝,丁令光被封为贵嫔,在皇后位置空缺后,她虽地位上升了,却能保持宽仁慈善,据《梁书》载:"及居宫内,接驭自下,皆其欢心。不好华饰,器服无珍丽,未尝为亲戚私谒。及高祖弘佛教,贵嫔奉而行之,屏绝滋腴,长进蔬膳。受戒日,甘露降于殿前,方一丈五尺。高祖所立经义,皆得其指归。尤精《净名经》。所受供赐,悉以充法事"③。丁贵嫔对下能得到宫内人的喜欢,生活俭朴、不爱好穿着华丽的服饰,不穿戴奇珍异宝,也不为亲戚的私事去求过梁武帝;待到梁武帝弘扬佛教之时,丁贵嫔也能做到夫唱妇随,跟着一起信奉,不食荤腥;丁贵嫔不仅聪慧好学,而且尤其精通《净名经》。可以说,对于母亲丁贵嫔宽仁慈善的性格、崇尚节俭的生活作风、笃信佛教的思想等品质,萧统自幼就耳濡目染,深受影响和熏陶。他的仁孝性格与此也有莫大的关系。

萧统其次是深受其父梁武帝萧衍的仁孝言行举止的影响。萧统 3 岁读《孝经》《论语》等儒家经典,从所读书目可知其所受的教育主要是儒家思想的教育,尤其是重视《孝经》的教育,乃至日后萧统自己讲《孝经》,都与梁武帝萧衍有莫大的关系。萧统对儒家经典的教诲亲身躬行、宣扬孝道教育。据史书记载,萧统八九岁的时候就在寿安殿讲《孝经》,而且能通晓其中的孝道大义,在讲完之后还亲临释奠于国学。释奠礼是祭祀礼的一种,是古代在学校设置酒食以祭奠先圣先师的典礼,后来成为国家和社会祭祀孔子的公祭形式。据《礼记·文王世子》记载:"凡学,春官释奠于其先师,秋冬亦如之。凡始立学者,必释奠于先

① (唐)姚思廉:《梁书》,北京:中华书局 1973 年版,第 165 页。
② (唐)姚思廉:《梁书》,北京:中华书局 1973 年版,第 160 页。
③ (唐)姚思廉:《梁书》,北京:中华书局 1973 年版,第 161 页。

圣先师。"①萧统 3 岁读《孝经》《论语》等儒家经典,八九岁的时候就在寿安殿讲《孝经》,而且能尽通其大义,这些仁孝教育都对他的仁孝性格养成起到不可或缺的作用。

总之,萧统在其父亲与母亲的双重影响下,形成了"仁孝"特征明显的性格特点,并在孝敬父母、仁爱百姓等方面有所表现。如《梁书》记载萧统对其母亲丁贵嫔孝顺之至之事:

> 七年十一月,贵嫔有疾,太子还永福省,朝夕侍疾,衣不解带。及薨,步从丧还宫,至殡,水浆不入口,每哭辄恸绝。武帝敕中书舍人顾协宣旨曰:……虽屡奉敕劝逼,终丧日止一溢,不尝菜果之味。体素壮,腰带十围,至是减削过半。每入朝,士庶见者莫不下泣。②

萧统因从小就在父母身边长大,深受父母仁孝言行举止的影响,且与父母的感情也很深厚,尤其是对母亲丁贵嫔敬重有加。母亲身体有恙时,萧统早晚在旁服侍。普通七年(526)丁贵嫔病逝,这对萧统来说,是个非常大的打击,等母亲下葬后,他更是茶饭不思、伤痛欲绝,以致梁武帝又下旨斥责。直到结束服丧之日,每天只吃一溢③稀饭,蔬菜水果也不吃,强壮的身体减重过半,令士人和百姓"莫不下泣"。

此外,萧统做太子辅政不仅勤政,而且对梁武帝十分孝敬,行为举止不失皇室的礼制礼仪。据《梁书·萧统传》记载:"太子(萧统)孝谨天至,每入朝,未五鼓便守城门开。东宫虽燕居内殿,一坐一起,恒向西南面台。宿被召当入,危坐达旦。"④萧统每次入朝都是没到五更便守候着等待城门打开,虽然东宫也在皇宫内殿,但凡坐着或是起来都面向着西南皇帝所在的方位。面对梁武帝的征召也是随时即到,即使是夜里被征召,也能正身而坐直到天明。古人以两膝着地,耸起上身为"危坐",即正身而跪,表示严肃恭敬。可见萧统对梁武帝的孝敬之情。

---

① (汉)郑玄注,(唐)孔颖达疏:《礼记正义》,阮元校刻《十三经注疏》本,上海:上海古籍出版社 1997 年版,第 1405 页下。

② (唐)姚思廉:《梁书》,北京:中华书局 1973 年版,第 167 页。

③ "溢",古代容器单位。《仪礼·既夕礼》云:"歠粥,朝一溢米,夕一溢米,不食菜果。"郑玄注:"二十四两曰溢。为米一升二十四分升之一。"

④ (唐)李延寿:《南史》,北京:中华书局 1975 年版,第 1311 页。

萧统体察地方民情,关爱下层民众的困顿疾苦,赈济灾民等行为,可以说都是源自他内心的仁爱,他追求的正是儒家倡导的完美的理想品德人格和神圣的儒家道德。萧统正因能尽力做到这些,因此死后为民众所思念、哀悼和痛惜,即如《梁书》所云:"京师男女,奔走宫门,号泣满路。四方氓庶,及疆徼之民,闻丧皆恸哭。"①"皆"字虽略显夸张,但朝野上下都为太子萧统的死感到震惊,京城中男女老少都跑到宫门外去致哀,满路上都是哭泣声,四方的庶民及边疆各族民众,听到丧讯都极度悲痛,放声痛哭,由此可见萧统仁德之名远播,深受民众爱戴。民众对于昭明太子萧统之死的哀悼,是出自对他的仁德的敬仰,是因为他对百姓施以仁爱之心。百姓觉得失去了一位将来能对他们施以仁政、以德治国的一代帝王。

第二节　宽和容众

天监元年(502)八月,丁令光被封为贵嫔。十一月,出生刚一岁多的萧统就被梁武帝萧衍立为太子。被立为太子的萧统生而聪睿过人,并且性格仁义孝顺,时时表现出宅心仁厚的胸怀,喜怒不形于色。萧统由于作为太子受到的帝王教育,加上其父亲梁武帝萧衍的影响,最终形成了为人宽和容众的思想性格特点。

首先是梁武帝萧衍对萧统进行以儒家传统为主的教育的影响。萧衍十分重视萧统的教育,萧统被立为皇太子,自然是要作为以后要继承皇位之人来培养的,梁武帝命萧统字为"德施",希望他能施仁德于天下,故而,对他自幼进行儒家传统为主的教育,按照将要成为圣仁君主的目标来培养他。《梁书》记载萧统从小就熟读经书。而且,梁武帝精心为萧统选择的帝师,基本上都是当时文坛上的有名之士。这些都使得作为太子的萧统从小就接受了正统的儒家传统仁爱教育。

作为东宫太子,萧统对传统儒家的礼乐文化和礼乐制度也非常重

---

① (唐)姚思廉:《梁书》,北京:中华书局 1973 年版,第 171 页。

视,其宽和容众的行为也体现出,他不仅深受仁孝礼制等儒家思想的影响,而且增加了自己的新见解,又反过来促进、创新和完善了儒家思想的时代新内涵。如《梁书》记载了萧统叔父萧憺去世后,其与臣下商讨、辩论以东宫太子的身份该遵从何种礼节,而行"慕悼"之举的事:

> 三年十一月始兴王憺薨。旧事,以东宫礼绝傍亲,书翰并依常仪。太子意以为疑,命仆射刘孝绰议其事。……太子令曰:"张镜《仪记》云'依《士礼》,终服月称慕悼'。又云'凡三朝发哀者,逾月不举乐'。刘仆射议,云'傍绝之义,义在去服,服虽可夺,情岂无悲,卒哭之后,依常举乐,称悲竟,此理例相符'。寻情悲之说,非止卒哭之后,缘情为论,此自难一也。用张镜之举乐,弃张镜之称悲,一镜之言,取舍有异,此自难二也。陆家令止云'多历年所',恐非事证;虽复累稔所用,意常未安。近亦常经以此问外,由来立意,谓犹应有慕悼之言。"……司农卿明山宾、步兵校尉朱异议,称"慕悼之解,宜终服月"。于是令付典书遵用,以为永准。①

此事是说普通三年(522)十一月萧统的叔父始兴王萧憺去世之后,以太子的身份该遵从何种礼节。按照以前的旧礼制,太子居于东宫,是国之储君,应该"东宫礼绝傍亲,书翰并依常仪",意思就是说即使他的叔父去世了,太子也是不用给旁系的亲属服丧的,书信往来依旧和往常是一样的。萧统却对此表示怀疑,便命太子仆射刘孝绰商议此事。刘孝绰引用《东宫仪记》的记载说"三朝发哀者,逾月不举乐;鼓吹寝奏,服限亦然"。三朝即指外朝、内朝和燕朝。据《周礼·秋官·朝士》记载:"朝士掌建邦外朝之法。"汉郑玄注:"周天子诸侯,皆有三朝。外朝一,内朝二。内朝之在路门内者或谓之燕朝。"②宋叶梦得《石林燕语》卷二云:"古者,天子三朝:外朝、内朝、燕朝。外朝在王宫库门外,有非常之事,以询万民于宫中。内朝在路门外,燕朝在路门内,盖内朝以见群臣,或谓之路朝,燕朝以听政,犹今之奏事,或谓之燕寝。"③刘孝绰认为古人

① (唐)姚思廉:《梁书》,北京:中华书局1973年版,第166—167页。
② (汉)郑玄注,(唐)贾公彦疏:《周礼注疏》,阮元校刻《十三经注疏》本,上海:上海古籍出版社1997年版,877页。
③ (宋)叶梦得撰,宇文绍奕考异,侯忠义点校:《石林燕语》,北京:中华书局1984年版,第19页。

一个月不奏乐,寻傍绝之义在于去服,太子虽然不用穿丧服,但痛失亲人的悲伤之情还在,宜称"兼慕",卒哭之后仍旧举乐,称作结束悲伤了,也是合情合理的。所以刘孝绰认为应该在居丧期间停止奏乐,并且应该称"兼慕",仆射徐勉、左率周舍、家令陆襄等人都同意刘孝绰的说法。萧统却认为张镜《仪记》所说依《仪礼》,终服月应称"慕悼",认为刘孝绰"寻情悲之说"有缘情为论、取舍有异的"二难",其议"即情未安",但"情或未安,而礼不可废",于是便令他们又详细地再议。最后由司农卿明山宾、步兵校尉朱异再议,提出了"慕悼之解,宜终服月",把"慕悼"一直实行到丧服结束的月份。萧统还"令付典书遵用,以为永准",即将"慕悼之解,宜终服月"写进典章之书里,确定为永久执行的制度。

由此可见,萧统确实是遵行仁孝礼制的儒家思想的,而且萧统对于儒家传统礼制有很深的研究,还有新的理解和认识。以太子萧统为首的、东宫诸多学士参与展开的这样一场"议礼"之举,还是围绕着礼乐制度问题进行的论辩,其最终目的在于阐释儒家思想的名教纲常。南朝的文化思想里掺杂了佛道的新的因素,而此一事例也从客观上凸显出萧梁政权的礼学总体上还是处在儒家经学的正轨中的,为礼乐文化与其制度提供了更多的理论依据和时代参考,最终为其政治统治的稳定性提供了思想支撑和政治策略。作为将来要继承大统的太子,他对儒家传统文化的重要核心部分——礼乐文化的发展背景、适用范围、思想内涵有了发展完善之功,既有对前代先秦两汉礼学文化的继承,又有了新时期不同的理解认识和新的发展完善。对统治阶层来说,当然是为了稳固其政权的需要,但从更高层面来看,这是其所处时代文学发展的精神来源和环境背景,儒家思想的发展创新离不开礼学的兴盛繁荣,礼乐文化的完善也促进了儒家文化的稳固,在一定意义上重构了当时新的儒学思想体系。也只有在此政治背景和思想基础之上,才能出现新的文化层面的文学大繁荣和新复兴。

第三节　仁厚为政

萧统很小就开始听狱讼断案,并且表现良好,梁武帝萧衍便多次让他听狱,萧统表现出了作为初为政者的宅心仁厚的思想性格特点。据《梁书·昭明太子传》记载:

> 太子自加元服,高祖便使省万机,内外百司,奏事者填塞于前。太子明于庶事,纤毫必晓,每所奏有谬误及巧妄,皆即就辩析,示其可否,徐令改正,未尝弹纠一人。平断法狱,多所全宥,天下皆称仁。①

《南史》亦载。②《仪礼·士冠礼》云:"令月吉日,始加元服。"③古称行冠礼为加元服。庶事,即指各种政务政事。梁武帝萧衍于天监十四年(515)正月初一亲临太极殿,为年方15岁的太子萧统举行了成人冠礼。此后,梁武帝就让萧统观察、学习处理国家事务。于是萧统身边就经常挤满了奏事的内外百官。太子萧统能以儒家的仁爱之心来处理各种政务政事,虽年幼,却不仅通晓各种大小事务,并且每当遇到有上奏的人说错,或者有巧言令色者,他都能立刻分辨出正确与错误,令其慢慢改正,从没有因此弹劾一位犯错的官员。萧统听狱讼断案,让很多人都得以保全或者从宽处罚,足以见其仁厚之心,所以天下人都称颂他的仁德。

萧统在遇到特别案件和处理犯人时,还能处理得当,兼顾惩治、教育的法律目的和维护律法的正义与公平性。《南史·昭明太子传》记载:

> 年十二,于内省见狱官将谳事。问左右曰:"是皂衣何为者?"曰:"廷尉官属。"召视其书,曰:"是皆可念,我得判否?"有司以统幼,绐之曰:"得。"其狱皆刑罪上,统皆署杖五十。有司抱具狱,不知所为,具言于帝,帝笑而从之。自是数使听讼,每有欲宽纵者,即

---

① (唐)姚思廉:《梁书》,北京:中华书局1973年版,第167页。
② (唐)李延寿:《南史》,北京:中华书局1975年版,第1310页。
③ (汉)郑玄注,(唐)贾公彦疏:《仪礼注疏》,阮元校刻《十三经注疏》本,上海:上海古籍出版社1997年版,第957页。

使太子决之。建康县谳诬人诱口，狱翻，县以太子仁爱，故轻当杖四十。令曰："彼若得罪，便合家孥戮，今纵不以其罪罪之，岂可轻罚而已，可付冶十年。"①

此讲述萧统12岁听狱讼断案事。案子本要判徒刑以上重罪，萧统统轻判罚杖五十，这也得到梁武帝的同意和赞赏。此后梁武帝常让萧统旁听狱讼断案，遇他有意要宽大处理的案件，就让萧统判决。萧统断案宅心仁厚，亦讲究律法的原则性，不全是故意宽容。如建康县判决一个拐卖人口的案子，萧统即按规定严格给判罪，判决诬陷者"付冶十年"。由此可知，即使他听讼断案经常宅心仁厚，但是对于触犯法律的重罪及重刑犯也是要加重予以惩治的，这样做既不失律法的公义，也维护了法律的原则性。以上可见，萧统仁厚公义的判案风格，完全符合梁武帝统治前期以儒家为主和宽严相结合的治国理政的思想。

萧统还常怀仁者之心体察地方民情，关爱下层民众的困顿疾苦，如《梁书·昭明太子传》还有这样的记载：

> 普通中，大军北讨，京师谷贵，太子因命菲衣减膳，改常馔为小食。每霖雨积雪，遣腹心左右，周行间巷，视贫困家，有流离道路，密加振赐。又出主衣绵帛，多作襦袴，冬月以施贫冻。若死亡无可以敛者，为备棺槽。每闻远近百姓赋役勤苦，辄敛容色。常以户口未实，重于劳扰。②

此记载普通年间梁朝大军北上讨伐魏国，导致京城的米价上涨，萧统身为太子，减衣缩食，用以赈济灾民。遇雨雪天气派人巡视街道间巷，私下赈济贫困人家和流浪者，如遇人死则施舍棺木。对老百姓赋税过重、劳役过多和户口统计不实导致百姓负担沉重，常怀担忧之情。

又如，《梁书》记载：

> 吴兴郡屡以水灾失收，有上言当漕大渎以泻浙江。中大通二年春，诏遣前交州刺史王弁假节，发吴郡、吴兴、义兴三郡民丁就

① (唐)李延寿：《南史》，北京：中华书局1975年版，第1308页。
② (唐)姚思廉：《梁书》，北京：中华书局1973年版，第168页。

役。太子上疏曰:"伏闻当发王弁等上东三郡民丁,开漕沟渠,导泄震泽,使吴兴一境,无复水灾,诚矜恤之至仁,经略之远旨。暂劳永逸,必获后利。未萌难睹,窃有愚怀。所闻吴兴累年失收,民颇流移。吴郡十城,亦不全熟。唯义兴去秋有稔,复非常役之民。即日东境谷稼犹贵,劫盗屡起,在所有司,不皆闻奏。今征戍未归,强丁疏少,此虽小举,窃恐难合,吏一呼门,动为民蠹。又出丁之处,远近不一,比得齐集,已妨蚕农。去年称为丰岁,公私未能足食;如复今兹失业,虑恐为弊更深。且草窃多伺候民间虚实,若善人从役,则抄盗弥增,吴兴未受其益,内地已罹其弊。不审可得权停此功,待优实以不?圣心垂矜黎庶,神量久已有在。臣意见庸浅,不识事宜,苟有愚心,愿得上启。"高祖优诏以喻焉。[1]

上文所引的"太子上疏"即萧统在去世前一年写给梁武帝萧衍的《请停吴兴等三郡丁役疏》。中大通二年(530)春,吴兴郡因数次水灾而农田失收,有大臣上书谏言开挖漕运水渠泄水以治水灾,梁武帝下诏派遣官员征发吴郡、吴兴、义兴三郡的民丁服劳役。而萧统深察民情,陈述吴兴郡因连年失收导致民众流离失所、粮价上涨、盗劫四起,若再增加繁重劳役,则恐成祸国害民之事,导致更大的民生凋敝,上疏恳请梁武帝垂怜黎民百姓之苦。

此疏文萧统字字均是肺腑之言,句句中肯,直言此举会给百姓带来的灾难,凸显了萧统对地方百姓的关爱之情及对地方民众民情的熟悉程度。史书有记载梁武帝一生勤于政务之事,每天五更就起床开始工作,批改奏章,冬天天冷之时手都被冻皲裂了也不停笔,而作为太子的萧统协助其父处理政事多年,因此深受其父勤于政事之风的影响,梁武帝听后认为萧统言之有理,便"优诏以喻",即下诏书褒美嘉奖萧统上疏体察民情、关爱百姓之举。

---

[1] (唐)姚思廉:《梁书》,北京:中华书局1973年版,第168—169页。

第四节　素信佛理

萧统深受佛教影响,自有其渊源,主要是受其父梁武帝大力信佛崇佛的影响。梁武帝萧衍自从天监三年(504)皈依佛教之后,便开始大力弘扬佛法。史书又多有记载梁武帝萧衍崇佛、信佛、佞佛,使佛教在朝廷大肆蔓延,对整个官场影响颇深诸多事情。此外,梁武帝修建了包括他所舍身的同泰寺、光宅寺、大爱敬寺、皇宅寺、智度寺等诸多所寺院。

受梁武帝的影响,昭明太子萧统也信佛和崇佛。《南史·昭明太子萧统传》亦有记录梁武帝萧衍广弘佛教,且对昭明太子萧统信奉佛教深有影响诸事:

> (天监)十四年正月朔旦,帝临轩,冠太子于太极殿。旧制太子著远游冠、金蝉翠緌缨,至是诏加金博山。……帝大弘佛教,亲自讲说。太子亦素信三宝,遍览众经。乃于宫内别立慧义殿,专为法集之所。招引名僧,自立二谛、法身义。普通元年四月,甘露降于慧义殿,咸以为至德所感。时俗稍奢,太子欲以己率物,服御朴素,身衣浣衣,膳不兼肉。①

梁武帝不仅自己广弘佛教,亲自讲说佛经,还深深影响了萧统。萧统素信佛教三宝,遍览佛教众经。佛教三宝,指佛宝、法宝和僧宝,是佛教的教法和证法的核心所在。佛宝,指已成就圆满佛道佛教三宝的一切诸佛;法宝,即指诸佛的教法;僧宝,即指依诸佛教法如实修行的出家沙门。还在宫内专门设立佛教聚集的地方慧义殿,招引名僧讲佛法,其《解二谛义令旨(并答问)》以阐释佛教的二谛说为宗旨,并有自己对"二谛"理解的新意。并且自立二谛、法身义,最终形成了自己的一系列佛教理论和佛学观点。萧统立二谛义的目的主要是为了弘扬佛教佛法,也有投其父王所好之意。又如其《解法身义全旨(并问答)》②,是萧统讲解法身义的笔记。

---

① (唐)李延寿:《南史》,北京:中华书局1975年版,第1308页。
② (南朝梁)萧统著,俞绍初校注:《昭明太子集校注》,郑州:中州古籍出版社2001年版,第146页。

萧统信佛，深于佛理经义，与佛僧交往颇深，天监十七年(518)曾被释法云请讲佛教经义，且以"妙谈出俗"颇受佛教中人仰慕。释法云，即法云师，梁扬都光宅寺沙门，为南朝"栋梁大法"，有《上昭明太子启》云：

　　释法云启：殿下以生知上识，精义入神，自然胜辩，妙谈出俗。每一往复，阖筵心醉，真令诸天赞善，实使释梵雨华。贫道虽幼知向方，而长无成业。筵之滥吹圣明，而识惭无退者，岂不愿餐幽致？敢祈仰者，诚在希闻妙说。今猥蒙启旨，未许群情。退思轻脱，用深悚惧。渴仰有实，饥虚非假，循思检原，重以祈闻。唯希甘露当开，用得永祛鄙吝。伏原四弘本誓，曲允三请殷勤，谨启。(《广弘明集》二一)①

这是释法云给萧统写的一封书信，讲述其对萧统佛性的仰慕，盛赞萧统佛教经义的理解"精义入神，自然胜辩，妙谈出俗"，萧统的讲解"真令诸天赞善，实使释梵雨华"。释梵即指帝释和梵天，雨华指佛祖说佛法，诸天降众花。虽然自己年少即入佛门，还是对萧统的意旨精微的言论仰慕至极，自己对佛教精义的修为"长无成业"，只希望能早日"甘露当开"，达到佛教修行者的涅槃般的终极理想。

第五节　萧统的文教

　　梁武帝精心为萧统选择帝师，基本上都是当时文坛上的有名之士，也自然都是饱学之士。如天监六年(507)徐勉被梁武帝萧衍选中侍奉萧统于东宫："除散骑常侍，领游击将军，未拜，改领太子右卫率。迁左卫将军，领太子中庶子，侍东宫。昭明太子尚幼，敕知宫事。太子礼之甚重，每事询谋。尝于殿内讲《孝经》，临川靖惠王、尚书令沈约备二傅，勉与国子祭酒张充为执经，王莹、张稷、柳憕、王暕为侍讲。时选极亲贤，妙尽时誉，勉陈让数四。又与沈约书，求换侍讲，诏不许，然后就焉。

①（南朝梁）萧统著，俞绍初校注：《昭明太子集校注》，郑州：中州古籍出版社2001年版，第117页。

转太子詹事,领云骑将军,寻加散骑常侍,迁尚书右仆射,詹事如故。"①梁武帝命令徐勉在东宫侍奉萧统读书并执掌宫内事务。萧统也对徐勉礼敬有加,遇事则询问商议。徐勉为萧统讲授《孝经》,另外,临川靖惠王、尚书令沈约、国子祭酒张充、王莹、张稷、柳憕、王暕等人都曾为太子执经授业。徐勉数次陈述推让,梁武帝仍诏令不许。

又如,梁武帝命中军表记室参军庾黔娄等为太子萧统讲《五经》义:"东宫建,以本官侍皇太子读,甚见知重,诏与太子中庶子殷钧、中舍人到洽、国子博士明山宾等,递日为太子讲《五经》义。迁散骑侍郎、荆州大中正。卒,时年四十六。"②天监七年(508)太子的东宫建成之后,梁武帝以主管官员侍奉皇太子读书,他非常重视萧统的教育,下诏命令庾黔娄与太子中庶子殷钧、中舍人到洽、国子博士明山宾等人按照次序一天接一天地为太子讲授《五经》义,这些都使得萧统从小就接受了正统的儒家传统仁爱教育,对其性格的形成和个人修养的教化起到了极其重要的作用。

儒家讲究"孝",萧衍是有名的大孝子,其接受的儒家教育是他思想的根底所在。据《梁书·武帝本纪下》记载:

> 高祖生知淳孝。年六岁,献皇太后崩,水浆不入口三日,哭泣哀苦,有过成人,内外亲党,咸加敬异。及丁文皇帝忧,时为齐随王谘议,随府在荆镇,仿佛奉闻,便投劾星驰,不复寝食,倍道就路,愤风惊浪,不暂暂止。高祖形容本壮,及还至京都,销毁骨立,亲表士友,不复识焉……望宅奉讳,气绝久之,每哭辄欧血数升。服内不复尝米,惟资大麦,日止二溢。拜扫山陵,涕泪所洒,松草变色。及居帝位,即于钟山造大爱敬寺,青溪边造智度寺,又于台内立至敬等殿。又立七庙堂,月中再过,设净馔。每至展拜,恒涕泗滂沱,哀动左右。加以文思钦明,能事毕究,少而笃学,洞达儒玄。虽万机多务,犹卷不辍手,燃烛侧光,常至戊夜。③

---

① (唐)姚思廉:《梁书》,北京:中华书局1973年版,第378页。
② (唐)姚思廉:《梁书》,北京:中华书局1973年版,第651页。
③ (唐)姚思廉:《梁书》,北京:中华书局1973年版,第95—96页。

此极言萧衍天生淳厚孝顺，无论献皇太后逝世还是文皇帝去世，青少年时代的他都表现出了超出常人的真实悲痛之情。等到即皇帝位后，又以修建佛寺、在朝廷内设立至敬等殿堂、七庙堂表达对逝去亲人的哀思之情。此外，梁武帝才思敏捷，凡事均能深入研究，笃好学习，通晓儒学和道学。日理万机政事繁多之际，也能做到书不离手，读书至深夜。他撰写了《制旨孝经义》《周易讲疏》，以及六十四卦、《系辞》《文言》《序卦》等篇的义疏，《乐社义》《毛诗答问》《春秋答问》《尚书大义》《中庸讲疏》《孔子正言》《老子讲疏》等共二百多卷著作，都是纠正先代儒者的困惑，能揭示古代圣人之意的著作。

关于萧衍的文学创作，据《梁书·武帝纪》载，文集有一百二十卷，但《隋书·经籍志》著录其只有《梁武帝集》二十六卷、《梁武帝诗赋集》二十卷、《梁武帝杂文集》九卷，史书记录不一。其作品一部分保存于《玉台新咏》，多为艳体诗，其他则多为宣扬佛法和赠诗。

萧衍与萧统有诗歌唱和交流。梁武帝游钟山大爱敬寺，作《游钟山大爱敬寺》一首，其诗云：

> 日予受尘缚，未得留盖缠。三有同永夜，六道等长眠。才性乏方便，智力非善权。生住无停相，刹那即徂迁。叹逝比悠稔，交臂乃奢年。从流既难反，弱丧谓不然。二苦常追随，三毒自烧然。贪痴养忧畏，热恼坐焦煎。道心理归终，信首故宜先。驾言追善友，回舆寻胜缘。面势周大地，萦带极长川。棱层叠嶂远，迤逦隥道悬。朝日照花林，光风起香山。飞鸟发差池，出云去连绵。落英分绮色，坠露散珠圆。当道兰藋靡，临阶竹便娟。幽谷响嘤嘤，石濑鸣溅溅。萝短未中揽，葛嫩不任牵。攀缘傍玉涧，褰陟度金泉。长途弘翠微，香楼间紫烟。慧居超七净，梵住逾八禅。始得展身敬，方乃遂心虔。菩提圣种子，十力良福田。正趣果上果，归依天中天。一道长死生，有无离二边。何待空同后，岂羡汾阳前？以我初觉意，贻尔后来贤。[1]

梁武帝此诗写于大爱敬寺刚建成时，诗中充满对受束缚于尘世的不喜

---

① （南朝梁）萧统著，俞绍初校注：《昭明太子集校注》，郑州：中州古籍出版社2001年版，第21—22页。

之情，也描写了游览途中所见大爱敬寺的长川、叠嶂、朝日、花林、光风、香山、幽谷、石濑、短萝、嫩葛、玉涧、金泉、翠微、紫烟等佛寺的美好景色，表达了"身敬""心虔"的心向佛门清净之情。

大爱敬寺是普通元年梁武帝萧衍为其父亲萧顺之建造，寺基原是昭明太子萧统的读书台。据《续高僧传·释宝唱传》记载："（梁武帝）为太祖文皇于钟山竹涧建大爱敬寺，纠纷协日，临睨百丈，翠微峻极，流泉灌注。钟龙遍岭，饮凤乘空。创塔包岩壑之奇，宴坐尽山林之邃。结构伽蓝，同尊园寝；经营雕丽，奄若天宫。中院之去大门，延袤七里，廊庑相架，檐溜临属。旁置三十六院，皆设池台，周宇环绕。千有余僧，四事供给。中院正殿有栴檀像，举高丈八。匠人约量，晨作夕停，每夜恒闻作声，旦视辄觉功大。及终成后，乃高二丈有二，相好端严，色相超挺，殆由神造，屡感征迹。帝又于寺中龙渊别殿造金铜像，举高丈八，躬伸供养，每入顶礼，歔欷哽噎，不能自胜。预从左右，无不下泣。"①

《游钟山大爱敬寺》的第一层次，写梁武帝从"受尘缚"再到最后崇信佛教的整个思想历程，细看来几乎句句都有佛语。如"盖缠"意指尘世的烦恼；"三有"，是"欲界、色界、无色界"这三界的异名；"六道"，意谓"天道、人道、阿修罗道、畜生道、饿鬼道、地狱道"这六道，佛家认为这六道是众生生死轮回之道。"三毒"，即指佛教的三种烦恼：贪欲、瞋恚和愚痴。"贪痴"，意思是"三毒"之贪欲与愚痴。

诗的第二层次为游山所见之景色。景色一路写下来，移步换景，不乏引人入胜之处，但是模山范水，尽以对句出之，又略嫌凝重，而少有飞动之势。

诗的第三层次写其进寺礼佛之事，亦颇多佛语。如"七净"，佛语，指的是七种净：一戒净、二心净、三见净、四度疑净、五分别道净、六行断知见净、七涅槃净。"八禅"指的是八种禅定，即八解脱之简称。"慧居超七净，梵住逾八禅"这二句是对佛祖的礼赞。"菩提"意思是觉悟，诸佛均因为觉悟而能成佛，所以称之为"圣种子"。"十力"，指的是佛教称佛和菩萨所具的十种智力。"果上果"，即指无上果，佛教认为菩提是修

---

① （唐）道宣撰，郭绍林点校：《续高僧传》，北京：中华书局2014年版，第9页。

行的结果,所以称之为"果"。"天中天",意谓因天为人之所尊,佛又为天之所尊,所以佛是"天中天"。"一道"即一实之道。"有无"指的是"有法"与"无法"。诗的最后,梁武帝表达了唯有佛教是他信仰的崇高信念,除了信佛,"其余诸信,皆是邪见"。这是梁武帝萧衍留给"后事贤"的劝诫,有浓厚的谈佛训诫意味。

萧统有《和上游钟山大爱敬寺诗》。萧统因留守未能陪同游览,故而事后作诗相和以咏怀。萧统的奉和诗作,亦多佛语。主要是称颂梁武帝能以仁德安抚臣民,可为圣君,能使神人响应,四方仰慕,可达迈过三王、超越五帝之境;赞美梁武帝以仁德治国,达到"班班仁兽集,足足翔凤仪"之界。

但萧统与梁武帝在买墓地之事上产生了隔阂。《南史·昭明太子传》载:

> 初,丁贵嫔薨,太子遣人求得善墓地,将斩草,有卖地者因阉人俞三副求市,若得三百万,许以百万与之。三副密启武帝,言太子所得地不如今所得地于帝吉,帝末年多忌,即命市之。葬毕,有道士善图墓,云"地不利长子,若厌伏或可申延"。乃为蜡鹅及诸物埋墓侧长子位。有宫监鲍邈之、魏雅者,二人初并为太子所爱,邈之晚见疏于雅,密启武帝云:"雅为太子厌祷。"帝密遣检掘,果得鹅等物。大惊,将穷其事。徐勉固谏得止,于是唯诛道士,由是太子迄终以此惭慨,故其嗣不立。[1]

这一段说的是普通七年(526)的"蜡鹅事件"。萧统的母亲丁贵嫔去世了,萧统派人想找一块好的墓地安葬母亲。但因为有道士说梁武帝买的另一块地不利于长子,只有"厌伏"可以解除,于是就埋蜡鹅等诸物厌祷。于是有宫监鲍邈之密奏给梁武帝,梁武帝晚年多忌,发现此事为真之后,便要穷追到底彻查此事,最终由于萧统老师徐勉的谏言中止了。此事《梁书》本传不载,见于《南史》,或有人疑其妄。明代张溥在《汉魏六朝百三家集题辞注·梁昭明集题辞》云:"《南史》所云,埋鹅启衅,荡

---

① (唐)李延寿:《南史》,北京:中华书局1975年版,第1312—1313页。

舟寝疾,世疑其诬。于是论昭明者,断以姚书为质矣。"①张溥对《南史》的记载是有所怀疑的,但是他也没有轻易下断言,《梁昭明集题辞》里更像是客观记载和描述的世人的看法。曹道衡先生认为,《梁书·昭明太子传》《魏书·萧衍传》及唐代许嵩的《建康实录·昭明太子传》,都没有这段史实的相关记载,甚至连"厌祷"是否真实存在都是可疑的,但又认为《南史》关于"蜡鹅事件"的描述"说得这样言之凿凿,也许不完全是无稽之谈"。② 所论也严谨而未下断言。但《资治通鉴》卷一五五所载与《南史》同,司马光并为之而发表评论曰:"以昭明太子之仁孝,武帝之慈爱,一染嫌疑之迹,身以忧死,罪及后昆。"那么,这件事还是可信的。可见,"蜡鹅事件"之事亦难否定,说明梁武帝与萧统肯定因"埋鹅"之事发生过不愉快,但可能还未到"以心衔故"而"故其嗣不立"的特别记恨的地步。

第六节　萧统逝世

中大通三年(531)乙巳(四月三十日),太子萧统逝世,时年 31 岁,谥号昭明,五月葬于安宁陵。梁武帝到东宫哭丧,"高祖幸东宫,临哭尽哀。诏敛以衮冕。"③《梁书·昭明太子传》云:"太子仁德素著,及薨,朝野惋愕。京师男女,奔走宫门,号泣满路。四方氓庶,及疆徼之民,闻丧皆恸哭。"④可见其备受百姓爱戴。

或称,"蜡鹅事件"影响到萧统的子嗣,使其没能继承到太子的地位。"先是人间谣曰:'鹿子开城门,城门鹿子开,当开复未开,使我心徘徊。城中诸少年,逐欢归去来。'鹿子开者,反语为来子哭,云帝哭也。欢前为南徐州,太子果薨,遣中书舍人臧厥追欢,于崇正殿解发临哭。欢既嫡孙,次应嗣位,而迟疑未决。帝既新有天下,恐不可以少主主大

① (明)张溥著,殷孟伦注:《汉魏六朝百三家集题辞注》,北京:人民文学出版社 1960 年版,第 209 页。
② 详参曹道衡《关于萧统和〈文选〉的几个问题》,《社会科学战线》1995 年第 05 期,第 206—214 页。
③ (唐)姚思廉:《梁书》,北京:中华书局 1973 年版,第 169 页。
④ (唐)姚思廉:《梁书》,北京:中华书局 1973 年版,第 171 页。

业,又以心衔,故意在晋安王,犹豫自四月上旬至五月二十一日方决。欢止封豫章王还任。往谣言'心徘徊'者,未定也。'城中诸少年,逐欢归去来',复还徐方之象也。欢字孟孙,位云麾将军、江州刺史。薨,谥安王。子栋嗣。"①这里,《南史》说也正因此事他的儿子萧欢没有被继立为太子,反而立晋安王萧纲为太子。

此外,《梁书》云萧统于"五月庚寅,葬安宁陵"②。后世关于萧统的墓葬所在地众说纷纭,而尤其值得关注的是,2010年以来,南京连续发现4座有砖印壁画的南朝墓葬,收获了许多前所未见的重要信息。其中,栖霞区狮子冲南朝陵园1号墓、2号墓的发现尤其引人关注。2012年11月,南京的考古工作者在南京市栖霞区新合村狮子冲勘探,发现了两座南朝时期的墓葬,虽然由于种种原因考古发掘没有完成,但是"在随后展开的考古发掘中,陆续出土的各种实物证据将两座大墓的墓主指向了梁代昭明太子萧统和其母丁令光"③。两座大墓除了发现相对完整的羽人戏虎、仙人持幡及半幅竹林七贤图等砖印壁画,还出土了带有"普通七年"和"中大通贰年"刻文的纪年砖,基本确定墓主为南朝梁昭明太子萧统及其母丁贵嫔。而具有鲜明南朝地域特色与时代特征的墓葬装饰艺术——砖印壁画"竹林七贤与荣启期砖画",向世人展现了南朝文人的生活方式与精神追求。梁代的皇家墓葬都以单字作为陵号,只有萧统为"安宁陵"双字陵号,极有可能为其和母亲丁贵嫔的合葬而合称。当然,有待考古挖掘和勘探来进一步揭示真相。

---

① (唐)李延寿:《南史》,北京:中华书局1975年版,第1313页。
② (唐)姚思廉:《梁书》,北京:中华书局1973年版,第169页。
③ 详参祁海宁《不同寻常的探寻"昭明"之旅》,《文史知识》2018年第5期,第115—124页。

第三章　萧统的兄弟之间,萧统的文学集团

第一节　萧统与萧纲

萧纲(503—551),字世赞(一说世缵),小字六通,生于建康宫显阳殿,梁武帝萧衍第三子,后为梁朝第二位皇帝。萧纲为昭明太子萧统同母弟,母为贵嫔丁令光。萧纲初封晋安郡王,累迁骠骑将军、扬州刺史。中大通三年(531),昭明太子去世后,册立为皇太子。萧统与萧纲关系密切,有很多交集;萧纲对萧统及其后嗣的影响很大。

一、萧统与萧纲的共同创作诗文与唱和

萧统《七契》,俞绍初曰:按此文仿曹植《七启》,旨在招揽隐逸,劝其回归朝廷,为国效力。①《梁书·武帝纪中》载天监十四年(515)《求贤诏》,其云:"若有确然乡党,独行州间,肥遁丘园,不求闻达,藏器待时,未加收采……并即腾奏,具以名上。当擢彼周行,试以邦邑,庶百司咸事,兆民无隐。"②昭明盖为之而撰此文,萧纲之《七励》、佚名之《七召》当亦是受命同作者。

萧纲《应令诗》:

> 蠡浦急兮川路长,白云重兮出帝乡。平原忽兮远极目,江甸阻

---

① (南朝梁)萧统著,俞绍初校注:《昭明太子集校注》,郑州:中州古籍出版社2001年版,第84页。
② (唐)姚思廉:《梁书》,北京:中华书局1973年版,第55页。

兮羁心伤。树庐岳兮高且峻，瞻浤水兮去泱泱。远烟生兮含山势，风散花兮传馨香。临清波兮望石镜，瞻鹤岭兮睇仙装。望邦畿兮千里旷，悲遥夜兮九迴肠。顾龙楼兮不可见，徒送月兮泪霑裳。①

古时称太子所居为"龙楼"，诗作以"顾龙楼兮不可见"点明是对太子的深情。萧统有回复，即《示云麾弟》：

　　白云飞兮江上阻，北流分兮山风举。山万仞兮多高峰，流九派兮饶江渚。上岩峣兮乃逼天，下微濛兮后兴雨。实览历兮此名地，故遨游兮兹胜所。尔登涉兮一长望，理化顾兮忽忆予。想玉颜兮在目中，徒踟蹰兮增延伫。②

云麾弟，谓云麾将军晋安王萧纲。俞绍初考证：按《梁书·简文帝纪》，萧纲封云麾将军计有三次：一在天监八年领石头戍军事，一在天监十四年为江州刺史，一在普通二年为南徐州刺史。《艺文类聚》二八又引有梁简文帝《应令诗》，当是应昭明命奉和此作。其诗有"蠡浦""江甸""庐岳"之言，因知天监十四年萧纲远赴任江州时，昭明遥赠此诗，以叙离情。③ 诗作回应来诗的江州地域的景物叙写，末尾进入"想玉颜兮在目中，徒踟蹰兮增延伫"的情感抒发，表达了对萧纲的深切思念。

萧统又有《答晋安王书》，此书首云"得五月二十八日疏并诗一首"，"疏"已亡佚，"诗一首"疑即萧纲《应令诗》，俞绍初曰："其诗有'临清波兮望石镜'之句，而此书之'冷泉石镜'句，在文字上亦见承袭之迹。"④《书》中盛赞萧纲诗作的文采与感染力：

　　省览周环，慰同促膝。汝本有天才，加以爱好，无忘所能，日见其善。首尾裁净，可为佳作，吟玩反覆，欲罢不能。相如奏赋，孔璋呈檄，曹、刘异代，并号知音，发叹"凌云"，兴言"愈病"，尝谓过差，未以信然。一见来章，而树谖忘痗，方证昔谈，非为妄作。⑤

① （南朝梁）萧统著，俞绍初校注：《昭明太子集校注》，郑州：中州古籍出版社2001年版，第6—7页。
② （南朝梁）萧统著，俞绍初校注：《昭明太子集校注》，郑州：中州古籍出版社2001年版，第5页。
③ （南朝梁）萧统著，俞绍初校注：《昭明太子集校注》，郑州：中州古籍出版社2001年版，第5页。
④ （南朝梁）萧统著，俞绍初校注：《昭明太子集校注》，郑州：中州古籍出版社2001年版，第75页。
⑤ （南朝梁）萧统著，俞绍初校注：《昭明太子集校注》，郑州：中州古籍出版社2001年版，第74页。

书中有两个典故，一是"相如既奏《大人赋》，天子大说，飘飘有陵云气游天地之间意"①，二是三国时陈琳"作书及檄，草成呈太祖。太祖先苦头风，是日疾发，卧读琳所作，翕然而起曰：'此愈我病。'数加厚赐"②，称赏萧纲书的艺术魅力。中间部分，萧统讲"触兴自高，睹物兴情"而进行文学创作的感想，以及"披古为事"的"足以自慰，足以自言"的兴趣所在。书末则写对萧纲的思念："但清风朗月，思我友于。各事藩维，未克棠棣。兴言届此，梦寐增劳，善护风寒，以慰悬想。"

天监十七年（518），昭明在玄圃园讲论二谛、法身义。时晋安王萧纲亦参与讲席，因作《玄圃园讲颂》，其前有序，先称颂佛教义理，再称说太子："储君德彰妙象，体睿春琼，视膳闲辰，游心法犍。搦管摛章，既婵娟锦缛，清谈论辩，亦参差玉照，夏启恶德，周诵惭风。"再称说太子的佛教讲论："乃于玄圃园，栖聚息心之英，并命陈、徐之士，抠谈永日，讲道终朝。宾从无声，芳香动气，七辩悬流，双因俱启。情游彼岸，理惬祇园，灵塔将涌，天华乍落。"再叙玄圃园景物，有自然季节、玄圃建筑以及鸟语花香之类，最后落实到自己："纲叨籍殊宠，陪奉尘末。预入宝楼，窃窥妙简，凫兴藻忭，独莹心灵。"

颂曰：

> 皇仪就日，帝道昌云。化隆垂拱，德曼鸿芬。机乘八解，道照三坟。巍巍荡荡，万代一君。

> 重离照景，玉润舒华。七净标美，三善称嘉。降兹法雨，普洽生芽。涟漪义水，照曜文花。

> 芳园暧瑍，天官类宝。析论冥空，玄机入道。密宇浮清，重阁相藻。日暎金根，风摇银草。

> 肩随接武，握宝灵珠。皆抽四照，并掞九衢。顾惟多缺，徒奉瑛瑜。终如燕石，更似齐竽。③

一颂梁朝皇帝，二颂佛教，三颂太子讲论，最后说到自己的愚钝。

---

① （汉）班固撰，（唐）颜师古注：《汉书·司马相如传》，北京：中华书局1962年版，第2600页。

② （晋）陈寿撰，（南朝宋）裴松之注：《三国志》注引《典略》。北京：中华书局1982年版，第601页。

③ （南朝梁）萧统著，俞绍初校注：《昭明太子集校注》，郑州：中州古籍出版社2001年版，第154—155页。

萧纲又有《上皇太子玄圃园讲颂启》，全为称颂太子殿下的话语。萧统《答玄圃园讲颂启令》，以此令答之。文中多夸赞萧纲的文采："得书并所制讲颂，首尾可观，殊成佳作。辞典文艳，既温且雅。岂直斐然有意，可谓卓尔不群！览以回环，良同愈疾。"①既称其文"卓尔不群"，又称自己的感受，所谓"良同愈疾"。

萧统有《示徐州弟》，此为赠别南徐州刺史晋安王萧纲而作。《梁书·简文帝纪》载："普通元年（520），（萧纲）出为使持节、都督益宁雍梁南北秦沙七州诸军事、益州刺史，未拜，改授云麾将军、南徐州刺史。"②又《武帝纪》："（普通二年春正月甲戌）新除益州刺史晋安王纲改为徐州刺史。"③诗共十二章，其三云：

> 伊予与尔，共气分躯。顾昔髫髪，追惟绮襦。绸缪紫掖，兴寝每俱。朝游青琐，夕步彤庐。

以追忆童年生活序兄弟之谊。其四云：

> 惟皇建国，疏爵树亲。既固磐石，亦济蒸人。亦有行迈，去此洛滨。自兹厥后，分析已频。

叙写分别是为了国家大业。其十二云：

> 言反甲馆，雨面莫收。予若西岳，尔譬东流。兴言思此，心焉如浮。玉颜虽阻，金相嗣丘。④

以"西岳""东流"叙写离别，以"玉颜""金相"称美萧纲。"嗣丘"，即继承先人美德，萧统、萧纲祖母，梁武帝母张夫人在武进，武进属南徐州，晋安王萧纲任南徐州刺史，故萧统以"嗣丘"勉励之。

昭明太子有《与晋安王令》，大通元年（527），萧纲文学集团的张率（475—527，字新安）逝世，昭明太子写信给萧纲表示哀悼，其称："近张新安又致故，其人文笔弘雅，亦足嗟惜，随弟府朝，东西日久，尤当伤怀

---

① （南朝梁）萧统著，俞绍初校注：《昭明太子集校注》，郑州：中州古籍出版社2001年版，第152页。
② （唐）姚思廉：《梁书》，北京：中华书局1973年版，第103页。
③ （唐）姚思廉：《梁书》，北京：中华书局1973年版，第64页。
④ （南朝梁）萧统著，俞绍初校注：《昭明太子集校注》，郑州：中州古籍出版社2001年版，第22—24页。

也。比人物零落，特可伤惋，属有今信，乃复及之。"①信前还先对自己文学集团明山宾、到洽、陆倕诸人的逝世表示了哀悼。

二、萧纲回京城的机会与萧统的紧张

普通四年（523），萧纲为雍州刺史。在雍州任上几年后，萧纲非常想从藩地回京城任职，其愿望的表达，一是直接请求朝廷，其《在州羸疾自解表》先称"昔违紫複，曾不弱冠，今梦青蒲，逝将已立"，指自己离开京城已久；"愿归之谒，不逮宸矜，民请之书，遽降天允"，称说自己的愿望。二是以文学作品进行情感诉求，其《阻归赋》，"观建国之皇王，选能官于前古，元帝慈而布教，岂齐圣而作辅，伊吾人之固陋，宅璇汉而自通"，先述分封在外；"终知客游之阻，无解乡路之赊"，又述回乡之难。此作一般认为就在中大通元年（529）作②。此三年前普通七年（526）三月，扬州刺史临川王萧宏以疾累表自陈，诏许解扬州；普通七年四月，萧宏薨，扬州刺史暂缺，由孔休源代行其职。据《梁书·孔休源传》载：

> 普通七年，扬州刺史临川王宏薨，高祖与群臣议代王居州任者久之，于时贵戚王公，咸望迁授，高祖曰："朕已得人。孔休源才识通敏，实应此选。"乃授宣惠将军、监扬州。休源初为临川王行佐，及王薨而管州任，时论荣之。而神州都会，簿领殷繁，休源割断如流，傍无私谒。中大通二年，加授金紫光禄大夫，监扬州如故。累表陈让，优诏不许。在州昼决辞讼，夜览坟籍。每车驾巡幸，常以军国事委之。③

把扬州刺史暂缺与萧纲非常想从藩地回京城任职联系起来看，《在州羸疾自解表》与《阻归赋》二作就有萧纲诉求扬州刺史之位的意思。所谓"贵戚王公，咸望迁授"，可知，当时向往此缺者非独萧纲一人，其热衷于任职扬州刺史也在情理之中，不过，其热衷程度较其他人更为强烈。不久，萧纲回京城的愿望实现了。《梁书·武帝纪下》载中大通二年事：

---

① （唐）姚思廉：《梁书》，北京：中华书局 1973 年版，第 404—405 页。

② 见吴光兴《萧纲萧绎年谱》，北京：社会科学文献出版社 2006 年版，第 146—147 页。

③ （唐）姚思廉：《梁书》，北京：中华书局 1973 年版，第 521 页。

二年春正月戊寅，以雍州刺史晋安王纲为骠骑大将军、扬州刺史。①

《梁书·简文帝纪》《南史·梁本纪下》亦载，称中大通三年萧纲"被征入朝"。②

但是晋安王萧纲的进京还是引起了太子萧统的紧张与恐慌。《南史·梁本纪下》载萧纲事迹：

普通四年，累迁都督、雍州刺史。中大通三年，被征入朝，未至，而昭明太子谓左右曰："我梦与晋安王对奕（弈）扰道，我以班剑授之，王还，当有此加乎。"③

除了任扬州刺史外，萧纲"被征入朝"还有什么要事，史不明载。但必有要事，萧统是因为深深的忧虑才有梦的。④ "对弈"，下棋。"道"，古代棋局上的格道，《楚辞·招魂》"菎蔽象棋，有六簙些"。洪兴祖补注引《古博经》："博法，两人相对，坐向局，局分为十二道，两头当中名为水。"⑤"扰道"，当是对弈者阻扰了自己的棋道、棋路。《晋书·王悦传》载王导与其子王悦弈棋之事：

（王悦）弱冠有高名，事亲色养，导甚爱之。导尝共悦弈棋，争道，导笑曰："相与有瓜葛，那得为尔邪！"⑥

"对弈"时的"扰道"，在下位者是抗上的行为，《晋书·贾谧传》载：

（贾）谧既亲贵，数入二官，共愍怀太子游处，无屈降心。常与太子弈棋争道，成都王颖在坐，正色曰："皇太子国之储君，贾谧何

---

① （唐）姚思廉：《梁书》，北京：中华书局1973年版，第74页。
② 俞绍初称："核之以《梁书》，此'三年'当'二年'之误。"见（南朝梁）萧统著，俞绍初校注：《昭明太子集校注》，郑州：中州古籍出版社2001年版，第321页。
③ （唐）李延寿：《南史》，北京：中华书局1975年版，第229页。
④ 俞绍初称："简文未至，昭明即有'与晋安王对弈扰道'之梦，足见其时昭明已失意于梁武，因忧虑前途，发而为梦也。"见（南朝梁）萧统著，俞绍初校注：《昭明太子集校注》，郑州：中州古籍出版社2001年版，第318页。
⑤ （宋）洪兴祖：《楚辞补注》，北京：中华书局1983年版，第212页。
⑥ （唐）房玄龄等：《晋书》，北京：中华书局1974年版，卷65，第1754页。

得无礼!"谥惧。①

有时可能会演化成很严重的事件,如《史记·吴王濞列传》载:

> 孝文时,吴太子入见,得侍皇太子饮博。吴太子师傅皆楚人,轻悍,又素骄,博,争道,不恭,皇太子引博局提吴太子,杀之。②

对晋安王萧纲"扰道"的焦虑,梦中太子萧统以怀柔处之,所谓"以班剑授之"。班剑,有纹饰的剑,为朝廷之物。汉制,朝服带剑;晋易以木,谓之班剑,取装饰灿烂之义。班剑后用作仪仗,由武士佩持,是天子以赐功臣宠臣的。但是,对自己的"以班剑授之",萧统又有焦虑,他猜测"王还,当有此加乎"。如真"有此加",那就是晋安王萧纲得到梁武帝的宠幸,梁武帝对晋安王萧纲的宠幸,自然是对自己的某种威胁,起码是削弱了自己吧。那么,把梦中的"与晋安王对弈扰道"与现实生活中的"王还,当有此加"的"以班剑授之"的猜测联系起来,我们就可以看出太子萧统在现实生活中的两重焦虑,其一,萧纲"被征入朝",表明梁武帝对萧纲心有所寄,于是会有晋安王萧纲对自己的"扰道";其二,当自己"以班剑授之"处理"扰道",梁武帝或又会"以班剑授之",岂不是自己地位岌岌乎危矣!

这种焦虑是有依据的,这就是"埋鹅"事件引起的太子萧统与梁武帝的隔阂(已见上),若不是徐勉之谏而梁武帝不再"穷其事"的话,萧统此时或已有可能被废。宋代叶适《习学记言序目》曾言"(徐)勉救昭明及沈约事,有补于时"③。《南史》又称"由是太子迄终以此惭慨",《资治通鉴》卷一五五称"由是太子终身惭愤,不能自明",由于"埋鹅"事件,梁武帝对太子萧统有所不满,太子萧统当然有焦虑,这时又听到晋安王萧纲进京的消息,左忧虑,右猜测,日有所思,夜有所梦,产生对自己太子地位将要不保的焦虑,那是自然不过的事。

另,萧绎《金楼子·后妃》在称赏其母阮修容有相面之术时这样记载:

---

① (唐)房玄龄等:《晋书》,北京:中华书局 1974 年版,卷 40,第 1174 页。

② (西汉)司马迁:《史记》,北京:中华书局 1959 年版,卷 106,第 2823 页。

③ (宋)叶适:《习学记言序目》,北京:中华书局 1977 年版,卷 33,第 475 页。

及昭明入朝，又云必无嗣立之相。俄而昭明薨。①

从"俄而昭明薨"看，阮修容的话必定与昭明太子薨的时间相距不远，应该是有"埋鹅"事件，阮修容才可能有这样的话，否则，阮修容怎么可能对太子说三道四；也就是说，朝廷内甚或社会上对昭明太子之位稳不稳已有看法。

三、萧统之死与萧纲为太子

中大通三年(531)，萧统逝世，一方面，梁武帝轰轰烈烈为太子萧统办丧事，《梁书·昭明太子传》载：

> 四月乙巳薨，时年三十一。高祖幸东宫，临哭尽哀。诏敛以衮冕。谥曰昭明。五月庚寅，葬安宁陵。诏司徒左长史王筠为哀册。②

另一方面，册立新太子的事也提上日程。《梁书·文学下·谢征传》：

> (中大通)三年，昭明太子薨，高祖立晋安王纲为皇太子，将出诏，唯召尚书左仆射何敬容、宣惠将军孔休源及征三人与议。③

应该是"将出诏"之时，梁武帝召集何敬容、孔休源及谢征谋议立晋安王纲为皇太子。孔休源本是晋安王纲旧臣，又是扬州府实权人物，《梁书·孔休源传》载：

> (孔休源)出为宣惠晋安王府长史、南郡太守、行荆州府州事。高祖谓之曰："荆州总上流冲要，义高分陕，今以十岁儿委卿，善匡翼之，勿惮周昌之举也。"对曰："臣以庸鄙，曲荷恩遇，方揣丹诚，效其一割。"上善其对，乃敕晋安王曰："孔休源人伦仪表，汝年尚幼，当每事师之。"……复为晋安王府长史、南兰陵太守，别敕专行南徐州事。休源累佐名藩，甚得民誉，王深相倚仗，军民机务，动止询谋。常于中斋别施一榻，云"此是孔长史坐"，人莫得预焉。其见敬

---

① (梁)萧绎撰、许逸民校笺：《金楼子校笺》，北京：中华书局2011年版，第382页。
② (唐)姚思廉：《梁书》，北京：中华书局1973年版，第169页。
③ (唐)姚思廉：《梁书》，北京：中华书局1973年版，第718页。

如此。……普通七年，扬州刺史临川王宏薨，高祖与群臣议代王居州任者久之，于时贵戚王公，咸望迁授，高祖曰："朕已得人。孔休源才识通敏，实应此选。"乃授宣惠将军、监扬州……昭明太子薨，有敕夜召休源入宴居殿，与群公参定谋议，立晋安王纲为皇太子。①

何敬容，多有萧统府太子东宫任职的经历，但他是贪贿之人，遭到时人鄙弃，如《南史·何敬容传》称：

敬容久处台阁，详悉晋魏以来旧事，且聪明识达，勤于簿领，诘朝理事，日旰不休。职隆任重，专预机密，而拙于草隶，浅于学术，通苞苴饷馈，无贿则略不交语。自晋宋以来，宰相皆文义自逸，敬容独勤庶务，贪吝为时所嗤鄙。……时萧琛子巡颇有轻薄才，因制《卦名》《离合》等诗嘲之，亦不屑也。②

江德藻弟从简"作《采荷调》刺何敬容，为当时所赏"③。何敬容是没有立场的人④。谢征，据《梁书》载，"时年位尚轻"⑤，则梁武帝在谋划新立太子一事时，有意避开了一些人，如萧统旧臣及可能坚持立嫡的保守臣僚。

且晋安王萧纲此年已在京城，梁武帝亦足有天下社稷之类冠冕堂皇的理由，《南史·昭明太子传》载：

帝既新有天下，恐不可以少主主大业，又以心衔，故意在晋安王，犹豫自四月上旬至五月二十一日方决。⑥

不立萧统子嗣而立萧纲为太子也有麻烦，如袁昂"独表言宜立昭明长息欢为皇太子"⑦，梁武帝也有措施安抚萧统诸子，《南史·昭明太子传》载：

---

① (唐)姚思廉：《梁书》，北京：中华书局1973年版，第520—521页。

② (唐)李延寿：《南史》，北京：中华书局1975年版，第796—797页。

③ (唐)李延寿：《南史》，北京：中华书局1975年版，第1477页。

④ 后来何敬容遭到萧统儿子的报复，《南史·何敬容传》载："后坐妾弟费慧明为导仓丞，夜盗官米，为禁司所执，送领军府。时河东王誉为领军，敬容以书解慧明。誉前经属事不行，因即封书以奏。帝大怒，付南司推劾。"这里说原因"前经属事不行"，但更应该与当年立太子事件有关。

⑤ (唐)姚思廉：《梁书·文学·谢征传》，北京：中华书局1973年版，第718页。

⑥ (唐)李延寿：《南史》，北京：中华书局1975年版，第1313页。

⑦ (唐)李延寿：《南史·袁昂传》，北京：中华书局1975年版，第713页。

（昭明太子）薨后，长子东中郎将南徐州刺史华容公欢封豫章郡王，次子枝江公誉封河东郡王，曲江公察封岳阳郡王，飑封武昌郡王，鉴封义阳郡王，各三千户。女悉同正主。蔡妃供侍，一同常仪，唯别立金华宫为异。帝既废嫡立庶，海内噂嗒，故各封诸子大郡，以慰其心。岳阳王察流涕受拜，累日不食。①

但此前已有谣言预示南徐州刺史华容公萧欢不可能继太子位。《南史·昭明太子传》：

先是人间谣曰："鹿子开城门，城门鹿子开，当开复未开，使我心徘徊。城中诸少年，逐欢归去来。"鹿子开者，反语为来子哭，云帝哭也。欢前为南徐州，太子果薨，遣中书舍人臧厥追欢，于崇正殿解发临哭。欢既嫡孙，次应嗣位，而迟疑未决。帝既新有天下，恐不可以少主主大业，又以心衔，故意在晋安王，犹豫自四月上旬至五月二十一日方决。欢止封豫章王还任。往谣言"心徘徊"者，未定也。"城中诸少年，逐欢归去来"，复还徐方之象也。②

当时的所谓谣言、谶语多是相关人士为特定政治目的而造作。"鹿子开"之谣言就是民间表达的立萧纲不立萧统子嗣的看法③。

萧纲被立为太子，有几件事做得不光彩。其一，萧纲立为太子，有《谢为皇太子表》《拜皇太子临轩竟谢表》；但是，萧纲对立为太子只有"谢"而无"让"，不合乎礼教社会的传统。《资治通鉴》卷一百五十五载：

丙申，立太子母弟晋安王纲为皇太子。朝野多以为不顺，司议侍郎周弘正，尝为晋安王主簿，乃奏记曰："谦让道废，多历年所。伏惟明大王殿下，天挺将圣，四海归仁，是以皇上发德音，以大王为

---

① （唐）李延寿：《南史》，北京：中华书局 1975 年版，第 1312 页。
② （唐）李延寿：《南史》，北京：中华书局 1975 年版，第 1313 页。
③ "埋鹅"事件、"荡舟没溺"、萧统之梦及此处的"南徐州反语"等，均《南史》载而《梁书》不载，我们不能视《南史》所载均不可信，还要看事理、情理。赵翼《廿二史札记》卷十《南史增删梁书处》云："《南史》增《梁书》事迹最多，李延寿专以博采见长……凡琐言碎事新奇可喜之迹，无不补缀入卷。"其卷九《梁书悉据国史立传》称，《梁书》"本之梁之国史也"，"有美必书，有恶必为之讳"；上述数事《梁书》不载，当是"为之讳"之处；不可视这些"琐言碎事新奇可喜之迹"全为不信。如吴光兴称萧统之梦为小说家言。（《萧纲萧绎年谱》，北京：社会科学文献出版社 2006 年版，第 161 页。）

储副。意者愿闻殿下抗目夷上仁之义,执子臧大贤之节,逃玉舆而弗乘,弃万乘如脱屣,庶改浇竞之俗,以大吴国之风。古有其人,今闻其语,能行之者,非殿下而谁!使无为之化复生于遂古,让王之道不坠于来叶,岂不盛欤!"王不能从。①

这段文字本《陈书·周弘正传》。古时有所谓"三让"之风,晋安王萧纲本有此风,他并非不懂"谦让"之礼,《梁书·简文帝纪》载"中大通元年,诏依先给鼓吹一部",萧纲作《让鼓吹表》;中大通二年,征为骠骑将军、扬州刺史,萧纲得到最想得到的位子,他也是要作《让骠骑扬州刺史表》的;而此时此刻萧纲毫无此风,在曾任其主簿的司议侍郎周弘正"奏记"提醒下,仍"不能从",可见其"被征入朝"与现在的被立为皇太子,是与梁武帝有着默契,也是有自己的想法、活动的。其实,《陈书·周弘正传》所载"奏记"中已称"夏启、周诵、汉储、魏两"不能与萧纲相比,他的提醒萧纲"谦让",也只是让让而已,但就是如此的表面文章,萧纲也不去做,又可见其"被征入朝"后的心态。萧纲提倡"立身先须谨重"(《诫当阳公大心》),而且自认为"立身行道,终始如一"(《自序》),而此时此刻对有利于消除影响的"三让"之礼,萧纲不从,梁武帝也默许,这是异乎寻常的。

其二,关于梁武帝对萧统"心衔"之事即"埋鹅"事件,萧纲是知道此事为"冤"的,《南史·昭明太子传》:

> 后邵陵王临丹阳郡,因邈之与乡人争婢,议以为诱略之罪牒官,简文追感太子冤,挥泪诛之。②

"埋鹅"事件的起因,是鲍邈之为了个人不被宠信的私怨,而无事生非告密,致使梁武帝与萧统有隙,萧纲明知萧统有"冤"未去说明。

其三,萧纲立太子后所作《谢为皇太子表》显示了其为皇太子的迫不及待。《表》中萧纲先称被立太子为"事异定陶之举",《汉书·成帝纪》载汉成帝为太子时之事:

---

① (宋)司马光:《资治通鉴》,北京:中华书局1956年版,第4809页。
② (唐)李延寿:《南史》,北京:中华书局1975年版,第1313页。

宣帝爱之，字曰太孙，常置左右。年三岁而宣帝崩，元帝即位，帝为太子。壮好经书，宽博谨慎。……其后幸酒，乐燕乐，上不以为能。而定陶恭王有材艺，母傅昭仪又爱幸，上以故常有意欲以恭王为嗣。赖侍中史丹护太子家，辅助有力，上亦以先帝尤爱太子，故得无废。①

所谓"事异定陶之举"，是说自己并不像定陶恭王凭着宠信要去顶替原来的太子。而《表》中又称被立太子为"有类胶东之册"，《汉书·外戚传》载：

景帝立齐栗姬男为太子，而王夫人男为胶东王。长公主嫖有女，欲与太子为妃，栗姬妒，而景帝诸美人皆因长公主见得贵幸，栗姬日怨怒，谢长主，不许。长主欲与王夫人，王夫人许之。会薄皇后废，长公主日谮栗姬短。景帝尝属诸姬子，曰："吾百岁后，善视之。"栗姬怒不肯应，言不逊，景帝心衔之而未发也。长公主日誉王夫子男之美，帝亦自贤之。又耳曩者所梦日符，计未有所定。王夫人又阴使人趣大臣立栗姬为皇后。大行奏事，文曰："'子以母贵，母以子贵。'今太子母号宜为皇后。"帝怒曰："是乃所当言邪！"遂案诛大行，而废太子为临江王。栗姬愈恚，不得见，以忧死。卒立王夫人为皇后，男为太子。②

所谓"有类胶东之册"，是说像初为胶东王的汉武帝一样，是因为原先的太子犯错误被废而自己被立为太子的，这不是对萧统的诋毁吗？

此时，大唱颂歌者也已经出现，如《南史·始兴忠武王传》附《子晔传》载，"简文入据监抚，晔献《储德颂》"③。待萧纲入主东宫，撤萧统旧人，换自己新人，"昭明太子薨，新宫建，旧人例无停者"④，整个太子的变更顺利完成，《南史·梁本纪下》载：

四月，昭明太子薨。五月丙申，立晋安王为皇太子。七月乙

①（东汉）班固撰，（唐）颜师古注：《汉书》，北京：中华书局 1962 年版，第 301 页。
②（东汉）班固撰，（唐）颜师古注：《汉书》，北京：中华书局 1962 年版，第 3946 页。
③ 不能判断萧子晔献《储德颂》就在这一年，姑且先列之。
④（唐）姚思廉：《梁书·文学下·刘杳传》，北京：中华书局 1973 年版，第 717 页。

亥,临轩策拜。以修缮东宫,权居东府。四年九月,移还东宫。①

四、萧纲入主东宫后的行动与"宫体"时代的开启

萧纲入主东宫后,雄心勃勃要做一些事情,政治上,其《答徐摛书》说:

> 山涛有云,东宫养德而已。但今与古殊,时有监抚之务,竟不能黜邪进善,少助国章,献可替不! 仰神圣政,以此惭惶,无忘夕惕,驱驰五岭,在戎十年,险阻艰难,备更之矣。观夫全躯具臣,刀笔小吏,未尝识山川之形势,介胄之勤劳,细民之疾苦,风俗之嗜好,高阁之闲可来,高门之地徒重,玉馔罗前,黄金在握,足訾粟斯,容与自熹,亦复言轩羲以来,一人而已。使人见此,良足长叹。②

他不愿意只是"养德而已",称要尽到自己的"监抚之务"的责任,这就是"黜邪进善,少助国章"。

学术上,"中大通三年,皇太子召与诸儒录《长春义记》"③,《隋志》经部《论语》类"著录《长春义记》一百卷。召诸儒编撰儒家书籍,这本是太子的传统,如曹丕,"帝好文学,以著述为务,自所勒成垂百篇。又使诸儒撰集经传,随类相从,凡千余篇,号曰《皇览》"④。

另一工作就是开始整顿文风。其《答湘东王书》云:

> 比见京师文体,儒钝殊常,竞学浮疏,争为阐缓。玄冬修夜,思所不得,既殊比兴,正背风骚。若夫六典三礼,所施则有地,吉凶嘉宾,用之则有所,未闻吟咏情性,反拟《内则》之篇,操笔写志,更摹《酒诰》之作,迟迟春日,翻学《归藏》,湛湛江水,遂同《大

---

① (唐)李延寿:《南史》,北京:中华书局1975年版,第29页。
② (唐)欧阳询:《艺文类聚》,上海:上海古籍出版社1982年版,第480—481页。
③ (唐)李延寿:《南史·许懋传》,北京:中华书局1975年版,第1487页。
④ 据《三国志·魏书·刘劭传》载,刘劭黄初中"受诏集五经群书,以类相从,作《皇览》";但据《三国志·魏书·文帝纪》注引《魏书》:"帝初在东宫,疫疠大起,时人彫伤,帝深感叹,与素所敬者大理王朗书曰:'生有七尺之形,死唯一棺之土,唯立德扬名,可以不朽,其次莫如著篇籍。疫疠数起,士人彫落,余独何人,能全其寿?'故论撰所著《典论》、诗赋,盖百余篇,集诸儒于肃城门内,讲论大义,侃侃无倦。"编撰《皇览》之类,是其当太子立下的宏愿。

传》。……诗既若此,笔又如之。徒以烟墨不言,受其驱染,纸札无情,任其摇襞,甚矣哉,文之横流,一至于此![1]

如果萧纲不是身为太子、作为储副坐镇京城,批评"京师文体"这样的话,是他能够说的吗?萧统的辞世标志《文选》时代的结束;而萧纲政治权力的获得马上就表现在文学思想的更替上,即宫体诗时代的开启,《梁书·徐摛传》载:

> (晋安)王入为皇太子,(徐摛)转家令,兼掌管记,寻带领直。摛文体既别,春坊尽学之,"宫体"之号,自斯而起。[2]

"宫体"自春坊而天下,强势登场。"宫体"时代的开启并不温馨。唐人刘肃《大唐新语·公直》载:

> 先是,梁简文帝为太子,好作艳诗,境内化之,浸以成俗,谓之"宫体"。晚年改作,追之不及,乃令徐陵撰《玉台集》,以大其体。[3]

或认为这个说法并不可靠。假如萧纲晚年悔作艳诗,那就应该停止艳诗创作;假如有人撰录艳诗集如《玉台新咏》之类,也应该制止才对,而为什么还要"乃令徐陵撰《玉台集》"呢?刘肃的意思成了萧纲坚持错到底,一不做二不休,而且还要让艳诗"以大其体"。但是毕竟刘肃有这样的说法,学者又探讨"以大其体"是什么意思。一般认为,这是将历代叙写男女之情的诗作都收录起来,为艳诗即宫体诗找到历史根据,为宫体诗张目,扩大宫体诗的影响。[4] 萧纲也需要《玉台新咏》"以大其体",因此可以说,《玉台新咏》在客观上确实是起到了为宫体诗"以大其体"的作用。

---

[1] (唐)姚思廉:《梁书》,北京:中华书局 1973 年版,第 690—691 页。一般认为此文作于中大通三年秋冬之际,见张伯伟《禅与诗学》,杭州:浙江人民出版社 1992 年版,第 213—215 页;吴光兴:《萧纲萧绎年谱》,北京:社会科学文献出版社 2006 年版,第 171 页。

[2] (唐)姚思廉:《梁书》,北京:中华书局 1973 年版,第 447 页。(晋)陈寿撰,(南朝宋)裴松之注:《三国志·魏书·文帝纪》,北京:中华书局 1959 年版,第 88 页。

[3] (唐)刘肃:《大唐新语》,北京:中华书局 1984 年版,第 42 页。

[4] 对刘肃说法的不可靠,刘跃进有很好的论证,见其《玉台新咏研究》中"诸说平议"一节(《玉台新咏研究》,北京:中华书局 2000 年版,第 68—69 页),此处不赘。又如吴冠文论证今本《大唐新语》并非唐代刘肃所撰的原书,而是明人参考《太平御览》等类书所引《大唐新语》并加以增窜而成的伪书,故其所言萧纲命徐陵编《玉台新咏》事不足征信。详见吴冠文所撰《关于今本〈大唐新语〉的真伪问题》《再谈今本〈大唐新语〉的真伪问题》《三谈今本〈大唐新语〉的真伪问题》,分别载于《复旦学报》(社会科学版)2004 年第 1 期、2005 年第 4 期、2007 年第 1 期。

五、萧纲撰昭明太子《别传》《文集》

萧统逝世,萧纲亦极尽悼念之事,先是表现在撰《昭明太子别传》《昭明太子文集》并上表献呈。其上表曰:

> 臣闻无怀、有巢之前,书契未作;尊卢、赫胥之氏,坟典不传。若夫正少阳之位,主承祧之则,口实为美,唯称启诵,自兹厥后,罕或闻焉。昭明太子,禀仁圣之资,纵生知之量,孝敬兼极,温恭在躬。明月西流,幼有文章之敏;羽仪东序,长备元良之德。蕴兹三善,弘此四聪,非假二疏,宁劳四皓,虎贲恧其经学,智囊惭其调护。岂止博望延宾,寿春能赋,问疑枣据,书戒马陵而已哉。玉折何追,星颓靡续;地尊虢嗣,外阳之术无征,位比周储,缑山之驾不返。臣以不肖,妄作明离,出入铜龙,瞻仰故实,思所揄扬盛轨,宣记德音。谨撰《昭明太子别传》、文集,请备之延阁,藏诸广内;永彰茂实,式表洪徽。[①]

表中称太子的著述最早的是"启诵",即大禹太子启的《甘誓》(在《尚书》中,是夏启即位后,兴兵讨伐有扈氏所作的军前动员令),而昭明太子继之而"幼有文章之敏",多有"德音",故"谨撰"其《别传》《文集》,以显示昭明太子的"茂实""洪徽"。文中多用各朝代太子以比拟萧统。

梁简文帝编纂《昭明太子集》又有序,其中先以"窃以文之为义,大哉远矣"称述萧统之"文",然后总结萧统"十四德",包括:天命所集、孝、悌、招揽人才、政务、仁恕、仁惠、爱民、放郑声、俭朴、信仰佛教、读书、藏书、校勘。

第二节　萧统与萧绎、萧纶

萧绎,字世诚,小字七符,梁武帝第七子,昭明太子异母弟。天监十三年(514),封湘东王。梁武帝死,即位于江陵,是为梁元帝。

萧统《答湘东王求〈文集〉及〈诗苑英华〉书》曰:

---

① (南朝梁)萧统著,俞绍初校注:《昭明太子集校注》,郑州:中州古籍出版社2001年版,第247页。

得疏，知须《诗苑英华》及诸文制。发函伸纸，阅览无辍。虽事涉乌有，义异拟伦，而清新卓尔，殊为佳作。夫文典则累野，丽亦伤浮。能丽而不浮，典而不野，文质彬彬，有君子之致，吾尝欲为之，但恨未逮耳。观汝诸文，殊与意会；至于此书，弥见其美。远兼邃古，傍概典坟，学以聚益，居焉可赏。①

文集，指刘孝绰所编的《昭明太子集》，成书于普通三年（522），为十卷。《梁书·刘孝绰传》载："太子文章繁富，群才咸欲撰录，太子独使孝绰集而序之"②，即此书。《诗苑英华》，南史萧统本传所言之《英华集》二十卷，《梁书》作《文章英华》。湘东王萧绎闻《昭明太子集》《诗苑英华》新成，欲兼求而观之，昭明即作此书以答之。书中盛赞湘东王萧绎之作"清新卓尔"，引发自己叙说"丽而不浮，典而不野，文质彬彬，有君子之致"的文学观念，并以湘东王萧绎之作"远兼邃古，傍概典坟"的称赞作结。

萧绎爱好读书又喜好文学，自称"韬于文士，愧于武夫"，故萧统有此书与他讨论文学问题，萧纲也有《答湘东王书》与他讨论文学问题。

萧统有《咏弹筝人诗》，诗曰：

故筝犹可惜，应度新人边。尘多涩移柱，风燥脆调弦。还作《三洲曲》，谁念九重泉。③

萧绎有《和弹筝人诗二首》，其曰：

横筝在故帷，忽忆上弦时。旧柱未移处，银带手经持。悔道啼将别，交成今日悲。

琼柱动金丝，秦声发赵曲。流征含阳春，美手过如玉。④

都是以筝写人，故题名为"咏弹筝人"。

邵陵王萧纶（507—551）为丁充华所生，字世调，小字六真，武帝第六子。天监十三年（514）封邵陵郡王。普通五年（524）以西中郎将权摄南徐州事。中大通四年（532）为扬州刺史。太清二年（548）位中卫将军、开府

---

① （南朝梁）萧统著，俞绍初校注：《昭明太子集校注》，郑州：中州古籍出版社2001年版，第155页。
② （唐）姚思廉：《梁书》，北京：中华书局1973年版，第480页。
③ （南朝梁）萧统著，俞绍初校注：《昭明太子集校注》，郑州：中州古籍出版社2001年版，第40—41页。
④ （南朝梁）萧统著，俞绍初校注：《昭明太子集校注》，郑州：中州古籍出版社2001年版，第42页。

仪同三司。侯景构逆,加征讨大都督,率众征讨景。大宝元年(550)遭侯景军袭击,走定州,入汝南(今属河南)。西魏又遣兵来攻,城陷被杀。

萧统对萧纶有救命之恩,据《南史·邵陵携王纶传》载:

> 尝逢丧车,夺孝子服而著之,匍匐号叫。签帅惧罪,密以闻。帝始严责,纶不能改,于是遣代。纶悖慢逾甚,乃取一老公短瘦类帝者,加以衮冕,置之高坐,朝以为君,自陈无罪。使就坐剥裈,捶之于庭。忽作新棺木,贮司马崔会意,以辒车挽歌为送葬之法,使妪乘车悲号。会意不堪,轻骑还都以闻。帝恐其奔逸,以禁兵取之,将于狱赐尽。昭明太子流涕固谏,得免,免官削爵土还第。[①]

萧统尝救萧纶一命,此举合乎萧统"仁"的品行,史称"太子明于庶事,纤毫必晓,每所奏有谬误及巧妄,皆即就辩析,示其可否,徐令改正,未尝弹纠一人。平断法狱,多所全宥,天下皆称仁"[②]。

萧统逝世,萧纲继为太子,据说萧纶有所行动:

> 初,昭明之薨,简文入居抚监,(萧)纶不谓德举,而云"时无豫章,故以次立"。及庐陵之没,纶觖望滋甚,于是伏兵于莽,用伺车驾。[③]

萧纶之所以有"伏兵于莽,用伺车驾"的行为,可能有报恩的原因。即便算不得报答萧统的救命之恩,但有这样的行为,或许只是传说,亦表达了人们对立萧纲不立萧统子嗣的看法。

第三节　萧统文学集团

一、萧统身边的文人

《梁书·昭明太子传》记载:"十四年正月朔旦,高祖临轩,冠太子于

---

① (唐)李延寿:《南史》,北京:中华书局 1975 年版,第 1322—1323 页。
② (唐)姚思廉:《梁书·萧统传》,北京:中华书局 1973 年版,第 167 页。
③ (唐)李延寿:《南史》,北京:中华书局 1975 年版,第 1326 页。

太极殿。"①天监十四年(515)萧统 15 岁时,梁武帝萧衍为其举行了冠礼。冠礼之后,萧统便开始帮助梁武帝处理政事,还受到后者的影响崇佛。同时,《梁书·昭明太子传》记载,萧统"多引纳才学之士,赏爱无倦。恒自讨论篇籍,或与学士商榷古今,闲则继以文章著述,率以为常。于时东宫有书几三万卷,名才并集,文学之盛,晋、宋以来未之有也"②。

萧统太子官署的"才学之士"及其与萧统的文学关系如下:

庾黔娄、殷钧、到洽、明山宾诸人,《梁书·孝行·庾黔娄传》载:

> (庾)黔娄少好学,多讲诵《孝经》,未尝失色于人……东宫建,以本官侍皇太子读,甚见知重,诏与太子中庶子殷钧、中舍人到洽、国子博士明山宾等,递日为太子讲《五经》义。③

时在天监七年。萧统后又在中庶子殷钧、中舍人到洽、国子博士明山宾等文士的指点下,对于《五经》等儒家经典及其义理有了更深的认识和理解。

殷钧,字季和,为太子舍人,《梁书·殷钧传》载:

> 时年九岁,以孝闻。及长,恬静简交游,好学有思理……(高祖)以女妻钧,即永兴公主也。天监初,拜驸马都尉,起家秘书郎、太子舍人,司徒主簿,秘书丞。④

到洽,字茂沿,曾任太子中庶子。"少知名,清警有才学士行"⑤,当年与到沆、萧琛、任昉侍宴华光殿,赋二十韵诗,以他的辞为工,赐绢二十匹。

明山宾,字孝若,曾侍昭明太子读,任太子右卫率。"十三博通经传","时初置《五经》博士,山宾首膺其选"。明山宾死后,萧统对殷芸称说心中的"伤悼",并"追忆谈绪"。⑥ 萧统还给萧纲写信悼念到洽与明山宾,称他俩"皆海内之俊乂,东序之秘宝",并回忆当年"游处周旋,并淹

---

① (唐)姚思廉:《梁书》,北京:中华书局 1973 年版,第 165 页。
② (唐)姚思廉:《梁书》,北京:中华书局 1973 年版,第 167 页。
③ (唐)姚思廉:《梁书》,北京:中华书局 1973 年版,第 650—651 页。
④ (唐)姚思廉:《梁书》,北京:中华书局 1973 年版,第 407 页。
⑤ (唐)姚思廉:《梁书·到洽传》,北京:中华书局 1973 年版,第 403 页。
⑥ (唐)姚思廉:《梁书·到洽传》,北京:中华书局 1973 年版,第 405—407 页。

岁序,造膝忠规,岂可胜说"的亲密相处。①

刘孝绰,原名冉,小字阿士,为太子洗马。《梁书·刘孝绰传》载,孝绰"幼聪敏,七岁能属文",当时"号曰神童"。其舅王融"每言曰:'天下文章,若无我当归阿士'"。其"辞藻为后进所宗,世重其文,每作一篇,朝成暮遍,好事者咸讽诵传写,流闻绝域"。其父刘绘与沈约、任昉、范云当年都曾是竟陵王萧子良西邸文学集团的成员,他们都对孝绰的文才十分赞赏。"时昭明太子好士爱文,孝绰与陈郡殷芸、吴郡陆倕、琅邪王筠、彭城到洽等,同见宾礼。太子起乐贤堂,乃使画工先图孝绰焉"。② 刘孝绰有《侍宴集贤堂应令诗》即咏乐贤堂游宴之事:

> 北阁时既启,西园又已辟。宫属引鸿鹭,朝行命金碧。伊臣独何取,隆恩徒自昔。布武登玉墀,委坐陪瑶席。绸缪参宴笑,淹留奉觞醳。壶人告漏晚,烟霞起将夕。反景入池林,余光映泉石。③

殷芸,字灌蔬,《梁书·殷芸传》载:曾在裴子野文学集团中,后在昭明太子处任侍读,直东宫学士省。

陆倕,字佐公,"少勤学,善属文"④,曾任太子中庶子。萧子显有《侍宴饯陆倕应令》,诗云:

> 储皇饯离送,广命传羽觞。侍游追曲水,开宴等清漳。新泉已激浪,初卉始含芳。雨罢叶增绿,日斜树影长。⑤

"应令",魏晋以来指应皇太子之命而和诗文,此处的"储皇"即指萧统。诗作叙写萧统送别陆倕的一次宴会,"广命传羽觞"是说饯别的场面很大;"侍游追曲水",是说饯别盛况比得上朝廷的上巳日庆宴,而上巳日庆宴又常常与送别合在一起,如颜延之《三月三日曲水诗序》记载的就是宋文帝元嘉十一年上巳节以及送别诸王的情形;"开宴等清漳"是说饯宴如同魏太子曹丕与诸文士的聚会。诗末"雨罢叶增绿,日斜树影

---

① (唐)姚思廉:《梁书·到洽传》,北京:中华书局1973年版,第405页。
② (唐)姚思廉:《梁书》,北京:中华书局1973年版,第479—483页。
③ 逯钦立:《先秦汉魏晋南北朝诗》,北京:中华书局1973年版,第1827页。
④ (唐)姚思廉:《梁书·陆倕传》,北京:中华书局1973年版,第401页。
⑤ 逯钦立:《先秦汉魏晋南北朝诗》,北京:中华书局1973年版,第1819页。

长"二句,含蓄地表达出离别后的惆怅。

王筠,字元礼,任太子洗马并掌东宫书记,《梁书·王筠传》载,"幼警寤,七岁能属文","少擅文名",沈约每见其文"咨嗟吟咏,以为不逮也";又载:"(王筠)累迁太子洗马、中舍人,并掌东宫管记。昭明太子爱文学士,常与筠及刘孝绰、陆倕、到洽、殷芸等游宴玄圃,太子独持筠袖、抚孝绰肩而言曰:'所谓左把浮丘袖,右拍洪崖肩。'其见重如此。"①把王筠、刘孝绰说成是仙人浮丘、洪崖。这里叙说萧统宠幸的几位文士,都是当时非常有名的。

沈约,字休文,为当时文坛领袖,天监五年(506)以右光禄大夫领太子詹事。沈约又在天监六年(507)为太子少傅。

又有所谓的"东宫十学士",《南史·王彧传》附《王锡传》载:

> 时昭明太子尚幼,武帝敕(王)锡与秘书郎张缵使入宫,不限日数。与太子游狎,情兼师友。又敕陆倕、张率、谢举、王规、王筠、刘孝绰、到洽、张缅为学士,十人尽一时之选。②

王锡,字公嘏,"幼而警悟";王锡"除太子洗马,时昭明尚幼,未与臣僚相接。高祖敕:'太子洗马王锡,秘书郎张缵,亲表英华,朝中髦俊,可以师友事之。'"③其实他只比昭明太子大两岁。张缵,字伯绪,曾任太子舍人,转洗马、中舍人,并掌管记。

张率,字士简,"十二能属文,常日限为诗一篇,或数日不作,则追捕之,稍进作赋颂,至年十六,向作二千余首"④。

谢举,字言物,"尝赠沈约五言诗,为约称赏",任太子舍人,"太子庶子,家令,掌东宫管记,深为昭明太子赏接"。⑤

王规,字威明,高祖"诏群臣赋诗,同用五十韵,(王)规援笔立奏,其文又美",曾被"敕与陈郡殷钧、琅邪王锡、范阳张缅同侍东宫,俱为昭明

① (唐)姚思廉:《梁书》,北京:中华书局1973年版,第484—485页。
② (唐)李延寿:《南史》,北京:中华书局1975年版,第641页。
③ (唐)姚思廉:《梁书·王锡传》,北京:中华书局1973年版,第326页。
④ (唐)李延寿:《南史·张率传》,北京:中华书局1975年版,第815页。
⑤ (唐)姚思廉:《梁书·谢举传》,北京:中华书局1973年版,第529页。

太子所礼"。①

张缅，字元长，太子洗马、太子中庶子。"少勤学，自课读书，手不辍卷，尤明后汉及晋代众家"。张缅死后，萧统写信给张缅的弟弟张缵表示悲悼之情，并回忆当年情况，张缅"自列宫朝，二纪将及，义惟僚属，情实亲友。文筵讲席，朝游夕宴，何曾不同兹胜赏，共此言寄"。②

范岫，字懋宾，以光禄大夫侍皇太子。

王茂，天监六年为太子詹事。

临川王萧宏为太子太傅。

陆襄，字师卿，以"淳深孝性"著名，"昭明太子闻(陆)襄业行，启高祖引与游处，除太子洗马，迁中舍人，并掌管记"。③ 江总《梁故度支尚书陆君诔》云："思媚储后，游息承华，书记策擢，爵命增加。弹棋击筑，沈李浮瓜。追随飞盖，侍从鸣笳。"④说的是他在文学集团中的活动。

刘勰，字彦和，东宫通事舍人。他曾撰写《文心雕龙》五十篇，"论古今文体，引而次之。""昭明太子好文学，深爱接之。"⑤

徐勉与他所举荐的东宫学士。徐勉，字修仁，当年他主东宫及太子读书之事而长期在东宫。他"领太子中庶子，侍东宫。昭明太子尚幼，敕知宫事。太子礼之甚重，每事询谋。尝于殿内讲《孝经》，临川靖惠王、尚书令沈约备二傅，(徐)勉与国子祭酒张充为执经，王莹、张稷、柳憕、王暕为侍讲"。⑥

何思澄，字元静，兼东宫通事舍人，"天监十五年，敕太子詹事徐勉举学士入华林撰《遍略》，(徐)勉举(何)思澄(字元静)等五人以应选"。⑦

徐勉所举五人中还有刘杳、顾协。"詹事徐勉举(刘)杳及顾协等五人入华林撰《遍略》"；刘杳，字士深，"大通元年，迁步兵校尉，兼东宫通事舍人。昭明太子谓曰：'酒非卿所好，而为酒厨之职，政为卿不愧古人

① (唐)姚思廉：《梁书·王规传》，北京：中华书局1973年版，第582页。
② (唐)姚思廉：《梁书·张缅传》，北京：中华书局1973年版，第491—492页。
③ (唐)姚思廉：《梁书·陆襄传》，北京：中华书局1973年版，第409页。
④ 严可均：《全上古三代秦汉三国六朝文·全隋文》，北京：中华书局1958年版，第4074页。
⑤ (唐)姚思廉：《梁书》，北京：中华书局1973年版，第710页。
⑥ (唐)姚思廉：《梁书·徐勉传》，北京：中华书局1973年版，第378页。
⑦ (唐)姚思廉：《梁书·何思澄传》，北京：中华书局1973年版，第714页。

耳。'太子有瓠食器,因以赐焉,曰:'卿有古人之风,故遗卿古人之器。'"①还有"(钟)屿亦预焉"②。天监十四年,昭明太子行冠礼,自此昭明太子亲自主持东宫事宜,因此,天监十五年举学士之事,当是他所指派的。

杜之伟,字子大,徐勉"乃启补东宫学士,与学士刘陟等抄撰群书,各为题目"。

到沆,字茂瀣,天监初为太子洗马,兼东宫书记。

刘苞,字孝尝,为太子洗马。

庾仲容,吏部尚书,徐勉任其为太子舍人,后随安成王为中记室,昭明太子因他本与自己有旧,"特降钱宴,赐诗曰:'孙生陟阳道,吴子朝歌县,未若樊林举,置酒临华殿。'时辈荣之。"③

此外还有太子詹事柳恽、太子中庶子范云、太子庶子萧琛等。

二、萧统文学集团的活动及萧统与诸学士的关系

萧统《答湘东王求〈文集〉及〈诗苑英华〉书》中说到与文士在一起的文学活动:

> 或日因春阳,其物韶丽,树花发,莺鸣和,春泉生,暄风至,陶嘉月而嬉游,藉芳草而眺瞩;或朱炎受谢,白藏纪时,玉露夕流,金风时扇,悟秋山之心,登高而远托。或夏条可结,倦于邑而属词,冬雪千里,睹纷霏而兴咏。密亲离则手为心使,昆弟宴则墨以情露。又爱贤之情,与时而笃,冀同市骏,庶匪畏龙。不如子晋,而事似洛滨之游;多愧子桓,而兴同漳川之赏。漾舟玄圃,必集应、阮之俦;徐轮博望,亦招龙渊之侣。校核仁义,源本山川;旨酒盈罍,嘉肴溢俎。曜灵既隐,继之以朗月;高春既夕,申之以清夜。并命连篇,在兹弥博。④

① (唐)李延寿:《南史·刘杳传》,北京:中华书局 1975 年版,第 1224 页。
② (唐)姚思廉:《梁书·钟嵘传》,北京:中华书局 1973 年版,第 697 页。
③ (唐)姚思廉:《梁书·文学·庾仲容传》,北京:中华书局 1973 年版,第 723—724 页。
④ (南朝梁)萧统著,俞绍初校注:《昭明太子集校注》,郑州:中州古籍出版社 2001 年版,第 155—156 页。

其中说到学士的人才之盛,说到聚会、游宴中的文学创作活动,诸如"悟秋山之心,登高而远托","倦于邑而属词","睹纷霏而兴咏","密亲离则手为心使,昆弟宴则墨以情露","并命连篇,在兹弥博"之类皆是。

萧统有《大言诗》与《细言诗》,殷钧、王规、王锡、张缵、沈约等应令奉和。

萧统的许多诗作写到佛教聚会,诗中多写到讲论的高僧与听讲的文士,如《东斋听讲诗》中说"长筵永生肇,庶席谅徐、陈"①,即称讲论的高僧如同东晋高僧僧肇,而听讲的文士与建安七子之徐干、陈琳一般。

萧统有《玄圃讲诗》②,叙写自己在东宫玄圃园讲佛义佛法,诗中写道"名利白巾谈,笔札刘王给",前句说自己像国子生一般从高僧学佛;后句说有众学士陪侍自己作文。"名利","名"为名相,佛教概念,"利"为利物,利于一切众生;"白巾",国子生之服;"刘、王",刘桢、王粲,建安文士,陪侍曹丕赋诗作文。萧纲有《玄圃园讲颂序》也说到萧统与诸文士的关系,所谓"乃于玄圃园,栖聚德心之英,并命陈、徐之士,抠谈永日,讲道终朝,宾从无声"③。萧纲《上皇太子玄圃园讲颂启》说到萧统与诸僧人、诸学士探讨佛法佛义的情形:

> 伏惟殿下,体高玄赜,养道春禁,牢笼文囿,渔猎义河,注意龙宫,研心宝印,云聚生、什之材,并命应、王之匹,探机析理,怡然不倦,朱华景月,讵此忘罢。④

萧统有《钟山讲解诗》,《广弘明集》载录陆倕、萧子显、刘孝绰、刘孝仪有《奉和昭明太子钟山讲解诗》各一首,当是萧统偕文学之士游钟山开善寺而作。开善寺有高僧智藏,《续高僧传》卷五《智藏传》载:"皇太子尤相敬接,将致北面之礼,肃恭虔往;朱轮徐动,鸣笳启路,降尊下礼,就而谒之。"⑤萧统诗中有"轮动文学乘,笳鸣宾从静",取曹丕《与朝歌令吴质书》之义:"每念昔日南皮之游,诚不可忘。既妙思《六经》,逍遥百

① (南朝梁)萧统著,俞绍初校注:《昭明太子集校注》,郑州:中州古籍出版社2001年版,第7页。
② (南朝梁)萧统著,俞绍初校注:《昭明太子集校注》,郑州:中州古籍出版社2001年版,第16页。
③ (南朝梁)萧统著,俞绍初校注:《昭明太子集校注》,郑州:中州古籍出版社2001年版,第154页。
④ (南朝梁)萧统著,俞绍初校注:《昭明太子集校注》,郑州:中州古籍出版社2001年版,第153页。
⑤ (唐)道宣撰,郭绍林点校:《续高僧传》,北京:中华书局2014年版,第173页。

氏,弹棋间设,终以六博,高谈娱心,哀筝顺耳。驰鹜北场,旅食南馆,浮甘瓜于清泉,沈朱李于寒水。白日既匿,继以朗月,同乘并载,以游后园,舆轮徐动,参从无声,清风夜起,悲笳微吟……方今蕤宾纪时,景风扇物,天气和暖,众果具繁。时驾而游,北遵河曲,从者鸣笳以启路,文学托乘于后车"①。陆倕之作有"副君怜世网,广命萃人英"二句②。

今存萧统的文章、诗歌,有不少是写给其文学集团成员的,从中可看出萧统对文学之

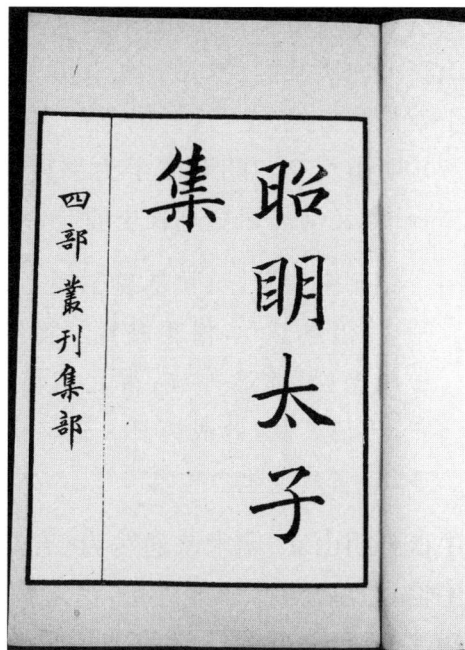

《昭明太子集》

士的关心、爱护和彼此之间的友情及共同进行文学活动的情况,其中更多的是萧统对文学之士才华的赞赏。

与明山宾的关系。《梁书·明山宾传》载萧统《与明山宾令》,云:

> 明祭酒虽出抚大藩,拥旄推毂,珥金拖紫,而恒事屡空。闻构宇未成,今送薄助。③

萧统闻明山宾筑室不就,送上资助,并赠明山宾诗,诗云:

> 平仲古称奇,夷吾昔擅美。令则挺伊贤,东秦固多士。筑室非道傍,置宅归仁里。庚桑方有系,原生今易拟。必来三径人,将招《五经》士。④

首四句说古代贤人晏婴(平仲)、管仲(夷吾)举动行为为其同乡明山宾

---

① (南朝梁)萧统撰、(唐)李善注:《文选》,北京:中华书局1977年版,第590—591页。
② (南朝梁)萧统著,俞绍初校注:《昭明太子集校注》,郑州:中州古籍出版社2001年版,第35页。
③ (唐)姚思廉:《梁书》,北京:中华书局,1973年版,第406页。
④ (唐)姚思廉:《梁书》,北京:中华书局1973年版,第406页。

做出榜样，"筑室"二句写明山宾筑室而财用不足之事，"庚桑"二句称扬明山宾可比庚桑楚、原宪。末二句写与明山宾交友者，非"三径人"之类隐士就是"《五经》士"这样的学问客。《梁书·明山宾传》载，大通元年(527)，明山宾卒，"昭明太子为举哀，赙钱十万，布百匹，并使舍人王颛监护丧事，又与前司徒左长史殷芸令"，即《与殷芸令》：

> 北兖信至，明常侍遂至殒逝，闻之伤恒。此贤儒术该通，志用稽古，温厚淳和，伦雅弘笃。授经以来，迄今二纪，若其上交不谄，造膝忠规，非显外迹，得之胸怀者，盖亦积矣。摄官连率，行当言归，不谓长往，眇成畴日。追忆谈绪，皆为悲端，往矣如何！昔经联事，理当酸怆也。①

此中谈到明山宾"儒术该通"，为《五经》博士二十四年；谈到明山宾"上交不谄，造膝忠规，非显外迹，得之胸怀"的交友原则，回忆与明山宾交往谈绪的情形，并说往时殷芸与明山宾同在东宫任职，对明山宾的逝世，也"理当酸怆"。从中我们可以看到文学集团领袖与文学之士的深厚友谊，也可由此而理解文学集团领袖对文学之士的欣赏，主要在于哪些方面。

与到洽的关系。《梁书·到洽传》载，大通元年(527)，到洽卒，萧统有《与晋安王纲令》，其云：

> 明北兖、到长史遂相系凋落，伤恒悲惋，不能已已。去岁陆太常殂殁，今兹二贤长谢。陆生资忠履贞，冰清玉洁，文该四始，学遍九流，高情胜气，贞然直上。明公儒学稽古，淳厚笃诚，立身行道，始终如一，傥值夫子，必升孔堂。到子风神开爽，文义可观，当官莅事，介然无私。皆海内之俊乂，东序之秘宝。此之嗟惜，更复何论。但游处周旋，并淹岁序，造膝忠规，岂可胜说？幸免祗悔，实二三子之力也。谈对如昨，音言在耳，零落相仍，皆成异物，每一念至，何时可言。天下之宝，理当恻怆。近张新安又致故，其人文笔弘雅，亦足嗟惜。随弟府朝，东西日久，尤当伤怀也。比人物零落，特可

① (唐)姚思廉：《梁书》，北京：中华书局1973年版，第406—407页。

伤惋。属有今信,乃复及之。①

此文悼念陆倕、明山宾、到洽、张率四人。先说陆倕"资忠履贞"云云,再说明山宾"儒学稽古"云云,又说到洽"风神开爽"云云,称他们为"海内之俊义,东序之秘宝","东序"即国子学。"但游处周旋,并淹岁序,造膝忠规,岂可胜说? 幸免祇悔,实二三子之力也"云云,是说此数人对自己的帮助。最后说到张率,称其"文笔弘雅",逝世"亦足嗟惜",万分可惜。全文是对逝世的文学之士的悼念。

与殷钧的关系。《梁书·殷钧传》载,中大通元年(529),殷钧的母亲逝世,殷钧"母忧去职,居丧过礼,昭明太子忧之,手书诫谕"其曰:

> 知比诸德,哀顿为过,又所进殆无一溢,甚以酸耿。迥然一身,宗奠是寄,毁而灭性,圣教所不许。宜微自遣割,俯存礼制,饘粥果蔬,少加勉强。忧怀既深,指故有及,并令缪道臻口具。②

全文致以深切的哀悼并劝诫殷钧节哀顺变。

与张缅的关系。《梁书·张缅传》载,中大通三年(531),张缅卒,"高祖举哀,昭明太子亦往临哭",并给张缅弟张缵写信悼念,这就是《与张缅弟缵书》,云:

> 贤兄学业该通,莅事明敏,虽倚相之读《坟》《典》,郤縠之敦《诗》《书》,惟今望古,蔑以斯过。自列宫朝,二纪将及,义惟僚属,情实亲友。文筵讲席,朝游夕宴,何曾不兹胜赏,共此言寄? 如何长谢,奄然不追! 且年甫强仕,方申才力,摧苗落颖,弥可伤惋。念天伦素睦,一旦相失,如何可言。言及增哽,揽笔无次。③

先是称赏张缅"学业该通,莅事明敏",古人倚相、郤縠也不能比,何况今人。又说张缅与自己的关系是"义惟僚属,情实亲友";"文筵讲席,朝游夕宴"数句,回忆文学集团的文学活动。最后述悼念之情并安慰张缵。

萧统有《宴阑思旧诗》,对逝世的文学之士表示深切的怀念。诗云:

---

① (唐)姚思廉:《梁书》,北京:中华书局1973年版,第404—405页。
② (唐)姚思廉:《梁书》,北京:中华书局1973年版,第408页。
③ (唐)姚思廉:《梁书》,北京:中华书局1973年版,第492页。

孝若(明山宾)信儒雅,稽古文敦淳。茂沿(到洽)实俊朗,文义纵横陈。佐公(陆倕)持方介,才学罕为邻。灌蔬(殷芸)实温雅,摛藻每清新。余非狎异客,惟旧且怀仁。绸缪似河曲,契阔等漳滨。如何离灾尽,眇漠同埃尘。一起应刘念,泫泫欲沾巾。①

诗中追念逝世的文学之士,"余非狎异客,惟旧且怀仁"是说自己对旧友的亲爱之情。"绸缪似河曲,契阔等漳滨"二句以曹丕与其文学之士的友情及文学活动来比拟自己。末四句表示对数人的深切怀念。

---

① (南朝梁)萧统著,俞绍初校注:《昭明太子集校注》,郑州:中州古籍出版社2001年版,第46—47页。

第四章　昭明太子的创作

　　昭明太子萧统,信奉佛教,尤好文学,喜引纳才学之士,所谓"恒自讨论篇籍,或与学士商榷古今;闲则继以文章著述,率以为常"①。在萧梁前期,萧统地位可与曹魏建安时期的曹丕相匹敌,且其本人在诗作中常以曹丕与其手下文士作比。在殷钧、明山宾、到洽等东宫文士的教导下,萧统对儒家经典义理有了很深的认识,而且这也在一定程度上影响了他在文学上的创作与观念,其不乏儒家思想的浓厚色彩。王筠曾在《昭明太子哀册文》中赞美萧统:"吟咏性灵,岂惟薄伎;属词婉约,缘情绮靡。字无点窜,笔不停纸;壮思泉流,清章云委。"②指出萧统确实是才思敏捷,诗文创作有既不乏华美而又不失婉约的特点。刘孝绰在《昭明太子集序》中赞赏萧统云:"深乎文者,兼而善之,能使典而不野,远而不放,丽而不浮,约而不俭,独擅众美,斯文在斯。"③指出萧统不但众体兼善,而且能达到"文质彬彬"的境界。萧纲在《昭明太子集序》评价萧统的创作是"言随手变,丽而不淫"④。上述评论,或有部分溢美称颂之词,但多少也可以看出萧统在文学创作实践上的努力。现以俞绍初校注的《昭明太子集》为依据,对其中共收确为萧统的诗作27首,赋5首,文28首分别进行详细的分类研究,以下试而论之。另外,关于《拟古诗》《林下作妓诗》《美人晨妆诗》《春日宴晋熙王诗》《咏新燕诗》《晚春

---

① (唐)姚思廉:《梁书》,北京:中华书局1973年版,第167页。
② (唐)姚思廉:《梁书》,北京:中华书局1973年版,第170页。
③ (南朝梁)萧统著,俞绍初校注:《昭明太子集校注》,郑州:中州古籍出版社2001年版,第245页。
④ (南朝梁)萧统著,俞绍初校注:《昭明太子集校注》,郑州:中州古籍出版社2001年版,第245页。

诗《名士悦倾城诗》《照流看落钗诗》《江南弄三首》等 11 首诗,与《蝉赋》《与东宫官属令》《东宫掘得慈觉寺钟启》《谢敕赉铜造善觉寺塔露盘启》《谢敕赉边城橘启》《谢敕赉广州瓯等启》《谢敕赉河南菜启》《谢敕赉大菘启》《谢敕赉魏国所献锦等启》《锦带书十二月启》《祭达摩大师文》《招真馆碑》12 篇文,俞绍初皆考证为存疑之作,此处不论。

第一节　萧统的诗歌

萧统在《文选序》中说"诗赋体既不一,又以类分"①,《文选》的诗是以类相分,共分为 23 类,对后世的诗歌分类研究有重大意义和影响,具有非常重要的文学价值,它暗含了选者或选者所处时代的文学观念,并且将其传递后世,影响极大。现试以《文选》分类研究为参照,对萧统诗歌进行分类研究,讨论其艺术特色蕴藏的独特内涵,如此或可探索萧统的诗歌创作与《文选》编纂的选录标准的关系,挖掘萧统诗歌创作的艺术追求与《文选》编纂的差异性及内在关联性。

一、萧统诗歌存佚考论

萧统有诗才,史书及他人皆有记录或论述。如《梁书·昭明太子传》称萧统"读书数行并下,过目皆忆。每游宴祖道,赋诗至十数韵"②。王筠亦称萧统"字无点窜,笔不停纸;壮思泉流,清章云委"③。萧统诗才敏捷,其文学创作成果理应丰厚,但其作品流传下来的却不多。普通三年(522),萧统让刘孝绰辑录其作品成集,据《梁书·刘孝绰传》记载:"太子文章繁富,群workers咸欲撰录,太子独使孝绰集而序之。"④刘孝绰《昭明太子集序》亦云:"粤我大梁之二十一载,盛德备乎东朝。……但职官书记,预闻盛藻,歌咏不足,敢忘编次。谨为一帙十卷,第目如左"⑤,可

---

① (梁)萧统编,(唐)李善注:《文选》,北京:中华书局 1977 年版,第 2 页下。
② (唐)姚思廉:《梁书》,北京:中华书局 1973 年版,第 166 页。
③ (唐)姚思廉:《梁书》,北京:中华书局 1973 年版,第 170 页。
④ (唐)姚思廉:《梁书》,北京:中华书局 1973 年版,第 480 页。
⑤ (南朝梁)萧统著,俞绍初校注:《昭明太子集校注》,郑州:中州古籍出版社 2001 年版,第 245 页。

知萧统当有文集 10 卷。萧统卒后,萧纲编《昭明太子集》20 卷,应是《隋书·经籍志》《旧唐书·经籍志》《新唐书·艺文志》等所云"梁《昭明太子集》二十卷",可知到唐代开元左右,萧统文集应有 20 卷。宋袁说友《昭明太子集跋》云:"池阳郡斋既刊《文选》与《双字》二书,于以示敬事昭明之意。今又得昭明文集五卷而并刊焉。"①可知,淳熙八年(1181)之前有萧统文集五卷本,也即陈振孙《直斋书录解题》卷十六云:"《昭明太子集》五卷(梁太子萧统德施撰)。"②

　　但现在留存下来的萧统诗歌数量不多,逯钦立《先秦魏晋南北朝诗》所辑有 32 首(还另有一首断句),俞绍初以诗、赋、文分类编排,校订为《昭明太子集校注》,辑有诗歌 38 首,但是对其中的《拟古诗·窥红对镜敛双眉》《林下作妓诗》《美人晨妆诗》《春日宴晋熙王诗》《咏新燕诗》《晚春诗》《名士悦倾城诗》《照流看落钗诗》《江南弄三首》等 11 首存疑,仅作为附录归类于后。今又有学者考证认定属于萧统的诗歌应当增加为 34 首,另有《晚春》《林下作妓诗》《拟古二首之二·窥红对镜敛双眉》《江南曲》《艳歌篇十八韵》《南湖》《紫骝马》《新燕》8 首存疑,比一般传统学界认可的 27 首多出《有所思》《咏照流看落钗》《莲舟买荷度》《和湘东王名士悦倾城》《美人晨妆》《龙笛曲》《采莲曲》7 首诗作③,扩大了萧统女性题材诗歌创作的数量,可备一说。今仅以学界一致认可作者为萧统所作的《大言诗》《细言诗》《示云麾弟诗》《东斋听讲诗》《讲席将毕赋三十韵诗依次用》《玄圃讲诗》《和上游钟山大爱敬寺诗》《开善寺法会诗》《示徐州弟诗》《饯庾仲容诗》《钟山解讲诗》《贻明山宾诗》《咏弹筝人诗》《同大僧正讲诗》《宴阑思旧诗》《咏山涛王戎诗二首》《拟古诗·晨风被庭槐》《咏书帙诗》《咏同心莲诗》《貌雪诗》《将进酒》《长相思》《三妇艳》《上林》《饮马长城窟行》《相逢狭路间》等 27 首诗作(不包括一首断句)为中心进行探讨。

---

① (南朝梁)萧统著,俞绍初校注:《昭明太子集校注》,郑州:中州古籍出版社 2001 年版,第 250—251 页。
② (宋)陈振孙撰,徐小蛮、顾美华点校:《直斋书录解题》,上海:上海古籍出版社 1987 年版,第 465 页。
③ 详见徐艳、朱梦雯:《萧统诗歌真伪及相关问题考论》,《兰州大学学报》(社会科学版)2012 年 5 月第 40 卷第 3 期,第 46—52 页。

二、参照《文选》诗的萧统诗分类

萧统《文选序》中称"诗赋体既不一，又以类分"，明言所录之诗是要分类的，现依《文选》诗的分类观念，对萧统 27 首诗进行综合分类研究。而佛教类诗歌是《文选》诗中没有单独成类的，萧统的诗作中多有佛教类诗歌，故单独另列一类考察。

（一）赠答类

赠答类诗经过先秦"赠言"的萌芽，再到两汉苏李诗的发展成型，到六朝时期已经很成熟了，成了文人们，也包括君臣之间日常交往、唱和常用的诗歌类型。《文选》的赠答类诗歌可分为赠答以送行、赠答述所遇、赠答以咏怀、赠答以劝励赞赏、赠答以述相思述友情、赠答为办某事等。① 依此分类，萧统现存的赠答诗共有四首，分别是《示云麾弟诗》《示徐州弟诗》和《贻明山宾诗》《和上游钟山大爱敬寺》，主要是赠答以述友情。如《贻明山宾诗》（并令）云：明祭酒虽出抚大藩，拥旄推毂，珥金拖紫，而恒事屡空。闻构宇未成，今送薄助。

> 平仲古称奇，夷吾昔擅美。令则挺伊贤，东秦固多士。筑室非道傍，置宅归仁里。庚桑方有系，原生今易拟。必来三径人，将招《五经》士。②

据《梁书·列传》卷二十七记载："（普通）四年，（明山宾）迁散骑常侍，领青、冀二州大中正。东宫新置学士，又以山宾居之，俄以本官兼国子祭酒。初，山宾在州，所部平陆县不稔，启出仓米以赡人。后刺史检州曹，失簿书，以山宾为耗阙，有司追责，籍其宅入官，山宾默不自理，更市地造宅。昭明太子闻筑室不就，有令曰：'明祭酒虽出抚大藩，拥旄推毂，珥金拖紫，而恒事屡空。闻构宇未成，今送薄助。'并贻诗。"③此诗说的是明山宾因开仓放粮为有司所究，住宅被没收入官，新的房子还没建成，萧统知道后就赐金贻诗以助之。明山宾生性老实，据史书载："山宾

① 胡大雷：《文选诗研究》，西安：世界图书出版西安有限公司 2014 年版，第 243—251 页。
② （南朝梁）萧统著，俞绍初校注：《昭明太子集校注》，郑州：中州古籍出版社 2001 年版，第 38 页。
③ （唐）姚思廉：《梁书》，北京：中华书局 1973 年版，第 406 页。

性笃实,家中尝乏用,货所乘牛。既售受钱,乃谓买主曰:'此牛经患漏蹄,治差已久,恐后脱发,无容不相语。'买主遽追取钱。处士阮孝绪闻之,叹曰:'此言足使还淳反朴,激薄停浇矣。'"说的是明山宾卖牛已经成交,他还把牛曾病过的事实告诉买主,结果买主又收回了钱,可见明山宾淳厚老实、童叟无欺的高尚道德品质。萧统的这首诗的开首两句以晏子和夷吾作比来赞美明山宾。晏子,名婴,字仲,谥平,史多称平仲。孔子说晏平仲善于与人交往,相识时间久了,别人更加尊敬他,故史多称晏子为奇人。管仲夷吾者,颍上人也,后来管仲任国之相,以区区之齐在海滨,采取了通货积财等一系列政策,富国强兵,与俗同好恶。故其称曰"仓廪实而知礼节,衣食足而知荣辱,上服度则六亲固",他认为身为当权者的国君行为合乎法度,"六亲"的关系才会得以稳固。"令则挺伊贤,东秦固多士。"伊贤是农业的创立者,不仅治国有方,而且贤德之至,辅佐了好几代君王。战国时,秦昭王曾称西帝,齐湣王曾称东帝,两国皆以其富强而东西并立,后因称齐国或齐地为"东秦"。此诗盛赞管仲晏子任助理的典范表现,暗指明山宾则是当世的伊贤。"筑室非道傍,置宅归仁里。"意味明山宾筑室未就,实以其有仁人之心,而不是多谋少断。"庚桑方有系,原生今易拟。必来三径人,将招《五经》士。"庚桑,即庚桑楚,其人有至德,却不以贤人自居。原生,即原宪,字子思,是孔子的弟子,子贡乘大马见原宪,原宪华冠縰履,杖藜而应门。子贡以其病,原宪说,"无财谓之贫,学而不能行谓之病。今宪贫也,非病也。"三径人,汉时蒋翊告病辞官,隐居乡里,在院中开辟三径,只与求仲、羊仲来往,此指隐逸之人。五经指《易》《尚书》《诗》《礼》《春秋》,五经士,即五经博士。此诗风格典雅,用典较多,可看出二人的亲密知己关系。

《示云麾弟诗》[①],是萧统写给弟弟萧纲的离别诗。

云麾弟,指云麾将军晋安王萧纲,此诗是天监十四年萧纲赴任江州之时萧统所写的离别诗,作为赠答以送行。此诗开首两句说天上的白云被江阻隔而断,浔阳江一分为二、山风飘动。"山万仞兮多高峰,流九

---

① (南朝梁)萧统著,俞绍初校注:《昭明太子集校注》,郑州:中州古籍出版社2001年版,第5页。

派兮饶江渚",九派,据《文选》郭璞《江赋》云:"流九派乎寻阳。"李善注引应劭《汉书》注云:"江自庐江浔阳分为九。"①饶,即多、众多之意。山高万仞、高峰很多,江自庐江浔阳分而为九,江中多小洲。"上岧峣兮乃逼天,下微濛兮后兴雨。实览历兮此名地,故邀游兮兹胜所。"意指山峰很高直逼云天,细雨迷蒙接着就要下大雨了。如果来到这样的名胜之地,那就更要邀请我一览这样的胜景所在了。"尔登涉兮一长望,理化顾兮忽忆予。想玉颜兮在目中,徒踟蹰兮增延伫。"登山涉水远远眺望,顾视政事之余忽然想起了你。你的如玉容颜闪现在我的心中,只能徘徊不前站在山前久立而望向远方,这里饱含萧统对弟弟的深深思念之情,兄弟二人的情深由此可见一斑。诗中以白云、浔阳江流、高山、山风、江渚、微雨等自然景物,表达对弟弟萧纲的不舍之情,由景入情,情景交融,兄弟间的真挚情感跃然纸上。

《示徐州弟诗》②,是写萧纲去往外地做官,萧统赠答,以述相思述友情。萧统在诗中直叙兄弟二人的美好情谊,以及回忆以往重聚的美好时光,并期盼二人早日再重聚。言语恳切,情感真挚,读来可见萧统之文思斐然。此诗当为普通二年萧统赠别萧纲而作。徐州弟,普通二年春正月甲戌,晋安王萧纲新除益州刺史,改为(南)徐州刺史,故称。诗云:

> 载披经籍,言括典坟。郁哉元气,焕矣天文。二仪肇建,清浊初分。粤生品物,乃有人伦。(其一)

披,开。括,检阅。据《隋书·经籍志三》云:"天文者,所以察星辰之变,而参于政者也。"③二仪,指天地。清浊指清气与浊气,引申以喻天地阴阳二气。据《文选·左思〈魏都赋〉》云:"夫泰极剖判,造化权舆,体兼昼夜,理包清浊。"李善注:"清轻者上为天,浊重者下为地。"④粤,古同"聿""越""曰",文言助词,用于句首或句中。品物,犹万物。人伦,犹人类,据《孟子·滕文公上》云:"使契为司徒,教以人伦:父子有亲,君臣有义,

---

① (梁)萧统编,(唐)李善注:《文选》,北京:中华书局1977年版,第183页下。

② (南朝梁)萧统著,俞绍初校注:《昭明太子集校注》,郑州:中州古籍出版社2001年版,第22—24页。

③ (唐)魏征:《隋书》,北京:中华书局1973年版,第1021页。

④ (梁)萧统编,(唐)李善注:《文选》,北京:中华书局1977年版,第95页下。

夫妇有别，长幼有叙，朋友有信。"①此段意思是说，打开古代的图书，搜求三坟五典之书，发现天地未分前的混沌之气很旺盛，天地之间的星辰焕发光明。天地刚开始建立，阴阳二气才开始区分开来。才生出了万物，才有了人类及礼教所规定的君臣、父子、夫妇、兄弟、朋友及各种尊卑长幼关系。

> 人伦惟何？五常为性。因以泥黑，犹麻违正。违仁则勃，弘道
> 斯盛。友于兄弟，是亦为政。（其二）

五常，即父义、母慈、兄友、弟恭、子孝五种伦常道德。据《书·泰誓下》云："今商王受，狎侮五常。"唐孔颖达正义："五常即五典，谓父义、母慈、兄友、弟恭、子孝五者。"②泥黑，《荀子·劝学》云："蓬生麻中。不扶自直；白沙在涅，与之俱黑。……故君子居必择乡，游必就士，所以防邪辟而近中正也。"③《论语·里仁》云："君子无终食之间违仁，造次必于是，颠沛必于是。"④《论语·为政》云："孝乎唯孝，友于兄弟，施于有政。"⑤此段意思是说，什么是人类呢？人或事物的本身所具有的能力和本质属性。因为白沙在涅，与之俱黑，所以麻不正而要使其正。君子是不会有吃一顿饭的工夫就不仁德的，大道不会和仁相悖，只有友爱兄弟才是为政之道。

> 伊予与尔，共气分躯。顾昔髫发，追惟绮襦。绸缪紫披，兴寝
> 每俱。朝游青琐，夕步彤庐。（其三）

此段萧统回顾兄弟二人少年时代的情感。萧统与萧纲是骨肉之亲，虽然躯体各异，但是兄弟二人气血相通、忧患与共。回想当年兄弟二人还是童子垂发之时，都是知书识礼的少年郎。二人还在皇宫后妃居所时

① （汉）赵岐注，（宋）孙奭疏：《孟子注疏》，阮元校刻《十三经注疏》本，上海：上海古籍出版社1997年版，第2705页下。
② （汉）孔安国传，（唐）孔颖达等正义：《尚书正义》，阮元校刻《十三经注疏》本，上海：上海古籍出版社1997年版，第182页上。
③ （清）王先谦：《荀子集解》，北京：中华书局1988年版，第5—6页。
④ （魏）何晏注，（宋）邢昺等疏：《论语注疏》，阮元校刻《十三经注疏》本，上海：上海古籍出版社1997年版，第2471页上。
⑤ （魏）何晏注，（宋）邢昺等疏：《论语注疏》，阮元校刻《十三经注疏》本，上海：上海古籍出版社1997年版，第2463页上。

感情缠绵亲切，每天都是共同起床睡觉，朝夕相处，早晚共游，出入于皇宫殿舍。

> 惟皇建国，疏爵树亲。既固盘石，亦济蒸人。亦有行迈，去此洛滨。自兹厥后，分析已频。（其四）

此段萧统讲述兄弟面临分别之事，回忆道，等父皇建梁朝后就开始分封爵位、栽培亲属。既要内使皇室坚固如磐石，又要外救济百姓于涂炭。我们二人行于人生道路之上，直到达于京城建康。萧纲首次离京是在天监九年任南兖州刺史时，此后，兄弟二人经常离别。

> 济河之隔，载离寒暑。甫旋皇邑，遽临荆楚。分手澄江，中心多绪。形反桂宫，情留兰渚。（其五）

此段萧统讲述兄弟以往分别之事说，你在南兖州时有济河之隔，我们兄弟二人要经历寒暑之别。你刚回到京都建康不久，天监十三年突然又要去以丹阳尹出任荆州刺史。我们在澄江分别，我的心中满是对你的忧思之情。我的身体回到了太子东宫居所，心却留在了送别你的兰渚路边。

> 有命自天，亦徂梦苑。欣此同席，欢焉忘饭。九派仍临，三江未反。滔滔不归，悠悠斯远。（其六）

此段萧统讲述与兄弟分别后的心情：因为受了父亲梁武帝之命，曾去过梦苑之地荆州。欢喜地同席坐在一起，开心得忘了吃饭。江自庐江浔阳分而为九，你于天监十四年以荆州刺史改任江州刺史，改任时又没有回京，所以说是"三江未反"。你那么久都不回来，我对你的思念之情也久久不散。

> 长赢屈节，令弟旋兹。载睹玉质，我心则夷。逍遥玉户，携手丹墀。方符昔语，信矣怡怡。（其七）

此段萧统回忆兄弟二人久未谋面得以重见的欢喜之情。令弟萧纲夏天终于回来了，天监十七年以江州刺史征为西中郎将、领石头戍军事，才返回京城。终于得以目睹了你的美玉之体，我的心也平静下来了。自由自在且开心地在宫殿里携手共叙兄弟之情。这正好符合古人《论语·子路》"兄弟怡怡"所形容的、兄弟在一起喜悦欢乐的样子。

> 宴君画室,靖眺铜池。三坟既览,四始兼摛。嘉肴玉俎,旨酒金卮。阴阴色晚,白日西移。(其八)

此段萧统回忆兄弟二人在皇宫中宴饮之乐。在宫殿里宴请兄弟,以谨慎怵惕的心情等待着入朝拜谒父皇。最古的三皇之书已经阅览过了,"风""小雅""大雅""颂"之类的诗歌也已经铺陈开来了。各种美味佳肴和酒肉都已经摆上了桌,共同宴饮直到天色幽暗,太阳也要落山了。

> 西移已夕,华烛云景。屑屑风生,昭昭月影。高宇既清,虚堂复静。义府载陈,玄言斯逞。(其九)

此段萧统回忆兄弟二人在皇宫中谈诗论理之乐。太阳已经落山,华美的烛火映照着天空云的景色。风吹不止,月亮明亮,悬于空中。高大的楼宇很清静,高堂也重新安静下来了。兄弟二人探讨起诗书,聊起了精微深奥的佛教义理。

> 纶言遄降,伊尔用行。有行安适,义乃维城。载脂朱毂,亦抗翠旌。怒如朝饥,独钟予情。(其十)

此段萧统述说兄弟二人又要面临离别了。父皇梁武帝的诏书很快降下,尔后就要开始遵行了。萧纲要接着出守南徐州、护城卫国。出行的车毂用脂膏涂抹使之滑润易行,车上也举起了翠绿色的旌旗。见不到你的时候,我对你的思念之情如朝饥时思念饮食一样。

> 远于将之,爰适上苑。霭霭云浮,暧暧景晚。予叹未期,尔悲将远。日夕解袂,鸣笳言反。(其十一)

此段述说兄弟二人分别的伤感之情。你又要远行了,我要到禁苑去送你。此时天空中的云都聚集在一起,天空也昏暗不明。我只能喟叹兄弟二人相见未有期,而思念的伤感也来了。天晚的时候我们二人又将分手,而笛子声声却都似在催你回来。

> 言反甲馆,雨面莫收。予若西岳,尔譬东流。兴言思此,心为

如浮。玉颜虽阻，金相嗣丘。（其十二）

此段萧统述说兄弟二人分别，自己的相思及祝愿之意。当我返回太子宫甲观的时候，已经泣涕如雨泪流满面了。我就像在西岳，你就如在东流。想到这里，我的心像泛水之舟沉浮不定、忐忑不安。虽然你的金玉之相因两地阻隔我暂时见不到了，但是你要继承南徐州先人的美德啊！

萧统赠答诗，又如《和上游钟山大爱敬寺诗》云：

> 唐游薄汾水，周载集瑶池。岂若钦明后，回鸾鹫岭岐？神心鉴无相，仁化育有为。以兹慧日照，复见法雨垂。万邦跻仁寿，兆庶涤尘羁。望云虽可识，日用岂能知？鸿名冠子姒，德泽迈轩羲。班班仁兽集，足足翔凤仪。善游兹胜地，兹岳信灵奇。嘉木互纷纠，层峰郁蔽亏。丹藤绕垂干，绿竹荫清池。舒华匝长阪，好鸟鸣乔枝。霏霏庆云动，靡靡祥风吹。谷虚流凤管，野绿映丹麾。帷宫设塵外，帐殿临郊垂。俯同南风作，斯文良在斯。伊臣限监国，即事阻陪随。顾惟实庸菲，冲薄竟奚施？至理徒兴羡，终然类管窥。上圣良善诱，下愚惭不移。[①]

这是萧统和梁武帝游钟山大爱敬寺诗。萧统因留守未能陪同游览，故而事后奉和而由此作诗。

萧统的奉和诗作，亦有很多佛语。如"无相"，指的是摆脱世俗之有相认识所得之真如实相，也指涅槃。"慧日"，指的是佛的智慧能像太阳一样普照世界。"法雨"，意谓佛法能滋润众生。"尘羁"，即指尘累。此诗第一层次说唐尧到了汾水边，周穆王觞西王母于瑶池之上，以此为比喻来称赞梁武帝钦明，以仁恩化育有为之人。说梁武帝能以仁德安抚民众和臣子，则群生得以安逸而寿考，万民得以洗涤尘累。接着称颂梁武帝，说他可为圣君，则可望云而知，但是他的体道之功，并非常人所能见识。萧统又称赏梁武帝能使神人响应，四方仰慕，可以达到迈过三王、超越五帝之境界。他这样以仁德治国，则可以达到仁兽聚集，有凤来仪。此诗第二层次说父亲游览大爱敬寺这样的佛门圣地时，山岳的

① （南朝梁）萧统著，俞绍初校注：《昭明太子集校注》，郑州：中州古籍出版社2001年版，第18页。

奇异秀丽之景色。树木交错纠纷、上干青云,山峰参差,遮蔽了日月之光。丹藤缠绕着垂直的树干,绿竹荫蔽着清池。红花环绕着长阪,好鸟鸣叫在乔枝上。天上的云彩若烟非烟、若云非云、郁郁纷纷,靡靡的祥风吹动也是因为德至八方之故。谷虚传播着凤笙的声音,野绿映照着红色的旌幡。此诗第三层次叙说萧统未能与梁武帝同游的遗憾,以及对其的感恩。梁武帝张帐为宫,设在城外的居民区,帐殿在郊区的远处。父亲以孝事乃父,所以他作的诗与南风之意相同,也是孝子之诗。按照古制,太子应该遵循"君行则守,有守则从,从曰抚军,守曰监国"之礼,所以这次因为监国而未能陪同梁武帝同游。只怪我资质平庸,年弱无能,对于佛理只能徒自艳羡而最终以管窥天,所见者小。最后也充满了对梁武帝谈佛说理的尊敬之情,"上圣良善诱,下愚惭不移",即说自己感恩梁武帝的循循善诱之苦心,又惭愧怕因为自己的愚钝不能有所改变。

此诗以景色描写为主,在艺术手法上以赠诗的形式把游钟山大爱敬寺所遇的嘉木、层峰、丹藤、垂干、绿竹、清池、舒华、长阪、好鸟、乔枝、庆云、祥风、谷虚、凤管、野绿、丹麾等各色景物写给梁武帝,也把自己的心境"至理徒兴羡,终然类管窥",即梁武帝循循善诱,自己却愚钝不解的情形告诉对方,这也是赠答的内容。

以上可见,萧统赠答类诗歌,往往是直抒胸臆的,表达着自己的真情实感。这基本上摆脱了当时南朝时期赠答诗写作的基本套路的弊端,即赠答类诗歌的双方常是君臣关系,有着上下地位的区别,因而容易陷入恭维、客套,掩盖了诗人真实内心的情感表达。

(二)哀伤类

《文选》诗哀伤类,诗歌可分为为人生、为社会而哀伤的诗作,为他人死亡而哀伤的诗作,从哀伤群体死亡到哀伤个体死亡等。[①]《宴阑思旧》是萧统的一首哀伤类的悼亡诗,诗云:

> 孝若信儒雅,稽古文敦淳。茂沿实俊朗,文义纵横陈。佐公持
> 方介,才学罕为邻。灌蔬实温雅,摛藻每清新。余非狎异者,惟旧

① 胡大雷:《文选诗研究》,西安:世界图书出版西安有限公司 2014 年版,第 228—233 页。

且怀仁。绸缪似河曲,契阔等漳滨。如何离灾尽,眇漠同埃尘。一起应刘念,泫泫欲沾巾。①

此诗写作的场合是宴会,诗的标题有"宴"字,但是诗中追念着明山宾、到洽、陆倕、殷芸四位友人,故当归为哀伤类。此诗深切表达了对曾经和自己朝夕相处的东宫四位学士的深切怀念和哀悼之情。萧统爱文学之士,常与王筠、刘孝绰、陆倕、到洽、殷芸等游宴谈学,据《梁书·王筠传》载:"昭明太子爱文学士,常与筠及刘孝绰、陆倕、到洽、殷芸等游宴玄圃,太子独执筠袖、抚孝绰肩而言曰:'所谓左把浮丘袖,右拍洪崖肩。'其见重如此。"②孝若,指明山宾;茂沿,指到洽;佐公,指陆倕;灌蔬,指殷芸。萧统与明山宾、到洽、陆倕、殷芸四位东宫学士朝夕相处,时而谈论学术,时而唱和诗文,建立了深厚的友谊和真切的感情,萧统对于他们相继去世深感沉痛和惋惜,这正类似于曹丕之哀悼应玚、刘桢等文士,末句"一起应刘念,泫泫欲沾巾"更体现出了萧统"好士爱文"的文人本色。明山宾是昭明太子的启蒙老师,梁武帝初建梁朝时就设置五经博士,明山宾即首膺其选,梁朝初期的诸多礼仪亦多出自其手,可以说在一定程度上昭明太子萧统的人伦道德等方面的儒学观念的形成,是与明山宾对其的影响密不可分的。诗的前面几句称许四位友人的才德,后面笔锋一转,抒发哀悼、思念旧友之情,情感哀婉真挚。在四位友人亡故后,萧统在给萧纲的《与晋安王纲令》中写道:"明北兖、到长史遂相系凋落,伤怛悲惋,不能已已。去岁陆太常殂殁,今兹二贤长谢。……皆海内之俊乂,东序之秘宝。此之嗟惜,更复何论。但游处周旋,并淹岁序,造膝忠规,岂可胜说? 幸免祗悔,实二三子之力也。谈对如昨,音言在耳。零落相仍,皆成异物,每一念至,何时可言。天下之宝,理当恻怆。近张新安又致故,其人文笔弘雅,亦足嗟惜。随弟府朝,东西日久,尤当伤怀也。比人物零落,特可伤惋。"③可见他对友人的思念情感之深。

---

① (南朝梁)萧统著,俞绍初校注:《昭明太子集校注》,郑州:中州古籍出版社 2001 年版,第46—47 页。
② (唐)姚思廉:《梁书》,北京:中华书局 1973 年版,第 485 页。
③ (南朝梁)萧统著,俞绍初校注:《昭明太子集校注》,郑州:中州古籍出版社 2001 年版,第185—186 页。

（三）游览类

《文选》诗游览类诗歌可分为游览园林景物、游览山水景物、游览名胜古迹、游一般性景物等。[①]《开善寺法会诗》《钟山解讲诗》二首，虽也是和佛教类有关，但以描写游览佛寺的景物为主，故而宜归为游览类。萧统游览类以描写游览佛寺景观景色为主，通过对景色的描写尽量白描、铺陈的艺术手法，显示出一种自然平淡的艺术特点，加以对大自然中蕴含的佛理的体悟。如《开善寺法会诗》云：

> 栖乌犹未翔，命驾出山庄。诘屈登马岭，回互入羊肠。稍看原蔼蔼，渐见岫苍苍。落星埋远树，新雾起朝阳。阴池宿早雁，寒风催夜霜。兹地信闲寂，清旷惟道场。玉树琉璃水，羽帐郁金床。紫柱珊瑚地，神幢明月珰。牵萝下石磴，攀桂陟松梁。涧斜日欲隐，烟生楼半藏。千祀终何迈？百代归我皇。神功照不极，睿镜湛无方。法轮明暗室，慧海渡慈航。尘根久未洗，希霭垂露光。[②]

法会，是佛教徒聚众听讲佛经的佛事活动。此诗为萧统在开善寺所作。开善寺，在钟山，天监十四年造，据《续高僧传·释智藏传》卷五记载："逮有梁革命，大弘正法，皇华继至，方游京辇。天子下礼承修，荣贵莫不来敬。圣僧宝志迁神，窆岁于钟阜，于墓前建塔寺，名开善，敕藏居之。……帝将受菩萨戒，敕僧正牒老宿德望，时超正略牒法深、慧约、智藏三人，而帝意在于智藏，仍取之矣。皇太子尤相敬接，将致北面之礼，肃恭虔往，朱轮徐动，鸣笳启路。降尊下礼，就而谒之，从遵戒范，永为师傅。……皇太子闻而游览，各赋诗而返，其后章云：'非曰乐逸游，意欲识箕、颍。'……是旦遘疾，至于大渐，帝及储君，中使相望，四部白黑，日夜参候。敕为建斋，手制愿文，并继以医药，而天乎不愁，唯增不降。临终词色详正，遗言唯在弘法。"[③]可知，开善寺是由梁武帝"天子下礼承修"，"皇太子尤相敬接，将致北面之礼"，萧统曾拜释智藏为师学佛，"皇太子闻而游览，各赋诗而返"，萧统曾游"寺外山曲别立头陀之舍六所"，

[①] 胡大雷：《文选诗研究》，西安：世界图书出版西安有限公司 2014 年版，第 176—177 页。
[②]（南朝梁）萧统著，俞绍初校注：《昭明太子集校注》，郑州：中州古籍出版社 2001 年版，第 29—30 页。
[③]（唐）道宣撰，郭绍林点校：《续高僧传》，北京：中华书局 2014 年版，第 168—173 页。

　　此诗主要描写了游览佛寺开善寺沿途所见的景色,诗末尾表达了
向佛之心。全诗是以时间的不断变化发展来描写佛教景物的,把所见
的景色都精炼地勾勒出来,浓墨重彩地展现了佛寺景色的细微之处,可
以看出萧统对自然景色的审美情趣。诗作的第一层次主要描写了游览
过程中所见的栖鸟、山庄、马岭、羊肠、原蔼、苍岫、落星、远树、新雾、朝
阳、阴池、早雁、寒风、夜霜、道场、玉树、琉璃水、羽帐、郁金床等自然景
色;诗作的第二层次主要刻画了紫柱、珊瑚、神幢、明月珰、牵萝、石磴、
桂、松梁、斜涧、落日、烟、楼等与佛寺紧密相关的景色,而且景物随着时
间的变化而变化,充满了对自然景色的审美情趣和特定的佛教意境;诗
作的第三层次主要描写了心向佛门之思,多用佛语。法轮,意指佛法,
又称梵轮,或曰宝轮。慧海,佛教语,意谓佛的智慧深广如海。慈航,佛
教语,意谓佛、菩萨以慈悲之心度人,就如航船之济众,使众生脱离生死
苦海。尘根,佛教语,根尘相接,便产生了六识,导致种种烦恼。萧统用
"千祀终何迈? 百代归我皇"句把千年百代定于一尊之功,归于梁武帝
建立梁朝,用神一般的功绩颂扬萧衍。梁武帝向佛,而佛的智慧深广如
海,以慈悲之心度人,如航船之济众,使人脱离生死苦海。尘世间的种
种烦恼让我久未得以洗涤,希望能得到佛法的雨露普施。

　　又如,《钟山解讲诗》云:

　　　　清宵出望园,诘晨届钟岭。轮动文学乘,笳鸣宾从静。暾出岩
　　隐光,月落林余影。纠纷八桂密,坡陀再城永。伊予爱丘壑,登高
　　至节景。迢递睹千室,迤逦观万顷。即事已如斯,重兹游胜境。精
　　理既已详,玄言亦兼逞。方知蕙带人,嚣虚成易屏。眺瞻情未终,
　　龙镜忽游骋。非曰乐逸游,意欲识箕颍。①

此诗首句点明文学之士等随从跟随太子出游之盛况;次叙写同游之所
见钟山奇景,笔法宏阔,钟山丽景跃然纸上;再则点明此次游乐之宗
旨——结识隐居的贤者。钟山,位于建康县东北。解讲,意谓解散法
座,停止讲经之意。箕颍,指箕山和颍水,尧时贤者许由曾隐居箕山之

① (南朝梁)萧统著,俞绍初校注:《昭明太子集校注》,郑州:中州古籍出版社 2001 年版,第 32—33 页。

下,颍水之阳,后因以"箕颍"指隐居者或隐居之地。清静的夜晚走出太子东宫玄圃园,早晨到达钟山之岭。车轮徐徐转动,同行者皆是萧子显、陆倕、刘孝绰、刘孝仪等文学之士,从者鸣箫以开路,文学之士则乘于后车。日出于东方,却被幽深的山岩遮阴了光亮,月落之后,树林空留下影子。桂树影影绰绰交错纷杂,山路越走越不平坦,离玄圃园越来越远。我最爱这山水之趣,登高而达到山岩最高之处。远远地看见山下的城邑,还有连绵不绝的原野。重游这风景优美之地,眼看面前的景色如此庄丽。佛法的精微义理既然已经说得很详细了,玄悟的精理达到了尽头。佛教的僧人以守空寂为宗旨,虽然尘世喧嚣,也应当像陶渊明"结庐在人境,而无车马喧"一般隐居山林。远眺而去,面临此景,情尤未已,背面有龙纹的铜镜忽然游览驰骋。我并非只沉醉于出游放纵宴乐,而是想结识像释智藏这样的隐士高人啊。诗末点明此次游乐之宗旨——结识隐居的隐士高人。

（四）佛教类

佛教类诗歌是《文选》诗中没有单独成类的,故于此单列一类考察。萧统的诗作中多有佛教类诗歌。萧统的佛教诗主要是指阐释佛教的教义佛理、描写佛事的诗作,而写佛教景色为主的诗作则另外归为游览类,不归入此类。萧统的佛教诗有《东斋听讲诗》《讲席将毕赋三十韵诗依次用》《玄圃讲诗》《同大僧正讲诗》4首。萧统对佛教有着自己独特的认识与理解,萧统的佛教诗有一个比较明显的特点,即在佛理中混杂着对自然景物即"山水"的描写。但也可以看出萧统佛教类诗歌创作的不足之处,即创作题材局限于佛教范围,还会引大量的佛学佛经词语入诗,多用于宣扬佛法经义,这使得萧统的佛教类诗歌大多晦涩难懂,稍有千篇一律而缺少真情实感之遗憾。如其《同大僧正讲诗》云：

> 放光开鹫岳,金牒祕香城。穷源绝有际,离照归无名。若人聆至寂,寄说表真冥。能令梵志遣,亦使群魔惊。宝珠分水相,须弥会色形。学徒均染翰,游士譬春英。伊予寡空智,徒深爱怅情。舒金起祇苑,开筵慕肃成。年钟僾从变,弦望骤舒盈。今开大林聚,净土接承明。披影连高塔,法鼓乱严更。雷声芳树长,月出地芝

生。已知法味乐，复悦玄言清。何因动飞辔，暂使尘劳轻？①

萧统为大僧正作此诗。其前有序文云："大正以真俗兼解，郁为善歌；班师以行有余力，缘情继响。余自法席既阑，便思和寂。杼轴二年，濡翰两器。大正今春复同泰建讲，法轮将半，此作方成，所以物色不同，序事或异。"大僧正，是僧众的最高官职，此处指的是释法云。据《续高僧传》卷五传云："释法云……普通六年，敕为大僧正。于同泰寺设千僧会，广集诸寺知事及学行名僧羯磨拜授，置位羽仪。众皆见所未闻，得未曾有。尔后虽遘疾时序，而讲说无废，及于扶接登座，弊剧乃止。至御幸同泰，开《大涅槃》，敕许乘舆上殿，凭几听讲。"②

可知，释法云本传记载正与本诗序言所云"大正今春复同泰建讲"相符。《乐府诗集》卷四六引《古今乐录》云："梁天监十一年，武帝敕法云改《欢侬歌》为《相思曲》。"又，"梁天监十一年，武帝于乐寿殿道义见，留十大德法师设乐……次问法云：'闻法师善解音律，此歌何如？'法云奉答：'天乐绝妙，非肤浅所闻。愚谓古辞过质，未审可改以不？'敕云：'如法师语音。'法云曰：'应欢会而有别离，"啼将别"可改为"欢将乐"，故歌。'"③由法云改歌可见，法云善解音律，又"善歌"。法席，佛家语，亦称法座，指佛法之坐席。法轮，佛家语，意谓佛说法不停滞于一人一处，犹如车轮，故称。放光，佛家语，佛说《法华经》前，必先显示六种祥瑞，"放光"位列于其二。鹫岳，即鹫山，亦代称佛地。金牒，指佛道经典或经文。香城，《般若经》称是法涌菩萨之住所，此指佛国。至寂，涅槃之佛法。真冥，即真空冥寂之佛理。梵志，梵语意译，指一切"外道"出家者的通称。群魔，众魔鬼，《智度论》云："夺慧命，坏道法、功德、善本，是名为魔。"宝珠，佛教语，西方极乐世界有宝池，其间充盈八功德水。《观无量寿经》云："八功德水湛然盈满，清净香洁，味如甘露。"须弥，即指须弥山，佛教语，佛教众佛聚集之地，有"妙高""妙光""安明""善积"等佛教诸义，《维摩经注》云："须弥山，天帝释所住金刚山也，秦言妙高，处大海之中。"染氎，僧衣须染白为黑，故云。空智，或云空慧，佛教以一切皆

① （南朝梁）萧统著，俞绍初校注：《昭明太子集校注》，郑州：中州古籍出版社2001年版，第42—43页。
② （唐）道宣撰，郭绍林点校：《续高僧传》，北京：中华书局2014年版，第163—164页。
③ （宋）郭茂倩编撰：《乐府诗集》，北京：中华书局1979年版，第667页。

空为真理,由此而生之智慧,《璎珞本业经》云:"为过去未来现在一切众生,开空慧道,入法明门。"大林聚,指涅槃会,大林为佛讲《涅槃经》之处,《涅槃经》云:"一时佛在毗耶离大林中重辟讲堂,与大比丘众千二百五十人俱。"净土,佛教语,又名佛土,指佛所居住的无尘世垢染的清净世界。法鼓,佛教法器之一,举行法事时用以集众唱赞的大鼓,或指禅寺法堂东北角之鼓,与茶鼓相对。《法华经·化城喻品》云:"击于大法鼓,而吹大法螺。"尘劳,佛教语,佛教信徒谓世俗事务的烦恼。《长水楞严经》疏:"染污故名尘,扰恼故名劳。"《无量寿经》云:"散诸尘劳,坏诸欲堑。"

此诗其中的"法席""法轮""放光""金牒""香城""至寂""真冥""梵志""群魔""宝珠""须弥""染甂""空智""大林""净土""法鼓""尘劳"等均是《涅槃经》《般若经》《维摩经》《无量寿经》《华严经》《楞严经》等佛教典籍中的佛经用语,主要用于阐释佛理。萧统的佛学修养较高,这对于其思辨能力的提升,对其诗作文学思想的佛学底蕴,对其文学审美观念、人生旨趣和诗歌创作手法,都有较大的影响。

又如,《东斋听讲诗》云:

> 昔闻孔道贵,今睹释化珍。至理乃悟寂,承禀实能仁。示教虽三彻,妙法信平均。信言一鄙俗,延情方慕真。庶兹祛八倒,冀此遣六尘。良思大车道,方愿宝船津。长筵永生肇,庶席谅徐陈。是节朱明季,灼烁治渠新。霏云出翠岭,凉风起青蘋。既参甘露旨,方欲书诸绅。[1]

此诗是萧统在东宫玄圃园听高僧讲佛教经义而作,当在《玄圃讲诗》之前。据《梁书·萧统本传》记载:"高祖大弘佛教,亲自讲说;太子崇信三宝,遍览众经。乃于宫内别立慧义殿,专为法集之所。招引名僧,谈论不绝。太子自立二谛、法身义,并有新意。"[2]此即萧统在玄圃园慧义殿听讲。又据,《续高僧传·释法云传》云:"(梁武)帝云:'弟子既当今日之位,法师是后来名德,流通无寄,不可不自力为讲也。'因从之。寻又

---

① (南朝梁)萧统著,俞绍初校注:《昭明太子集校注》,郑州:中州古籍出版社 2001 年版,第 7 页。
② (唐)姚思廉:《梁书》,北京:中华书局 1973 年版,第 166 页。

下诏,礼为家僧,资给优厚。敕为光宅寺主,创立僧制,雅为后则。皇太子留情内外,选请十僧入于玄圃,经于两夏,不止讲经,而亦悬谈文外。云居上首,偏加供施;自从王侯,逮于荣贵,莫不钦敬。"①太子萧统专门选请十个僧人出入于玄圃园,不仅讲经,而且谈论文学等。悟寂,佛教语,意谓了悟寂灭,谓超脱一切境界,达于涅槃,入于不生不灭之门。能仁,梵语的意译,即指佛祖释迦牟尼。示教,佛家语,意谓佛教示人以善恶,教人以舍恶行善。三彻,即三辙、三轨,指佛教经典的三种法则。妙法,佛教语,意指义理深奥的佛法。八倒,佛教语,指凡夫二乘对涅槃境界的八种偏执之见,或执常、乐、我、净四倒,或执非常、非乐、非我、非净四倒。六尘,佛教语,即指色、声、香、味、触、法六种感知对象,与"六根"相接,能染污净心、真性故,导致烦恼。大车道,即指佛道,佛教以大白牛车喻佛乘。宝船,佛教语,比喻普度众生超越苦海达于彼岸的佛法。永生,犹言涅槃,佛教认为人生死轮回,永无绝灭,取不灭之义,故曰"永生"。甘露,佛家以之比喻佛法、涅槃等。

　　此诗第一句开宗明义,直言以往只知道儒家学说,现在更觉得佛教珍贵,把儒家学说与佛教的佛法进行对比。接着叙说佛理之精义,叙说佛教能使人明理之功用。最精深的道理是佛教寂灭涅槃之理,即本体寂静,离一切众相。佛教教人舍恶行善,虽然有三种法则,但是义理深奥的佛法对信众都是平等的。佛教能破除烦恼之暗,使人明理。达到这个目标的修炼方法就是"祛八倒""遣六尘"。只有长久思佛道,才能超越苦海到达彼岸。然后叙说听佛之人的身份及环境。长席上坐着的僧人都是僧肇这样的得道高僧,凡俗所坐之席都是诸如徐干、陈琳等属文之士这样的众信。正值夏季,新修的水渠散发着光彩。飞云出于绿色的山岭,凉爽的风起于浅水中的水苹。既然我享受了佛法的醍醐灌顶,也写下来呈给诸位文士大夫同享。诗末叙说听佛的收获和意义。

　　又如其《玄圃讲诗》云:

　　　　白藏气已暮,玄英序方及。稍觉蛰声凄,转闻鸣雁急。穿池状浩汗,筑峰形嶪岌。旰云缘宇阴,晚景乘轩入。风来幔影转,霜流

---

① (唐)道宣撰,郭绍林点校:《续高僧传》,北京:中华书局2014年版,第162页。

树沫湿。林际素羽翾,漪间赪尾吸。试欲游宝山,庶使信根立。名利白巾谈,笔札刘王给。兹乐逾笙磬,宁止消悁邑。虽娱慧有三,终寡闻知十。①

此诗当作于天监十七年(518),据《广弘明集》卷三十九上载萧子云玄圃园讲赋,当同时所作,其云"天监之十七。属储德之方宣,惟玉帛之光盛,信昌符之在焉"②。玄圃,即指玄圃园,在萧统东宫处,据《资治通鉴》卷第一百六十一云:"太子于玄圃自讲老、庄。"胡三省注云:"自萧齐以来,东宫有玄圃。昆仑之山三级:下曰樊桐,三曰层城,太帝之所居。东宫次于帝居,故立玄圃。"③秋天的气白而收敛,冬天的气和则黑而清英。刚刚觉得寒蝉的叫声甚为凄急,转而又听见雁鸟的鸣叫声也聒噪起来了。玄圃园的穿池浩瀚广大,筑峰也高壮巍峨。随着时间的流逝,暮云和傍晚时的景色都到来了。风一吹来,张在屋内的帐幕的影子也跟着动,秋霜流转,打湿了树干上的霜花。林间的鸟儿飞翔着,水里的赤尾鱼也张口闭嘴地不停呼吸着。想要游览佛僧神道的所居之山,希望能破除五根之一的信根这种邪信。谈论名相利物等佛学精义的是我这个师从高僧学佛的国生子,以纸笔交流的都是我的东宫文人随属之士。这种快乐超过了笙和磬等丝竹管弦之乐,这种安乐能消除内心的烦恼忧郁。虽然佛教的开慧、思慧、修慧等三慧能带来快乐,但是终难闻知佛法所有的教义。

诗作首先交代时间,以秋天的景物预示着季节的转换。接着描写玄圃园讲佛、学佛、谈佛的环境和景色,再叙以谈佛的参与者都是文人学士,佛法带来丝竹之乐无法达到的精神上的愉悦。最后又表达了一心向佛的愿望。由此诗可知,萧统的诗歌往往精于用典,而且持重含蓄,但有时会流于呆滞,所谓"虽加琢饰,都无风致"意也。萧统的诗歌,特别是其佛理诗,往往缺乏清新活泼的感觉,又少跌宕起伏的动人之情,和他的弟弟萧纲与萧绎相比,意趣迥然不同。王夫之因由萧统《玄圃讲诗》讨论萧氏父子和兄弟文学创作上的不同之处:

① (南朝梁)萧统著,俞绍初校注:《昭明太子集校注》,郑州:中州古籍出版社2001年版,第16页。
② (唐)释道宣:《广弘明集》,卷三十九上,《四部丛刊初编》本。
③ (宋)司马光编著:《资治通鉴》,北京:中华书局2011年版,第5066页。

"萧氏父子以文笔相竞,然文之衰也,自其倡之于上,而风会遂移,顾就彼互质,昭明古拙,简文尤巧,元帝介巧拙之间。……昭明以拙得累劣免于轻浮,《玄圃》一篇,固典刑未坠。"①王夫之说萧统的风格"古拙",就是古风犹存的意思,他用"古拙"来定性萧统的诗歌,是比较准确的。

又如《讲席将毕赋三十韵诗依次用》云:

> 法苑称嘉柰,慈园羡修竹。灵觉相招影,神仙共栖宿。
> 慧义比琼瑶,熏染等兰菊。理玄方十算,功深似九筑。
> 华水惊银舟,方衢列金轴。微言绝已久,烦劳多累蓄。
> 因兹阐慧云,欲使心尘伏。八水润焦芽,三明启群目。
> 宝铎旦参差,名香晚芬郁。暂舍六龙驾,微祛二鼠蹙。
> 意树发空花,心莲吐轻馥。喻斯沧海变,譬彼庵罗熟。
> 妙智方缛锦,深辞同雾縠。善学同梵爪,真言异铜腹。
> 逶迤合盖城,葳蕤布金郁。珠华荫八溪,玉流通九谷。
> 青禽乍下上,云雁飞翻覆。高谈属时胜,寡闻终自恧。
> 日丽鸳鸯瓦,风度蜘蛛屋。落花散远香,霏云卷遥族。
> 旷济同象园,中乘如仑独。后焰难坚明,初心易惊缩。
> 应当离花水,无令乖漆木。投岩不足贵,棘林安可宿。
> 器月希留影,心灰庶方扑。视爱同采蜂,游善如原荄。
> 八邑仙人山,四宝神龙澳。药树永繁稠,禅枝讵凋摵?
> 以兹悦闻道,庶此优驰逐。愿追露宝车,脱屣亲推毂。②

此诗当作于《东斋听讲诗》之后。

诗作首先描述佛法在京都建康之盛况,佛寺建于京畿之地,帝王公卿也都一心听取佛法经义,谈论佛法的都是时贤文士。接着劝诫学佛之事,要遵守佛门之礼,专心学习佛法方能摒除心中的世俗杂念。最后表达了身为太子也愿意为佛法推轮助力之心。

---

① (清)王夫之著,戴鸿森笺注:《姜斋诗话笺注》,北京:人民文学出版社1981年版,第110页。
② (南朝梁)萧统著,俞绍初校注:《昭明太子集校注》,郑州:中州古籍出版社2001年版,第9—10页。

（五）祖饯类

《文选》诗有祖饯类，祖饯即设宴为某人送行。从诗歌以内容分类的意义上来说，祖饯诗应该满足这么几个条件：一是有人远行；二是有人相送，是否要在诗中表现置酒设宴倒无所谓；三是诗或从相送者的角度来写，或从被送者的角度来写；四是须有送行的时间、地点，即是某次具体的饯行相送。①

萧统《饯庾仲容诗》云：

孙生陟阳道，吴子朝歌县。未若樊林举，置酒临华殿。②

此诗记述萧统在临华殿设酒为庾仲容设宴送行这件事，表现了萧统与臣属之间的深厚友情。据《梁书·庾仲容传》："庾仲容，字仲容，颍川鄢陵人也。……久之，除安成王中记室，当出随府，皇太子以旧恩，特降饯宴，赐诗曰：'孙生陟阳道，吴子朝歌县。未若樊林举，置酒临华殿。'时辈荣之。"③首句用晋国孙楚为冯翊太守，司马骏征西将军，送其至陟阳候的典故。二句以曹植与吴季重书自比主臣二人。又，"仲容博学，少有盛名，颇任气使酒，好危言高论，士友以此少之。"④虽然庾仲容博学有盛名，但是因为"任气使酒，好危言高论"，所以"士友以此少之"。但萧统却与时人不同，因其才气博学而与之交好。

（六）杂拟类

《文选》诗杂拟类，拟，是模拟、模仿之意，刘良专从抒情上来说，称其"比古志以明今情"，除此之外，还有模拟古人的体裁、风格的意思。杂，是各种各样的意思，哪些各种各样呢？从杂拟类的情况来看，或拟某诗而作，或拟某人而作，或笼统言拟。拟某诗而作，或乐府之拟，或古诗之拟，或某人某作之拟。⑤ 按此分类，萧统杂拟类有《拟古诗·晨风被庭槐》《大言诗》《细言诗》三首。

如《大言诗》云：

① 胡大雷：《文选诗研究》，西安：世界图书出版西安有限公司2014年版，第86—87页。
②（南朝梁）萧统著，俞绍初校注：《昭明太子集校注》，郑州：中州古籍出版社2001年版，第37页。
③（唐）姚思廉：《梁书》，北京：中华书局1973年版，第723—724页。
④（唐）姚思廉：《梁书》，北京：中华书局1973年版，第724页。
⑤ 胡大雷：《文选诗研究》，西安：世界图书出版西安有限公司2014年版，第364页。

观修鹏其若辙鲋，视沧海之如滥觞。经二仪而局蹐，跨六合以翱翔。①

宋玉有《大言赋》，《大言诗》是萧统拟宋玉《大言赋》所作之诗。诗以鲲鹏、沧海之大为题写"大"。

又，《细言诗》云：

坐卧邻空尘，凭附蟭螟翼。越咫尺而三秋，度毫厘而九息。②

宋玉有《小言赋》，《细言诗》是萧统拟宋玉《小言赋》所作之诗。诗以浮尘与蟭螟为内容写"小"。萧统的《大言诗》《细言诗》以写"大"和写"小"为主要内容，这两首诗下又有殷钧、王规、王锡、张缵和沈约五人所作《大言应令诗》和《细言应令诗》各一首，均为太子与臣下的游戏唱和之诗，韵味稍显不足。

又，《拟古诗》云：

晨风被庭槐，夜露伤阶草。雾苦瑶池黑，霜凝丹墀皓。
疏条素无阴，落叶纷可扫。安得紫芝术，终然获难老。③

早晨的风吹着庭院里的槐树，夜里的露水也损害了台阶上的小草。雾为仙界的天池变黑所苦，霜凝固使得丹漆地都变白了。粗壮的枝条毫无树荫，落叶纷纷可以打扫。哪里能获得食用仙草成仙的长生不老之术呢？终究还是不能长生不老。此诗以东宫殿内的晨风、夜露、雾、霜等自然环境引起的庭槐、阶草、瑶池、丹墀、疏条、落叶等自然事物的变化起兴，诗末引发诗人对生命短暂，渴望追寻道家之长生不老的感叹。

（七）咏史类

《文选》诗咏史类，所咏历史人物在诗中是具有主体地位的。或直接题为"咏史"，或直接以所咏古人古事为题。④ 萧统的《咏山涛王戎诗二首》是二首咏古人古事为题的咏史诗，应归入咏史类诗作。

---

① （南朝梁）萧统著，俞绍初校注：《昭明太子集校注》，郑州：中州古籍出版社2001年版，第1页。
② （南朝梁）萧统著，俞绍初校注：《昭明太子集校注》，郑州：中州古籍出版社2001年版，第2页。
③ （南朝梁）萧统著，俞绍初校注：《昭明太子集校注》，郑州：中州古籍出版社2001年版，第52页。
④ 胡大雷：《文选诗研究》，西安：世界图书出版西安有限公司2014年版，第101页。

其一云:

山公弘识量,早厕竹林欢。聿来值英主,身游廊庙端。
位隆五教职,才周五品官。为君翻已易,居臣良不难。

其二云:

濬充如萧散,薄暮至中台。征神归鉴景,晦行属聚财。
嵇生袭玄夜,阮籍变青灰。留连追宴绪,垆下独徘徊。①

诗前有序云:"颜生《五君咏》不取山涛、王戎,余聊咏之焉。"②颜延之《五君咏》只吟咏阮籍、嵇康、刘伶、阮咸、向秀,因为山涛、王戎显贵而不咏,萧统今却吟咏之,似带有讥讽山涛、王戎之意。

(八)咏物类

《文选》诗无咏物类。从先秦《诗经》的《鹤鸣》《鸱鸮》再到屈原的《橘颂》,都应是咏物类诗的原型。《四库全书》元谢宗可《咏物诗》提要云:"汉武之《天马》,班固之《白雉》《宝鼎》,亦皆因事抒文,非主于刻画一物。其托物寄怀,见于诗篇者,蔡邕《咏庭前石榴》,其始见也。沿及六朝,此风渐盛。王融、谢朓至以唱和相高,而大致多主于隶事。"③

清王夫之《姜斋诗话》云:"咏物诗,齐梁始多有之。"④而据统计,齐梁两代比较,梁代咏物类诗数量则更多。萧统诗有《咏同心莲诗》《咏书帙诗》《貌雪诗》《咏弹筝人诗》等四首分别咏同心莲、咏书帙、咏雪、咏弹筝人。

咏物类诗的一大特点就是刘勰所谓"文贵形似"。刘勰《文心雕龙·物色》云:"自近代以来,文贵形似,窥情风景之上,钻貌草木之中。吟咏所发,志惟深远;体物为妙,功在密附。"⑤刘勰说的"自近代以来",是指宋齐之际,这种风气自然影响了梁朝,所以咏物类诗多刻

① (南朝梁)萧统著,俞绍初校注:《昭明太子集校注》,郑州:中州古籍出版社2001年版,第48—50页。
② (南朝梁)萧统著,俞绍初校注:《昭明太子集校注》,郑州:中州古籍出版社2001年版,第48页。
③ (清)永瑢:《四库全书总目》,北京:中华书局1965年版,第1453页。
④ (清)王夫之著,戴鸿森笺注:《姜斋诗话笺注》,北京:人民文学出版社1961年版,第165页。
⑤ (南朝梁)刘勰著,詹锳义证:《文心雕龙义证》,上海:上海古籍出版社1989年版,第1747页。

画物体的外部特征形态,追求形似。萧统的《咏书帙诗》《貌雪诗》便属于这一类。

如,《咏书帙诗》云:

> 擢影兔园池,抽茎淇水侧。朝映出岭云,莫聚飞归翼。
>
> 幸杂缃囊用,聊因班女织。一合轩羲曲,千龄如可即。①

该诗又见《艺文类聚》卷五十五截取:"梁昭明太子咏书帙诗曰:擢影兔园池,抽茎淇水侧,幸杂缃囊用,聊因班女织。"句数与词语均有所不同。咏书帙,即装书的函套。此诗的前半部分写梁园、淇水、岭云、竹子等优雅的宫廷环境,后半部分记因存放记载古代事迹之书函而引发的抒情。全诗从一个书帙的角度反映了南朝时期、梁陈之际的靡丽诗风。

又如,《貌雪诗》云:

> 既同摽梅英散,复似太谷花飞。
>
> 密如公超所起,皎如渊客所挥。
>
> 无羡昆岩列素,岂匹振鹭群归。②

《貌雪诗》把雪比喻成"既同摽梅英散,复似太谷花飞。密如公超所起,皎如渊客所挥"③,雪看着就如同梅花纷纷落下,又像太谷的飞花一样缤纷,雪花既大又密,就像章楷所画的画似的,雪的皎洁就像龙王挥舞的巨浪一样。让人不用羡慕昆仑山上的银装素裹,更不是成群振翅归来的白鹭所能匹敌。极写雪降落的美丽过程。

咏物类诗的另一大特点就是王夫之所谓的"即物达情"。王夫之《姜斋诗话》又云:"咏物诗,齐梁始多有之,其标格高下,犹画之有匠作、有士气。征故实、写色泽、广比譬,虽极镂绘之工,皆匠气也。又其卑者,饾凑成篇,谜也,非诗也。李峤称'大手笔',咏物尤其属意之作,裁剪整齐而生意索然,亦匠笔耳。至盛唐以后,始有即物达情

---

① (南朝梁)萧统著,俞绍初校注:《昭明太子集校注》,郑州:中州古籍出版社2001年版,第52—53页。

② (南朝梁)萧统著,俞绍初校注:《昭明太子集校注》,郑州:中州古籍出版社2001年版,第55页。

③ (南朝梁)萧统著,俞绍初校注:《昭明太子集校注》,郑州:中州古籍出版社2001年版,第55页。

之作。"①虽然王夫之说的是盛唐以后咏物诗才有"即物达情之作",但萧统的几首咏物类诗也不乏这类特点。如其《咏弹筝人诗》《咏同心莲诗》两首。

如《咏同心莲诗》云:

> 江南采莲处,照灼本足观。况等连枝树,俱耀紫茎端。同逾并根草,双异独鸣鸾。以兹代萱草,必使愁人欢。②

同心莲是莲的一种,也叫合欢莲、嘉莲,莲为怜之谐音,常用以喻男女恋情。此诗虽然表面上看描写的是江南的同心莲,萧统吟咏的实际上应该是同心莲所象征的夫妇之情或兄弟之爱。

又如其《咏弹筝人诗》云:

> 故筝犹可惜,应度新人边。
>
> 尘多涩移柱,风燥脆调弦。
>
> 还作《三洲曲》,谁念九重泉?③

此诗则是湘东王萧绎出任荆州刺史,萧统赠之以自己珍爱的筝,此诗咏物与咏人相结合,诗作由写筝而开始切入,接着转而写人,又兼写筝,最后两句点题,全诗韵味全出,于轻盈之间间杂着直追生命意义的思索。新人弹奏的是旧筝、旧曲子,凄绝哀婉之情点出当是离别之歌。而"旧筝——新人——旧曲——故人"的构思线索跃然纸上。虽然《咏弹筝人诗》写的是宫中的事物,好似随手之作,但是不琢而工,韵外有致,寄托深刻的人生思索于小诗之中,读来颇有余味。

（九）乐府类

"乐府"最早是秦汉时成立的管理朝廷音乐的官署,汉武帝下诏搜集民间歌辞后逐渐兴盛起来。《汉书·礼乐志》云:"至武帝定郊祀之礼……乃立乐府,采诗夜诵,有赵、代、秦、楚之讴。以李延年为协律都尉,多举司马相如等数十人造为诗赋,略论律吕,以合八音之调,

---

① （清）王夫之著,戴鸿森笺注:《姜斋诗话笺注》,北京:人民文学出版社1961年版,第152—153页。
② （南朝梁）萧统著,俞绍初校注:《昭明太子集校注》,郑州:中州古籍出版社2001年版,第54页。
③ （南朝梁）萧统著,俞绍初校注:《昭明太子集校注》,郑州:中州古籍出版社2001年版,第40—41页。

作十九章之歌。以正月上辛用事甘泉圜丘,使童男女七十人俱歌,昏祠至明。"①

《文选》诗除乐府类专录乐府诗外,还有军戎、郊庙、杂歌、挽歌诸类收录有乐府诗。萧统乐府类诗作有《相逢狭路间》《饮马长城窟行》《上林》《三妇艳》《长相思》《将进酒》,共计六首。

其《相逢狭路间》云:

> 京华有曲巷,曲曲不通舆。道逢一侠客,缘路问君居。
>
> 君居在城北,可寻复易知。朱门间皓壁,刻桷映晨离。
>
> 阶植苕华草,光景逐飙移。轻幰委四壁,兰膏然百枝。
>
> 长子饰青紫,中子任以赀。小子始总角,方作啼弄儿。
>
> 三子俱入门,赫奕盛羽仪。华骝服衡辔,白玉镂鞿羁。
>
> 容止同规矩,宾从尽恭卑。雅郑时间作,孤竹乍参差。
>
> 云飞离水宿,弄吭满清池。欢乐无终极,流目岂知疲?
>
> 门下非毛遂,坐上尽英奇。大妇成贝锦,中妇饰粉絁。
>
> 小妇独无事,理曲步檐垂。丈人暂徙倚,行使流风吹。

《相逢行》为汉乐府古辞,属《相和歌辞·清调曲》。郭茂倩《乐府诗集》解题云:"《相逢行》,一曰《相逢狭路间行》,亦曰《长安有狭邪行》。《乐府解题》曰:'古词文意与《鸡鸣曲》同。'"②《乐府解题》谓《相逢狭路间行》这一曲辞的内容主要是写当时富贵人家的奢华排场,含有宣扬之意。萧统此诗全诗共十八句,一百八十字,极写富贵人家的奢侈生活和种种享受,家中兄弟三人尽显主人家的种种富贵之状,家中三妇所为也见这一豪富之家的家礼家风和家庭之乐。此乃酒宴上娱乐豪富之辞,把主人家的富贵享乐加以铺排,尽渲染之能事,写得气氛热烈、生动夸张,尽管没有妙语佳句,但其笔法犹如汉代之大赋,颇有古风气韵。

又如,《饮马长城窟行》云:

> 亭亭山上柏,悠悠远行客。行客行路遥,故乡日迢迢。迢迢

① (汉)班固撰,(唐)颜师古注:《汉书》,北京:中华书局1962年版,第1045页。
② (宋)郭茂倩编撰:《乐府诗集》,北京:中华书局1979年版,第508页。

不可见，长望涕如霰。如霰独留连，长路邈绵绵。胡马爱北风，越燕见日喜。蕴此望乡情，沈忧不能止。有朋西南来，投我用木李。并有一札书，行止风云起。扣封披书札，书札竟何有？前言节所爱，后言别离久。①

乐府类中《饮马长城窟行》为古辞，属《相和歌辞·瑟调曲》，郭茂倩《乐府诗集》解题云："一曰《饮马行》。长城，秦所筑以备胡者。其下有泉窟，可以饮马。古辞云：'青青河畔草，绵绵思远道。'言征戍之客，至于长城而饮其马，妇人思念其勤劳，故作是曲也。……《乐府解题》曰：'古词，伤良人游荡不归，或云蔡邕之辞。'"②萧统此诗的内容与篇名好像毫不相关，从其内容来看实际上是对《古诗十九首》的模拟之作，因此《诗纪》又称之为《拟青青河畔草》，但是其内容与古诗《青青河畔草》毫无关联。古辞以妇人思念远道行人出之，或切题，谓征戍之客至长城而饮其马之情状，《文选》李善注云："此辞不知作者姓名。"《玉台新咏》题为蔡邕作。晋时模拟《饮马长城窟行》之作也有两种，一为拟古辞，一为切题之作。萧统之作即拟古辞，但是或谓妇人思念远道行人，或谓兄弟送别、兄弟惜别之情，全诗造语颇为平淡，不过感情真挚浓郁，读来流宕曲折、感人肺腑。

又如，《上林》云：

> 千金腰裹骑，万折流水车。
> 争游上林里，高盖逗春华。③

《上林》，属《杂曲歌辞》，郭茂倩《乐府诗集》云，上林苑春游盛况，因意命题，故云。此诗极写达官之人上林苑争游之盛况。上林苑都是骑着千金贵重的日行千里的骏马的人，车水如流往来不绝。富贵显达之人争游于上林苑之地，高大的车盖都遮蔽了花朵。

又如，《三妇艳》云：

> 大妇舞轻巾，中妇拂华茵。

---

① （南朝梁）萧统著，俞绍初校注：《昭明太子集校注》，郑州：中州古籍出版社2001年版，第60页。
② （宋）郭茂倩编撰：《乐府诗集》，北京：中华书局1979年版，第555页。
③ （南朝梁）萧统著，俞绍初校注：《昭明太子集校注》，郑州：中州古籍出版社2001年版，第59页。

　　小妇独无事,红黛润芳津。

　　良人且高卧,方欲荐梁尘。①

《三妇艳》,属《相和歌辞·清调曲》。《颜氏家训·书证第十七》云:"《古乐府》歌词,先述三子,次及三妇,妇是对舅姑之称。其末章云:'丈人且安坐,调弦未遽央。'古者,子妇供事舅姑,旦夕在侧,与儿女无异,故有此言。丈人亦长老之目,今世俗犹呼其祖考为先亡丈人。又疑'丈'当作'大',北间风俗,妇呼舅为大人公。'丈'之与'大',易为误耳。近代文士,颇作《三妇诗》,乃为匹嫡并耦己之群妾之意,又加郑、卫之辞,大雅君子,何其谬乎?"王利器集解引卢文弨云:"梁元帝《纂要》:'楚歌曰艳。'"又引何焯云:"然则《三妇艳》'艳'乃是曲调犹《昔昔盐》'盐'字,非艳冶也。"②《三妇艳》是南朝才出现的乐府新题,《三妇艳》与《相逢狭路间行》古辞末段后六句相近,疑拟其作而成,后来就独立出来了。萧统此诗描绘了丈夫与妻妾三人的悠游生活状态。大妇舞动着丝巾,中妇擦拭华车上的虎皮做的褥子,小妇百无聊赖,红颜黛眉、涂抹着香水。丈夫则悠闲地躺着,正准备唱嘹亮动听的歌。此诗格调不高,稍有郑卫之声的绮靡之感。萧统《三妇艳》与汉乐府相比,艳情的成分就相对来说稍微有些明显了。

　　又如,《长相思》云:

　　相思无终极,长夜起叹息。

　　徒见貌婵娟,宁知心有忆。

　　寸心无所因,愿附归飞翼。③

《长相思》,属《杂曲歌辞》,郭茂倩《乐府诗集》云:"古诗曰:'客从远方来,遗我一书札。上言长相思,下言久离别。'李陵诗曰:'行人难久留,各言长相思。'苏武诗曰:'生当复来归,死当长相思。'长者久远之辞,言行人久戍,寄书以遗所思也。"④萧统此诗写离别相思之情,"相

---

①(南朝梁)萧统著,俞绍初校注:《昭明太子集校注》,郑州:中州古籍出版社2001年版,第58页。

②王利器:《颜氏家训集解》,北京:中华书局2013年版,第574—576页。

③(南朝梁)萧统著,俞绍初校注:《昭明太子集校注》,郑州:中州古籍出版社2001年版,第57页。

④(宋)郭茂倩编撰:《乐府诗集》,北京:中华书局1979年版,第990页。

思无终极,长夜起叹息",可见相思之人情感真挚婉丽,"寸心无所因,愿附归飞翼。"直言相思之无极限,甚至达到了二人欲比翼齐飞的情感需求状态,用语与古乐府相近,颇有古风遗韵。

又如,《将进酒》云:

> 洛阳轻薄子,长安游侠儿。
> 宜城溢渠盌,中山浮羽卮。①

《将进酒》,属《鼓吹曲辞·汉饶歌》,郭茂倩《乐府诗集》云:"故诗曰:'将进酒,乘大白。'大略以饮酒放歌为言。宋何承天《将进酒篇》曰:'将进酒,庆三朝。备繁礼,荐佳肴。'则言朝会进酒,且以濡首荒志为戒。若梁昭明太子《将进酒》云:'洛阳轻薄子',但叙游乐饮酒而已。"②京都的富贵子弟和游侠之徒,宜城满是玉器珍宝,中山的酒也倒满了酒器羽觞。萧统此诗叙写京城富家子弟游乐饮酒之景象,言语直白,且意蕴不足。

以上可知,萧统乐府类诗作《相逢狭路间》《饮马长城窟行》《上林》《三妇艳》《长相思》《将进酒》等基本上都属于乐府诗的杂曲歌辞、相和歌辞与鼓吹曲辞类,都是属于俗乐一类的乐府诗,多模拟古辞之作,故而缺少新意。其内容多写离别相思,或写男女之情,或写游侠之豪情,或写游园之盛景,或写富贵之人家等宴会,有些乐府拟作用语平淡,有些情感颇显真挚,还有一些颇有古风意蕴。

三、萧统诗歌的艺术特色

萧统诗歌所存数量不多,本书通过类型学研究方法对萧统诗歌进行分类研究,以探究其诗歌创作的艺术特色,及其蕴藏的独特内涵。

(一)"章程颇密"的艺术特色

陆机《文赋》云"诗缘情",《文心雕龙·明诗》云:"诗者,持也,持

---

① (南朝梁)萧统著,俞绍初校注:《昭明太子集校注》,郑州:中州古籍出版社 2001 年版,第 56 页。
② (宋)郭茂倩编撰:《乐府诗集》,北京:中华书局 1979 年版,第 225 页。

人情性"①,诗以抒情为主,抒情是诗的文体特征。关于萧统的诗,明人张溥《汉魏六朝百三家集题辞·梁昭明集》论曰:"集中诸篇,范金合土,虽天趣微损,而章程颇密,亦文家之善虑彼己者也。"②"范金合土",意思是用模子浇铸金属、和泥,多用于兴建宫室;"天趣微损",意为稍微缺少天然的意趣;"章程颇密",指作诗的章法严密。总体上,是说萧统的诗歌写得"天趣"稍微欠缺一些,但作诗章法严密,属于中规中矩之类。张溥《题辞》此语,当为确论。张溥对后人诟病的六朝文学并没有轻易地否定,而是给予了相当的重视,其《汉魏六朝百三家集题辞·原叙》总论汉魏晋南朝文学云:"两京风雅,光并日月,一字获留,寿且亿万,魏虽改元,承流未远,晋尚清微;宋矜新巧;南齐雅丽擅长;萧梁英华迈俗。总言其概:椎轮大辂,不废雕几,月露风云,无伤骨气,江左名流,得与汉朝大手同立天地者,未有不先质后文、吐华含实者也。"③张溥用发展的眼光看待文学发展的轨迹,对汉魏六朝各代的优点也都正面给予了肯定。在他的"先质后文"思想中,其实对"质"有更多的强调,一定程度上表现出"所重全然偏在质的一边"的倾向,故其对汉魏文章尤为推崇。④ 而"先质后文、吐华含实"也是萧统契合并追求时代文学风尚的文学实践和文学发展的真实轨迹。这在其创作过程中得到了很好的实践,也是符合文学创作的正常发展逻辑的。

第一,佛言诗不杂儒、道,讲求纯粹佛理性。

齐梁时代信佛之风盛行,梁武帝也崇尚佛教,萧统受其父影响甚深:"高祖大弘佛教,亲自讲说;太子崇信三宝,遍览众经。乃于宫内别立慧义殿,专为法集之所。招引名僧,谈论不绝。太子自立二谛、法身义,并有新意。"⑤"二谛""法身"义,即其《解二谛义》和《解法身义》。因此,萧统的文学创作中常用带有玄学思想的文学意象,讨论

① (南朝梁)刘勰著,詹锳义证:《文心雕龙义证》,上海:上海古籍出版社1989年版,第171页。
② (明)张溥著,殷孟伦注:《汉魏六朝百三家集题辞注》,北京:中华书局2007年版,第267页。
③ (明)张溥著,殷孟伦注:《汉魏六朝百三家集题辞注》,北京:中华书局2007年版,第2页。
④ 袁震宇、刘明今:《中国文学批评通史》(明代卷),上海:上海古籍出版社1996年版,第575页。
⑤ (唐)姚思廉:《梁书》,北京:中华书局1973年版,第166页。

玄理、玄事,体玄悟道。之前及当世诗文多有用"道"来讲佛理的习惯,如东汉牟子的《理惑论》引说佛理时也肯定老庄的义理,还常用"道"来讲佛理,将人们对佛、道的理解导归到义理。与这一传统习惯不同的是,萧统的诗则是更纯粹意义上的佛言诗,不杂儒、道,而只讲纯粹的佛理,这也是其佛言诗的特色。如《开善寺法会诗》云:

> 千祀终何迈?百代归我皇。神功照不极,睿镜湛无方。法轮明暗室,慧海渡慈航。尘根久未洗,希霑垂露光。①

此诗为萧统在开善寺所作,法会是佛教徒听讲佛经的佛事活动。诗以开善寺沿途所见景色为讲佛理作铺垫,景色描写之后直入主题,讲求"佛渡慈航",即佛、菩萨以慈悲之心度人,如航船之济众,使人脱离生死苦海;净洗六尘之"尘根",以驱除人生烦恼等佛理。

萧统佛言诗主要是阐释佛教的教义佛理、描写佛事的诗作,有《开善寺法会诗》《同大僧正讲诗》《钟山解讲诗》《玄圃讲诗》《讲席将毕赋三十韵诗依次用》等。萧统对佛教和佛理有着自己独特的理解,如《同大僧正讲诗》中的"真冥""群魔""染氎""空智"均是佛经用语,主要是为了阐释佛理,萧统的佛学修养较高,他的这种不杂儒道,讲求纯粹讲佛理的特色,增加了文学思想的佛学底蕴,对文学的审美观念、其人生旨趣和诗歌创作手法和内涵也都深有影响。

第二,描摹女性的诗歌风格含蓄质朴。

学界传统认为萧统与萧纲诗歌风格的差异之处在于,萧纲是"宫体诗"的代表,多有描摹女性的作品,而萧统则很少有此风格的诗作。其实萧统的 27 首诗作中也有 6 首涉及女性描写,分别是《三妇艳》《长相思》《咏弹筝人》《咏同心莲》《饮马长城窟》《相逢狭路间》,不过它们占萧统诗歌总体比重小,而且风格文采与萧纲诗作的"清辞巧制,止乎衽席之间,雕琢蔓藻,思极闺闱之内"②的风格差异较大,多含蓄质朴且中规中矩,因此黄子云《野鸿诗的》评价道,萧统诗歌艺术水平不

---

① (南朝梁)萧统著,俞绍初校注:《昭明太子集校注》,郑州:中州古籍出版社 2001 年版,第 29—30 页。

② (唐)魏征:《隋书·经籍志》,北京:中华书局 1973 年版,第 1090 页。

高：“昭明材本平庸，诗亦暗劣”①。也有现代学者评价萧统“诗才似乎并不突出”②，“缺乏想象力和文采，艺术价值不算出众”③。但是，从此类萧统摹写男女交往之作，也可以反映出他自己的诗歌观，即“他本人并不反对这类作品，起码是不激烈、不极端的反对”④，而且萧统在《文选》的“杂事类”里也选录了摹写男女交往的《古诗十九首》和苏李诗，这就从更大范围上反映出，萧统对此类诗作持有一定的肯定观念，而非绝对地持反对观。

另据《艺文类聚》卷十八录所录“美妇人”类作品，其录入刘孝绰作品5首，萧纲作品4首，萧统作品3首，庾肩吾作品3首，余者各1首⑤。只有刘孝绰、萧纲、萧统、庾肩吾4人录入3首以上作品，由此我们可以推测，在唐、宋时期的总集编撰者的眼光和其文学评价中，就女性题材的诗歌创作和诗歌选录及评价而言，对萧统和萧纲的归类有着相当的一致性。而萧纲与臣属庾肩吾和萧统与臣属刘孝绰描写女性作品的录入，又有着某种意义上的对等意味，这是值得思考的，它在一定意义上颠覆了对萧统诗歌代表高尚道德评判的一般单一认知。事实上，他不反对摹写男女交往之作，而他本人的此类作品则中规中矩且多含蓄质朴的风格，也就打破了传统观念对他文风“崇正典雅”的单一认识的藩篱，借此我们可以全面客观地还原萧统真实、多元的诗歌创作风格。

第三，诗歌创作重辞藻“艳丽”与立意“典雅”的二者调和。

萧统“三岁受《孝经》《论语》，五岁遍读《五经》，悉能讽诵”⑥。萧统的成长受到儒、道、佛三重思想渊源，尤其是传统儒家思想的影响，这和其太子身份有很大的关联。萧统也受到陶渊明的影响，追求“隐逸”。他在《陶渊明集序》云：“含德之至，莫逾于道，亲己之切，无重于

---

① （清）黄子云：《野鸿诗的》，（清）王夫之等撰，丁福保辑：《清诗话》，上海：上海古籍出版社1978年版，第849页。
② 曹道衡、傅刚：《萧统评传》，南京：南京大学出版社2001年版，第188页。
③ 林大志：《四萧研究——以文学为中心》，北京：中华书局2007年版，第131页。
④ 胡大雷：《文选诗研究》，西安：世界图书出版西安有限公司2014年版，第443页。
⑤ （唐）欧阳询编，汪绍楹校：《艺文类聚》，上海：上海古籍出版社1982年版，第327—334页。
⑥ （唐）姚思廉：《梁书》，北京：中华书局1973年版，第165页。

身,故道存而身安,道亡而身害。处百龄之内,居一世之中,倏忽比之白驹,寄寓谓之逆旅,宜乎与大块而盈虚,随中和而任放,岂能戚戚劳于忧畏,汲汲役于人间?"①可以说萧统是把陶渊明当作理想化的精神寄托看待的。明人张燮《七十二家集·昭明太子集序》云:"(昭明)太子至性绝人,弘慈救世"②,正是指萧统的这种道德风范。萧统在《陶渊明集序》中云:"齐讴赵女之娱,八珍九鼎之食,结驷连骑之荣,侈袂执圭之贵,乐既乐矣,忧亦随之。何倚伏之难量,亦庆吊之相及。智者贤人居之,甚履薄冰,愚夫贪士竞之,若泄尾闾,"③更是专门对陶渊明的思想进行论说的段落。他接下来高度赞扬陶渊明:"其文章不群,辞彩精拔,跌宕昭彰,独超众类,抑扬爽朗,莫之与京。横素波而傍流,干青云而直上。语时事则指而可想,论怀抱则旷而且真。加以贞志不休,安道苦节,不以躬耕为耻,不以无财为病。自非大贤笃志,与道污隆,孰能如此乎?"④萧统不仅赞扬作为诗人的陶渊明,更是把他作为自己内心理想的精神代表来膜拜的。张溥《汉魏六朝百三家集题辞·梁昭明集》论说萧统:"《南史》所云'埋鹅启衅''荡舟寝疾',世疑其诬。于是论昭明者,断以姚书为质矣。昭明述作,《文选》最有名,后人见其选,即可以知志⋯⋯浔阳陶潜,宋之逸民,昭明既为立传,又特序之。以万乘元良,恣论山泽,唐尧汾阳,子晋洛滨,若有同心。"⑤由此可知,萧统编纂《文选》和为陶渊明立传作序系出自"同心"。萧统对陶渊明是持赞赏态度的,《文选》共选录陶渊明诗八首入集,陶诗在南宋也得到了史学界的推崇,南宋曾原一云"渊明于诗道渐靡时,卓然得天趣,盖中兴于诗者。⋯⋯推此则他遗者,何限昭明所作。"⑥他也认为萧统的"天趣"追求和陶诗有一脉相承之意,可以说这是萧统的诗风对高洁道德追求的来源之一。

① (南朝梁)萧统著,俞绍初校注:《昭明太子集校注》,郑州:中州古籍出版社2001年版,第199页。
② (南朝梁)萧统著,俞绍初校注:《昭明太子集校注》,郑州:中州古籍出版社2001年版,第253页。
③ (南朝梁)萧统著,俞绍初校注:《昭明太子集校注》,郑州:中州古籍出版社2001年版,第199页。
④ (南朝梁)萧统著,俞绍初校注:《昭明太子集校注》,郑州:中州古籍出版社2001年版,第200页。
⑤ (明)张溥著,殷孟伦注:《汉魏六朝百三家集题辞注》,北京:中华书局2007年版,第267页。
⑥ (南宋)曾原一:《选诗演义·序》,日本名古屋市立蓬左文库藏孤本,朝鲜古活字本,汉阳校书馆世宗十六年刊。

另从史料文献来考察，萧统对自己也有着较高的道德上的要求，如萧纲《昭明太子集序》的"十四德"中的第九德，专门点出萧统放逐郑卫之曲，因其"靡悦于胸襟，非关于怀抱"①。又如，《梁书·昭明太子传》载：

> 性爱山水，于玄圃穿筑，更立亭馆，与朝士名素者游其中。尝泛舟后池，番禺侯轨盛称"此中宜奏女乐"。太子不答，咏左思《招隐诗》曰："何必丝与竹，山水有清音。"侯惭而止。出宫二十余年，不畜声乐。少时敕赐太乐女妓一部，略非所好。②

萧统是太子，作为皇位继任者的培养对象，他接受的基本是《论语》《孝经》《五经》等正统的儒家教育，这种培养帝王的教育模式对萧统的道德观形成、人格观塑造及文学作品的创造是有着极其深厚的影响的，所以一般传统认可的属于萧统的 27 首诗歌作品里，或多或少都折射着萧统对较高道德品格的主动追求。但是，这也只是萧统复杂、多面人格主动呈现给世人的一面，如《南史·昭明太子传》记载萧统的死：

> 三年三月，游后池，乘雕文舸摘芙蓉。姬人荡舟，没溺而得出，因动股，恐贻帝忧，深诫不言，以寝疾闻。武帝敕看问，辄自力手书启。及稍笃，左右欲启闻，犹不许，曰："云何令至尊知我如此恶。"因便呜咽。四月乙巳，暴恶，驰启武帝，比至已薨，时年三十一。③

《南史·昭明太子传》与《梁书·昭明太子传》记载是完全不同的对比，都是写"泛舟后池"或"游后池"，但《梁书·昭明太子传》呈现给世人的是萧统性爱"山水有清音"，而不喜"奏女乐"，太乐女妓"略非所好"的一面。而《南史·昭明太子传》呈现出来的则是萧统真实生活和内心情绪的另一种侧面反映，他因"姬人荡舟"而"没溺"，又害怕皇帝知道了会有担忧就不说出来，可见在这件事上萧统满含着复杂的

---

① (南朝梁)萧统著，俞绍初校注：《昭明太子集校注》，郑州：中州古籍出版社 2001 年版，第 249 页。
② (唐)姚思廉：《梁书》，北京：中华书局 1973 年版，第 166 页。
③ (唐)李延寿：《南史》，北京：中华书局 1975 年版，第 1311 页。

矛盾心理，只能"以寝疾闻"，导致最终去世。

可以想见，萧统的真实生活和内心情感是复杂的、多面的，则其诗歌创作对应来说也应是复杂、多面的，而非只体现出其高洁道德形象的单一一面。比如，时人评价萧统也有他论者，也有赞美其辞采之"绮靡""多丽"的，如萧子范《求撰昭明太子集表》云："缘情体物，繁弦缛锦，纵横艳思，笼盖词林。"①如王筠《昭明太子哀册文》称萧统"吟咏性灵，岂惟薄伎；属词婉约，缘情绮靡"②。甚至萧统也评价自己说："集乃不工，而并作多丽。"这或是其自谦之词，但我们可以知道萧统也追求辞采之"绮靡""多丽"，也意识到"作多丽"和"集乃不工"都有缺憾。明人张溥《汉魏六朝百三家集题辞·梁昭明集》论曰："昭明简文同母令德，文学友于，曹子桓兄弟弗如也。"③萧统、萧纲兄弟是一母所生，二人感情交好，在文学上互为友朋，二人有着相似的文学创作表现，是有其情感基础的，所以萧统在《答湘东王求文集及〈诗苑英华〉书》中也言说自己内心追求的理想文学状态和艺术境界是："夫文典则累野，丽亦伤浮，能丽而不浮，典而不野，文质彬彬，有君子之致。"④可见，他对为文的"典"和"丽"都有要求，而非只是一味地强调"典"，他有着一种要达到"丽而不浮，典而不野，文质彬彬，有君子之致"的"典"和"丽"均衡状态的"文质彬彬"的主动追求。可以说，萧统正是对儒家、佛教、道教兼收并蓄，才最终"形成了儒释道三教合流，以儒家为主的文学观，表现为既爱好清新典雅、富有自然美的文章，又追求词采繁博、体式艳丽的华美作品；既强调文学作品的社会内容和教育作用，又强调文采风流、'文质彬彬'，崇尚内容和形式的和谐美感"⑤。

若从更广阔的文学史视野来看，萧统身处当时的文学背景下，自然难以跳脱其外，而必会受其影响，所以在他的文学创作中有着从"典雅""艳丽"的冲突中作出选择并达到二者调和的过程，他最终选

① （南朝梁）萧统著，俞绍初校注：《昭明太子集校注》，郑州：中州古籍出版社2001年版，第246页。
② （唐）姚思廉：《梁书》，北京：中华书局1973年版，第170页。
③ （明）张溥著，殷孟伦注：《汉魏六朝百三家集题辞注》，北京：中华书局2007年版，第267页。
④ （南朝梁）萧统著，俞绍初校注：《昭明太子集校注》，郑州：中州古籍出版社2001年版，第155页。
⑤ 吴晓峰：《也谈萧统的文学观》，载《长春师范学院学报》2001年第3期，第48页。

择了符合儒家中庸思想的结果——文学创作辞藻可以"艳丽",但立意要"典雅"。正如明人论说萧统诗歌者,张燮《七十二家集·昭明太子集序》曰:"昭明所自为撰著,情韵谐秀,体骨高迈。较之诸弟,昭明类松院俊流,隐囊斜映;……太子至性绝人,弘慈救世,不待深稽史籍,阅集中亦依稀见之。"①诗歌是内心情感世界的反映,此处言说萧统著作的"情韵谐秀,体骨高迈",并非表面意义上指萧统的作品的"情韵""体骨",其实都是从后语而言,指涉着萧统内在深层思想的"至性绝人,弘慈救世"的道德风范。这也和他在《答湘东王求文集及〈诗苑英华〉书》中所说的"夫文典则累野,丽亦伤浮,能丽而不浮,典而不野,文质彬彬,有君子之致"②相契合了。可以这样理解,萧统崇尚文学创作的"典雅",因为文学创作的教化功能得到体现,即其《陶渊明集序》所云"此亦有助于风教也"③。另一方面,他又不能接受一味标举典雅可能带来的"文典则累野"、过于质朴而缺少文采的弊病。"萧统强调'丽而不淫'和'典而不野',并且在《文选》的编选工作中更倾向'崇雅黜靡'"④。"丽而不浮,典而不野"是萧统希望最终达到的艺术境界。从萧统文学创作实践来看,这种观念是一以贯之的,也是他意欲达到的文学理想境界。

(二)"天趣微损"辨

关于"天趣",其实北宋诗僧惠洪《天厨禁脔》曾云"诗有三趣",第二趣即"天趣":"其词语如水流花开,不假人力,此谓之天趣。天趣者,自然之趣耳。"⑤稍后的南宋曾原一为《选诗演义》所作序也把它作为一种文学批评呈现:"渊明于诗道渐靡时,卓然得天趣,盖中兴于诗者。今所选仅三数篇,妙处往往遗,推此则他遗者,何限昭明所作。"⑥这里的"天趣"当指天然之趣、自然之趣。曾原一在这里把"天

---

① (南朝梁)萧统著,俞绍初校注:《昭明太子集校注》,郑州:中州古籍出版社 2001 年版,第 253 页。

② (南朝梁)萧统著,俞绍初校注:《昭明太子集校注》,郑州:中州古籍出版社 2001 年版,第 155 页。

③ (南朝梁)萧统著,俞绍初校注:《昭明太子集校注》,郑州:中州古籍出版社 2001 年版,第 201 页。

④ 曹道衡:《萧统的文学观和〈文选〉》,载《文学遗产》2004 年第 4 期,第 29 页。

⑤ (北宋)惠洪:《天厨禁脔》,张伯伟:《稀见本宋人诗话四种》,南京:江苏古籍出版社 2002 年版,第 126 页。

⑥ (南宋)曾原一:《选诗演义·序》,日本名古屋市立蓬左文库藏孤本,朝鲜古活字本,汉阳校书馆世宗十六年刊。

趣"作为文学批评和文学审美的较高评价标准,把陶渊明作为"天趣"的代表诗人看待,认为他是"中兴于诗者",也隐约肯定了萧统所作诗歌的"天趣"意味,认为萧统的"天趣"追求和陶诗有一脉相承之意。当然,宋人的这种对前人和前世优秀文学作品的追索"基本显示出曾原一的一种'退化'的文学史观,……但这种史观的目的并不是要回到遥远的古代,而是以此作为诗歌创作的标杆与路径,更多的是对当下诗歌的一种反思"①。

萧统的杂诗是充满"天趣"的,如《貌雪诗》把雪比喻成"既同摽梅英散,复似太谷花飞。密如公超所起,皎如渊客所挥"②,极写雪花降落如花飞的美丽过程,其中即蕴含着难得的天然之趣。

又如萧统的佛言诗,主要阐释佛教的教义佛理、描写佛事,但也有体现佛教景色的自然之趣的。如《和上游钟山大爱敬寺》以景色描写为主,在艺术手法上以赠诗的形式把游钟山大爱敬寺所遇的景物写给梁武帝。《开善寺法会诗》《钟山解讲诗》二首也有描写游览佛寺的景物的笔墨,尤其如《开善寺法会诗》云:

> 栖乌犹未翔,命驾出山庄。诘屈登马岭,回互入羊肠。稍看原蔼蔼,渐见岫苍苍。落星埋远树,新雾起朝阳。阴池宿早雁,寒风催夜霜。兹地信闲寂,清旷惟道场。玉树琉璃水,羽帐郁金床。紫柱珊瑚地,神幢明月珰。牵萝下石磴,攀桂陟松梁。涧斜日欲隐,烟生楼半藏。③

此诗写开善寺沿途所见的栖息的乌鸦、原野、白云、落星、远树、新雾、朝阳、阴池、早雁、寒风、夜霜、玉树、羽帐、紫柱、神幢、明月、石磴、松梁、斜涧、烟、楼等自然景色,诗中的景物随着时间的流逝变幻而变化,充满了对自然景色的审美情趣。

就所处的时代对比而言,相对于宫体诗之于时代的"新变"、左思咏史诗的情感激烈、谢灵运山水诗背后隐藏的矛盾、复杂性,甚至脱

---

① 卞东波:《曾原一〈选诗演义〉与宋代的"文选学"》,载《文学遗产》2013 年第 4 期,第 49 页。
② (南朝梁)萧统著,俞绍初校注:《昭明太子集校注》,郑州:中州古籍出版社 2001 年版,第 55 页。
③ (南朝梁)萧统著,俞绍初校注:《昭明太子集校注》,郑州:中州古籍出版社 2001 年版,第 29—30 页。

离控制的造反精神等不同的是，萧统诗歌的"天趣"是与"新变"、激烈、脱离控制相对应的更显"板正"的一面，是其真实内在心灵和情感的中规中矩的反映和外显，这也是其"天趣"所在，亦是其"微损"所在。

总之，通过以《文选》诗类型学研究方法对萧统诗歌进行分类研究，可知其诗歌创作"天趣微损，而章程颇密"的艺术特色内涵丰富，亦可知萧统是以经典作品为榜样和契合时代文学风尚进行文学实践的，其"典"和"丽"达于均衡的"文质彬彬"的主动诗歌艺术追求，是有动态发展的过程性和复杂性的。这也为我们对作为文学创作者的萧统及其诗歌创作在诗歌发展史和文学批评意义上的重新认识及更准确的定位提供了客观认知。对萧统诗歌的全面考察和对其诗歌创作风格及其思想渊源的深入研究，可以在一定意义上破除对其追求纯粹"道德形象"的传统固化认识，还原萧统真实多元、复杂多面的人格；也在一定程度上帮助我们重新认识萧统诗歌，打破传统观念对他文风"崇正典雅"的单一认知的藩篱，在某种程度上还原萧统诗歌不乏多元内涵的真实创作风格。

四、萧统诗歌与《文选》编纂的关系

萧统诗歌创作与其编纂《文选》的关系体现为相互影响的关系。由前可知，萧统是以经典作品为榜样和契合时代文学风尚进行文学实践的，其"典"和"丽"达于均衡的"文质彬彬"的主动诗歌艺术追求，是有动态发展的过程性和复杂性的。这也为对作为文学创作者的萧统及其诗歌创作在诗歌发展史和文学批评意义上的重新界定及更准确的定位提供了客观认知。如果把《文选》的选录标准与萧统的诗歌创作联系起来考量，即所谓"亦文家之善虑彼己者也"，可以发现萧统诗歌创作与其编纂《文选》的相互影响的隐迹。同时，也从另一视角印证了萧统诗歌创作的艺术追求与编纂《文选》意欲达到的文学理想境界之间存在着一定的差异性，二者是有着差异性和相当的内在关联性的双重属性的。

萧统很小就能吟诗作文，如《梁书》本传、萧纲、刘孝绰、萧子范等都对萧统的文学才能称赞有加，但由于《文选》对后世的影响实在太大，所以萧统在文学方面所公认的贡献更主要地凸显在编纂《文选》上，相对而言就压制了对其本身诗文创作的关注。可以说，人们也大多是通过评价《文选》的眼光来对比评判萧统及其诗歌的，甚至因此忽视了他的诗歌本身的价值和意义。

以萧统为首的文学集团的文学活动主要是创作诗文和编撰文集，所以诗文创作和编纂《文选》之间是既有其差异性，又有内在关联性的。如《梁书·昭明太子传》云："恒自讨论篇籍，或与学士商榷古今；闲则继以文章著述，率以为常"①。又说萧统"性爱山水，于玄圃穿筑，更立亭馆，与朝士名素者游其中"②。《梁书·王筠传》载："昭明太子爱文学士，常与筠及刘孝绰、陆倕、到洽、殷芸等游宴玄圃，太子独执筠袖、抚孝绰肩而言曰：'所谓左把浮丘袖，右拍洪崖肩。'其见重如此。"③刘孝绰在《昭明太子集序》中说的"能使典而不野，远而不放，丽而不浮，约而不俭，独擅众美，斯文在斯"④，和萧统给萧绎的信中所说的"夫文典而累野，丽亦伤浮，能丽而不浮，典而不野，文质彬彬，有君子之致"⑤意思大体相同。《梁书·刘孝绰传》也说"（昭明）太子文章繁富，群才咸欲撰录，太子独使孝绰集而序之"⑥，故而这个文学团体的文学观点有着相似性，或者说，是相对一致的文学追求使他们走到一起。《文选》集中体现出的萧统最主要的文学思想，也在其诗文创作本身中有所体现。如《陶渊明集序》和萧统给萧纲、萧绎的书信也在一定程度上与《文选》的编纂宗旨有契合之处。另外，萧统的《文选序》《答湘东王求〈文集〉及〈诗苑英华〉书》和《陶渊明集序》都记录了萧统选录和编撰各种诗文集时提出的文学标准，不过，它们并不是代表萧统本身的全部诗歌创作的标准。同理，声乐非萧统所好，但是萧统也有创作类似"宫体诗"的描摹女性的诸多诗作。萧统本人的"诗

① （唐）姚思廉：《梁书》，北京：中华书局1973年版，第167页。
② （唐）姚思廉：《梁书》，北京：中华书局1973年版，第168页。
③ （唐）姚思廉：《梁书》，北京：中华书局1973年版，第485页。
④ （南朝梁）萧统著，俞绍初校注：《昭明太子集校注》，郑州：中州古籍出版社2001年版，第245页。
⑤ （南朝梁）萧统著，俞绍初校注：《昭明太子集校注》，郑州：中州古籍出版社2001年版，第155页。
⑥ （唐）姚思廉：《梁书》，北京：中华书局1973年版，第480页。

歌创作"与"编纂文集"这两者即使是同一个主体,但是其标准是可以存在一定差异性的。萧统编纂《文选》在某种程度上是要表明自己的艺术追求和意欲达到的文学思想境界,可以说,《文选》集中体现了萧统最主要的文学思想,但并不能涵盖其全部,其诗文创作本身也能体现出编纂《文选》所不具有的文学思想,这种差异性是客观存在的。

萧统在《答湘东王求〈文集〉及〈诗苑英华〉书》中云:"夫文典而累野,丽则伤浮,能丽而不浮,典而不野,文质彬彬,有君子之致"①,他在《文选》选录作品时,这种观念也很明显地体现了出来。有些齐梁的作家作品并未选录入《文选》,部分原因在于萧统认为这些作家的作品"丽而伤浮",未能达到"丽而不浮,典而不野"的文学理想境界。骆鸿凯《文选学》云:"盖自江左文辞,稍崇华赡,下逮齐、梁,骈丽之习成,声病之学成,取青媲白,镂叶雕花,日趋于纤艳,而古初浑朴之意尽失。昭明芟次七代,荟萃群言,择其文之尤典雅者,勒为一书,用以切劘时趋,标指先正。迹其所录,高文典册十之七,清辞秀句十之五,纤靡之音百不得一。以故班、张、潘、陆之文,班班在列,而齐梁有名文士若吴均、柳恽之流,概从刊落,崇雅黜靡,昭然可见。"②骆氏之说论及《文选》选录作品是以"崇雅黜靡"为主,故而很多艳情诗并未入选《文选》,这是契合萧统本人对文学理想的艺术境界的追求的,也是萧统诗歌创作的艺术追求与其编纂《文选》意欲达到的文学理想境界的关联性或一致性所在。

萧统是以经典作品为榜样和契合时代文学风尚进行文学实践的,《文选》的编纂其实也是这样,即以每个时代的经典作品为榜样。我们不妨把《文选》的选文标准与萧统创作联系起来考量,所谓"亦文家之善虑彼己者也"。萧统给萧纲《答玄圃园讲颂启令》云:"得书并所制讲颂,首尾可观,殊成佳作,辞典文艳,既温且雅。岂直斐然有意,可谓卓尔不群。览以回环,良同愈疾。至于双因八辩,弥有法席之致;银草金云,殊得物色之美。吾在原之意,甚用欣怿。"③萧统称赞

---

① (南朝梁)萧统著,俞绍初校注:《昭明太子集校注》,郑州:中州古籍出版社 2001 年版,第 155 页。

② 骆鸿凯:《文选学》,北京:中华书局 1989 年版,第 32 页。

③ (南朝梁)萧统著,俞绍初校注:《昭明太子集校注》,郑州:中州古籍出版社 2001 年版,第 152 页。

萧纲的文章"首尾可观,殊成佳作",又说"卓尔不群",而"辞典文艳,既温且雅",他也是向时代的文学风尚看齐的。"辞典"而"文艳",这一对看似不可调和甚至有些对立的风格在萧纲那里得到的统一,得到了萧统的认可。我们可以理解为萧统一方面想要文风典雅,另一方面又不想拘泥于传统,也赞成趋新求变,如何达到二者的统一协调,这是其编纂《文选》时的艺术理想追求。总而论之,萧统诗歌创作的艺术追求与编纂《文选》意欲达到的文学理想境界既有区别,又有紧密的联系,即二者存在着差异性和相当的内在关联性的双重关系。

第二节　萧统的赋

　　萧统的赋确定为其作有 5 首,分别是《殿赋》《铜博山香炉赋》《扇赋》《芙蓉赋》和《鹦鹉赋》。这五首赋都是篇幅短小,均以咏物为主。关于"赋",陆机《文赋》云"赋体物",刘勰云:"赋者,铺也,铺采摛文,体物写志也。"①,"体物"为赋的文体特征之一,赋类别的命名也体现出这种特征。下面分而论之。

一、赋作题材的"小"与"大"

　　第一,萧统的赋作题材,基本是日常生活中常见的较小事物,如香炉、扇、芙蓉、鹦鹉等。刘勰《文心雕龙·诠赋》云:"……夫京殿苑猎,述行序志,并体国经野,义尚光大。既履端于倡序,亦归余于总乱。序以建言,首引情本,乱以理篇。迭致文契。按《那》之卒章,闵马称乱,故知殷人辑颂,楚人理赋,斯并鸿裁之寰域,雅文之枢辖也。至于草区禽族,庶品杂类,则触兴致情,因变取会。拟诸形容,则言务纤密;像其物宜,则理贵侧附。斯又小制之区畛,奇巧之机要也。"②刘勰把赋分为两类,一类是体制宏大的大赋,即所谓"京殿苑猎,述行序志,并体国经野,义尚光大";一类是"小制"小赋,即所谓"草区禽族,

①（南朝梁）刘勰著,詹锳义证:《文心雕龙义证》,上海:上海古籍出版社 1989 年版,第 270 页。
②（南朝梁）刘勰著,詹锳义证:《文心雕龙义证》,上海:上海古籍出版社 1989 年版,第 283—288 页。

庶品杂类,则触兴致情,因变取会"。因为题材相对较小,所以只能尽力铺排描绘,言语精工细微,即"拟诸形容,言务纤密",但最终会沦为"奇巧之机",难有宏大的气象。

"小"如其《芙蓉赋》云:

> 色兼列彩,体繁众号。初荣夏芬,晚花秋曜。兴《泽陂》之徽章,结《江南》之流调。[1]

此赋是以小事物荷花为描写对象的赋作。首先,说荷花有悦目的颜色;其次,再说荷花有早开有晚开之别,初开之花夏天就吐露芬芳了,晚开的花到秋天了还能明亮照耀、光彩夺目。再次,说荷花的美化环境和增加文学题材之功用,一是可以美化池塘环境,二是可以增加流行曲调的内容。

此外,萧统还有《铜博山香炉赋》《扇赋》《芙蓉赋》和《鹦鹉赋》等赋作,都是以日常生活中的小事物为赋咏对象的,多作"小"赋是萧统赋作的第一大特点。

第二,萧统赋作也有"大"者,即刘勰所谓"京殿苑猎,述行序志,并体国经野,义尚光大"。萧统长居于东宫之中,故而也有描绘宫殿的赋作《殿赋》,相比其他小赋而言,属于"京殿苑猎"的大赋,宫殿因其自身的原因,本就多了一种宏大的气象和开阔的意境,对其的写作手法也自有一种洪丽之感,即刘勰所谓"体国经野,义尚光大"。

其《殿赋》云:

> 观华曜之美者,莫若高殿之丽也。高殿博敞,华色照朗。内备杂藻,外发珍象。延眠观之,欣然俯仰。阑槛参差,栋宇齐叒。玄黄既具,鲜丽亦发。椽并散节,若山若谷。或象翔鸟,或拟森竹。藻棁鲜华而粲色,山节珍形而曜目。旅视形则,委累嵯峨。雕丹文于檐际,镂华形以列罗。若乃日照珠帘,彪炳灼烁,轻风吹幌,乍扬乍薄。接长栋之耿耿,檐垂溜于四隅。建厢廊于左

---

[1] (南朝梁)萧统著,俞绍初校注:《昭明太子集校注》,郑州:中州古籍出版社2001年版,第71页。

右,造金墀于前庑。卷高帷于玉楹,且散志于琴书。①

此赋不乏华贵精细之美,如"高殿博敞,华色照朗。内备杂藻,外发珍象","藻棁鲜华而粲色,山节珍形而曜目","雕丹文于檐际,镂华形以列罗",均极言宫殿内外都装饰有各种颜色的彩绘图像,玄黄、鲜丽、粲色、金墀等更显色彩鲜明。"阑槛参差,栋宇齐昃""彪炳灼烁""卷高帷于玉楹,且散志于琴书"则比前几首小赋多了一份宏丽的气势,和诸如"博敞、参差、齐昃、翔鸟、森竹、嵯峨"等向上的阳刚美。

二、赋作艺术的"精工"与"平淡"

第一,萧统的赋作艺术手法可称"精工"。最典型的如其《铜博山香炉赋》云:

> 禀至精之纯质,产灵岳之幽深;经般倕之妙旨,运公输之巧心。有蕙带而岩隐,亦霓裳而升仙。写嵩山之巃嵸,象邓林之阽眠。方夏鼎之瑰异,类山经之倜诡。制一器而备众质,谅兹物之为侈。于时青女司寒,红光翳景。吐圆舒于东岳,匿丹曦于西岭。翠帷已低,兰膏未屏。爨松柏之火,焚兰麝之芳。荧荧内曜,芬芬外扬。似庆云之呈色,如景星之舒光。齐姬合欢而流盼,燕女巧笑而蛾扬。刘公闻之见锡,粤女惹之留香。信名嘉而器美,永服玩于华堂。②

铜博山香炉,博山炉,又名博山香炉、博山薰炉,是用于焚香的器具,常见的材质为青铜器和陶瓷器。其炉体常呈青铜器中的豆形,上有盖,盖高而尖,中镂空,呈山形,山形重叠,其间雕有飞禽走兽,象征传说中的海上仙山。据《西京杂记》记载:"长安巧匠丁缓者……作九层博山香炉,镂为奇禽异兽,穷诸灵异,皆自然运动"。汉代分封诸侯时,皇上就会赐给诸侯博山炉。据《初学记》卷二五引《晋东宫旧事》

① (南朝梁)萧统著,俞绍初校注:《昭明太子集校注》,郑州:中州古籍出版社2001年版,第67—68页。
② (南朝梁)萧统著,俞绍初校注:《昭明太子集校注》,郑州:中州古籍出版社2001年版,第67—68页。

云:"太子初拜,有铜博山香炉一枚。"①北宋吕大防《考古图》云:"香炉像海中博山,下盘贮汤,使润气蒸香,以像海之四环。"

萧统于此赋首先极言博山香炉之精妙绝伦、质地纯正,产于灵秀的山岳的隐秘之处,凝聚了公输班的巧手匠心。接着他描绘了香炉的精妙:隐隐约约的博山香炉蒸香,有香草做的佩带,像海的四环自带一种缥缈仙风。外形看起来像嵩山一样高峻,又像传说中仙境里的树林一样草木茂密,又像夏禹之鼎和《山海经》里的神话传说一样奇异。博山炉燃烧香料时,烟气从镂空的山形中散发而出,有如仙气缭绕,给人以置身仙境之感:就像掌管霜雪的女神,红光遮蔽了日月的光辉。把圆月从东岳吐露出来,把红日藏匿于西岭。燃烧松柏之火、焚兰麝之芳香,火光在香炉里面闪耀,香气却不断地往外溢出。故而南朝谢惠连盛赞博山炉"燎熏炉兮炳明烛,酌桂酒兮扬清曲"。南宋文学家鲍照有"洛阳名工铸为金博山,千斲复万镂"之说,李白诗有"博山炉中沉香火,双烟一气凌紫霞"句,把博山炉与燎沉香并提,记述的都是博山炉熏香时香烟缭绕的迷人意境,呈现出一幅炉暖香浓、气凌紫霞的缥缈宜人景象。此外,萧统还用侧面描写的手法极言香炉的惹人喜爱:齐地的美女和合欢乐、流转目光观看着,喜欢、开心地笑着,蛾眉都上扬了。就连能为五里雾的张楷也想得到这样的赏赐,粤地的女子也想保留它燃烧的香味。最后以这样的名器谁不想放置在自己的屋里呢这样的感叹做结语。萧统华美的语言、精细的刻画,可谓把博山炉外形的精妙、燃烧时香烟散发出的缭绕迷人意境、人们争相为之倾倒的景象都刻画得入木三分,十分传神。

第二,萧统的赋作还有用语稍显平淡之作,语不惊奇,辞采不复华茂繁复。如其《扇赋》云:

> 匠人之巧制,女工之妙织。九折翠竹之枝,直截飞禽之翼。虽复草木焦枯,金沙销铄,火山炽,寒泉涸,能使凄兮似秋,隆暑斯却。②

---

① (唐)徐坚等:《初学记》,北京:中华书局1962年版,第606页。
② (南朝梁)萧统著,俞绍初校注:《昭明太子集校注》,郑州:中州古籍出版社2001年版,第70页。

此赋首先叙述扇子出于何手：是匠人、女工等能工巧匠的产物。其次，直述扇子是由何种材料制作而成的：是由截成几节的竹枝和裁剪的飞鸟的轻薄羽翼制成的。最后，讲述扇子的功用。即使是炎热程度使得草木枯黄，沙子都融化了，火山热烈旺盛，泉水都干枯了，扇子都能给酷暑带来秋天才有的凉爽的快意。

又如其《鹦鹉赋》云：

> 有能言之奇鸟，每知来而发声。乍青质而翠映，或体白而雪明。喙前钩而趋步，翼高舞而翩翾。足若丹而三布，目如金而双圆。①

此赋是写鹦鹉的，用语平淡，可谓直接白描之手法，写出了鹦鹉学舌"能言"的特点，鹦鹉有青色、白色、五色三种类型的区别，鹦鹉的嘴部为"前钩"构造，羽翼"高舞而翩翾"，爪子是丹色的，两个脚趾向后，双眼"如金而双圆"。

有一点值得注意的是，不仅是萧统的赋作，萧统的其他应用文体也都显示出排偶的句式，辞藻华美，文多用典。其同时代的其他人的创作，也都由于时代风气的原因，或多或少受到骈文的影响，在行文造语上有明显逐渐趋于骈化的特点。这显示出骈文发展趋于鼎盛的迹象，也是南朝文风骈化的时代文学特征。

第三节　萧统的文

萧统的文共有序 2 篇、传 1 篇、书 7 篇、赞 3 篇、令 5 篇、启 6 篇、疏 1 篇、七 1 篇、令旨 2 篇，共计 28 篇，现分类论之。

一、"序""传"

（一）萧统的"序"
萧统的序共有 2 篇，分别是《文选序》和《陶渊明集序》。萧统的序

---

① （南朝梁）萧统著，俞绍初校注：《昭明太子集校注》，郑州：中州古籍出版社 2001 年版，第 72 页。

数量虽然很少，却是萧统的文学作品中最具影响力的，以下论之。

一是《文选序》[①]，是萧统为《文选》编纂写作的序言，全文几乎是以骈文的形式来创作的，句式工整，语言优美隽永，在某种意义上可以说是萧统成就最高的文学作品了。它既体现出萧统的文学创作水平，也是其文学思想的集中体现，蕴藏着萧统的文学观。

第一，要用"踵其事而增华，变其本而加厉"的发展眼光看文学和文学现象。"若夫椎轮为大辂之始，大辂宁有椎轮之质？增冰为积水所成，积水宁微增冰之凛，何哉？盖踵其事而增华，变其本而加厉。物既有之，文亦宜然。随时变改，难可详悉。"萧统在《文选序》中以"椎轮为大辂之始"，"增冰为积水所成"为例，指出自然界的一般事物是发展变化的，目的在于论述文学是有一个从无到有、从小到大不断发展演化的过程的，即所谓"物既有之，文亦宜然，随时变改，难可详悉"，他对于文学的发展是持肯定态度的。"《诗序》云：'诗有六义焉，一曰风，二曰赋，三曰比，四曰兴，五曰雅，六曰颂。'至于今之作者，异乎古昔。古诗之体，今则全取赋名。荀宋表之于前，贾马继之于末。自兹以降，源流实繁。"说的是萧统在《文选序》中认为文学的发展变化，除了体现在文学自身内容的发展上以外，还体现在文学的文体形式中，他认为"赋"这种文体是由"古诗之体"演化发展而来的，这也是其《文选》编纂的标准之一。

第二，文学作品要有"入耳之娱""悦目之玩"的文学观赏性。"舒布为诗，既言如彼，总成为颂，又亦若此。次则箴兴于补阙，戒出于弼匡，论则析理精微，铭则序事清润，美终则诔发，图像则赞兴。又诏诰教令之流，表奏笺记之列，书誓符檄之品，吊祭悲哀之作，答客指事之制，三言八字之文，篇辞引序，碑碣志状，众制锋起，源流间出。譬陶匏异器，并为入耳之娱；黼黻不同，俱为悦目之玩。"即文章要"譬陶匏异器"，可以愉悦耳朵；"黼黻不同"，可以赏心悦目。

第三，选文要"略其芜秽，集其清英"，文学作品要有"沉思"的思想性和"翰藻"文采性兼具。学界于此问题多有论证，此不赘言。

---

① （南朝梁）萧统著，俞绍初校注：《昭明太子集校注》，郑州：中州古籍出版社 2001 年版，第 163—165 页。

二是《陶渊明集序》①，也是萧统相当重要的文学作品之一，用了更多的骈句，但是说理却显得更加透彻明白，笔锋中常带着真切的感情。这篇序作为萧统的文学作品，从创作的角度来说，是辞采华茂、文思飞扬，读来颇有艺术的美感和丰厚的情感。

第一层次，萧统表达对陶渊明隐逸生活的向往之情。萧统性爱山水，也崇尚自然，其对陶渊明的道德人品与诗、文创作表达出由衷的赞美之情，除了陶渊明本身道德文章的"玉之在山，以见珍而终破；兰之生谷，虽无人而自芳"的魅力之外，这也是和萧统本人的修养、性格密不可分的。从萧统的"宜乎与大块而盈虚，随中和而任放"的内心放任于山水之情的向往，可以看出他对老庄寄情山水思想的情有独钟，他渴望能够像陶渊明那样体验做真正的隐士的任放之心。据《梁书·昭明太子传》记载："性爱山水，于玄圃穿筑，更立亭馆，与朝士名素者游其中。尝泛舟后池，番禺侯轨盛称'此中宜奏女乐'。太子不答，咏左思《招隐诗》曰：'何必丝与竹，山水有清音。'侯惭而止。出宫二十余年，不畜声乐。少时敕赐太乐女妓一部，略非所好。"②以上可知萧统对自然山水的热爱，还可以看出萧统对道家的崇尚自然、简单朴素的真心向往；他对奢华的丝与竹之乐是持否定态度的。

第二层次，萧统表达对陶渊明诗歌的高度赞赏和评价。他对陶渊明非常仰慕，所谓"其文章不群，辞彩精拔，跌宕昭彰，独超众类，抑扬爽朗，莫之与京。横素波而傍流，干青云而直上。语时事则指而可想，论怀抱则旷而且真。加以贞志不休，安道苦节，不以躬耕为耻，不以无财为病，自非大贤笃志，与道污隆，孰能如此乎？余爱嗜其文，不能释手，尚想其德，恨不同时"是也。萧统认为陶渊明的诗歌具有鲜明的时代性，所以他亲自"故加搜校，粗为区目"，并为陶渊明立传，"并粗点定其传，编之于录"，且亲作《陶渊明集序》加以宣扬。

陶渊明虽然归隐田园，但是依然关心政治，并能发出自己的声音

---

① (南朝梁)萧统著，俞绍初校注：《昭明太子集校注》，郑州：中州古籍出版社 2001 年版，第 199—201 页。
② (唐)姚思廉：《梁书》，北京：中华书局 1973 年版，第 96 页。

和见解,这是萧统推崇的。萧统还高度赞扬陶渊明能于隐居中保持"贞志不休,安道苦节"的精神和操守,表达出对陶渊明作品的崇敬之情。

第三层次,萧统借用《陶渊明集序》提出了自己对文学的社会功能和政治功用的理解——"有助于风教也"。文学"有助于风教"的教化功用,早在先秦,后至于汉,都是儒家的基本认知。所以《毛诗序》云:"风,风也,教也;风以动之,教以化之……上以风化下,下以风刺上,主文而谲谏,言之者无罪,闻之者足以诫。……经夫妇,成孝敬,厚人伦,美教化,移风俗。"①"风以动之,教以化之"说的就是诗的教化功能,就政治功用来说,诗则可以令"上以风化下,下以风刺上",就社会功能而言,则能"经夫妇,成孝敬,厚人伦,美教化,移风俗"。到了汉代以后,如曹丕《典论·论文》云:"盖文章,经国之大业,不朽之盛事。"②曹丕把文章的地位提高到事关治理国家的大事,万代不朽的盛大事业的高度了,这是就政治功用来说的。陆机《文赋》说"文之为用"云:"伊兹文之为用,固众理之所因。恢万里而无阂,通亿载而为津。俯贻则于来叶,仰观象乎古人。济文武于将坠,宣风声于不泯。涂无远而不弥,理无微而弗纶。配沾润于云雨,象变化乎鬼神。被金石而德广,流管弦而日新。"③挚虞《文章流别论》也说:"文章者,所以宣上下之象,明人伦之叙,穷理尽性,以究万物之宜者也。王泽流而诗作,成功臻而颂兴,德勋立而铭著,嘉美终而诔集。祝史陈辞,官箴王阙。"④挚虞认为文章可以"宣上下之象,明人伦之叙",兼有政治的和社会的双重功用。所以萧统说陶渊明:"白璧微瑕,惟在《闲情》一赋。扬雄所谓劝百讽一者,卒无讽谏,何足摇其笔端?惜哉,亡是可也",他认为陶渊明《闲情赋》没有"劝百讽一"和"讽谏"的社会教化作用,这就更体现出萧统崇尚的是文学"有助于风教也"的教化思想。

---

① (汉)郑玄笺,(唐)孔颖达疏:《毛诗正义》,阮元校刻《十三经注疏》本,上海:上海古籍出版社1997年版,第269—271页。

② (梁)萧统编,(唐)李善注:《文选》,北京:中华书局1977年版,第720页下。

③ (南朝梁)萧统编,(唐)李善注:《文选》,北京:中华书局1977年版,第243—244页。

④ (唐)欧阳询编,汪绍楹校:《艺文类聚》,上海:上海古籍出版社1995年版,第1013页。

（二）萧统的"传"

萧统的"传"今存 1 篇,即《陶渊明传》[1],其文寄意甚高,语言洒脱洋溢,文采斐然,一种文学之美跃然纸上,体现出萧统在传文方面的率性文风和不凡风采,也代表了萧统对陶渊明隐逸生活的向往之心和高洁人格的赞誉之情。

首先,评价陶渊明"有高趣,博学善属文,颖脱不群,任真自得",是说陶渊明有很高的志趣,而且博学多才,文章写得很好,聪颖洒脱,卓尔不群,任性率真,清高自负。

接着,"潜也何敢望贤,志不及也","我岂能为五斗米,折腰向乡里小儿",写出陶渊明向往隐居生活的志趣和辞去官职"不为五斗米折腰"的不屈文人的高洁品质。

最后,盛赞陶渊明身居世外,心系家国,弹拨无弦琴以寄托心意,却又能安于勤苦的清贫生活的人格及其"宽乐令终"和"好廉克己"的品德。

二、"书""赞"

（一）萧统的"书"

至今明确可考的萧统的"书"分别是《答晋安王书》《答云法师请开讲书》《又答云法师书》《答湘东王求文集及〈诗苑英华〉书》《谕殷钧手书》《与何胤书》和《与张缵书》共 7 篇。总体而言,这些"书"信从艺术上来看文辞优美,从内容上来看情感真挚,其中真情的流露有种挥洒自如之感,都有比较高的文学欣赏价值和艺术审美价值,这些书信让作为太子的萧统,有了更多真实、立体、丰满的文人形象。

第一,别人先写书信,萧统再给别人写回信的,有《答晋安王书》《答云法师请开讲书》《又答云法师书》《答湘东王求文集及〈诗苑英华〉书》4 篇。对象是王弟或僧人,情感上是与王弟的文学对等交流和对兄弟之情的抒发,或是对僧人求讲佛经的委婉和谦虚之情。如

---

① （南朝梁）萧统著,俞绍初校注:《昭明太子集校注》,郑州:中州古籍出版社 2001 年版,第 191—193 页。

其《答晋安王书》①，萧统在这封写给其弟萧纲的书信中，虽然文辞不甚华丽，但展现出来的却是兄弟二人之间的真挚情谊。此外，萧统于此中也表达了他的文学"有助于风教也"的教化观："况观六籍，杂玩文史，见孝友忠贞之迹，睹治乱骄奢之事，足以自慰，足以自言。人师益友，森然在目。嘉言诚至，无俟傍求。"六籍、文史可以让人"见孝友忠贞之迹，睹治乱骄奢之事"，也体现了文学典籍有助于社会风教的作用。林大志在《四萧研究——以文学为中心》书中论说萧统关于文学创作的教化功能的观点，认为萧衍萧统父子二人都比较推崇雅正文风说："在基本文学观念上承袭、随附萧衍的文学思想"，"对于雅正文风的提倡实质上还是诗教说的影响"②。他还认为正是因为有了西晋和梁代前中期的这种转向，文学创作"有助于风教也"的教化功能才更加为统治者所重新重视。

此外，如果说用佛教佛经之典是萧统诗歌的一大特点，那么用文学之典，则是萧统文创作的另一个特色。《答晋安王书》中"但清风朗月，思我友于。各事藩维，未克棠棣。兴言届此，梦寐增劳。善护风寒，以慰悬想"一句，"清风朗月"化用了《世说新语·言语》"清风朗月，辄思玄度"之典故，说的是刘尹每当月明星稀、微风徐徐的晚上，就会思念他的朋友玄度，刘尹，指的是刘惔；玄度，指的是东晋文学家许询。这个文学典故萧统信手拈来，使用得非常自然、不留痕迹。萧统通过用典间接表达自己的思想和情感，从而引发读者的思考，可以说有化直白平淡为"只可意会不可言传"的道家哲思之妙。

又如，《答湘东王求〈文集〉及〈诗苑英华书〉》③，作于梁武帝萧衍普通三年(522)，是萧统写给湘东王萧绎的回信，兄弟二人之间就各自的文学思想进行了探讨和交流。从文中不难发现萧统对湘东王萧绎作为兄长的语重心长的态度，字里行间洋溢着兄弟二人之间的浓

---

① (南朝梁)萧统著，俞绍初校注：《昭明太子集校注》，郑州：中州古籍出版社2001年版，第74—75页。

② 林大志：《四萧研究——以文学为中心》，北京：中华书局2007年版，第92页。

③ (南朝梁)萧统著，俞绍初校注：《昭明太子集校注》，郑州：中州古籍出版社2001年版，第155—156页。

浓情谊。萧统谈到了其写作的相关情况:"吾少好斯文,迄兹无倦。谭经之暇,断务之余,陟龙楼而静拱,掩鹤关而高卧,与其饱食终日,宁游思于文林。或因春阳,其物韶丽,树花发,莺鸣和,春泉生,暄风至,陶嘉月而熙游,藉芳草而眺瞩。或朱炎受谢,白藏纪时,玉露夕流,金风时扇,悟秋山之心,登高而远托;或夏条可结,倦于邑而属词,冬雪千里,睹纷霏而兴咏。"描写了春、夏、秋、冬四季的不同景色,而在这样的景色下触景生情,也显得非常地自然和真切,可以说作为一篇书信作品,萧统文采斐然、情感充沛,达到了情景的高度融合。

萧统在此书信里表达了其文学要追求"能丽而不浮,典而不野,文质彬彬,有君子之致"的文学观。刘孝绰是萧统的老师兼文友,萧统在一定程度上受其影响,文学观念上多有相似之处,所以萧统请刘孝绰为他的文集作序,据《梁书·刘孝绰传》记载:"太子文章繁富,群才咸欲撰录,太子独使孝绰集而序之。"①而刘孝绰在《昭明太子集序》一文中说道:"窃以属文之体,鲜能周备。长卿徒善,既累为迟;少孺虽疾,俳优而已。子渊浮靡,若女工之蠹;子云侈靡,异诗人之则;孔璋辞赋,曹祖劝其修今;伯喈笑赠,挚虞知其颇古;孟坚之颂,尚有倾赞之讥;士衡之碑,犹闻类赋之贬。深乎文者,兼而善之:能使典而不野,远而不放,丽而不浮,约而不俭,独擅众美,斯文在斯。"②刘孝绰"典而不野,远而不放,丽而不浮,约而不俭"的文学主张与萧统在《答湘东王求文集及〈诗苑英华〉书》中提出的文学标准观亦多有相似之处。

又如其《答云法师请开讲书》:

> 统览近示,知欲见令道义。夫释教凝深,至理渊粹,一相之道,杳然难测;不二之门,寂焉无响。自非深达玄宗,精解妙义,若斯之处,岂易轻办?至于宣扬正教,在乎利物耳。弟子之于内义,诚自好之乐之。然钩深致远,多所未悉;为利之理,盖何足论?诸僧并入法门,游道日广。至于法师,弥不俟说。云欲见凌

---

① (唐)姚思廉:《梁书》,北京:中华书局1973年版,第480页。
② (南朝梁)萧统著,俞绍初校注:《昭明太子集校注》,郑州:中州古籍出版社2001年版,第245页。

禀，良所未喻。想得此意，不复多云。统和南。①

此书当作于天监十七年，云法师请萧统讲佛经经义，有《上昭明太子启》一文，盛赞萧统于佛法经义之"妙谈出俗"，萧统有此回信。此书读来一改萧统作为太子身份的高高在上之感，给人一种如沐春风之感，萧统在佛法佛僧面前的虔诚、谦虚形象丰满可见。可见萧统身为太子，却以佛门弟子谦称，"释教凝深，至理渊粹，一相之道，杳然难测；不二之门，寂焉无响"，以恭敬虔诚之心对待无边的佛法，自己精于佛教佛经，却自谦只是"诚自好之乐之"，对深奥的佛法"多所未悉""盖何足论"，也诚挚地夸奖释法云等佛僧于佛法"游道日广"。

104

又如其《又答云法师书》：

> 重览来示，知犹欲令述义。不辩为利，具如前言。甘露之开，弥惭来说。若止是略标义宗，无为不尔。但愧以鱼目拟法师之夜光耳。统和南。②

此书是萧统《答云法师请开讲书》之后又写的一封书信，表达了真切的感情。如果说上一封书信有客套、谦虚之情，则这封书信更是虔诚之心立显。面对释法云的盛情邀请，难以拒绝，只能说自己"略标义宗，无为不尔"，虽佛法佛经之事略懂一点皮毛，然而要自己开讲佛教精义，在释法云这样的得道高僧面前，只能是鱼目混珠之于对方的夜光宝珠了。

第二，先给别人写信的，有《谕殷钧手书》《与何胤书》和《与张缵书》3篇，对象都是臣下文士，属于以上对下。如《谕殷钧手书》，"谕"是明显的以上对下，《与何胤书》和《与张缵书》，是太子身份上的以上对下，情感上多是对臣下的关心之情。

如其《与何胤书》③，文中体现更多的是对朋友的信任。萧统在书信这种比较自由的文体里，展现了他文质并重的文风，流露出内心的真挚情感。首说自己"心往形留"，表达了对何胤现在隐居山水之乐

---

① （南朝梁）萧统著，俞绍初校注：《昭明太子集校注》，郑州：中州古籍出版社2001年版，第115页。
② （南朝梁）萧统著，俞绍初校注：《昭明太子集校注》，郑州：中州古籍出版社2001年版，第117页。
③ （南朝梁）萧统著，俞绍初校注：《昭明太子集校注》，郑州：中州古籍出版社2001年版，第212页。

的羡慕,又用刘盈之于四皓、刘庄之于桓荣比自己之于何胤,表达了对何胤尊以师礼的亲重之情。萧统说,"想摄养得宜,与时休适。耽精义,味玄理,息嚚尘,玩泉石,激扬硕学,诱接后进,志与秋天竞高,理与春泉争溢。乐可言乎!乐可言乎!岂与口厌刍拳,耳聆丝竹者之娱,同年语哉!方今泰阶端平,天下无事,修日养夕,差得从容。每钻阅六经,泛滥百氏,研寻物理,顾略清言。既以自慰,且以自警。而才性有限,思力匪长,热疾愦其神,风眩弊其体;多惭过目,释卷便忘。是以蒙求之怀,于兹弥轸。"萧统表示,自己喜欢读书,然而"才性有限,多惭过目,释卷便忘",便请求何胤帮助解决疑难,尊称何胤为师长,意指自己是作为学生来求助。何胤"性爱山泉,情笃鱼鸟",生性喜欢自然,又"诞纵自天",喜欢放纵恣肆,纵情诞节。据《梁书·何胤传》记载:"纵情诞节,时人未之知也","为政有恩信,民不忍欺"。"遂卖园宅,欲入东山,未及发,闻谢朏罢吴兴郡不还,胤恐后之,乃拜表辞职,不待报辄去"。"永元中,征太常、太子詹事,并不就。高祖霸府建,引胤为军谋祭酒","胤不至。高祖践阼,诏为特进、右光禄大夫","有敕给白衣尚书禄,胤固辞。又敕山阴库钱月给五万,胤又不受"。[①] 他曾多次辞官,有归隐之心,后来梁武帝赐官给他,他也不肯领受。对萧统的求助,他也委婉谢绝,但表达了对萧统"明睿之德"的赞赏,"辟承华而延儒雅,埽黄闱而引文学,嘉美聿宣",赞美他在承华门(太子宫在太宫东薄室门外,中有承华门)多有招揽儒雅之士,在东宫引领文学的风气,甚为值得称许。由于蜡鹅事件,萧统一定程度上遭到梁武帝萧衍的猜忌。作为皇帝的萧衍对作为太子的萧统有了不信任感,这也使萧统因为担心能否保住太子位置而感到恐慌,所以他写这封书信有相当明确的目的,即一方面寻求何胤这样的高人相助以巩固太子之位,另一方面也表现出自己面对当前局面的矛盾复杂心理。

又如其《谕殷钧手书》云:

> 知比诸德,哀顿为过。又所进殆无一溢,甚以酸耿。迥然一

① (唐)姚思廉:《梁书》,北京:中华书局1973年版,第735—737页。

身,宗奠是寄。毁而灭性,圣教所不许。宜微自遣割,俯存礼制。饘粥果蔬,少加勉强。忧怀既深,指故有及,并令缪道臻口具。①

此书信的写作背景及内容是:殷钧因母亲去世守丧离职,守丧期间饮食起居超出了礼制的要求,昭明太子对此很担心,于是就写信告诫他说:"你的智慧能与古代圣贤相比,但哀伤太过分了,而且每天吃的食物还不足一溢米,我感到心酸,你家单传,祭祀祖宗之事寄托在你一人身上,因哀伤过度而危及性命,这是圣人所不赞成的。自己应当稍微克制悲伤的感情,依照礼制,稀饭、肉、水果、蔬菜等,强迫自己吃一些。我特别担忧,希望你能知道,并派缪道臻当面转告。"

从《谕殷钧手书》的语言及内容,可见身为皇太子的萧统对于臣下的拳拳关心之情。太子亲自劝诫殷钧要注意身体健康、保持饮食正常、消除悲伤情绪,想必让作为臣子的殷钧读来颇为感动。抛却萧统作为太子的责任和为人主之道,其真诚的语言及发自内心的关心,真可谓情真意切,像极了兄弟之间的互相爱护,也更像是作为朋友的真挚情感。

又如其《与张缅弟缵书》云:

> 贤兄学业该通,莅事明敏,虽倚相之读《坟》《典》,郤縠之敦《诗》《书》,惟今望古,蔑以斯过。自列宫朝,二纪将及,义惟僚属,情实亲友。文筵讲席,朝游夕宴,何曾不同兹胜赏,共此言寄?如何长谢,奄然不追!且年甫强仕,方申才力,摧苗落颖,弥可伤惋。念天伦素睦,一旦相失,如何可言。言及增哽,揽笔无次。②

此书作于中大通三年,是张缅去世时萧统写给其弟张缵的书信,怀念与张缅的交游之情。据《梁书·张缅传》云:"中大通三年,迁侍中,未拜,卒,时年四十二。诏赠侍中,加贞威将军,侯如故。赙钱五万,布五十匹。高祖举哀。昭明太子亦往临哭。"③书中首先赞扬张缅学问博通,处

---

① (南朝梁)萧统著,俞绍初校注:《昭明太子集校注》,郑州:中州古籍出版社2001年版,第188—189页。
② (南朝梁)萧统著,俞绍初校注:《昭明太子集校注》,郑州:中州古籍出版社2001年版,第216页。
③ (唐)姚思廉:《梁书》,北京:中华书局1973年版,第492页。

事聪明机敏,即使是以前的倚相精通《坟》《典》,厚重《诗》《书》,自古及今,也不过如此。接着追忆与张缅同游宴乐之趣,表明痛失友人的悲伤之情。情到悲伤处,以至于不知如何下笔。书信情感真挚,令人读来不觉黯然涕下,又可见二人之情谊深厚。

（二）萧统的"赞"

关于赞体,刘勰《文心雕龙·宗经》云:"赋、颂、歌、赞,则《诗》立其本"[①],认为赞体源于《诗经》。其《文心雕龙·颂赞》接着又有深入的阐发:"赞者,明也,助也。昔虞舜之祀,乐正重赞,盖唱发之辞也。及益赞于禹,伊陟赞于巫咸,并飏言以明事,嗟叹以助辞也。故汉置鸿胪,以唱言为赞,即古之遗语也。至相如属笔,始赞荆轲。及迁《史》固《书》,托赞褒贬;约文以总录,颂体以论辞;又纪传后评,亦同其名;而仲治《流别》,谬称为述,失之远矣。及景纯注《雅》,动植必赞,义兼美恶,亦犹颂之变耳。然本其为义,事生奖叹,所以古来篇体,促而不广,必结言于四字之句,盘桓乎数韵之辞,约举以尽情,昭灼以送文,此其体也。发源虽远,而致用盖寡,大抵所归,其颂家之细条乎!"[②]刘勰所言"赞者,明也,助也",不是以文体来定义的,作为文体,刘勰认为赞应该上至《尚书·大禹谟》"益赞于禹"和《尚书序》,又把司马相如《荆轲赞》视为赞体的正式标志。

萧统的赞今存 3 篇,分别是《弓矢赞》《蝉赞》和《尔雅制法则赞》,其赞的文风有声有色,有平有奇,寥寥数语,即将赞体"促而不广,必结言于四字之句,盘桓乎数韵之辞"的特点展现得淋漓尽致。

比如其《弓矢赞》云:

> 弓用筋角,矢制良工。亦以观德,非止临戎。杨叶命中,猿堕张空。[③]

此赞是说弓矢之功用,其文恰符合刘勰所谓"促而不广,必结言于四字之句,盘桓乎数韵之辞",寥寥数语,就把弓矢"以观德,非止临戎"的作

---

① （南朝梁）刘勰著,詹锳义证:《文心雕龙义证》,上海:上海古籍出版社 1989 年版,第 78 页。
② （南朝梁）刘勰著,詹锳义证:《文心雕龙义证》,上海:上海古籍出版社 1989 年版,第 338—349 页。
③ （南朝梁）萧统著,俞绍初校注:《昭明太子集校注》,郑州:中州古籍出版社 2001 年版,第 218 页。

用说得清楚明了。"杨叶命中,猿堕张空",则极言拉弓引箭之姿态。

又如其《蝉赞》云:

> 兹虫清洁,惟露是餐。寂莫秋序,咽唶夏阑。岂伊不美? 曜彼华冠。①

此赞叙说蝉之特点"清洁",只饮露水。接着讲蝉生活的时期,鸣叫于夏季之末与秋季开始时,最后言其之美,可照耀华美之冠。此文可以说有声有色,有平有奇,把蝉的洁净、轻盈叙说得明白畅然。

又如其《尔雅制法则赞》云:

> 惟斯法则,信如四时;严此刑政,刑轻罪疑。霜威已振,民不敢欺。②

此赞言语简单,四字之句,二十四字,即把"法则"的特点叙说得明白清楚。法则,应当如一年四季一样严格,要严格刑法之政,虽然刑轻,但也不能免其罪,只有这样才能树立法律的威严。

三、"令""启"

(一)萧统的"令"

"令"即命令,是属于下行公文的一个类别。关于令体,《文体明辨·序说》云:"令即命也。七国之时并称曰令。秦法:皇后、太子称令。"③齐梁时代的令体的性质没有改变,但是逐渐变得更加华美瑰丽了。

萧统的令文今存《与晋安王纲令》《与殷芸令》《议东宫礼绝傍亲令》《罪诬人诱口令》《答玄圃园讲颂启令》5篇,这类作品虽然文学价值不高,却反映出萧统作为太子的政治态度,对朝廷政务的治理严谨、态度分明,及除却太子身份之外作为一个真实的、有血有肉的独立个体的性格特征和情感倾向。

---

① (南朝梁)萧统著,俞绍初校注:《昭明太子集校注》,郑州:中州古籍出版社 2001 年版,第 219 页。
② (南朝梁)萧统著,俞绍初校注:《昭明太子集校注》,郑州:中州古籍出版社 2001 年版,第 220 页。
③ (明)吴讷、徐师曾:《文章辨体序说 文体明辨序说》,北京:人民文学出版社 1962 年版,第 120 页。

如其《与晋安王纲令》①，此令当作于大通元年（527），据《梁书·到洽传》记载："大通元年，（到洽）卒于（寻阳）郡……昭明太子与晋安王纲令曰：……"②可知。梁大通元年对萧统而言是备受打击的一年，这一年明山宾、张率、到洽等几位长期围绕在萧统身边生活、交游的东宫学士都相继去世。而普通六年（525），即这之前的一年，东宫学士陆倕已去世了。这些东宫学士既是萧统的老师，也是萧统的文学友人，他们接二连三的去世给萧统的打击是巨大的，这从萧统《与晋安王纲令》中可以明显看出。萧统与明山宾的关系参见本书对其的诗作分析，而到洽身为东宫学士，同样也受到萧统的礼遇。到洽、到沼、到溉兄弟以文学著名，而其祖辈则以军功贵显，其曾祖父到彦之是刘宋骠骑将军，祖父到仲度官任齐骠骑从事中郎，都以军功显著于世，到洽与到溉兄弟则以文才有声于萧梁。兄弟三人都被梁武帝萧衍器重，赞誉为"才子"。到洽的声名最大，被时人称赞，如萧统称赞到洽"茂沿（到洽）实俊朗，文义纵横陈"，任昉称赞到洽"日下无双"，"宋得其武，梁得其文"。张率掌东宫管记，才华显于当世，诗赋才能俱佳，也深得萧统的重用。萧统在《与晋安王纲令》中追忆与这些东宫学士相处交游的点滴记忆，情真意切，"零落相仍，皆成异物"的悲伤之情读来令人唏嘘不已。太子对东宫学士的惺惺相惜之情，与曹丕和陈琳等文士的关系颇为相似，深刻凸显了萧统作为一位文人的真切情怀。在骈体文风日益盛行的齐梁时代，萧统的令文笔法轻重缓急有度，颇有矫然脱俗的特点。

由此文观之，萧统的文和萧统的诗歌相比较，其文不仅辞藻丰富，而且好似更能自然地表现出其内心的真情实感。萧统的文多喜用骈语，但是又不像诗作那样有许多刻意用典之处，这样，其文就显得语言更加平易，情感也更加自然，常常能够真实地表达他的内心情感的活动和变化。如上文中谈及陆倕、明山宾等身边人的去世，"谈对如昨，音言在耳，零落相仍，皆成异物，每一念至，何时可言。"这和曹丕的《与朝歌令吴质书》里的"何图数年之间，零落略尽，言之伤心"，"元瑜长逝，化为

① （南朝梁）萧统著，俞绍初校注：《昭明太子集校注》，郑州：中州古籍出版社 2001 年版，第 185—186 页。
② （唐）姚思廉：《梁书》，北京：中华书局 1973 年版，第 404 页。

异物,每一念至,何时可言"①,有不少相同、相似之处。而萧统"谈对如昨,音言在耳,零落相仍,皆成异物,每一念至,何时可言"可谓情真意切,令人读来颇为动容。"但游处周旋,并淹岁序,造膝忠规,岂可胜说?幸免祇悔,实二三子之力也"这几句,更是骈散并用,凸显了萧统对文学同好者去世的万分不舍和深切思念。此文既辞采华美,又感情真切,可谓萧统文中的上乘之作。

又如其《与殷芸令》②,"闻之伤悼",直言萧统对身兼臣下与授业教师双重身份的明山宾去世的伤心与痛惜之情,"儒术该通,志用稽古,温厚淳和,伦雅弘笃",又道出了萧统对明山宾的道德文章、修养性格的高度赞誉,也表达了对于亦师亦友的明山宾的珍爱与惋惜之情。

又如其《议东宫礼绝傍亲令》③,由前面的解读可见,萧统确实是遵行仁孝礼制的儒家思想的,而且对于儒家传统礼制有很深的研究,还有新的理解和发展的认识。这从他与刘孝绰、徐勉、周舍、陆襄等人辩论萧憺的丧礼太子以何种形式悼念更为合适,以及他对于张镜的《东宫仪记》《仪礼》等礼制之书的熟悉程度可见一斑。以太子萧统为首的东宫诸多学士参与展开的这样一场"议礼",是围绕着礼乐制度问题进行的论辩,最终目的还是在于阐释儒家思想的名教纲常,这也从客观上凸显出,虽然南朝的文化思想里掺杂了佛道的新的因素,萧梁政权的礼学总体上还是处在儒家经学的正轨中的。作为将来要继承大统的太子,萧统对儒家传统文化的重要核心部分——礼乐文化的发展背景、适用范围、思想内涵有发展完善之功,既有对前代先秦两汉礼学文化的继承,又有了新时期不同的理解认识和新的发展完善。作为统治阶层来说,这当然是为了稳固其政权的需要,但从更高层面来看,这是其时代文学发展的精神来源和蕴藏土壤。儒家思想发展创新需要礼学的兴盛繁荣来呈现,礼乐文化的完善促进了儒家文化的稳固,也在一定意义上重新构建了新的儒学思想体系。也只有在此政治背景和思想基础之上,才能出现新的文化层面的文学大繁荣和新复兴。

---

① (梁)萧统编,(唐)李善注:《文选》,北京:中华书局1977年版,第591页下。
② (南朝梁)萧统著,俞绍初校注:《昭明太子集校注》,郑州:中州古籍出版社2001年版,第184页。
③ (唐)姚思廉:《梁书》,北京:中华书局1973年版,第166—167页。

又如其《罪诬人诱口令》：

> 彼若得罪，便合家孥戮。今纵不以其罪罪之，岂可轻罚而已，可付冶十年。[①]

体现出萧统不姑息犯罪之人的态度。又如其《答玄圃园讲颂启令》：

> 得书并所制讲颂，首尾可观，殊成佳作。辞典文艳，既温且雅。岂直斐然有意，可谓卓尔不群。览以回环，良同愈疾。至于双因八辩，弥有法席之致；银草金云，殊得物色之美。吾在原之意，甚用欣怿。迟面乃悉，此不尽言。统报。[②]

天监十七年(518)萧统在玄圃园讲论二谛、法身义，晋安王萧纲心有感触，内心里赞赏太子萧统能"研心宝印"，于佛法能"探机析理，怡然不倦"，于是写了《玄圃园讲颂》，并《上皇太子玄圃园讲颂启》给萧统，萧统便写了这篇回文。萧统称赞萧纲的文章"首尾可观，殊成佳作"，又说其"卓尔不群"，而"辞典文艳，既温且雅"，他也是向时代的文学风尚看齐的，"辞典"而"文艳"，这一对看似不可调和，甚至有些对立的风格在萧纲那里得到了统一，颇受萧统的认可。此文以骈语行文，用语清丽，文采斐然，可见兄弟二人文学之友的情谊。

（二）萧统的"启"

"启"，是属于上行公文的一个类别。萧统的启今存《谢敕赍地图启》《谢敕赍制旨大涅槃经讲疏启》《谢敕赍制旨大集经讲疏启》《谢敕赍水犀如意启》《谢敕赍看讲启》《谢敕参解讲启》6篇，同样体现出萧统非凡的文学才华。关于启体，刘勰《文心雕龙》云："启者，开也。高宗云：'启乃心，沃朕心。'取其义也。孝景讳启，故两汉无称。至魏国笺记，始云启闻。奏事之末，或云谨启。"[③]刘勰认为从魏国开始才有了启这种文体。

如其《谢敕赍地图启》云：

① (南朝梁)萧统著，俞绍初校注：《昭明太子集校注》，郑州：中州古籍出版社2001年版，第73页。
② (南朝梁)萧统著，俞绍初校注：《昭明太子集校注》，郑州：中州古籍出版社2001年版，第152页。
③ (南朝梁)刘勰著，詹锳义证：《文心雕龙义证》，上海：上海古籍出版社1989年版，第873页。

汉氏舆地,形兹未拟;晋世方丈,比此非妙。匹之长乐,唯画古贤;俦之未央,止图将帅。未有洞该八薮,混观六合,域中天外,指掌可求。地角河源,户庭不出。岂问千秋,目识乌桓之地;脱逢壮武,方著博物之书。①

萧统此文全用骈体写就,一方面概括描写了地图的使用功能,"户庭不出"即足不出户就可以知晓天下的"地角河源",世间的八薮、六合、域中天外等一切都可以通过地图来达到"指掌可求"的境界;另一方面,它又为我们展示了萧统的启的骈文形式的文学审美性:句式整齐划一,或四六相间,辞采华美、文采斐然。

又如其《谢敕赉制旨大涅槃经讲疏启》:

臣统启:后阁应敕木佛子奉宣敕旨,垂赉制旨《大涅槃经讲疏》一部十帙,合目百一卷。寒乡睹日,未足称奇;采药逢仙,曾何譬喜?臣伏以六爻所明,至邃穷于几象;四书所总,施命止于域中。岂有牢笼因果,辨斯宝城之教;网罗真俗,开兹月满之文?方当道洽大千,化均百亿,云弥识种,雨遍身田。岂复论唐帝龟书,周王策府?何待刊寝盘盂,屏黜《丘》《索》?甘露妙典,先降殊恩。揣己循愚,不胜荷庆。不任顶戴之至!谨奉启谢闻。谨启。②

此启及下文《谢敕赉制旨大集经讲疏启》均是萧统写给梁武帝萧衍的。梁武帝注疏《大涅槃经》,萧统表示,"岂复论唐帝龟书,周王策府?"——古代帝王往往把书册之属藏之名山。还直指梁武帝注疏经文"甘露妙典,先降殊恩","不胜荷庆"。能把经典佛理降恩于当世,是值得称贺之事。

又如其《谢敕赉制旨大集经讲疏启》③,盛赞《大集经讲疏》是"甘露入顶,慧水灌心"之作,其中的智慧能洗烦恼之污垢,见佛教之道,读来能让人"似暗遇明,如饥获饱"。接着讲述《大集经》"以非色非欲,二界

---

① (南朝梁)萧统著,俞绍初校注:《昭明太子集校注》,郑州:中州古籍出版社2001年版,第220页。
② (南朝梁)萧统著,俞绍初校注:《昭明太子集校注》,郑州:中州古籍出版社2001年版,第118—119页。
③ (南朝梁)萧统著,俞绍初校注:《昭明太子集校注》,郑州:中州古籍出版社2001年版,第121页。

同坊,匪文匪理,三诠云集。四辩言而未极,八声阐而莫穷"的内容,说梁武帝的《大集经讲疏》是"俯应天机,垂兹圣作",萧统赞誉读后"抗袖长言,未伸歌舞。不任喜荷之至",言之不足,故嗟叹之,手之舞之、足之蹈之的欢喜情感跃然于纸。

又如其《谢敕赍水犀如意启》①,"水犀如意",据吴曾《能改斋漫录》记载当为"木犀如意":"梁武帝赐昭明太子木犀如意,……故《音译指归》云:'如意者,古之爪杖也。或骨角竹木削作人手指爪,柄可长三尺许。或脊有痒,手所不到,用以搔抓,如人之意。'然释流以文殊亦执之,岂欲搔痒耶?盖讲僧尚执之,私记节文祝辞于柄,以备忽忘。手执目对,如人之意,凡两意耳。"②可知,如意可做佛僧讲经之时手里拿的爪杖,上面刻有经文,以备讲经忘记以为提示之用。启中称"白玉照彩,方斯非贵;珊瑚挺质,匹此未珍。雕剜既成,先被庸薄",极言如意做工之精美绝伦,"方使欢喜罗汉,怀弃钵之嗟;王式硕儒,忻骊驹之辨",得到之人如获至宝。

又如其《谢敕赍看讲启》③,此启首述萧统感谢梁武帝在其讲经结束后的"劳问"之恩,直言皇帝的慰问如"正言深奥,总一群经,均斗杓以命四时,等太阳而照万国",像太阳普照万物一般。"不涯庸浅,轻敢奉宣,莫测天文,徒观玉府,惭悚交并,寝兴无置",又接着表达自己的诚惶诚恐之心情。最后感谢皇帝派宣旨者的光临和"殊慈"。文章情真意切,尽写作为皇太子对皇帝的毕恭毕敬、感恩戴德之情。

又如其《谢敕参解讲启》④,此启亦是萧统感恩梁武帝派宣旨者慰问讲经的心情,与上文如出一辙。首先,"至理希夷,微言渊奥,非所能钻仰",自谦其对佛经的深奥只知其半,接着感恩皇帝的"教胄之恩"。最后"仰承皇威,训兹学侣;奉扬圣旨,洞晓群儒",赞誉皇帝派人慰问的皇恩浩荡。

---

① (南朝梁)萧统著,俞绍初校注:《昭明太子集校注》,郑州:中州古籍出版社2001年版,第123—124页。

② (宋)吴曾:《能改斋漫录》,北京:中华书局1960年版,第36页。

③ (南朝梁)萧统著,俞绍初校注:《昭明太子集校注》,郑州:中州古籍出版社2001年版,第126页。

④ (南朝梁)萧统著,俞绍初校注:《昭明太子集校注》,郑州:中州古籍出版社2001年版,第127—128页。

要之,萧统的"启"体现出其非凡的文学才华,如用骈体写就的作品,不仅展示了"句式整齐、辞采华美"的文学审美性,亦能达到启体"取其义也"的目的。

四、其他:"疏""七""令旨"

(一)萧统的"疏"

萧统的疏今存1篇,即《请停吴兴等三郡丁役疏》①,这是萧统在去世前一年写给梁武帝萧衍的。中大通二年(530)春,吴兴郡数次因为水灾而农田失收,有大臣上书谏言应当开挖漕运水渠泄水,以治水灾。梁武帝便下诏,派遣前交州刺史王弁征发吴郡、吴兴、义兴三郡的民丁服劳役,王弁持节,是指皇帝将节借给执行临时任务的臣子使用,以起到威慑一方的作用。萧统深察民情,上疏陈述吴兴郡因连年失收,民众流离失所,粮价上涨,盗劫四起,再加上连年征戍服兵役的壮丁还没有回来,如若再增加这样的繁重劳役,官员强制上门征兵就会成为祸国害民之事,定会导致更大的民生凋敝,他恳请梁武帝垂怜黎民百姓之苦,直言此举会给百姓带来的灾难。

此疏文萧统用词恳切,真情流露,字字均是肺腑之言,凸显了萧统对地方百姓的关爱之情及对地方民众民情的熟悉程度。史书有记载梁武帝一生勤于政务之事,每天五更就起床开始工作,批改奏章,冬天天冷之时手都被冻皲裂了也不停笔,而作为太子的萧统协助其父处理政事多年,深受其父勤于政事之风的影响,所以梁武帝听后认为萧统言之有理,便"优诏以喻",即下诏书褒美嘉奖萧统上疏体察民情、关爱百姓之举。

(二)萧统的"七"

萧统的"七",今存1篇《七契》②。文章开首写道,"跨四海而擅美,迈三古而振名。居山林而不返,终无虑而无营。于是辩博君子,词若涌泉,言逾却秦之鲁,辩超稷下之田。欲抑则大鹏垂翅,欲抗则尺鷃冲天。"以几句清丽的话语盛赞隐逸之士的高才、君子情怀和高尚节操。

①(南朝梁)萧统著,俞绍初校注:《昭明太子集校注》,郑州:中州古籍出版社2001年版,第209页。
②(南朝梁)萧统著,俞绍初校注:《昭明太子集校注》,郑州:中州古籍出版社2001年版,第78—84页。

萧统接着以"于是百金之士，万钟之家，招摇隆富，征集豪华。驾紫骝之马，乘青盖之车。出自高宇，行无狭斜"的国家礼遇和为国效力的优厚待遇劝说隐逸之士回归朝廷。更重要的是，"陶嘉月而结交游，藉芳辰而宴朋友。望宜春以随肩，入长杨以携手。金盘荐美藉之珍，玉杯沉缥清之酒。……投辖安坐，欢甚促席，以会雕虫之宾，加有清谈之客。论同炙果，藻若陵云。戴凭不能高其说，相如不能擅其文。无玄不析，无细不分。掇简玉振，下笔兰芬。"萧统以文士的交游和宴乐之欢等精神交流作为招徕隐士的条件。

其实，萧统性爱山水，内心也是向往隐逸生活的，这在以上段落中也有体现，表达了对道家回归自然之乐的隐逸情怀的崇敬之情。《七契》文风洒脱，纵横开阖，表现了萧统为国求贤、渴望隐逸之士的迫切心情。萧统写就文章的感情是真切诚挚的，是发自内心地钦佩和敬仰隐逸之士。从此文中，可见萧统语言温雅清理，辞采华茂，句法错落有致，有较高明的文学审美感和艺术价值观。此文模仿曹植的《七启》而作，旨在招揽隐士，劝其回归朝廷，为国效力，主要在于歌颂梁武帝萧衍的德政教化。萧纲之《七厉》及佚名之《七召》也都是受梁武帝萧衍天监十四年《求贤诏》之命同作。

关于七体，《七谟序》载："昔枚乘作《七发》，而属文之士若傅毅、刘广世、崔骃、李尤、桓鳞、崔琦、刘梁、桓彬之徒，承其流而作之者纷焉：《七激》《七兴》《七依》《七疑》《七说》《七蠲》《七举》之篇，通儒大才，马季良、张平子，亦引其源而广之。""马作《七厉》，张造《七辨》，或以恢大道而导幽滞，或以黜瑰侈而托讽咏，扬辉播烈，垂于后世者，凡十有余篇。""自大魏英贤迭作，有陈王《七启》，王氏《七释》，杨氏《七训》，刘氏《七华》，从父侍中《七诲》，并陵前而遘后，扬清风于儒林，亦数篇焉。"①枚乘作《七发》，"属文之士"分别"承其流而作"，以至有了"七"这种文体。

对此，刘勰《文心雕龙·杂文第十四》也说："及枚乘摛艳，首制《七发》，腴辞云构，夸丽风骇。……自《七发》以下，作者继踵……傅毅《七

115

① （清）严可均校辑：《全上古三代秦汉三国六朝文》，北京：中华书局1958年版，第1723页下。

激》,会清要之工;崔骃《七依》,入博雅之巧;张衡《七辨》,结采绵靡;崔瑗《七厉》,植义纯正;陈思《七启》,取美于宏壮,仲宣《七释》,致辨于事理。自桓麟《七说》以下,左思《七讽》以上,枝附影从,十有余家。"①"枝附影从",极言当时模仿学习的风气之盛;"十有余家",则指其后的模拟者之多。

(三)萧统的"令旨"

"令旨",是萧统讲经论经时的笔录。萧统的"令旨"今存2篇,他在《解二谛义令旨》和《解法身义令旨》两篇佛教文章里,详细阐述了自己对佛经的认识与理解,还在当时与许多佛教名僧进行了深入的交流与讨论,在佛界产生了不小的积极影响。

如《解二谛义令旨(并问答)》②,这是萧统讲解二谛义的笔记,此文开篇就说:"二谛理实深玄,自非虚怀,无以通其弘远。""深玄"意思是深奥玄妙,指说"二谛"之理深奥玄妙绝非自谦之词,很难达到其广大深远之境。萧统认为世间的"理","一是真谛,二是俗谛"。"真谛"又名为"第一义谛",即出世间之真理,它是"实义",其特点即无生无灭、寂然不动、离有离无;"俗谛"又名为"世谛",即指世间之真理,"俗谛"是为"世人所知"的,其特点是生灭流动、浮伪起作、即有即无。

二谛,指两种真实或实在的道理,它包括真谛和俗谛,二者并称真俗二谛。所谓"谛",即指真实不虚的理,真谛指佛教的真理,又称"胜义谛"或"第一义谛",般若类经典在谈到真谛时,一般有两层意思,一是指诸法性空,二是指超言绝相。俗谛即常人所理解的道理,又称世谛或世俗谛,也可理解为佛陀为众生说法所行的方便。法身义,法身就如同天地,法者,轨则为旨;身者,有体之义;轨则之体,故曰法身。凡是以一切经论所说三身四身佛而为法身义。法身者,至道淳精,至真妙体,表其四德,应彼十方,赴机于动寂之间,度物于分化之际,此其致也。第一义谛者即众生界,众生界者即如来藏,如来藏者即法身。《涅槃经》云:"我者即是佛义,常者是法身义,乐者是涅槃义,净者是法义。"人之性,

---

① (南朝梁)刘勰著,詹锳义证:《文心雕龙义证》,上海:上海古籍出版社1989年版,第491—510页。

② (南朝梁)萧统著,俞绍初校注:《昭明太子集校注》,郑州:中州古籍出版社2001年版,第130—140页。

如《坛经》所云,指的就是人的心底,每个人的心是清净的,也只是四大缘起的身心幻作,以幻作幻,本来清净,无不是幻。说每个人,善或者恶人,心中其实都是有着清净无瑕的心底。这个心底的性指的即佛性,也即真如如来藏,不是指人性,即如庄子所云"六合之外,圣人存而不论"①,郭象注曰:"夫六合之外,谓万物性分之表耳。夫物之性表,虽有理存焉,而非性分之内,则未尝以感圣人也,故圣人未尝论之。(若论之)则是引万物使学其所不能也。故不论其外,而八畛同于自得也。"②人心都是依六合而起的,若说人性是后天的,那佛性则是先天的。萧统觉得其时代的风俗稍显奢侈浪费,就以身作则,穿着朴素,身为太子自己穿衣服、自己洗衣服,吃饭也食不兼肉,从外在行为和内在信仰上都遵从佛教佛法之义。

文中,萧统还强调二谛的"就境明义",以及名上的"褒贬之理",及其本质上"真既不因俗而有,俗亦不由真而生"的体性相异性,体性即实体,指的是事物之实质为体,而体之不变亦称为性,故体即性。萧统立的二谛义目的主要是为了弘扬佛教佛法,但他在佛经中加进了自己的认识和理解,也有投梁武帝所好之意。

又如其《解法身义令旨(并问答)》③,这是萧统讲解法身义的笔记。法身,佛教语,即佛身。萧统认为"法"是以轨为宗旨的;"身"是有形之义。萧统如何解释"身义"? 他认为"无名无相,乃无体可论,寄以名相,不无妙体",且"真实本来无相"。他认为法身在于"通相为辨,故兼本迹,核求实义",也不在于外在的形态。

综上,可以说,除了萧统的诗歌以外,萧统的"文"创作,常常能体现出他作为一个文学创作者的水平和高度,就其艺术成就而言,是超过了他的诗歌的,无论是写景抒情,还是叙事议论,都能做到曲尽其意。而且他对序体、书体、令体、启体、七体、赞体、疏体、传体、令旨等各种文体的创作都驾轻就熟,可以想见萧统自身深厚的儒家、道家、佛学修养和较高的文学素养。另外,还可以从萧统"文"的创作发现,

① (清)郭庆藩撰,王孝渔点校:《庄子集释》,北京:中华书局1985年版,第83页。
② (清)郭庆藩撰,王孝渔点校:《庄子集释》,北京:中华书局1985年版,第85页。
③ (南朝梁)萧统著,俞绍初校注:《昭明太子集校注》,郑州:中州古籍出版社2001年版,第146页。

萧统富有文人特有的真实性情,故而其"文"的创作不仅关于佛教佛经内容的文章自带阐释的深奥和哲思,而且在遵守不同文体相应的规范之外,还自有一种平淡自然、清新脱俗的风格,往往文内言外都闪烁着萧统真挚的情感。史载萧统作品有 20 卷之多,后又有 5 卷,但流传至今的文学作品却很少,通过解读萧统的诗文赋创作及其艺术特色、蕴含的思想内容,我们可以更深入地了解萧统的为人处世和他的文学思想,继而,也为我们把萧统置身齐梁时期或整个魏晋南北朝时期,真实地还原他作为文人的文学创作的发展变化提供了一个更客观的视角。此外,这对我们对于文学发展新变的进程和文学规律的认识也大有裨益。

第四节 《昭明太子集》的编纂与评价

据史书记载,萧统文集有过两次编纂过程。第一次是萧统在世时,群臣请求编纂萧统文集,萧统让刘孝绰编纂并作序;第二次是萧统逝世后,萧子范请求编纂昭明太子集,最后由萧纲编纂。其间和之后又有多人为其作序文、跋语、题辞等总结、评价萧统及其文集。

一、《昭明太子集》的两次编纂

第一,关于萧统在世时,萧统文集的编纂。群臣请求编纂萧统文集,萧统让刘孝绰编纂并作序。刘孝绰受萧统之命作《昭明太子集序》①,对萧统为人、为文作出评价,总结了萧统文学创作风格的中和之美。

该文起首"臣窃观"四句,以作序常用语颂扬昭明太子萧统。虽然"汉之显宗,晋之肃祖"都"好儒术",但不是专于经就是穷于论,均不如萧统,此段赞其"多才多艺"。其次,"粤我大梁"一段赞扬太子萧统有天纵之好学品行,描绘萧统与东宫学士谈论文学之盛况。萧统以睿、圣、

① (南朝梁)萧统著,俞绍初校注:《昭明太子集校注》,郑州:中州古籍出版社 2001 年版,第 244—246 页。

仁、孝,行于四海,其为人臣、为人子都可从其言行以观,而他的"性道"又都显现在其文章中。作为太子他有监国之重任,又揽人才于东宫,与众儒士谈论文学,盛况空前。萧统颇喜文学,遍览群书,又能讲经,且穷尽其理。其三,"加以学贯"一段,则论说萧统的佛学修养。萧统对佛教学贯无碍,如观掌上明珠,能参透佛法之奥妙精义。其四,"若夫天文"一段述说萧统与东宫文学之士的文学创作情况。萧统率领东宫学士宴游西园,吟诗作赋,成一时文学之盛。其五,"窃以属文之体"一段论说萧统文学创作风格的中和之美。司马相如、枚皋、宋玉、扬雄、陈琳、蔡邕、班固、陆机等文学大家虽能文,但皆有所短。而萧统的文学创作能"兼而善之",达到"典而不野,远而不放,丽而不浮,约而不俭"的高超境界。其六,末段"假使王朗报笺"讲述萧统文集的编纂。三国魏国卞兰《赞述太子赋》称颂太子曹丕研精典籍,留意篇章,认为其作《典论》及诸赋颂,沉思泉涌,华藻云浮,令人"听之忘味,奉读无倦"。卞兰的文章都不足以称赞太子曹丕的才华,何况作为庸才臣子的我,更是对太子萧统的文学盛藻如同仰望山顶一般敬仰。但书记职责所在,故编纂萧统文集并为之作序。

据《梁书·刘孝绰传》记载:"太子文章繁富,群才咸欲撰录,太子独使孝绰集而序之。"①萧统对刘孝绰的文才非常欣赏,"时昭明太子好士爱文,孝绰与陈郡陆倕、琅琊王筠、彭城到洽等,同见宾礼。太子起乐贤堂,乃使画工先图孝绰焉。"②所以,刘孝绰深受重用,掌东宫管记。在此之前,刘孝绰的才学也得到了当世名流的重视,据载"天监初,起家著作佐郎,为《归沐诗》以赠任昉,昉报章曰:'彼美洛阳子,投我怀秋作。诅慰鸷嗟人,徒深老夫托。直史兼褒贬,辖司专疾恶。九折多美疹,匪报庶良药。子其崇锋颖,春耕励秋获。'其为名流所重如此"③。此外,刘孝绰的诗文也每每得到梁武帝萧衍的赏赐,朝野大臣对刘孝绰的认识都因而有所改观。"高祖雅好虫篆,时因幸宴,命沈约、任昉等言志赋诗,孝绰亦见引。尝侍宴,于坐为诗七首,高祖览其

① (唐)姚思廉:《梁书》,北京:中华书局1973年版,第480页。
② (唐)姚思廉:《梁书》,北京:中华书局1973年版,第480页。
③ (唐)姚思廉:《梁书》,北京:中华书局1973年版,第480页。

文，篇篇嗟赏，由是朝野改观焉。"①即使是刘孝绰因事被免职后，梁武帝还好几次让仆射徐勉代为"宣旨抚慰之，每朝宴常引与焉"②，甚至自己作诗《籍田诗》，也让徐勉"先示孝绰"③，当时奉诏作诗者达数十人，但是萧衍以"孝绰尤工，即日有敕，起为西中郎湘东王谘议"④。刘孝绰因为诗文写得好，每写成一篇就被传播到整个萧梁王朝，即如史书评论"世重其文，每作一篇，朝成暮遍，好事者咸讽诵传写，流闻绝域"⑤，以至于达到被免职后可以重新复官的程度。正是因为"刘孝绰之辞藻"⑥，所以他更受到昭明太子萧统的垂青，被点名编纂《昭明太子集》并为之作《昭明太子集序》。由刘孝绰《昭明太子集序》"粤我大梁之二十一载，盛德备乎东朝"句可知，《昭明太子集》是刘孝绰编于普通三年（522），又有"谨为一帙十卷，第目如左……如其后录，以俟贤臣"句，刘孝绰编《昭明太子集》时萧统 22 岁，这是第一次编纂《昭明太子集》的基本情况。

第二，关于萧统逝世以后，萧统文集的编纂。萧子范请求编纂《昭明太子集》，最后由萧纲编纂。萧子范《求撰昭明太子集表》⑦，先论述历代太子之得失，认为最难得的是"兼善雕虫"，有的太子虽"兼善雕虫"，但是名称却不佳。有的太子有"美事"却缺少"美文"，又有的缺少"旷大之度"和"公平之诚"的品质，通过对比引出萧统在这些方面都能成为太子的优秀榜样。序中，萧子范述说道，太子萧统永逝，但"缘情体物，繁弦缛锦，纵横艳思，笼盖辞林"，其文章俊美，应将其诗文"铨次遗藻，勒成卷轴"，编撰成文集以永存。萧子范认为虽然萧统逝世了，但是他的文学作品的影响力比短暂的生命会更长久。虽然最后萧子范没有编纂萧统文集，但以其才学，还是能胜任的，据《梁书》记载，梁武帝称他为"此宗室奇才也"⑧，所以他备受梁武帝的恩遇。此外，萧纲对萧子范的

---

① （唐）姚思廉：《梁书》，北京：中华书局 1973 年版，第 480 页。

② （唐）姚思廉：《梁书》，北京：中华书局 1973 年版，第 482 页。

③ （唐）姚思廉：《梁书》，北京：中华书局 1973 年版，第 482 页。

④ （唐）姚思廉：《梁书》，北京：中华书局 1973 年版，第 482 页。

⑤ （唐）姚思廉：《梁书》，北京：中华书局 1973 年版，第 483 页。

⑥ （唐）姚思廉：《梁书》，北京：中华书局 1973 年版，第 487 页。

⑦ （南朝梁）萧统著，俞绍初校注：《昭明太子集校注》，郑州：中州古籍出版社 2001 年版，第 246 页。

⑧ （唐）姚思廉：《梁书》，北京：中华书局 1973 年版，第 510 页。

才学也是非常赞赏的,下葬简皇后时曾命他与张缵写哀册文,并在读了萧子范的文章后称赞说:"今葬礼虽阙,此文犹不减于书旧。"①后来,梁简文帝萧纲整理昭明太子文集,张溥《汉魏六朝百三家集题辞注·梁昭明集题辞》云:"昭明、简文同母令德,文学友于,曹子桓兄弟,弗如也。昭明夭薨,简文叙其遗集,颂德十四,合之史传,俱非虚美。"②萧纲编《昭明太子集》20卷,又著"《昭明太子传》五卷"③,现存有萧纲《昭明太子集序》《上昭明太子集别传等表》等,这是第二次编纂《昭明太子集》的基本情况。

萧纲所编《昭明太子集》20卷,即《梁书·昭明太子传》所云"(萧统)所著文集二十卷"④。《昭明太子集》又在后世流传过程中出现了不同的版本和卷本,考后世目录学著作,如《隋书·经籍志》云"梁《昭明太子集》二十卷"⑤,《新唐书·艺文志》云"《昭明太子集》二十卷"⑥,《宋史·艺文志》云"《昭明太子集》五卷"⑦,《通志二十略·艺文略》云"《昭明太子集》二十卷"⑧,《直斋书录解题》云"《昭明太子集》五卷。梁太子萧统德施撰"⑨,《天禄琳琅书目后编》云"梁《昭明太子集》一函二册,梁萧统撰"⑩,《四库全书总目》云"《昭明太子集》六卷,梁太子萧统撰"⑪,等等。关于《昭明太子集》的版本及流传情况,学界已有考论,至今共有明代周满刻本《昭明太子集》5卷、明代宝训堂重梓本《昭明太子集》5卷、明代张燮辑《七十二家集》本《昭明太子集》5卷、明代阎光世辑,叶绍泰重订《萧梁文苑》本《昭明太子集》6卷、明代张溥《汉魏六朝百三家集》本《梁昭明集》、清代盛宣怀刊本《昭明太子集》5卷补遗1卷、清代丁

① (唐)姚思廉:《梁书》,北京:中华书局1973年版,第510页。

② (南朝梁)萧统著,俞绍初校注:《昭明太子集校注》,郑州:中州古籍出版社2001年版,第253页。

③ (唐)姚思廉:《梁书》,北京:中华书局1973年版,第109页。

④ (唐)姚思廉:《梁书》,北京:中华书局1973年版,第171页。

⑤ (唐)魏征:《隋书》,北京:中华书局1973年版,第1076页。

⑥ (宋)欧阳修、宋祁:《新唐书》,北京:中华书局1975年版,第1593页。

⑦ (元)脱脱等:《宋史》,北京:中华书局1977年版,第5329页。

⑧ (宋)郑樵撰,王树民点校:《通志二十略》,北京:中华书局1987年版,第1754页。

⑨ (宋)陈振孙撰,徐小蛮、顾美华点校:《直斋书录解题》,上海:上海古籍出版社2015年版,第465页。

⑩ (清)于敏中、彭元端等著,徐德明标点:《天禄琳琅书目 天禄琳琅书目后编》,上海:上海古籍出版社2007年版,第177页。

⑪ (清)永瑢等:《四库全书总目》,北京:中华书局1965年版,第648页。

福保《汉魏六朝名家集初刻》本《昭明太子集》4 卷、民国刘世珩覆本《昭明太子集》5 卷附考异札记等八大版本,又有 5 卷本系统、6 卷本系统和 72 家本等 3 个系统,兹不赘述。

二、对《昭明太子集》的评价

第一,萧统文学创作风格的"中和之美"。刘孝绰受萧统之命为萧统的文集作序,对萧统为文有评价,《昭明太子集序》评论云:"深乎文者,兼而善之,能使典而不野,远而不放,丽而不浮,约而不俭,独擅众美,斯文在斯。"①刘孝绰认为萧统的文集能做到典雅而不野、辞藻华丽但又不过分,达到了一种中庸状态的中和之美。

第二,萧统文学创作风格的"缘情体物",如萧子范《求撰昭明太子集表》云:"若乃缘情体物,繁弦缛锦,纵横艳思,笼盖辞林"。"缘情体物",语出陆机《文赋》"诗缘情而绮靡,赋体物而浏亮。"指萧统的作品既抒发了感情,又描写了事物。萧子范评价萧统作诗文能注重抒发性灵,而不只是纠结于微小的技艺之处,写作委婉含蓄,能做到"缘情绮靡"。此外,王筠在《昭明太子哀册文》亦提及"缘情",其云:"吟咏性灵,岂惟薄伎;属词婉约,缘情绮靡。"②关于萧统的"缘情"的文学观,丁功谊已有专文论述③,兹不赘述。

第三,称萧统文学创作"有文章之敏",如萧纲的《上昭明太子集别传等表》④,赞颂太子萧统"备元良之德"的智慧与"有文章之敏"的能力。萧统心怀仁圣风姿,又能做到孝、敬兼极,性情温恭,少时就有能写文章的敏锐力,入主东宫太子又兼备大善、至德。又讲述要为萧统编撰《昭明太子别传》、文集,并请"备之延阁,藏诸广内",以"永彰茂实,式表洪徽"。萧纲惋惜太子萧统乘白鹤仙去,心痛玉折星颓,而对自己被立为太子心有惶恐,只能"瞻仰故实",揄扬萧统的盛轨,宣记萧统的德音。

---

① (南朝梁)萧统著,俞绍初校注:《昭明太子集校注》,郑州:中州古籍出版社 2001 年版,第 246 页。
② (南朝梁)萧统著,俞绍初校注:《昭明太子集校注》,郑州:中州古籍出版社 2001 年版,第 250 页。
③ 详参丁功谊《萧统缘情考》,载《求索》2007 年 12 月,第 171—174 页。
④ (南朝梁)萧统著,俞绍初校注:《昭明太子集校注》,郑州:中州古籍出版社 2001 年版,第 247 页。

第四，称萧统为文的"霞章雾密""丽而不淫"，又能包罗各类文体，"议无失体"。如萧纲《昭明太子集序》[1]，赞赏萧统的文学创作的特点，一是"霞章雾密"，意思是说萧统的文章既有云霞一般的文采，又有雾一样的精致、细致，这是就萧统的文章语言而言的。"近逐情深，言随手变，丽而不淫"这是就萧统的文章风格而言的；二是"包罗比兴"，就是能包罗各类文体，"铭及盘盂，赞通图象，七高愈疾之旨，表有殊健之则，碑穷典正"，"议无失体"是指萧统的文章能不失文体的章法。

　　第五，评价萧统文学创作的"并包众美，道存一贯"。如明周满《昭明太子集序》[2]，首先述说得《昭明集》一事，但是"讹阙未整"，于是订补成书，为之作序。序言中说前人之书"义举寸长，秀奇各出"，但有其缺点，但是"未有并包众美，道存一贯者也"，然后盛赞萧统之文、之德，此即委婉赞赏萧统之文"并包众美，道存一贯"。

　　第六，评论萧统文学创作的"情韵谐秀，体骨高迈"。如明张燮《梁昭明太子集序》[3]，张燮此序首述所见各地文选楼、昭明读书台，但质疑其真伪，原因是"地以人重"，欲借之名来增加当地的知名度，可见萧统在后世影响之深广。其次，分别论述昭明太子萧统、简文帝萧纲与孝元帝萧绎文学创作之区别，"昭明所自为撰著，情韵谐秀，体骨高迈，较之诸弟，昭明类松院俊流，隐囊斜映；简文类兰闺艳姬，粉帛顾影；孝元类槐市少年，鞍鞯高步。"称萧统的文章"情韵谐秀，体骨高迈"，有情有韵有体骨，评价很高。最后，说明《昭明集》多有混收，更有遗漏之处，于是辨伪存真，重新编集成卷。

　　第七，评价萧统文学创作的"天趣微损，章程颇密"，即说萧统的文学创作是中规中矩的，天趣稍差，但是章程细密。如张溥《汉魏六朝百

① （南朝梁）萧统著，俞绍初校注：《昭明太子集校注》，郑州：中州古籍出版社 2001 年版，第 247—250 页。
② （南朝梁）萧统著，俞绍初校注：《昭明太子集校注》，郑州：中州古籍出版社 2001 年版，第 251—252 页。
③ （南朝梁）萧统著，俞绍初校注：《昭明太子集校注》，郑州：中州古籍出版社 2001 年版，第 252—253 页。

三家集题辞注·梁昭明集题辞》①，此题辞首述昭明太子萧统与简文帝萧纲为同一母亲所生，又都是有美德之人，兄弟二人以文学交往，感情亲密，即使是曹丕曹植兄弟也无法相提并论。其次，评价萧统选《文选》及其文学创作的风格是"范金合土，虽天趣微损，而章程颇密，亦文家之善虑彼己者也"，即其创作中规中矩，天趣稍差，但章程细密，与其《文选》相辅相成。

---

① （南朝梁）萧统著，俞绍初校注：《昭明太子集校注》，郑州：中州古籍出版社 2001 年版，第 253—254 页。

第五章　《文选》编纂

第一节　《文选》之"文"辨

一、《文选》之"文"的多种意味

《文选》书名即标榜为"文"之"选"，萧统在《文选序》中数次述及"文"，但其意味各不同，此处辨析之。《文选》的选录标准涉及两方面的问题，一是录什么文体及为什么录，二是不录什么文体及为什么不录；而这两个问题，又都与《文选》之"文"的意味有关。因此，辨析《文选》之"文"的意义实超出其本身。

其一，"文籍"之"文"、文化之"文"、文采之"文"。

《文选序》[①]，所述之"文"，首先是"逮乎伏羲氏之王天下也，始画八卦，造书契，以代结绳之政，由是文籍生焉"之"文"，"文籍"之"文"即泛指语言文字作品。《文选序》又说："《易》曰：'观乎天文，以察时变。观乎人文，以化成天下。'文之时义，远矣哉！"从"以察时变"到"以化成天下"，"文之时义，远矣哉"的意味，就在于讨论"文"与"时"的关系，讨论"文籍"作为"人文"的意义，其作用为"化成天下"；这是文化之"文"。《文选序》又说，"文"的发展历史在于"踵其事而增华，变其本而加厉"，那就是文采，这是"文之时义"所开启、所决定的，是说"文籍"之

---

① （南朝梁）萧统撰，（唐）李善注：《文选》，北京：中华书局1977年版，第1—2页。下同，本章不再出注。

"文"应该有文采。

《文选序》对什么文体可录说得很明确。可录文体除"赋、骚、诗"外，还有：颂、箴、戒、论、铭、诔、赞、诏诰教令、表奏笺记、书誓符檄、吊祭悲哀、答客指事、篇辞引序、碑碣志状，等等。最后说道："譬陶匏异器，并为入耳之娱；黼黻不同，俱为悦目之玩。"这是说为什么这些作品可录，或者说此即其所说的"文"；而"入耳之娱""悦目之玩"，用现在的话来说，就是这些作品是作为一种审美对象提供给读者的。这就是有文采的"文籍"之"文"，而其"时义"就是要这些"文"起到文化的作用。

《文选序》又说：《文选》之"选"者，就是"略其芜秽，集其清英"，目的就是让《文选》选录之文更"文"一些。这个过程是有例可证的。《文选》卷四十任昉《奏弹刘整》，李善注称萧统录入此文时有删节，比如任昉《奏弹刘整》原文中叙说刘整案件的文字，即刘整之嫂的本状及有关人员的供词。黄侃认为萧统删略得对，称"此俗语所以断断不可为文也"①。周勋初《〈文选〉所载〈奏弹刘整〉一文诸注本之分析》说："因为萧统衡文首重'综缉辞采，错比文华'，而范氏本状却用俗语写成，略无文采，因而萧统也就止于摘引数语以叙缘起，其下径行删略了。"②

其二，作为目录学上集部之"文"。四部分类的集部，有所来自，先是班固《汉书·艺文志》的"诗赋"部，王俭《七志》"以诗赋之名，不兼余制，故改为'文翰'"，阮孝绪《七录》"以顷世文词，总谓之集。变'翰'为'集'，于名尤显"③。南朝梁刘勰《文心雕龙·隐秀》："凡文集胜篇，不盈十一；篇章秀句，裁可百二。"④唐刘知几《史通·载文》："而世之作者，恒不之察，聚彼虚说，编而次之，创自起居，成于国史，连章疏录，一字无废，非复史书，更成文集。"⑤那么，所谓《文选》就是文翰、文集之"选"；从文翰、文集到文选，这个思路是一脉相承的。萧统《文选》自有其特殊意义，是他最早表达出总集的编撰应该"略其芜秽，集其清英"，而且其所编撰的总集也明显地表现出这样的倾向。所以，清王士祯等《师友诗传

① 黄侃：《文选平点》，北京：中华书局2006年版，第467页。
② 周勋初：《魏晋南北朝文学论丛》，南京：江苏古籍出版社1999年版，第219页。
③ （唐）释道宣：《广弘明集》卷三，《弘明集　广弘明集》，上海：上海古籍出版社1981年版，第112页。
④ （南朝梁）刘勰撰，詹锳义证：《文心雕龙义证》，上海：上海古籍出版社1989年版，第1505页。
⑤ 浦起龙：《史通通释》，上海：上海古籍出版社2009年版，第117页。

录》载张笃庆说"文之有选,自萧维摩始也"①。

其三,《文选》之"文"并非"文笔之辨"之"文"。《文选》所录文类在《文心雕龙》中属"文"的有:赋、诗、骚、七、对问、颂、赞、连珠、箴、铭、诔、哀、吊文,等;属"笔"的有:诏、册、令、教、策问文、表、上书、启、弹事、笺、奏记、书、移、檄、难、碑文、墓志、行状、祭文,等。《文选》录文不但不避"笔"类,而是多有"笔"类。于是我们说,《文选》录文不以"文笔之辨"为标准,《文选》之"文"并非"文笔之辨"的"文"。

其四,《文选》之"文"不含"经、史、子"。一是"经"之不录在于其整体的伟大而不可"芟夷"、不可"剪截";二是"子"之不录在于其"以立意为宗,不以能文为本";三是"辞""史"之不录,在于其"概见坟籍,旁出子史","事异篇章","方之篇翰,亦已不同"。其实,自魏晋历来讨论文章问题,确实不含经、史、子,如曹丕《典论·论文》述文体只举例称"奏议宜雅,书论宜理,铭诔尚实,诗赋欲丽"②,此四科八体与经、史、子无涉。陆机《文赋》称"诗缘情而绮靡,赋体物而浏亮。碑披文以相质,诔缠绵而凄怆。铭博约而温润,箴顿挫而清壮。颂优游以彬蔚,论精微而朗畅。奏平彻以闲雅,说炜晔而谲诳"③,亦与经、史、子无涉。

其五,"以能文为本"是《文选》的选录标准。《文选》总括上述萧统所说不录"经、子、辞、史"的原因:即不可"剪截""不以能文为本"、不同于"篇章""篇翰"三者,但又是有例外的。《文选序》称"史"之不可录,但又说:"若其赞论之综缉辞采,序述之错比文华,事出于沈思,义归乎翰藻,故与夫篇什,杂而集之。"之所以录,一方面固然是其自身的"综缉辞采,错比文华"与"事出于沈思,义归乎翰藻",合乎萧统重文采之"文"的选录标准;另一方面,它们也是合乎萧统前述的三个条件的。

二、"事出于沈思,义归乎翰藻"辨

《文选序》有"事出于沈思,义归乎翰藻"二句,阮元第一个有所辨析。其《与友人论文书》云:"《选序》之法,于经、史、子三家不加甄录,为

---

① (清)王夫之等:《清诗话》上册,上海:上海古籍出版社 1978 年版,第 129 页。
② (南朝梁)萧统撰,(唐)李善注:《文选》,北京:中华书局 1977 年版,第 720 页下。
③ (南朝梁)萧统撰,(唐)李善注:《文选》,北京:中华书局 1977 年版,第 241 页上。

其以'立意、纪事'为本,非'沈思、翰藻'之比也。"①其《书昭明太子〈文选序〉后》说:"昭明所选,名之曰'文'","必'沈思、翰藻',始名为'文',始以入选也。"②

朱自清《〈文选〉"事出于沈思,义归乎翰藻"说》③,引上文阮元语后云:"这样看来,'沈思''翰藻'可以说便是昭明选录的标准了。这是对的。"但朱氏称阮氏有疏忽之处,其一为"昭明不但不选经、史、子,还不选'辞'",其二为"阮氏在'事出于沈思,义归乎翰藻'两句里摘出'沈思''翰藻'四字而忽略'事义',也不符合《选序》原意"。朱氏并就第二个"疏忽"详尽分析,其基本意见为:"事,人事也。义,理也。引古事以证通理,叫作'事义'。"又曰此"不外'善于用事,善于用比'之意。那就与当时风气及《文选》所收篇什都相合,昭明原意当不外乎此了"。

对于朱自清的观点,人们展开讨论。一是指出《文选序》所谓"事出于沈思,义归乎翰藻"是专指"史论""史述赞"的,如殷孟伦《如何理解〈文选〉编撰的标准》说,萧统"同时也是把这些作为独立的'篇什'来看的。他以这样标准选录文章,不仅限于这一部分,而是遍及于所选录的全部文章"④。二是把"事"与"义"二者分开来论述。

我们先说"事出于沈思"。"沈思"者,一为过程,即"事"不直述,直述则为经、史、子,其说明事理须直述尽述。杜预《春秋左氏传序》,有所谓"为例之情有五",其中"一曰微而显,文见于此而义起在彼",即留出让人深思的空间,追求"在彼"之"义";"二曰志而晦,约言示例,推以知例"⑤,虽然记事明白,但让人深思后才知含义深远。"沈思"即深思,作者深沉的思索,才能做到使文章"微而显""志而晦";读者"沈思",才能理解文章的"微而显""志而晦";也就是后世钟嵘《诗品序》提出的"文已尽而意有余"⑥。这就是作为"文",不能直述其事,须"因物喻志",须比

---

① 江庆柏、刘志伟主编:《文选资料汇编(总论卷)》,北京:中华书局 2017 年版,第 153 页。

② 江庆柏、刘志伟主编:《文选资料汇编(总论卷)》,北京:中华书局 2017 年版,第 152 页。

③ 原载北京大学《国学季刊》第六卷第四号,又见俞绍初、许逸民主编《中外学者文选学论集(上)》,北京:中华书局 1998 年版,第 75—84 页。

④ 原载《文史哲》1963 年第 1 期,又见俞绍初、许逸民主编《中外学者文选学论集(上)》,北京:中华书局 1998 年版,第 205—223 页。

⑤ (南朝梁)萧统撰,(唐)李善注:《文选》,北京:中华书局 1977 年版,第 639 页下。

⑥ (梁)钟嵘著,曹旭集注:《诗品集注》(增订本),上海:上海古籍出版社 2011 年版,第 47 页。

兴出之，即范晔《狱中与诸甥侄书》所谓"文患其事尽于形"①。作品不直述所载之"事"，在当时来说最重要的方法即须用典出之，这就是"用事"，或称之"事类"，朱自清对此有详尽的论述。

"沈思"者，二为效果。作品令读者的情怀由感受而激动，钟嵘《诗品序》的要求，所谓"使味之者无极，闻之者动心，是诗之至也"；用典、"用事"的魅力，还在于读者阅读时亦达到了"沈思"。作品不仅仅要选用令心情激荡的事件，而且要以用典、"用事"来使读者心情激荡。

现在再说"义归乎翰藻"。"翰藻"，一般都解释为文采，没有多大的歧异。"义归乎翰藻"之"义"，或为意义指向、大指之趣。此如《文心雕龙·颂赞》论赞体的"大指之趣"，在于所载之"事生奖叹"②。"义归乎翰藻"即云，《文选》所录之"文"，"大指之趣"在于"翰藻"；《文选》所录之"文"，其义理是要用"翰藻"来表达的。如王运熙《〈文选〉选录作品的范围和标准》说：《文选序》'事出于沈思'二句，正是说史书的赞、论、序、述篇章，不论叙事、评论，都能以深沉的构思、运用华美的骈文语言表现出来。"③我更同意郭绍虞的意见，其《〈文选〉的选录标准和它与〈文心雕龙〉的关系》一文说："所谓'事出沈思'，近于《金楼子·立言篇》'情灵摇荡'之意；而'义归翰藻'则又是《立言篇》所说'绮縠纷披'之意。"④莫励锋的意见也比较公允，其曰："'事出于沈思，义归乎翰藻'这两句话，就是萧统心目中的文学作品应该具有的特征。也即泛指精心构思并具有一定文采的作品而言。"⑤

---

① （梁）沈约：《宋书》，北京：中华书局 1974 年版，第 1830 页。
② （南朝梁）萧统著，俞绍初校注：《昭明太子集校注》，郑州：中州古籍出版社 2001 年版，第 244 页。
③ 原载《复旦学报》1988 年第 6 期，又见于俞绍初、许逸民主编《中外学者文选学论集（上）》，北京：中华书局 1998 年版，第 258—270 页。
④ 原载《光明日报》1961 年 11 月 5 日，又见于俞绍初、许逸民主编《中外学者文选学论集（上）》，北京：中华书局 1998 年版，第 131—138 页。
⑤ 莫砺锋：《从〈文心雕龙〉与〈文选〉之比较看萧统的文学思想》，《古代文学理论研究》（第十辑），上海：上海古籍出版社 1985 年版，第 173—186 页。

第二节　《文选》的编纂思想

一、"文质彬彬"的创作观

　　普通三年(522 年),刘孝绰编纂《昭明太子集》①,其序曾评价萧统的诗风。他先说"属文之体,鲜能周备",又列举历代作家的缺点,如:司马相如创作的"既累为迟";枚皋"为文疾,受诏辄成,故所赋者多",但"又言为赋乃俳,见视如倡,自悔类倡也",即称其作品多俳倡之言;王褒作品的"淫靡,若女工之蠹";扬雄作品的"侈靡,异诗人之则";陈琳词赋,曹操"劝其修今";蔡邕赠答之作"颇古";班固之颂作"尚有似赞之讥",陆机"之碑","犹闻类赋之贬"。于是得出结论,赞赏萧统的创作说:

　　　　深乎文者,兼而善之,能使典而不野,远而不放,丽而不浮,约而不俭,独擅众美,斯文在斯。②

此称萧统创作有兼得之善、得中和之美。

　　文集编成后,湘东王萧绎求《文集》及《诗苑英华》,萧统复信,在其《答湘东王求〈文集〉及〈诗苑英华〉书》谈到理想文风:

　　　　夫文典则累野,丽亦伤浮,能丽而不浮,典而不野,文质彬彬,有君子之致。吾尝欲为之,但恨未逮耳。③

总括而言,萧统认为理想的文风就是"文质彬彬","吾尝欲为之",自称自己在文学创作中对此非常向往。"丽而不浮",婉丽而又端庄、不轻浮。"典而不野",野,质朴。《庄子·寓言》:"自吾闻子之言,一年而野,二年而从,三年而通。"成玄英疏:"野,质朴也。闻道一年,学心未熟,稍能朴素,去浮华耳。"④"文质彬彬",出自《论语·雍也》:"质胜文则野,文

---

① (南朝梁)萧统著,俞绍初校注:《昭明太子集校注》,郑州:中州古籍出版社 2001 年版,第 245 页。
② (南朝梁)萧统著,俞绍初校注:《昭明太子集校注》,郑州:中州古籍出版社 2001 年版,第 245 页。
③ (南朝梁)萧统著,俞绍初校注:《昭明太子集校注》,郑州:中州古籍出版社 2001 年版,第 155 页。
④ (清)郭庆藩撰,王孝渔点校:《庄子集释》,北京:中华书局 1985 年版,第 956 页。

胜质则史,文质彬彬,然后君子。"①以做人的文雅而又朴实作为作品创作的标准,进而以作品的创作风格,实现"君子之致"的文质彬彬。

萧统逝世,萧纲又编纂《昭明太子集》,并作序,其中论述萧统的文学成就,亦云:

> 至于登高体物,展诗言志,金铣玉徽,霞彰雾密,致深《黄竹》,文冠"绿槐"。控引解、《骚》,包罗比、兴,铭及盘盂,赞通图象,七高愈疾之旨,表有殊健之则。碑穷典正,每出则车马盈衢;课无失体,才成则列藩击缶。近逐情深,言随手变,丽而不淫。②

也提出萧统创作的"丽而不淫",亦可谓文质彬彬。

二、"集其清英"

萧统编纂《文选》,其"文质彬彬"的创作观,是否就是其编纂思想呢? 我们从《文选》收录赋作来进行考察。

对汉赋非常有影响的评价是《汉书·司马相如传赞》:

> 司马迁称,"……相如虽多虚辞滥说,然要其归,引之于节俭,此亦《诗》之风谏何异?"扬雄以为靡丽之赋,劝百而风一,犹骋郑、卫之声,曲终而奏雅,不已戏乎?③

又有《汉书·扬雄传》载:

> 雄以为赋者,将以风也,必推类而言,极丽靡之辞,闳侈钜衍,竞于使人不能加也,既乃归之于正,然览者已过矣。往时武帝好神仙,相如上《大人赋》欲以风,帝反缥缥有陵云之志。繇是言之,赋劝而不止,明矣。又颇似俳优淳于髡、优孟之徒,非法度所存、贤人君子诗赋之正也;于是辍不复为。④

在有无"讽谏"上或许有不同的评价,但扬雄在《法言·吾子》⑤里说"诗

---

① 《论语注疏》,《十三经注疏》,上海:上海古籍出版社1997年版,第2477—2479页。
② (南朝梁)萧统著,俞绍初校注:《昭明太子集校注》,郑州:中州古籍出版社2001年版,第250页。
③ (东汉)班固撰,(唐)颜师古注:《汉书》,北京:中华书局1962年版,第2609页。
④ (东汉)班固撰,(唐)颜师古注:《汉书》,北京:中华书局1962年版,第3575页。
⑤ (汉)扬雄:《扬子法言》,第二卷,上海:上海古籍出版社1989年版,第6页上。

人之赋丽以则,辞人之赋丽以淫",称汉赋的特点是"极丽靡之辞,闳侈钜衍,竞于使人不能加也"云云,汉赋的这些情况是大家所公认的。这些情况显然是与萧统"文质彬彬"的文学观不相符的。萧统在《陶渊明集序》中曾说:

> 扬雄所谓劝百讽一者,卒无讽谏,何必摇其笔端。①

他本是十分强调"讽谏"。但是,《文选》选录作品却不管汉赋的这些情况,所收录有许多是骈辞大赋,如"京都类"的《两都赋》《两京赋》《三都赋》等,"畋猎类"的《子虚》《上林》二赋、《羽猎赋》《长杨赋》等。《文选序》论赋也首先称说这些作品,其云:

> 述邑居,则有"凭虚""无是"之作;戒畋游,则有《长杨》《羽猎》之制。

在观念上萧统肯定汉大赋作品,在编纂时萧统大量收录汉大赋作品,这显然与"文质彬彬"是有差异的。

为什么编撰思想会与创作观不一样?因为其出发点不同。关于总集的编撰目的与编撰方法,《隋书·经籍志》这样说:

> 总集者,以建安之后,辞赋转繁,众家之集,日以滋广,晋代挚虞,苦览者之劳倦,于是采摘孔翠,芟剪繁芜,自诗赋下,各为条贯,合而编之,谓为《流别》。是后文集总钞,作者继轨,属辞之士,以为覃奥,而取则焉。②

那么如何才能做到"采摘孔翠,芟剪繁芜"呢?萧绎慨叹其难,其《金楼子》卷四《立言上》曰:

> 诸子兴于战国,文集盛于二汉,至家家有制,人人有集。其美者足以叙情志,敦风俗;其弊者只以烦简牍,疲后生。往者既积,来者未已,翘足志学,白首不遍。或昔之所重,今反轻;今之所重,古之所贱。嗟我后生博达之士,有能品藻异同,删整芜秽,使卷无瑕

---

① (南朝梁)萧统著,俞绍初校注:《昭明太子集校注》,郑州:中州古籍出版社 2001 年版,第 200 页。
② (唐)魏征:《隋书》,北京:中华书局 1973 年版,第 1089 页。

珀，览无遗功，可谓学矣。①

"今之所轻、今之所重"，是指编撰总集时当前的人们的文学观、创作观在起作用；"昔之所重、昔之所贱"，是作品产生时的文学观、创作观以及由此而产生的作品的情况；"今之所轻、今之所重"与"昔之所重、昔之所贱"有时是不对等的，有时是错位的。如果真的以"今之所轻、今之所重"的当前观念来编撰总集，那么古人就会笑话当前的总集编撰者，称选录的那些作品彼时并不怎么被人们所看重，而彼时大家所称赏的作品你们却视而不见；为什么不把那个时代大家所称好的作品编撰起来给现在的人们看呢？如果真的以"昔之所重、昔之所轻"来编撰总集，那么编撰者的自我如何体现？今日读者的趣味如何体现？难道今日人们只是在读历史资料而不能欣赏自己所喜欢的东西吗？这里是说当今的创作观与总集编撰宗旨不是一回事，问题就在于如何站在当今的立场上看待、评价以往时代的文学作品。

《文选序》论选录作品时所说的：

> 自姬汉以来，眇焉悠邈，时更七代，数逾千祀。词人才子，则名溢于缥囊；飞文染翰，则卷盈于缃帙。自非略其芜秽，集其清英，盖欲兼功，太半难矣。

所谓"集其清英"，就是把历代有所定论的优秀作品集合而成总集。这也就是《文选序》在论各类体制的文章时所说的：

> 譬陶匏异器，并为入耳之娱；黼黻不同，俱为悦目之玩。

历代作品的意义也是如此，正因为它有某些成功之处，历代人们喜欢这些作品，它或许就是"清英"。

进一步说，萧统的编撰宗旨更集中地体现在《文选序》起首的一段话：

> 式观元始，眇觌玄风；冬穴夏巢之时，茹毛饮血之世，世质民淳，斯文未作。逮乎伏羲氏之王天下也，始画八卦，造书契，以代结绳之政，由是文籍生焉。《易》曰："观乎天文，以察时变；观乎人文，

① （梁）萧绎撰，许逸民校笺：《金楼子校笺》，北京：中华书局2011年版，第852页。

第五章　《文选》编纂

以化成天下。"文之时义,远矣哉! 若夫椎轮为大辂之始,大辂宁有椎轮之质? 增冰为积水所成,积水宁微增冰之凛,何哉? 盖踵其事而增华,变其本而加厉,物既有之,文亦宜然,随时变改,难可详悉。

事物由简到繁,文章也应该由质朴趋向藻饰,萧统认为这是必然的,这也是六朝人的流行看法。萧统从这个结论往下推,认为各个时代文学的面貌是不一样的,认为各个时代有各个时代的文学与文风,刘勰《文心雕龙·时序》从理论上把它概括为"时运交移,质文代变",《文选序》称之为文章"随时变改"。对"随时变改",萧统在《文选序》有具体的事例论证,其云:

> 《诗序》云:"诗有六义焉,一曰风,二曰赋,三曰比,四曰兴,五曰雅,六曰颂。"至于今之作者,异乎古昔,古诗之体,今则全取赋名。

萧统认为赋是由"古诗之体""变改"而来,并肯定"今之作者,异乎古昔",认为这是正常的现象,进而论述其"自兹以降,源流实繁"的具体情况。又如称"诗"在"炎汉"以后的"随时变改":

> 《关雎》《麟趾》,正始之道著;《桑间》《濮上》,亡国之音表。故《风》《雅》之道,粲然可观。自炎汉中叶,厥途渐异:退傅有"在邹"之作,降将著"河梁"之篇,四言五言,区以别矣。又少则三字,多则九言,各体互兴,分镳并驱。

这是说各个时代有各个时代的诗,体制不同,但意义一样。萧统还论证"颂"这一文体是怎样"随时变改"而来的:

> 颂者,所以游扬德业,褒赞成功;吉甫有"穆若"之谈,季子有"至矣"之叹。舒布为诗,既言如彼,总成为颂,又亦若此。

萧统先说《诗三百》的"颂",一是《诗·大雅·烝民》"吉甫作诵,穆如清风"①,这是歌颂;二是《左传·襄公二十九年》"吴公子季札来聘,请观于

---

① (汉)郑玄笺,(唐)孔颖达疏:《毛诗正义》,阮元校刻《十三经注疏》本,上海:上海古籍出版社1997年版,第568页。

周乐，为之歌《颂》，曰：'至矣哉,盛德之所同也'"①。萧统认为上述二者都是诗,而他所论述的是由上述二者"随时变改"而来的"颂",是独立文体。高步瀛《文选李注义疏》案:

> "如彼"指古诗之颂,"若此"指今颂赞之"颂"。盖颂本六义之一,今于诗外自成一体,亦犹赋本六义之一,今则别诗为赋也。②

萧统还简单述说其他各种文体"随时变改"而来,是一种时代的形成:

> 次则箴兴于补阙,戒出于弼匡,论则机理精微,铭则序事清润,美终则诔发,图像则赞兴。又诏诰教令之流,表奏笺记之列,书誓符檄之品,吊祭悲哀之作,答客指事之制,三言八字之文,篇辞引序,碑碣志状,众制锋起,源流间出。

除"箴兴于补阙,戒出于弼匡"萧统指出了来源,其他各种文体强调的都是"众制锋起,源流间出"的"随时变改"中自创而来。于是可知,萧统提出的"集其清英",是建立在"随时变改"的文学史进程基础上的。

就某种创作观而言,应该是目标明确、内容单一,具有排他性的;作为"采摘孔翠""集其清英"的总集,其编撰宗旨应该"百花齐放",以此满足人们欣赏的需要,但也要突出时代的文学主流思想。此二者的结合,从理论上来说是最好的总集编撰宗旨。萧统在"采摘孔翠""集其清英"的同时,也提出了某种时代的创作观,他自己的创作观与时代的创作观稍有不同,是在由质朴趋向藻饰基础上又要对藻饰加以限制,这就是"文质彬彬"。我们在评价《文选》时,既不能把《文选》编撰者萧统的总集编撰宗旨与其创作观混为一谈,也不能把萧统的创作观与时代的创作观混为一谈,这样才能正确地理解《文选》,理解《文选》中的作品。③

---

① (春秋)左丘明传,(晋)杜预注,(唐)孔颖达等正义:《春秋左传正义》,阮元校刻《十三经注疏》本,上海:上海古籍出版社 1997 年版,第 2004—2008 页。
② 高步瀛著,曹道衡、沈玉成点校:《文选李注义疏》,北京:中华书局 2018 年版,第 17 页。
③ 日本学者清水凯夫认为,《文选》的选录标准应该是沈约《宋书·谢灵运传论》,他在《〈文选〉编撰的目的和撰录标准》一文中,对《宋书·谢灵运传论》逐段论述,以证《文选》所选录的作品与沈约所论一致。清水凯夫与笔者的结论虽然不同,但都认为文学观、创作观与编撰宗旨是有不一致之处的。

三、《文选》编纂的政治宗旨

一部文学总集的产生，其因素应该是多方面的，如果仅仅从文学性方面来考察《文选》的编纂宗旨，未免太小看萧统，他是具有储君身份的人；萧统为《文选》作序，当然可以只强调编纂宗旨的某一方面，但我们作为文学史研究者，眼光不能只限于一隅，而应该更广阔点，以求更全面地理解萧统、理解《文选》。我们认为，《文选》编纂宗旨，除了文学一途，还应该有政治方面的因素存在，以下简述。

我们先从《文选》收录的作品及其分类排序，来窥探《文选》的编纂宗旨。《文选序》曰："若夫姬公之籍，孔父之书，与日月俱悬，鬼神争奥，孝敬之准式，人伦之师友，岂可重以芟夷，加之剪截？"这是自称《文选》不录经书，当然也不录《诗经》的作品。但《文选》诗的起首一类是"补亡"，何谓"补亡"？今本《诗经·小雅》中无《南陔》《白华》《华黍》《由庚》《崇丘》《由仪》六篇，旧称为有目无辞，此六篇又称为"笙诗"。"补亡"，即补这"有其义而亡其辞"的六篇"笙诗"，此即束皙《补亡》六首。我们提出这样的疑问：正牌的《诗经》作品不录，而要录补作的《诗经》作品，而且要把它列为《文选》诗类之首，这是为什么？

《补亡》六首其一为《南陔》，《毛诗序》曰："南陔，孝子相戒以养也。"六首其二为《白华》，《毛诗序》曰："白华，孝子之洁白也。"[①]萧统把讲孝道的《补亡》之作，列为《文选》诗的首类首作，是否刻意为之？如果是，那当然体现出其崇尚孝道、"明孝道"的用意。

《文选》诗的第二类为"述德"，录谢灵运《述祖德》二首。李善注引其序，曰："太元中，王父龛定淮南，负荷世业，尊主隆人。逮贤相徂谢，君子道消，拂衣蕃岳，考卜东山。事同乐生之时，志期范蠡之举。"[②]"述德"即"述祖德"，表达的是对家族事业的仰慕，仰慕接下来就是继承与发扬光大，所谓要后继有人；"述祖德"对于萧统的意义是什么？就是歌颂自己的家族，首要就是歌颂梁武帝。古代俗话所谓"不孝有三，无后

---

① （汉）郑玄笺，（唐）孔颖达疏：《毛诗正义》，阮元校刻《十三经注疏》本，上海：上海古籍出版社 1997 年版，第 261 页。

② （南朝梁）萧统撰，（唐）李善注：《文选》，北京：中华书局 1977 年版，第 273 页下。

为大",广义地说,"孝"就是有后人能把家族的事业继承下来,这里也是个能否"明孝道"的问题。

《文选》诗第三类为"劝励",录两首诗。一是韦孟《讽谏》,其中亦有"述祖德"之意,也是表达"明孝道"之意。

上述《文选》诗的前三类的特点,都是小众诗类,在汉魏六朝的创作并不多,世人对它们也不甚关注;而萧统的观点则不同,列其为前三类,以其引领整个《文选》诗,其用意是不是在向社会表达《文选》编纂宗旨有"明孝道"之意?

萧统之父梁武帝重礼崇文,《北齐书·杜弼传》载,与南朝梁对立的北朝齐高欢言:"江东复有一吴儿老翁萧衍者,专事衣冠礼乐,中原士大夫望之以为正朔所在。"①李延寿《南史》称梁武帝曰:"多历岁年,制造礼乐,敦崇儒雅,自江左以来,年踰二百,文物之盛,独美于兹。"②梁武帝文化建设的内核之一,即"明孝道"。《隋书·经籍志》载:梁武帝有《孝经义疏》十八卷,梁有皇太子讲《孝经义》三卷,天监八年皇太子讲《孝经义》一卷,梁简文《孝经义疏》五卷,萧子显《孝经义疏》一卷;梁吏部尚书萧子显撰《孝经敬爱义》一卷,梁扬州文学从事太史叔明撰《孝经义》一卷,历代《孝经》注疏,梁代为最。又,萧绎《金楼子》卷一《兴王篇》云:"(梁武帝)又作《连珠》五十首以明孝道云。"③由是可知"明孝道"是梁代的文化政策的内核之一,前述萧统《文选》以"明孝道"为其编纂宗旨,是有理可据的。

作为太子的萧统在政治上没有什么大的作为,但社会认为太子又应该有所作为,这就体现在"立言"上。萧统"引纳才学之士,赏爱无倦。恒自讨论篇籍,或与学士商榷古今;闲则继以文章著述,率以为常"④。于是就有《文选》的编纂。

作为太子,古来认为其受教育的主要内容是礼乐,其工作职责就是孝道。《礼记·文王世子》曰:"教世子,凡三王教世子必以礼乐。乐,所

---

① (唐)李百药:《北齐书》,北京:中华书局1972年版,第347页。
② (唐)李延寿:《南史》,北京:中华书局1975年版,梁本纪中第七,第225—226页。
③ (梁)萧绎撰,许逸民校笺:《金楼子校笺》,北京:中华书局2011年版,第209页。
④ (唐)姚思廉:《梁书》,北京:中华书局1973年版,第167页。

以修内也；礼，所以修外也。"太子的职责是什么？其曰："太子奉冢祀、社稷之粢盛，以朝夕视君膳者，故曰冢子。"①也就是说，太子的工作职责就是奉礼仪以尽孝。《礼记·文王世子》记载，周文王当太子时："文王之为世子，朝于王季，日三……食上，必在，视寒煖之节；食下，问所膳。"②这是太子朝夕视君膳之仪节，就是说，"明孝道"也是其工作职责。

萧统本是个"明孝道"之人，萧纲《昭明太子集序》③称萧统十四德，其首就是纯孝之德："问安寝门之外，视膳东厢之侧，三朝有则，一日弗亏，恭承宸扆，陪赞颜色。化阙梓于商庭，既欣拜梦；望直城而结轨，有悦皇心。此一德也。"《南史·昭明太子传》有关萧统的"孝"的记载很多，此处不赘。但是，萧统在"明孝道"上亦有失误，此即"蜡鹅"事件，梁武帝认为萧统不孝，而"太子终身惭愤，不能自明"。因此，萧统编纂《文选》，以突出并宣扬孝道，欲弥补其失误，以"自明"孝道，这是顺理成章的。

故《文选》作为文学总集，其最为公开的是文学性编纂宗旨，即进行"略其芜秽，集其清英"的工作，选取了历代优秀的作品以供世人欣赏；但《文选》的编纂宗旨又有政治性的一面，以编纂总集为国家文化建设服务、为弘扬孝道服务；此政治性的编纂宗旨中又含有萧统向梁武帝表达孝道以释嫌疑的个人原因。如此几方面来看《文选》的编纂宗旨，才是较为全面的。

第三节 《文选》的录文

萧统编纂《文选》，录文众多，其录文方式也多种多样，或直接录自前人总集及别集，或依前人"文章志"录文，或删节录文，或拼凑录文，不一而足。

---

① (汉)郑玄注，(唐)孔颖达等正义：《毛诗正义》，阮元校刻《十三经注疏》本，上海：上海古籍出版社1997年版，第1406页。
② (汉)郑玄注，(唐)孔颖达等正义：《毛诗正义》，阮元校刻《十三经注疏》本，上海：上海古籍出版社1997年版，第1411页。
③ (南朝梁)萧统著，俞绍初校注：《昭明太子集校注》，郑州：中州古籍出版社2001年版，第248页。

其一,《文选》的录文,或录自别集或前人总集。萧绎《金楼子》卷四《立言上》称"诸子兴于战国,文集盛于二汉,至家家有制,人人有集"①,《隋书·经籍志》称"建安之后,辞赋转繁,众家之集,日以滋广"②,这些阐述中都透露出这样的意思,即总集是录入别集的文章而成。章太炎《文学总略》曰:"总集者,本括囊别集为书,故不取六艺、史传、诸子,非曰别集为文,其他非文也。"③王运熙也说:"《文选》正是大致继承挚虞《文章流别集》的体例而编选的一部总集,只选别集中的作品,即所谓篇章、篇翰、篇什。"④

又有人推论《文选》为据前贤总集的再选本,先是注《文选》五臣之刘良有明言,在《文选》诗"赠答"(二)张华《答何劭》作者张茂先下注称:《文选》"盖依前贤所编";今人有冈村繁、力之等提出此议。⑤

王立群《〈文选〉成书研究》又举出"《文选》据前贤总集再选编之内证"有四⑥,其一,《文选》中不少作品据李善注所引注文可知已为晋代挚虞《文章流别集》、李充《翰林》及刘宋刘义庆《集林》所选。如张衡《南都赋》题下注:"挚虞曰:南阳郡,治宛,在京之南,故曰南都。"故知此赋曾为挚虞《文章流别集》所载。其他如班彪《北征赋》、班昭《东征赋》、木华《海赋》、张衡《思玄赋》、应璩《百一诗》、扬雄《剧秦美新》、李康《运命论》,其题下各注有某某总集的注文。其二,《文选》中部分作品的篇题与该作家别集所录之篇题有别,此为据前贤总集选录而非据作家别集选录之力证,如曹植《赠丁仪》题下注:"《集》云《与都亭侯丁翼》,今云仪,误也。"《〈文选〉成书研究》共举十五例,文长不录。其三,据李善注可知,《文选》所录作品有些本有序文,但《文选》收录时未收原序,征之《文选》体例,不收序文为破例,这是因为选编者据某些删除了作品序文的总集选编所致,李善注所补作品原序,当系据作家别集校补。如潘

①(梁)萧绎撰,许逸民校笺:《金楼子校笺》,北京:中华书局2011年版,第852页。
②(唐)魏征、令狐德棻:《隋书》,北京:中华书局1973年版,第1089页。
③章太炎:《国故论衡》,上海:上海古籍出版社2003年版,第55页。
④王运熙:《〈文选〉选录作品的范围和标准》,载《复旦学报》1988年第六期。
⑤冈村繁:《〈文选〉编纂的实际情况与成书初期所受到的评价》,载俞绍初、许逸民主编《中外学者文选学论集》,北京:中华书局1998年版。力之:《关于〈文选〉的编者问题》,载《文学评论》1999年第一期。
⑥王立群:《〈文选〉成书研究》,北京:商务印书馆2005年版,第32—49页。

岳《射雉赋》作者潘安仁下李善注引《射雉赋序》，共有十例。其四，《文选》中尚有个别作品与原作家别集所载详略不同，证《文选》所录不据作家别集而另有所据。另外，《〈文选〉成书研究》又据潘岳与陆机在同一部《文选》的不同文类中或前或后的位次，认为是《文选》依据不同的前贤总集抄撰时出现的体例不统一。

《文选》或依"文章志"录文。《隋书·经籍志四》"总集"在《巾箱集》七卷下："梁有《文章志录杂文》八卷，谢沈撰，又名《名士杂文》八卷，亡。"①所谓《文章志录杂文》应该是作品集，下面所谓"又名《名士杂文》八卷"证明了这一点。之所以称"文章志录杂文"，是因为其作品的收录是以《文章志》所载录的篇名为依据的。据此可知，虽然《文章志》一类书是不载录作品的，但人们可以其载录的作品名来载作品全文，这也是总集编撰的一种方法。

"文章志"一类书著录在《隋书·经籍志》的"簿录篇"。《隋书·经籍志二》"簿录篇"所著录的书大都标明为"某某目录"，未标明者如：《七略别录》20 卷（刘向撰）、《七略》7 卷（刘歆撰）、《晋中经》14 卷（荀勖撰）、《今书七志》70 卷（王俭撰）、《七录》12 卷（阮孝绪撰）、《杂撰文章家集叙》10 卷（荀勖撰）、《文章志》4 卷（挚虞撰）、《续文章志》（傅亮撰）、《晋江左文章志》3 卷（宋明帝撰）、《宋世文章志》2 卷（沈约撰），都是目录书。《隋书·经籍志二》也强调"簿录篇"的目录书性质。

"文章志"一类书是由秘书监编撰的。秘书监在魏、晋专掌艺文图籍之事，南朝梁时始独立成一省。东汉桓帝时初置秘书监，秩六百石。又《后汉书·马融传》有典校秘书之语。盖古代图书集中帝室，西汉时藏于天禄阁，东汉时藏于东观，故谓之秘书。亦以东汉崇尚谶纬，故取秘密之意。魏武帝时之秘书令，实已改为机要之职，后乃改称中书令，而以秘书令仍为监，掌艺文图籍之事。

魏、晋以后秘书监之官名即其机构之名，晋代之秘书监所领有著作局。梁始专设秘书省，置监及丞各一人，秘书郎四人。晋以后秘书郎一职属秘书监。南朝贵族子弟初仕，多以此为美官，故当时有"上车不落

则著作,体中何如则祕书"①之语,可见徒有其名而不任事。唐制以秘书郎分掌四部书(经、史、子、集),分判校写。在秘书监任职的主要工作之一就是典校图籍,典校图籍的成果就是编撰目录,即《南史·殷钧传》载,殷钧"拜秘书丞,启校定秘阁四部书,更为目录"②。《梁书·任昉传》称,任昉任秘书监,"自齐永元以来,秘阁四部,篇卷纷杂,昉手自雠校,由是篇目定焉"③。《隋书·经籍志》所列撰写过《文章志》一类书的作者都有典校图籍工作的经历,如荀勖、挚虞、傅亮、宋明帝刘彧、沈约、丘灵鞠,等。

其二,《文选》的录文,还有"剪截"史书者。如"史论""史述赞"之类,即《文选》的一些作品还有可能是直接从其原始出处——史书中录入的。《文选序》称不录经部在于所谓"姬公之籍,孔父之书"是不可"剪截"的;倒过来讲,假如要录入经部文字,那录入的方式就是"剪截";《文选序》又称有的史部文字有所例外而可以录入,其录入方式也应该就是"剪截"。情况确实如此,"赞论""序述"是原在史部中而又成为《文选》所录的文体的,此即《文选》"史论""史述赞"二体。莫励锋说,"其实《文选》在'史论''史述赞'等几类作品就是'重以芟夷、加之剪截'而来的,并非全是独立成篇的作品"④。

现在我们来看《文选》中的具体情况。《文选》第四十九卷、第五十卷为"史论上、下",共录载史论九篇,《公孙弘传赞》剪截自班固《汉书》卷五十八篇末,起首文字为"赞曰";《晋武帝革命论》《晋纪总论》剪截自干宝《晋纪》,起首文字为"史臣曰";《皇后纪论》《宦者传论》《逸民传论》分别剪截自范晔《后汉书》卷十上、卷七十八、卷八十三的篇首;《二十八将论》剪截自范晔《后汉书》卷二十二的篇末,起首文字为"论曰";《谢灵运传论》剪截自沈约《宋书》卷六十七篇末,起首文字为"史臣曰";《恩幸传论》剪截自沈约《宋书》卷九十四篇首;以上未注明篇首文字为何者,

① 《颜氏家训·勉学》,王利器:《颜氏家训集解》,北京:中华书局2013年版,第178页。

② (唐)李延寿:《南史》,北京:中华书局1975年版,卷六十列传第五十,第1489页。

③ (唐)姚思廉:《梁书》,北京:中华书局1973年版,第254页。

④ 莫励锋:《从〈文心雕龙〉与〈文选〉之比较看萧统的文学思想》,载《古代文学理论研究》(第十辑),上海:上海古籍出版社1985年版,第173—186页。

皆起自正文。

今干宝《晋纪》不存，从班固《汉书》、范晔《后汉书》、沈约《宋书》，可探知《文选》剪截这几部史书的某些情况。其一，《文选》录载的史论，其居于原书诸卷的篇首，当是以论开启全卷的叙写。其居于原书诸卷的篇末者，皆有原书的起首文字"赞曰""论曰""史臣曰"，当为作者对篇内人物的看法与有关之事。《文选》的作者未把"赞曰""论曰""史臣曰"统一起来，未把有"赞曰"之类文字与没有"赞曰"之类文字统一起来，显然，《文选》的作者是直接剪截史书入《文选》的。其二，此处"赞曰"之"赞"与《文选》"史述赞"之"赞"，其意味是不一样的，《文选》作者辨析得很清楚，认定此处"赞曰"之"赞"即"论"。其三，《汉书》的"赞曰"、《后汉书》的"论曰"、《宋书》的"史臣曰"这种形式，源自《史记》的"太史公曰"，《史记》在每篇之末，一般都附有"太史公曰"为首句的一小段文字，表达作者对篇内人物的看法或附记有关之事。《文选》未录《史记》"太史公曰"的文字，是看不上《史记》的"太史公曰"，还是《史记》"太史公曰"无所可录？范晔自称其史论"其中合者，往往不减《过秦篇》，尝共比方班氏所作，非但不愧之而已"①，也未把司马迁当作比较对象。

《文选》第五十卷有"史述赞"，共录载史述赞四篇。其中有剪截自班固《汉书》卷一百下的三篇，本是《汉书·叙传》中的文字。这几篇在《文选》中的题目分别为《述高纪第一》《述成纪第十》《述韩彭英卢吴传第四》，"第一""第十""第四"字样，本是《汉书》卷次一并"剪截"下来。"史述赞"还录《光武帝纪赞》，此篇剪截自《后汉书》卷一《光武帝纪》的末尾，标志就是有"赞曰"字样。

章学诚论"别裁"之法，其《校雠通义》卷一《别裁第四》曰：

> 《管子》，道家之言也。刘歆裁其《弟子职篇》入小学；《七十子所记》百三十一篇，《礼经》所部也，刘歆裁其《三朝记篇》入《论语》。盖古人著书，有采取成说，袭用故事者。（原注：如《弟子职》必非管子自撰，《月令》必非吕不韦自撰，皆所谓采取成说也。）其所采之书，别有本旨，或历时已久，不知所出；又或所著之篇，于全书之内

> 自为一类者,并得裁其篇章,补苴部次,别出门类,以辨著述源流。
> 至其全书,篇次具存,无所更易,隶于本类,亦自两不相妨。盖权于
> 宾主重轻之间,知其无庸互见者,而始有裁篇别出之法耳。①

章学诚所言刘歆的"别裁",即把"于全书之内自为一类者""裁其篇章"
以"别出门类",《文选》的做法亦是如此,把原为传记的一部分而又"自
为一类者"的"篇章""篇翰""剪截"出来以"别出门类"。如此看来,此处
所谓的"剪截"史书即是用"别裁"的方法,从史书中"剪截"出可独立成
篇的"篇章""篇翰"作为单篇录入总集。

上述情况只是"剪截"的一种,《文选》中还有另一种"剪截",其标志
即录入作品时把史书对此作品的介绍一并"剪截",称之为"序"。如《文
选》赋"郊祀类"扬雄《甘泉赋》,其起首云:

> 孝成帝时,客有荐雄文似相如者。上方郊祀甘泉泰畤、汾阴后
> 土,以求继嗣,召雄待诏承明之庭。正月,从上甘泉还,奏《甘泉赋》
> 以风。②

这些文字是《汉书·扬雄传》介绍《甘泉赋》的文字,《文选》把它与《甘泉
赋》一并录入,把这段文字作为"序"。如此情况很多,大多录自《汉
书》《后汉书》,以下把部分不录自《汉书》者标出。赋"畋猎类"扬雄《长
杨赋》、赋"畋猎类"扬雄《羽猎赋》、赋"鸟兽类"贾谊《鵩鸟赋》,等等。又
如《文选》诗,"劝励类"韦孟《讽谏》、"杂歌类"荆轲《歌》("剪截"自《燕丹
子》)、"杂歌类"汉高祖《歌》;又如《文选》"移"有刘歆《移书让太常博
士》,《文选》"设论"扬雄《解嘲》、班固《答宾戏》,③《文选》"辞"汉武帝《秋
风辞》("剪截"自《汉武帝故事》),《文选》"论"王褒《四子讲德论》,《汉
书·王褒传》未录《四子讲德论》,但对此文有个说明,《文选》录;《文选》
"吊文"贾谊《吊屈原文》④,等等。

---

① (清)章学诚著,王重民通解,傅杰导读,田映曦补注:《校雠通义通解》,上海:上海古籍出版社 2009
  年版,第 23—24 页。
② (南朝梁)萧统撰,(唐)李善注:《文选》,北京:中华书局 1977 年版,第 111 页上、下。
③ "设论"有东方朔《答客难》,《汉书》载录有说明文字,而《文选》载录时却或无说明文字,与其他作品
  相比,很有让人不解之处。
④ 《史记·屈原贾谊列传》在载录《吊屈原文》时也有说明文字,但是从《汉书·贾谊传》"剪截"的。

上述的"剪截",不但"剪截"出可独立成篇的"篇章""篇翰",还顺带"剪截"出史书中对这些"篇章""篇翰"的说明,此二者合二为一,作为单篇录入总集。这才是真正的"剪截",把作品与介绍解说文字作为一个整体一并移植进入总集;把作品以及其如何产生的全貌呈现给读者,如果仅仅是录入作品,这个目的不能完美地实现,那也可以不叫"剪截"而就叫作录入了。察《文选》编者如此"剪截"的目的,是学习史传作者全面把握传主生平思想的做法,也就是所谓"知人论世"。

王观国《学林》卷七《古赋序》曰:

> 又《文选》载扬子云《解嘲》有序,扬子云《甘泉赋》有序,贾谊《鵩鸟赋》有序,祢正平《鹦鹉赋》有序,司马长卿《长门赋》有序……以上皆非序也,乃史辞也,昭明摘史辞以为序,误也。①

何沛雄《〈文选〉选赋义例论略》对"昭明摘史辞以为序"这种情况指出:"岂昭明一时之疏忽欤? 抑特摘史辞以释赋文写作之由欤?"②应该是后者。

《文选》编者对整体性地提供作品及其如何产生的情况,在某些时候是非常注重的,以至于在"剪截"史书时既录这一类作品又录另一类作品。《文选》诗"献诗类"有曹植《责躬诗》《应诏诗》各一首,《三国志·任城陈萧王传》载录此二诗时有上疏,其前称;

> (黄初)四年,徙封雍丘王。其年,朝京都。上疏曰。③

末尾称"谨拜表献诗二篇"。《文选》载录诗作时亦全文收入表及献诗,并题名为"上责躬应诏诗表"。"表"的末尾比《三国志》所录多出几句,云:

> 不胜犬马恋主之情,谨拜表献诗二篇,词旨浅末,不足采览,贵露下情,冒颜以闻。臣植诚惶诚恐,顿首顿首,死罪死罪。④

---

① (宋)王观国:《学林》,湖南丛书本,卷七,第7页。
② 俞绍初、许逸民主编:《中外学者文选学论集》,中华书局1998年版,第706页。
③ (晋)陈寿撰,(南朝宋)裴松之注:《三国志》,北京:中华书局1964年版,第562页。
④ (南朝梁)萧统撰,(唐)李善注:《文选》,北京:中华书局1977年版,第278页上。

流传至今的《曹植集》所录此表与《文选》同。但是，把"表"列入诗类，不合体例。

其三，从上述情况可知，《文选》录文并非只有一条路径，或录自别集、总集，或"剪截"自史书，或依《文章志》目录录文。

但有时只能说，这是以《文选》为例，说明总集编撰录入作品时有"剪截"史书一途。之所以说是以《文选》为例，是因为假如说《文选》录入某些作品是一并录入其说明介绍文字，是前贤总集就这样做了，《文选》照录而已，那么就是前贤总集"剪截"史书而成，总有"剪截"史书的始作俑者。

因此，总集以及《文选》录入作品的途径非一，下面有个例子可以极好地说明这一点。东方朔《答客难》、扬雄《解嘲》，《汉书》载录都有说明文字，而《文选》载录时却或有说明文字或无说明文字，这表明，萧统是从两个地方"剪截"《答客难》与《解嘲》的。如果同是从《汉书》中"剪截"的东方朔《答客难》、扬雄《解嘲》，或者同是从别的总集、别集移录的，应该是有统一体例的，或统一录入说明文字与正文，或统一录入正文而不录入说明文字；现在情况恰恰相反，所录入者或有说明文字或无。

另外，《文选》录入时可能只"剪截"了史辞，何以知之？从《六臣注》可知，作家别集中多有类似史辞的文字，被《六臣注》所引，而《文选》并未"剪截"，可见《文选》收录的这些作品，不是从作家别集中采摘的。

《文选》卷四十七史岑《出师颂》作者史孝山下李善注：

> 范晔《后汉书》曰："王莽末，沛国史岑，字孝山，以文章显。"《文章志》及《集林》《今书七志》并同，皆载岑《出师颂》，而《流别集》及《集林》又载岑《和熹邓后颂并序》。计莽之末，以迄和熹，百有余年。又《东观汉记》曰：东平王苍上《光武中兴颂》，明帝问校书郎此与谁等，对云前世史岑之比。斯则莽末之史岑，明帝时已云前世，不得为和熹之颂明矣。然盖有二史岑，字子孝者仕王莽之末，字孝山者当和熹之际，但书典散亡，未详孝山爵里，诸家遂以孝山之文，载于子孝之集，非也。[1]

---

[1]（南朝梁）萧统撰，（唐）李善注：《文选》，北京：中华书局 1977 年版，第 661 页上。

李善说,《文章志》《集林》《今书七志》把后汉史岑(字孝山)的《出师颂》误置为王莽末史岑(字子孝)所作;又说,《流别集》《集林》把后汉史岑(字孝山)的《和熹邓后颂并序》误置为王莽末史岑(字子孝)所作。可是《文选》不误,无论今所见胡克家刻本李善注《文选》(中华书局影印本),还是宋刻本《六臣注文选》(中华书局影印《四部丛刊》本),还有唐钞本(上海古籍出版社影印本《唐钞文选集注汇存》),其所录《出师颂》都题为史孝山所作。前代总集有误而《文选》不误,证明《文选》编撰时曾做过考辨工作。又,胡克家《文选考异卷八》云:"陈云:孝山当作子孝,是也,各本皆误。"①这不是指题目下的作者,而是指李善注中所引"范晔《后汉书》曰:'王莽末,沛国史岑,字孝山,以文章显'"这段文字,其中"孝山"当为"子孝",不可误会。今所见中华书局排印本《后汉书·文苑·王隆传》载:"初,王莽末,沛国史岑子孝亦以文章显,莽以为谒者,著颂、诔、《复神》《说疾》凡四篇。"②

注文中所谓"书典散亡,未详孝山爵里,诸家遂以孝山之文,载于子孝之集",是说前代总集的编撰者出错的原因,是因为"孝山之文,载于子孝之集",于是把后汉史岑(字孝山)的作品误为王莽末史岑(字子孝)所作。检《隋书·经籍志四》,在"汉《成帝班婕妤集》一卷"下载,"梁有中谒者《史岑集》二卷,亡"。

从前代总集有误而《文选》不误,可证明《文选》非录自前人总集;当然也可能《文选》是在录入前代总集时曾做过考辨工作,于是改正了前人的错误。但从李善强调前代总集的编撰者出错的原因,是因为"孝山之文,载于子孝之集"的别集出错,李善强调的是总集的编撰依据的是别集,可知《文选》非录自前人总集而是录自别集。于是当时的情况推测起来应该是这样:《文选》编撰时从"子孝之集"选录出《出师颂》,又经过考辨,得出结论是非王莽末史岑(字子孝)所作而是后汉史岑(字孝山)所作。

钱锺书云:"古人选本之精审者,亦每改削篇什。"③萧统《文选》亦

① (南朝梁)萧统撰,(唐)李善注:《文选》,北京:中华书局 1977 年版,第 959 页下。
② (南朝宋)范晔:《后汉书》,北京:中华书局 1965 年版,第 2610 页。
③ 钱锺书:《管锥编》第 3 册,北京:中华书局 1979 年版,1067 页。

是，以下略举数例。《文选》卷四十任昉《奏弹刘整》，李善注称"昭明删此文大略"。

《文选》卷四十二曹植《与吴季重书》，李善于文末注曰：

> 植集此书别题云："夫为君子而不知音乐，古之达论谓之通而蔽。墨翟自不好伎，何谓过朝歌而回车乎？足下好伎，而正值墨氏回车之县，想足下助我张目也。"今本以"墨翟之好伎"置"和氏无贵矣"之下，盖昭明移之，与季重之书相映耳！

顾农说："由此可知《文选》本《与吴季重书》乃是经过编辑加工的，实际上原来是两封信，这里给合为一封了。"①

第四节　《文选》一次成型

《隋书·经籍志》有总集类，著录挚虞撰《文章流别集》四十一卷，并称此书是总集的开始，并谈到其选录作品的原则即编撰宗旨为"采擿孔翠，芟剪繁芜"。《宋书·范泰传》载，范泰"博览篇籍，好为文章，爱奖后生，孜孜无倦。撰《古今善言》二十四篇及文集传于世"。既是"古今善言"又二十四篇，那肯定也是"采擿孔翠，芟剪繁芜"。萧统《文选序》中亦谈到选录作品的原则即编撰宗旨，云：

> 自姬汉以来，眇焉悠邈，时更七代，数逾千祀。词人才子，则名溢于缥囊；飞文染翰，则卷盈于缃帙。自非略其芜秽，集其清英，盖欲兼功，太半难矣。

萧统《文选》亦著录于《隋书·经籍志》总集类。于是，人们一般认为，《文选》是作为总集继《文章流别集》而来，《文选》的"略其芜秽，集其清英"是从"采擿孔翠，芟剪繁芜"而来。其实不然，《文章流别集》的"采擿孔翠，芟剪繁芜"是否如《隋书·经籍志》所说，真实情况还待考察；而"略其芜秽，集其清英"是《文选》在其"序"中提出一种理论，是实实在在

---

① 顾农：《文选论丛》，扬州：广陵书社 2007 年版，第 46 页。

实行了的。或者说,《隋书·经籍志》介绍《文章流别集》所谓"采摘孔翠,芟剪繁芜",或许就是从萧统所说的"略其芜秽,集其清英"而来。现在人们有一种模糊认识,似乎《文选》有继承《文章流别集》的做法,那么,萧统所说的"略其芜秽,集其清英",是从《隋书·经籍志》"采摘孔翠,芟剪繁芜"而来,其实不然。以下尝试论证《文选》是从一开始就真正做到了"略其芜秽,集其清英"的。

所谓"文章流别",即文章流派,《文章流别集》的编撰目的就是以示源流,其编撰方法亦是如此,编撰目的与编撰方法二者是重合的。《文选》的编撰方法也是"类聚区分",《文选序》所谓"凡次文之体,各以汇聚";《文选》的编撰方法显示了《文选》有以示源流的功能,但《文选》的编撰目的不见得就单纯是以示源流,《文选序》明说是为了挑选出好作品让人们阅读,其论各类体制的文章时称"譬陶匏异器,并为入耳之娱;黼黻不同,俱为悦目之玩";其论编撰目的就是"略其芜秽,集其清英"。

要为人们提供一部"略其芜秽,集其清英"的作品集,是萧统在《文选序》中自己表述的;而"采摘孔翠,芟剪繁芜"是《隋书·经籍志》介绍《文章流别集》时说的。"采摘孔翠,芟剪繁芜",可能是作者的一种愿望,也可能是读者的一种愿望,但不是《文章流别集》的编撰目的;或者说作为辨别源流的《文章流别集》是做不到"采摘孔翠,芟剪繁芜"的;文学是发展着的,正所谓《文选序》所言:

> 若夫椎轮为大辂之始,大辂宁有椎轮之质?增冰为积水所成,积水宁微增冰之凛,何哉?盖踵其事而增华,变其本而加厉。物既有之,文亦宜然,随时变改,难可详悉。

《文章流别集》要辨别源流,就必须把"随时变改"的情况告诉人们,而不能只是"采摘孔翠"。

作为总集要全,但人们又渴望"采摘孔翠""集其清英",渴望集中欣赏优秀作品,于是就有在总集基础上的"钞"。

我们先来看《隋书·经籍志》"总集"某个范围内著录的总集:

上述文字里著录了两种总集:其一,篇幅比较大的总集,如《集林》一百八十一卷、《文苑》一百卷、《赋集》九十二卷、《诗集》五十卷,等。它们一般以"集""林""苑"之类来命名，甚或有些是用两个这样的字眼，其含义自然是表示这是一种文章的集合。其二，在篇幅比较大的总集下又列有"钞"之类的简本，此即《集林钞》十一卷、《文苑钞》三十卷、《妇人集钞》二卷、《赋集钞》一卷、《诗集钞》十卷。或许正因为总集的篇幅比较大，才有如此的简本出现；且"钞"之类的简本有的是有撰者的，有的是未著撰者的。有的总集甚或有多次"钞"，即《集林》一百八十一卷后又有《集林钞》十一卷、沈约《集钞》十卷、丘迟《集钞》四十卷、某氏《集略》二十卷。① 也可能沈约《集钞》十卷、丘迟《集钞》四十卷、某氏《集略》二十卷是单独另出的，如谢灵运撰《杂诗钞》十卷即无复依傍。

篇幅比较大的总集又有"钞"之类的简本，这表明撰者的动机就在于"苦览者之劳倦"，其做法就是"采摘孔翠，芟剪繁芜"，"略其芜秽，集其清英"。这是对总集的一次"芟剪"、再选录，就是为了突出"孔翠""清英"，这就是题名为"钞"的意味。甚或可以猜测那时对《文章流别集》也有类似的"芟剪"、选录，《隋书·经籍志》"总集"首列：

《文章流别集》四十一卷（梁六十卷，志二卷，论二卷，挚虞撰）

《文章流别志、论》二卷（挚虞撰）

《文章流别本》十二卷（谢混撰）

《续文章流别》三卷（孔宁撰）②

《文章流别志、论》是另一种书，《续文章流别》另一部总集，此处不论。而谢混所撰《文章流别本》十二卷也可能就是《文章流别集》的简约本。所谓"本"，就是根本、基本，"文章流别本"或许就是文章流别最根本、最基本的作品。

《集林》《文苑》是当时收录各种文体的总集，二百卷或一百卷已是《文选》篇幅的六倍多或三倍多；而《赋集》《诗集》收录的是单一文体，分别有九十二卷、五十卷，比起《文选》赋的篇幅也分别要有 3 倍、1.67倍。钟嵘《诗品序》说"谢客集诗，逢诗辄取"，前代总集之所以有那么大

---

① 冈村繁《〈文选〉编纂的实际情况与成书初期所受到的评价》认为，"大致可以推断"，"从《隋志》的排列方法来看"，这几部书都"都是据《集林》重编的同类选集"。见《中外学者文选学论集》，北京：中华书局 1998 年版，第 1048 页。

② （唐）魏征：《隋书》，北京：中华书局 1973 年版，第 1081—1082 页。

的篇幅,其原因就在于"逢诗辄取",而没有经过一个"采摘孔翠,芟剪繁芜","略其芜秽,集其清英"的过程,这个过程交给"钞"去做了。

现在的问题是,萧统编撰的《文选》为什么只有三十卷? 他的本意是什么?

从《隋书·经籍志》著录的总集,我们知道,为了满足人们阅读少而精的作品的需求,撰者"采摘孔翠,芟剪繁芜","略其芜秽,集其清英"的做法是,在总集中再"芟剪"、选录以突出"孔翠""清英"。那么,既是总集,又是"采摘孔翠""集其清英"的读本,其过程是分两步走的,先是编撰总集,再"采摘孔翠""集其清英"。于是后世人们就想《文选》也是这样做的,清朱彝尊《书〈玉台新咏〉后》曰:

> 昭明《文选》初成,闻有千卷,既而略其芜秽,集其精英,存三
> 十卷。①

这是朱彝尊所认为的萧统"略其芜秽,集其清英"的编撰过程,但此说不知有何依据,人多疑之。此说虽然是紧扣萧统所说的"略其芜秽,集其清英",从总集编撰过程的常理来推,或许是有可能的。但如果原有真是千卷的话,那么现存的《文选》应该是标明"某某钞"了。另有人说,《文选》是再选本,是"从历来的各种选集中采集大部分作品而选录的,可以定性为再选本","可以断定:《文选》就是与所谓先驱选集同出一宗的简约本或精选本"②。同理,如果真是那样,现存的《文选》应该是标明"某某钞"了,事实可能并非如此。

事实应该是,把前代总集先成集再简约本两步走的过程合而为一了,萧统所编,既是总集,又是"略其芜秽,集其清英"的读本。萧统对"略其芜秽,集其清英"的工作比起前辈来更为严格。所以,那些总集称"集林""文苑""集",都有大总汇的含义;而萧统的编撰称为"文选","选"者,选择、挑选,萧统明确地提出"略其芜秽,集其清英",把总集"采摘孔翠,芟剪繁芜"工作称之为"选"。于是,萧统《文选》自有其特殊意

---

① (清)朱彝尊:《曝书亭集》上,国学整理社 1937 年版,卷五十二,第 613 页。
② [日]冈村繁:《〈文选〉编纂的实际情况与成书初期所受到的评价》,见俞绍初、许逸民主编:《中外学者文选学论集》,北京:中华书局 1998 年版,第 1071 页。

义,是他最早表达出总集的编撰应该"略其芜秽,集其清英",而且其所编撰的总集也明显地表现出这样的倾向。所以,清王士祯等《师友诗传录》说"文之有选,自萧维摩始也"。

以"文选"为书名,强调的是"选",从中可看出萧统"略其芜秽,集其清英"的努力。那么,王士祯所谓"文之有选,自萧维摩始也",其意味就在于,萧统《文选》不仅仅是继承挚虞《文章流别集》的编撰文章总集,它还特别强调"略其芜秽,集其清英"的"选"的过程,这是其独创之处。这独创之处又是从"钞"之类而来,不同的是,"钞"之类依据的是前人总集,而《文选》依据的是前人原著。

《四库全书总目提要·总集类》曰:

> 文籍日兴,散无统纪,于是总集作焉。一则网罗放佚,使零章残什,并有所归。一则删汰繁芜,使莠稗咸除,菁华毕出。是固文章之衡鉴,著作之渊薮也。①

确实,仅仅是"网罗放佚,使零章残什,并有所归"是不能成为"文章之衡鉴,著作之渊薮"的。《文选》的编撰,不似其前辈著作先以"网罗放佚,使零章残什,并有所归"成书,然后再有"删汰繁芜"等等而成书;"删汰繁芜,使莠稗咸除,菁华毕出"即其编撰过程,也是其最终成果形式,于是,其成为"文章之衡鉴,著作之渊薮"是理所当然的。

---

① (清)永瑢等:《四库全书总目》,北京:中华书局1965年版,第1685页。

第六章 《文选》赋、诗、文的编纂

第一节 《文选》赋的以类相分

一、目录书中赋的分类

班固《汉书·艺文志·诗赋略》共五类,第五类是诗,此处不述;赋分为四类,以人而分。其一屈原赋之属,起首为"屈原赋二十五篇",共赋家二十,三百六十一篇。其二陆贾赋之属,起首为"陆贾赋三篇",共赋家二十一,二百七十四篇。其三孙卿赋之属,起首为"孙卿赋十篇",共赋家二十五,一百三十六篇。其四杂赋,起首为"《客主赋》十八篇",共《杂赋》十二家,二百三十三篇。只是列出了四类赋的作者与篇数,未作说明,于是人们有种种拟测。

章太炎在《国故论衡·辨诗》中说:"《七略》次赋为四家:一曰屈原赋,二曰陆贾赋,三曰孙卿赋,四曰杂赋。屈原言情,孙卿效物,陆贾赋不可见,其属有朱建、严助、朱买臣诸家,盖纵横之变也。"①

刘师培《论文杂记》对《汉书·艺文志》赋的分类,有详细的解释,其称屈原赋之属、陆贾赋之属、荀卿赋之属为"分集之赋":

> 而分集之赋,复分三类:有写怀之赋(即所谓言深思远,以达一己之中情者也),有骋辞之赋(即所谓纵笔所如,以擅长者也),有阐

---

① 章太炎:《国故论衡》,上海:上海古籍出版社 2003 年版,第 90 页。

理之赋(即所谓分析事物,以形容其精微者也)。写怀之赋,屈原以下二十家是也;骋辞之赋,陆贾以下二十一家是也;阐理之赋,荀卿以下二十五家是也。写怀之赋,其源出于《诗经》。骋辞之赋,其源出于纵横家。阐理之赋,其源出于儒、道两家。①

刘师培认为,《汉书·艺文志》赋的分类,大的方面说可为两大类,一是"杂赋",可认为是赋的总集;二是赋的分集。赋的分集又分为三,写怀之赋、阐理之赋为以内容题材分,骋辞之赋以形式辞采分。

顾实《汉书艺文志讲疏》云:"此《屈原赋》之属,盖主抒情者也。""此《陆贾赋》之属,盖主说辞者也。""此《荀卿赋》之属,盖主效物者也。""此《杂赋》尽亡,不可征。盖多杂诙谐,如庄子寓言者欤?"②

二、文论中赋的分类

自汉至梁,文论家在自己的著作中对赋的分类也有述及。

其一,扬雄《法言·吾子》称:"诗人之赋丽以则,辞人之赋丽以淫。"③扬雄分赋为"诗人之赋"与"辞人之赋"两类,或者说分赋为"丽以则"与"丽以淫"两类;表面上是以形式辞采分,实质上则含有他所认为的"正、邪"之分。

其二,挚虞《文章流别论》:

> 古诗之赋,以情义为主,以事类为佐。今之赋,以事形为本,以义正为助。情义为主,则言省而文有例矣;事形为本,则言当而辞无常矣。文烦省烦,辞之险易,盖由于此,夫假象过大则与类相远,逸辞过壮则与事相违,辩言过理则与义相失,丽靡过美则与情相悖:此四过者,所以背大体而害政教。是以司马迁割相如之浮说,扬雄疾"辞人之赋丽以淫"。④

他是古、今来分的,其古、今非形式上的,而是内涵上的,也有"正、邪"之

---

① 刘师培:《论文杂记》,北京:人民文学出版社1959年版,第115—116页。
② 陈国庆编:《汉书艺文志注释汇编》,北京:中华书局1983年版,第170、173、176、178页。
③ 汪荣宝撰、陈仲夫点校:《法言义疏》,北京:中华书局1987年版,第579页。
④ (唐)欧阳询撰、汪绍楹校:《艺文类聚》,上海:上海古籍出版社1965年版,第1018页。

分,所谓某些"今之赋"的"所以背大体而害政教"。

挚虞《文章流别论》:"《幽通》精以整,《思玄》博而赡,《玄表》拟之而不及。"此乃对"志"类赋的归类。又:"建安中,魏文帝从武帝出猎,赋,命陈琳、王粲、应玚、刘桢并作。琳为《武猎》、粲为《羽猎》、玚为《西狩》、桢为《大阅》。凡此各有所长,粲其最也。"①这是对各家"畋猎"赋的归类。

其三,葛洪《抱朴子·钧世》:

> 今诗与古诗,俱有义理,而盈于差美。方之于士,并有德行,而一人偏长艺文,不可谓一例也。比之于女,俱体国色,而一女独闲百伎,不可混为无异也。若夫俱论宫室,而奚斯路寝之颂,何如王生之赋灵光乎?同说游猎,而《叔畋》《卢铃》之诗,何如相如之言上林?并美祭祀,而《清庙》《云汉》之辞,何如郭氏《南郊》之艳乎?等称征伐,而《出车》《六月》何如陈琳《武军》之壮乎?②

其分为"宫室""游猎""祭祀""征伐",这是以内容题材相分,但这里是举例性质的;葛洪是以《诗经》作品与汉代以来的赋作相比,得出汉代以来赋作在艺术形式上的提高。

其四,刘勰《文心雕龙·诠赋》:

> 若夫京殿苑猎,述行序志,并体国经野,义尚光大。既履端于唱序,亦归余于总乱。序以建言,首引情本,乱以理篇,写送文势。按《那》之卒章,闵马称"乱",故知殷人辑《颂》,楚人理赋,斯并鸿裁之寰域,雅文之枢辖也。至于草区禽族,庶品杂类,则触兴致情,因变取会。拟诸形容,则言务纤密;象其物宜,则理贵侧附。斯又小制之区畛,奇巧之机要也。③

这里首先把赋分为两大部分,一为"体国经野,义尚光大"之类的"京殿苑猎,述行序志",政治意义与社会价值都极高,体制也宏大,可称为"鸿裁""雅文",即大赋。另一为"触兴致情,因变取会"之类的"草区禽族,

---

① 《景印文渊阁四库全书·〈古文苑〉》第 1332 册,台北:商务印书馆 1986 年版,第 627 页。

② 杨明照:《抱朴子外篇校笺(下)》,北京:中华书局 1997 年版,第 74—75 页。

③ (南朝梁)刘勰著,詹锳义证:《文心雕龙义证》,上海:上海古籍出版社 1989 年版,第 283、288 页。

庶品杂类",相比而言,那是"小制",即小赋。

三、赋序对赋的类型的看法

赋家创作,常常对所作之赋归于何类作出说明。如:

马融《长笛赋序》:"追慕王子渊、枚乘、刘伯康、傅武仲等箫、琴、笙颂,唯笛独无,故聊复备数,作《长笛赋》。"①这是以叙写乐器为赋之一类的认识,开音乐赋的归类系连之先河,所谓"追慕"事实上也是一种自觉归类的态度。

嵇康《琴赋序》:"八音之器,歌舞之象,历世才士,并为之赋颂。其体制风流,莫不相袭。称其材干,则以危苦为上;赋其声音,则以悲哀为主;美其感化,则以垂涕为贵。丽则丽矣,然未尽其理也。"②这也就是说要把"八音之器,歌舞之象"归为一类,所谓"音乐"类赋。

陆机《遂志赋序》:"昔崔篆作诗,以明道述志,而冯衍又作《显志赋》,班固作《幽通赋》,皆相依倣焉。张衡《思玄》、蔡邕《玄表》、张叔《哀系》,此前世之可得言者也。崔氏简而有情,《显志》壮而泛滥,《哀系》俗而时靡,《玄表》雅而微素,《思玄》精炼而何(和)惠。欲丽前人,而优游清典。漏(陋)《幽通》矣。班生彬彬,切而不绞,哀而不怨矣。崔、蔡冲虚温敏,雅人之属也;衍抑扬顿挫,怨之徒也。"③这就是所谓"志"一类赋。

曹摅《围棋赋序》:"昔班固造奕旨之论,马融有围棋之赋,拟军政以为本,引兵家以为喻,盖宣尼之所以称美,而君子之所以游虑也。既好其事,而壮其辞,聊因翰墨,述而赋焉。"④此乃对赋"棋"类的归类,但《文选》未录此类。

皇甫谧《三都赋序》:"至如相如《上林》、扬雄《甘泉》、班固《两都》、张衡《二京》、马融《广成》、王生《灵光》,初极宏侈之辞,终以约简之制,焕乎有文,蔚而鳞集,皆近代辞赋之体也。"⑤这是对"都邑宫殿"类赋的

① (梁)萧统编,(唐)李善注:《文选》,北京:中华书局1977年版,第249页下。
② (梁)萧统编,(唐)李善注:《文选》,北京:中华书局1977年版,第255页上。
③ (唐)欧阳询撰,汪绍楹校:《艺文类聚》,上海:上海古籍出版社1965年版,第473页。
④ (唐)欧阳询撰,汪绍楹校:《艺文类聚》,上海:上海古籍出版社1965年版,第1271页。
⑤ (梁)萧统编,(唐)李善注:《文选》,北京:中华书局1977年版,第641页下。

归类。

陶渊明《闲情赋序》:"初,张衡作《定情赋》,蔡邕作《静情赋》,检逸辞而宗澹泊,始则荡以思虑,而终归闲正,将以抑流宕之邪心,谅有助于讽谏。缀文之士,奕代继作,并因触类,广其辞义。"①这是对"情"类赋的归类评论。

谢灵运《归途赋序》:"昔文章之士,多作行旅赋。或欣在观国,或怵在斥徒,或述职邦邑,或羁役戎阵。事由于外,兴不由己。"②这是对"纪行"(或称"述行""行旅")赋的归类总评。

四、《文选》赋的十五类

萧统在《文选序》③中讲赋的分类:

> 古诗之体,今则全取赋名。荀、宋表之于前,贾、马继之于末。自兹以降,源流实繁。述邑居,则有"凭虚""亡是"之作;戒畋游,则有《长杨》《羽猎》之制。若其纪一事,咏一物,风云草木之兴,鱼虫禽兽之流,推而广之,不可胜载矣。

所谓"纪一事,咏一物",是从宏观上对赋的文体功能的阐述,尚不能称为完全的赋的分类,那么,《文选序》中讲的赋的分类只有"述邑居"与"戒畋游"二者。"述邑居"之"凭虚亡是之作",即五臣之吕延济注云:"张衡《西京赋》、相如《上林赋》,并托凭虚、亡是以述邑居。"张杓曰:"《子虚》《上林》二赋,昭明列畋猎类,而《序》云述邑居者,以上篇述云梦,下篇述上林,皆苑囿也。"④于是,"'凭虚''亡是'之作"与"《长杨》《羽猎》之制",均在《文选》"畋猎"类。

萧统《文选》分赋为十五类,这些类别都是依创作的内在目的而分,即以内容题材相分,如此赋分为十五类有所渊源:

其一,受到创作活动、创作实践的启发。

---

① 逯钦立校注:《陶渊明集》,北京:中华书局 1979 年版,第 153 页。
② (唐)欧阳询撰、汪绍楹校:《艺文类聚》,上海:上海古籍出版社 1965 年版,第 494 页。
③ (南朝梁)萧统撰、(唐)李善注:《文选》,北京:中华书局 1977 年版,第 1—2 页。下同,本章不再出注。
④ 高步瀛:《文选李注义疏》,中华书局 1985 年版,第 11—12 页。

魏晋以降,命题赋创作滋盛,如:

建安十五年(210),"时邺铜爵台新成,太祖悉将诸子登台,使各为赋,(曹)植援笔立成,可观,太祖甚异之。"①曹植及诸人《铜爵台赋》今俱佚。二年后,曹丕《登台赋序》称:"建安十七年春,游西园,命余兄弟并作。"②曹操、曹丕、曹植均有《登台赋》。这两次的创作,皆属赋的"宫殿"类。

曹丕《寡妇赋序》:"陈留阮元瑜,与余有旧,薄命早亡。每感存其遗孤,未尝不怆然伤心。始作斯赋,以叙其妻子愁苦之情,命王粲并作之。"③曹丕、王粲的《寡妇赋》,按《文选》赋分类,皆可归"哀伤"类。

曹丕《槐赋序》:"文昌殿中槐树,盛暑之时,余数游其下,美而赋之。王粲直登贤门小阁外,亦有槐树,乃就使赋焉。"④二人的《槐树赋》,乃属赋的"草木"类。

此外曹氏父子与宾客命题同作的赋还有许多,如建安中,曹丕自作《校猎赋》,命陈琳、王粲、应玚、刘桢并作的畋猎题材赋(《古文苑》卷七章樵注引挚虞《文章流别论》);曹丕作《马脑勒赋》,又命陈琳、王粲并作(《太平御览》卷358曹丕《马脑勒赋序》);曹丕、曹植有同题《临涡赋》,属赋的江海类;曹植、杨修有同题《大暑赋》,属物色类;曹丕作《述征赋》,阮瑀作《纪征赋》,徐干作《序征赋》,属纪行类,等等。

至南朝,此类命题作赋的事情亦常有之,如:

《宋书·谢庄传》载:"时南平王(刘)铄献赤鹦鹉,(宋文帝刘义隆)普诏群臣为赋。"⑤这次群臣所作的同题赋《赤鹦鹉赋》,知姓名者有谢庄、袁淑,按类属鸟兽类。又《宋书·谢庄传》载河南献舞马,宋孝武帝刘骏诏群臣为赋,当名《舞马赋》(谢庄今存有《舞马赋应诏》可证),按类亦归鸟兽类。

《梁书·张率传》:"(天监)四年三月,禊饮华光殿。其日,河南国献舞马,诏(张)率赋之,……时与到洽、周兴嗣同奉诏为赋,高祖以(张)率

① (晋)陈寿撰,(南朝宋)裴松之注:《三国志》,北京:中华书局1959年版,第557页。
② (唐)欧阳询撰,汪绍楹校:《艺文类聚》,上海:上海古籍出版社1965年版,第1120页。
③ (梁)萧统编,(唐)李善注:《文选》,北京:中华书局1977年版,第233页上。
④ (唐)欧阳询撰,汪绍楹校:《艺文类聚》,上海:上海古籍出版社1965年版,第1518页。
⑤ (梁)沈约:《宋书·谢庄传》,北京:中华书局1974年版,第2167页。

及兴嗣为工。"①这里,张率、周兴嗣、到洽皆有同题赋《舞马赋》,亦属鸟兽类赋。

其二,前代目录书的影响。如《汉书艺文志》所录杂赋,其中"客主赋"十八篇,顾名思义为以"客主以首引"的作品,这是从形式着眼。而"杂行出及颂德赋"二十四篇、"杂四夷及兵赋"二十篇、"杂中贤失意赋"十二篇、"杂思慕悲哀死赋"十六篇、"杂鼓琴剑戏赋"十三篇、"杂山陵水泡云气雨旱赋"十六篇、"杂禽兽六畜昆虫赋"十八篇、"杂器械草木赋"三十三篇,明显的是以类型而构成的赋作集合体。章学诚《校雠通义·汉志诗赋第十五》指出:"不列专名,而类叙为篇,后世总集之体也。"②

又,挚虞《文章流别论》有对"志"类赋的归类,对"畋猎"赋的归类。

五、《文选》赋十五类分析

萧统在《文选》的篇目中,分赋为十五类,计为:京都、郊祀、耕藉、畋猎、纪行、游览、宫殿、江海、物色、鸟兽、志、哀伤、论文、音乐、情。其中,郊祀、耕藉、论文诸类各仅一篇。

《文选》赋十五类,其类别的名称或分类的依据主要有以下几种情况:

其一,以"体物"为主要内容的分类,此类有京都、郊祀、耕藉、畋猎、纪行、游览、宫殿、江海、物色、鸟兽。此类又可分为赋物、赋事二种,前者如京都、宫殿、江海、物色、鸟兽。后者则有郊祀、耕藉、畋猎、纪行、游览。此类赋的共同特点,在于类别名称已标明所体写的物或事。当然,各篇在"体物"之外,尚有"写志"的目的及内容。

其二,以情志为主要内容的分类,此类包括志、哀伤、情。三类于类别名称中也已标明所赋的主要对象。只是这一对象相对于"体物"类主要是以人的内在的情志而言的。具体而言,"志"类更多的是对人的理性思想而言的,"哀伤"类主要赋写人类的感伤、消极性情感,"情"类侧重于爱情、艳情的内容。

① (唐)姚思廉:《梁书·张率传》,北京:中华书局 1973 年版,第 475、478 页。
② (清)章学诚著,王重民通解:《校雠通义》,上海:上海古籍出版社 1987 年版,第 118 页。

其三，以"艺术"为主要内容的分类，此类有论文、音乐两种。这类赋在《文选》赋中数量很少，论文仅陆机《文赋》一篇，音乐赋仅六篇，但代表六朝人的艺术、文学自觉意识，是文学分类的新动向。

以下对《文选》赋十五类作简单分析。对每一类作一概述。

（一）京都

"京都"类选赋，是将《两都赋》《二京赋》《三都赋》三赋分别以"都"名或以"京"名单篇析出，加上《南都赋》，共八篇。六十卷本《文选》赋十八余卷，"京都"类占其六，在选赋数量和篇幅上都是最多的。"京都"类首篇为班固《两都赋》，此前以"京都"为题者，最早是杜笃作《论都赋》，以尊宸居为出发点进行两座都市之辨，加入对国家礼法制度的讨论；又有扬雄《蜀都赋》，京都是一个政权的政治、经济、文化中心，论述京都则"润色宏业"，从政治的角度抬高了赋体地位，赋成为庙堂文学的抒写文体，奠定了京都赋的特点与基调。

（二）郊祀

《左传·成公十三年》曰："国之大事，在祀与戎。"①李善注"郊祀"曰："祭天曰郊，郊者言神交接也。祭地曰祀，祀者敬祭神明也。"②《诗经》中有《颂》，汉有《郊祀歌》，《文选》诗有"郊庙"类，《文选》"郊祀"类仅选扬雄《甘泉赋》一篇，所叙之事即汉成帝祭祀天地，赋中对甘泉宫的诸多描写，皆为衬托天子郊祀之宏大场面与肃穆氛围。

（三）耕藉

耕藉之义为天子亲耕，藉，即蹈藉。周礼中有藉田礼，兼劝农与祭祀，是国家的政治仪式。最早以耕藉为赋者有曹植《藉田赋》，今仅存佚文。农耕题材进入赋体后，尽为场面恢宏、仪式盛大的称颂，赋单列"耕藉"类，也是有意与"京都""郊祀"相呼应。此类选潘岳《藉田赋》一首。

（四）畋猎

畋猎以季分又有不同的称呼，《左传·隐公五年》称"春蒐、夏苗、秋

---

① （春秋）左丘明传，（晋）杜预注，（唐）孔颖达正义：《春秋左传正义》，上海：上海古籍出版社1990年版，第755页。

② （梁）萧统编，（唐）李善注：《文选》，北京：中华书局1977年版，第111页上。

《文选诗研究》

弥、冬狩,皆于农隙讲事也"①。周代将蒐礼作为军礼,故畋猎遵循古制,除打猎外又有练兵之用。《文选》"畋猎"类分为上中下,收录司马相如《子虚赋》《上林赋》、扬雄《羽猎赋》《长杨赋》、潘岳《射雉赋》五篇作品。萧统设"畋猎"之类,在作品内容的选择上与"耕藉"相近,除《射雉赋》外其余四篇,皆为君王亲身参与的皇家活动。

（五）纪行

"纪行"类选班彪《北征赋》、班昭《东征赋》、潘岳《西征赋》三篇。"纪行"即纪录行迹路途的所见所闻,还在于发怀古之思。纪行赋最早有刘歆作《遂初赋》,自此就奠定了主题上的羁旅行役之感。在作品内容安排上,纪行类皆随路线的推进,写国事民生,怀古凭吊、议论抒情。

（六）游览

"游览"是魏晋南北朝时期文学创作的主流题材,《文选》赋与诗都有此类。《文选》赋"游览"类选王粲《登楼赋》、孙绰《游天台山赋》、鲍照《芜城赋》三篇。游览赋重在强调"游"与"览"二者,游是经历的空间记录,览是视觉的见闻记录,因此游览赋是以游览经历为线索的纪事述景、抒情写志。纪行赋的空间随着路线轨迹而转换,时间也因路途遥远跨度较长,游览则以某一特定地点,较短时间的短途旅行为主。游览赋有叙景叹己之作,如《登楼赋》述人生失意,也有《游天台山赋》一类游玩山水景致的娱情之作。

---

① （春秋）左丘明传,（晋）杜预注,（唐）孔颖达正义:《春秋左传正义》,上海:上海古籍出版社 1990 年版,第 92—93 页。

（七）宫殿

宫殿题材在《诗经》中就已出现，程延祚《骚赋论》曰："《斯干》《灵台》，宫殿、苑囿之始也。"①"宫殿"本是体物之题，以善于铺排的赋体写就，尤重对宫殿及其内部各种形制的描写刻画。此类选王延寿《鲁灵光殿赋》序谈创作缘由，也明确说明赋为咏物而作："物以赋显，事以颂宣，匪赋匪颂，将何述焉？遂作赋曰。"②又选何晏《景福殿赋》。

（八）江海

此类选木华《海赋》和郭璞《江赋》，类名应是就所选作品分别以大海和长江作为赋咏对象，故定名"江海"。在后世赋集中，二者应属于"水"赋的范畴。《汉书·艺文志》最早就赋的题材析出"水"赋一类，其"杂赋"有"杂山陵水泡云气雨旱赋"十六篇。魏晋时期，还有应场《灵河赋》、成公绥《大河赋》、孙绰《望海赋》等皆属此范畴。

（九）物色

"物色"系以自然现象为对象的设类，题下李善注曰："四时所观之物色而为之赋。又云：有物有文曰色。风虽无正色，然亦有声。诗注云：风行水上曰漪。易曰：风行水上，涣。涣然即有文章也。"③可知四时风物皆可为"物色"，"物色"类所选，则是将自然四时作为赋写对象，人感于物所创作的作品。此类选宋玉《风赋》、潘岳《秋兴赋》、谢惠连《雪赋》、谢庄《月赋》。

（十）鸟兽

《文选》赋"鸟兽"类分上下两部，选贾谊《鵩鸟赋》、祢衡《鹦鹉赋》、张华《鹪鹩赋》、颜延之《赭白马赋》、鲍照《舞鹤赋》，汉、魏、晋和南朝作品皆有选入。《汉书·艺文志》"杂赋"有"'杂禽兽六畜昆虫赋'十八篇"，从题材的角度将鸟兽虫鱼划为一类，《文选》赋相继而来。《文心雕龙·诠赋》也提到了鸟兽一类，曰："至于草区禽族，庶品杂类，则触兴致情，因变取会。拟诸形容，则言务纤密；象其物宜，则理贵侧附。斯又小

---

① 孙福轩、韩泉欣编辑校点：《历代赋论汇编》，北京：人民文学出版社 2016 年版，第 510 页。
② （南朝梁）萧统编，（唐）李善注：《文选》，北京：中华书局 1977 年版，第 168 页下。
③ （南朝梁）萧统编，（唐）李善注：《文选》，北京：中华书局 1977 年版，第 19 页下。

制之区畛,奇巧之机要也。"①鸟兽赋的特点,在于通过以小见大的方式,或自喻或讽谏。

（十一）志

"体物写志"是赋的特点之一,而《文选》笼统地以赋的特点设立"志"类,取"志"的显性追求与直接抒情。此类选赋四篇,分别为班固《幽通赋》、张衡《思玄赋》《归田赋》、潘岳《闲居赋》。可以看出,四篇作品都明确在作品标题中体现了志向,并且都与作者的经历、情志有关。这种显性主题首先在篇名上就与其他体物、叙事之作区分开来,所叙都是作者的个人经历,并且基本以作者在仕途上的怀才不遇、生不得志为基本格调。

（十二）哀伤

此类收五位赋家的七篇作品,司马相如《长门赋》、向秀《思旧赋》、陆机《叹逝赋》、潘岳《怀旧赋》《寡妇赋》、江淹《别赋》《恨赋》,每篇赋的主题都不相同,标题直指所赋对象,在历代文学中已经积累并被赋予了普遍性的情感含义,这些情感往往归于哀伤,并且能够引起读者共鸣。"哀伤"类的七篇赋都具有强烈的生命意识,有悼亡无奈的叹逝,有生者无依的自哀,也有对命运遭际的控诉,虽然遭遇不同,但都是对生命的思考。

（十三）论文

"论文"类仅选陆机《文赋》一篇,《文赋》其序曰:"故作文赋,以述先士之盛藻,因论作文之利害所由。"②以赋为文学批评,讨论文学创作,具有开创性,此后有白居易《赋赋》、李益《诗有六义赋》、袁黄《诗赋》之类。陈元龙《历代赋汇》将《文赋》归入"文学"类,概念又大于文学批评,还收录了论文学经典、文学名词的赋,以及论文学器具等的咏物赋。

（十四）音乐

"音乐"类选赋六篇,分别为王褒《洞箫赋》、傅毅《舞赋》、马融《长笛赋》、嵇康《琴赋》、潘岳《笙赋》和成公绥《啸赋》,其中有四篇是描写乐器

---

① (南朝梁)刘勰撰,詹锳义证:《文心雕龙义证》,上海:上海古籍出版社 1989 年版,第 288 页。
② (南朝梁)萧统编,(唐)李善注:《文选》,北京:中华书局 1977 年版,第 239 页下。

演奏的作品,余下二篇一者写舞蹈,一者写人声。王褒专以赋写洞箫的制作、外形及演奏,通过描写音乐展现情感流动,不仅让《洞箫赋》成为音乐赋的范式,也将音乐作为独立的叙写对象从他类中脱离出来。

(十五)情

《汉书·艺文志》"杂赋"有"'杂思慕悲哀死赋'十六篇"[①],其中"思慕"应是指"情"类。《文选》设"情"类,选赋四篇,分别为宋玉《高唐赋》《神女赋》《登徒子好色赋》、曹植《洛神赋》,皆以男女恋慕为端由,以主人公的口吻叙述对另一方的向往,或另一方对主人公自身的企盼。通过描写女性外貌、体态、行为,倾注主人公的情感,完成情感的逐步递进。而作为对方,对于感情的回应常常有若即若离之感,是所谓"发乎情而止乎礼""乐而不淫"的情感。

六、后人所说《文选》赋分类不当之处

后人或对《文选》赋的分类有不满意之处。如贾谊《鵩鸟赋》,何焯《义门读书记》称:

> 此特借鵩鸟以造端,非从而赋之也……宜与《幽通》《思玄》同编。[②]

钱锺书《管锥编》赞同何焯的意见,补充曰:

> 《晋书·庾敳传》:"乃著《意赋》以豁情,衍贾谊之《鵩鸟》也。"盖识贾谊谋篇所在,亦征萧选之皮相题目矣。[③]

宋玉《高唐赋》,钱锺书《管锥编》云:

> 按苏轼《仇池笔记》卷上尝讥昭明《文选》"编次无法",乃"小儿强作解事";章学诚《文史通义》内篇一《诗教》下亦斥《文选》分门"淆乱芜秽,不可弹诘"。聊增一例。此赋写巫山风物,而入《文选·情》门,实与《神女》《好色》,不伦非类;当入《游览》门,与孙

① (汉)班固撰,(唐)颜师古注:《汉书·艺文志》,北京:中华书局1962年版,第1752页。
② (清)何焯著,崔高维点校:《义门读书记》,北京:中华书局1987年版,第876页。
③ 钱锺书:《管锥编》第3册,北京:中华书局1986年版,第883页。

绰《游天台山赋》相比。宋赋仅为襄王陈高唐之"珍怪奇伟",而设想"王将欲往见之",王未真登陟也;孙赋只言神游,见天台"图像"而"遥想""不任吟想","俛仰之间,若已再升",亦未尝亲"经魑魅之途,践无人之境"也。①

七、《文选》赋"序"的问题

前人认为,《文选》"赋类"有把作品本身的文字错误地分裂为"序"的情况,如宋人苏轼《志林》称:

> 宋玉《高唐》《神女》赋,自"玉曰唯唯"以前皆赋也,而统谓之序,大可笑也。相如赋首有子虚、乌有、亡是公三人论难,岂亦序耶?②

宋人王观国、清人章学诚等亦如是说。这就是说,《文选》收录作品有一种观念,尽可能地为作品找一个"序",于是就把赋作开头的文字称为"序",但这个"序"并未脱离赋作而独立存在。前人批评《文选》有的赋作"误析"本文而成"序"就是这种情况。

但还有一类赋"序",并非一定要属于赋作本身,它可以脱离赋作本身而独立,或可以单行。正因为如此,《文选》收录作品,有时会只收录本文,与本文分开的"序"会因为某种原因未被收录,如《文选》赋"京都"收录张衡《西京赋》,无序,但《艺文类聚·居处部》引张衡《西京赋》曰:

> 昔班固观世祖迁都于洛邑,惧将必逾溢制度,不能遵先圣之正法也。故假西都宾盛称长安旧制,有陋洛邑之议,而为东都主人折礼中以答之。张平子薄而陋之,故更造焉。③

高步瀛《文选李注义疏》称此"殆是《两京赋序》"④。《文选》赋"畋猎"收录潘安仁《射雉赋》,没有序,其序为李善注引。从《文选》赋类的作品多有序来看,《两京赋序》《射雉赋序》是萧统漏录;之所以漏录,正是因为

---

① 钱锺书:《管锥编》第3册,北京:中华书局1986年版,第869—870页。
② (宋)苏轼撰,(明)茅维编,孔凡礼点校:《苏轼文集》第五册,北京:中华书局1986年版,第2095页。
③ (唐)欧阳询撰,汪绍楹校:《艺文类聚》,上海:上海古籍出版社1965年版,第1098页。
④ 高步瀛著,曹道衡、沈玉成点校:《文选李注义疏》,北京:中华书局1985年版,第243页。

本文与序各自单行、分为两处。《文选》"诗"类也有类似情况，如束皙《补亡诗六首》，李善注引《补亡诗序》，谢灵运《述祖德诗二首》，李善注引《述祖德诗序》，谢宣远《于安城答灵运》，李善注引谢灵运《赠宣远诗序》。这些诗作都是有"序"的，但《文选》都未录，这只能说明一个问题：当时诗的本文与"序"是分列的，《文选》有时只录本文而不及"序"。

正是因为"序"有时候与本文是分开的，故《文选》收录作品时就有一个将本来单行的"序"与本文相合的问题。刘盼遂《〈文选〉篇题考误》称"序为赋之小引，不宜独自成篇"①，那么，"两都赋序"四字不应作为题目出现，它只能附在作品本文的前面。刘盼遂称，王逸注《楚辞》《九歌》《九章》就是这样，其"《九歌》者，屈原之所作也"云云，作为实际上的"序"《九歌》，因为未能单行，所以不必以"九歌序"字样出现；而只放在《九歌》第一篇《礼魂》题目下出之就可以了。

如果《两都赋序》《三都赋序》不是单行，而是作为赋之"序"与本文一同构成整体，刘盼遂的意见就是对的，即"序为赋之小引，不宜独自成篇"，当然也可以照刘盼遂的意见处理。问题是《两都赋序》《三都赋序》能不能单行？《文选》在此处是把此二序看作单行的了。其一，班固的赋，在《文选》正文中题为《西都赋》《东都赋》，而序题为"两都赋序"；左思的赋，亦是如此，甚或《文选》书前总目列为《三都赋序》《蜀都赋》《吴都赋》《魏都赋》四篇，显然是更把《三都赋序》看作单行的。

这样的"序"我们称之为篇外之"序"，是对赋创作的一种说明。接下来的问题自然是萧统把本来就是"独自成篇"的"序"合于本文，使其成为一个整体。具体的例子就是合《两都赋序》与《西都赋》《东都赋》为一体，合《三都赋序》与《蜀都赋》《吴都赋》《魏都赋》为一体，其合在一处的痕迹就是不及调整篇题。

现在来看既有篇内之"序"又有篇外之"序"的赋作。如《文选》录曹植《七启八首》，整个作品前有这样的文字：

昔枚乘作《七发》、傅毅作《七激》、张衡作《七辨》、崔骃作《七

165

① 俞绍初、许逸民编：《中外学者文选学论集》，北京：中华书局 1998 年版，第 9 页。

依》，辞各美丽，余有慕焉，遂作《七启》，并命王粲作焉。①

李善注《文选》、奎章阁本《文选》《六臣注文选》中《七启八首》下有"并序"二字，称其为"序"。那么，一篇作品就出现了两篇序，一是曹植对作品创作缘起的说明，一是作品本身所要求的序。这些就是"序"上有"序"的情况。

有些赋作有篇内之"序"，而其篇外之"序"则是"剪截"史辞为之。这是因为，如果把"序"合于本文是《文选》收录作品的一种观念，那么，换句话说，就是《文选》收录作品时要尽可能地为作品找一个"序"；这就表现为后人批评的、《文选》有的赋作"剪截"史辞而成"序"的情况。《文选》之所以如此扩大"序"的范围，就是为了让读者了解"所以为作者之意"，那么，《文选》把单行的文体"序"与"本文"合到一起，就是可以理解的。

第二节 《文选》诗的以类相分

一、《文选》诗类别的三大情况

《文选序》论诗，先述诗的意味及意味之高下：

> 诗者，盖志之所之也，情动于中而形于言。《关雎》《麟趾》，正始之道著；桑间濮上，亡国之音表。故风雅之道，粲然可观。

《文选序》紧接着又说：

> 自炎汉中叶，厥途渐异，退傅有"在邹"之作，降将著"河梁"之篇；四言五言，区以别矣；又少则三字，多则九言。各体互兴，分镳并驱。

这里是给诗分体，此即所谓"厥途渐异"，计有四言、五言、三言、九言，但

---

① （南朝梁）萧统编，（唐）李善注：《文选》，北京：中华书局1977年版，第484页上。

如此分体,在《文选》诗的诸类并无有意识的体现。萧统《文选序》中称"诗赋体既不一,又以类分",明言所录之诗是要分类的,但《文选》诗分二十三类,在《文选序》中并没有加以说明,倒是说了"各体互兴,分镳并驱",以示对各体都要重视,不能厚此薄彼。

《文选》诗分二十三类,其类别的名称或分类的依据有如下几种情况:

一、以作诗的外在目的为类,此类有补亡、献诗、赠答、杂拟,它们的共同特点,在于都有一个为什么人而作或因什么事而作的问题,献诗、赠答为前者,补亡、杂拟为后者。

二、以诗作的内容为类,此类有述德、劝励、公宴、祖饯、咏史、百一、游仙、招隐、反招隐、游览、咏怀、哀伤、行旅、军戎、郊庙、挽歌、杂诗,它们的共同特点,在于类别名称中已含有诗作的内容。杂诗的情况比较特殊,就总体而言也是指表现各种各样情感内容的诗作;从另一方面而言,或又具某种外在目的。

三、以作诗的体式为类,此类有乐府、杂歌,它们的共同特点,在于表现了与其他诗作不同的吟咏方式,即:或配乐或吟唱;或者说这些诗作伴有非诗歌文体特征的元素。

从上述情况看,以体式为类者,其外延最大,如以作诗的体式为类的乐府、杂歌中的作品,就兼有以作诗的外在目的为类、以诗作的内容为类的特征;因为无论什么体式的诗歌,其内容总是可以再分类的;另外,其外在目的有时从诗题或诗序中也有所表现,如《长歌行》《短歌行》,李善注《长歌行》说:

> ……古诗曰:"长歌正激烈。"魏武(文)帝《燕歌行》曰:"短歌微吟不能长。"傅玄《艳歌行》曰:"咄!来!长歌续短歌。"然行歌有长短,非言寿命也。[1]

又如曹植《箜篌引》,就是弹箜篌伴奏的歌曲。又如陆机《门有车马客行》,既因首句"门有车马客"而有此题,又因"门有车马客"之事而作。因此,以体式为类兼有作诗的外在目的与诗作内容,是不奇怪的。

① (南朝梁)萧统编,(唐)李善注:《文选》,北京:中华书局 1977 年版,第 390 页上。

以作诗的外在目的为类,其外延或涵括了诗作内容,如补亡、献诗、赠答、杂拟,它们各自又具有其内在目的,而且,在诗题上显示出内在目的,如献诗类的曹植《上责躬诗》,其内容即"责躬"。杂拟类时或它们又各自是有"体"的,如杂拟类中袁淑《效白马篇》即为乐府体。

以诗作的内容为类的诗作,虽然这些诗作看起来较为单纯,不含特殊的体式意味,但不少诗作却含有作诗的外在目的。如公宴类中的诗作题目就有《有令赋诗》《被命作诗》《送孔令》《应诏》等,祖饯类的诗作题目亦有《送应氏》等,其他类也有如此情况。这表明,外在目的与内在目的有时是可以结合在一起的,就看侧重何在了。

以诗作的内容为类是《文选》诗类别中最主要的,其中又可分为以事言之与以情言之二者,以情言之则是咏怀、哀伤,都是有特殊性的,咏怀的特殊性表现在阮籍有《咏怀》八十二首,已有资格成为一类,哀伤就普通的抒情来说是一种特殊的情。而《文选》类别中绝大多数是以事言之的。

二、《文选》诗题目情况

《文选》诗类别分为以诗作的外在目的为类、以诗作的内容为类、以诗作的体式为类三种,那么,诗题又分为怎样的情况?一般说来,诸类中的诗作是切合诗类命名的,其题目用词用字与其类命名相符,现述说例外情况。

(一)与该类命名原则不同者。如杂拟类的诗作题目一般都标有"拟"字或其意相同或相近的字眼,但类中的江淹《杂体诗》三十首则不同,尽管其序中标明"学其文体",但题目之意却是诸种体式相杂而成的三十首诗作,与"以作诗的外在目的"为命名原则不同。

(二)诗题上标出了作诗的外在目的与诗作的内容二者。献诗类有曹植《应诏》,但有些诗作既标明"应诏"又标明了符合某类诗作特征的字词,如公宴类范晔《乐游应诏》、颜延之《应诏曲水宴》、丘迟《侍宴乐游苑送张徐州应诏》、沈约《应诏乐游饯吕僧珍》,又如游览类谢灵运《从游京口北固应诏》《钟山诗应西阳王教》。从上述情况看,《文选》编选者以诗作的内容如公宴、游览为首要考虑因素,而把作诗的外在目的如应诏作为次要考虑因素。游览类有徐徘《古意酬到长史溉登琅邪城》，从"古意"看又含有杂拟类的意味。

（三）诗题上标出作诗的外在目的与作诗的体式二类者。杂拟类有袁淑《效白马篇》、鲍照《代君子有所思》，从"效"与"代"来看，可称得上是杂拟类，但这两首诗实在是乐府之作。乐府类的一些作品其实也是"效"或"代"，但未出此字样，仍在乐府类。《文选》编选者应该理解乐府之作的题目无论有无"拟"字都应该是乐府之作，且"拟"本是乐府的性质所决定的。

（四）诗题上标出了两类诗作内容者。谢朓《暂使下都夜发新林至京邑赠西府同僚》与沈约《新安江水至清浅深见底贻京邑游好》二诗题目含有赠答与行旅两类内容，但前者入赠答类，后者入行旅类。一般来说，当诗题同时涵括游览（或行旅）与赠答两类内容时，《文选》编选者是把这些诗归入赠答类的，如赠答类中谢瞻《于安城答灵运》、谢惠连《西陵遇风献康乐》、谢灵运《还旧园作见颜范二中书》《登临海峤初发强中作与从弟惠连可见羊何共和之》等作，其诗题均含有游览或行旅内容，又均为赠答，《文选》编选者统统归入赠答类。

又当诗题同时涵括公宴与祖饯两类内容时，《文选》编选者是把这些诗归入公宴类的，如谢瞻与谢灵运各一首《九日从宋公戏马台送孔令》、丘迟《侍宴乐游苑送张徐州应诏》、沈约《应诏乐游饯吕僧珍》诸作，其诗题均含有公宴与祖饯两类内容，但都归入公宴类。

（五）同一类型的诗题入两类者。颜延之《和谢监灵运》归入赠答类，而谢朓《和徐都曹》则归入杂诗类。又如杂拟类王僧达《和琅邪王依古》，从"和"来说该归入杂诗，从"依古"来说该归入杂拟类。当和作的题目又带有其他意味时，这类和作是归入杂诗类或其他类的。

（六）诗题上标出了两类作诗的外在目的者，如赠答类范云《古意赠王中书》，从"古意"来看，又可以视其为杂拟类的作品。

（七）诗题不能明确显示该入何类者，这当然不能怪罪于诗题，而主要是因为某些以诗作内容分类的标准不明确，或诗作内容与体式多有侧重。如杂诗类中多有可入其他类者，陶渊明《咏贫士》，即咏史，而大概编选者以其为咏物一类，故入杂诗类；又如杂诗类中多有可入赠答者,如和作,本就是面向某人而作,而编选者以其为唱和之类体式上的特征归之于杂诗类;又如游览与行旅两类,从内容上看都为外出之游,两类中的许多诗作可以相互调换类别;又如咏怀与哀伤两类,从性质上都是抒发内在情感,细分起来如哀伤类嵇康《幽愤诗》实在该归入咏怀类。

三、《文选》诗类别分析

《文选》诗分二十三类,各有其意义,以下结合其与《诗经》《楚辞》作品的关系,简单述之。

(一)补亡:《仪礼·乡饮酒礼》载:"设席于堂廉,东上……乐正先升,立于西阶东。工入,升自西阶。北面坐……工歌《鹿鸣》《四牡》《皇皇者华》……笙入堂下,磬南,北面立,乐《南陔》《白华》《华黍》……乃间歌《鱼丽》,笙《由庚》;歌《南有嘉鱼》,笙《崇丘》;歌《南山有台》,笙《由仪》。乃合乐:《周南·关雎》《葛覃》《卷耳》《召南·鹊巢》《采蘩》《采𬞟》。工告于乐正曰:'正歌备。'乐正告于宾,乃降。"[①]此中有六题不存于《诗经》中,所谓"补亡",也就是指补此有题无辞者。这一类录晋人束皙的《补亡诗》六首。屈原的作品,据《汉书·艺文志》是二十五篇,这可能是刘向校定的篇数。可到底是哪二十五篇,汉代人的看法已不一致,但无论如何不一致,他们都是在补足二十五篇这个数目。屈原的作品肯定有亡佚的,但后人未做过这个"补亡"的工作,《楚辞》中也没有什么"补亡"。

(二)述德:即叙述祖上德业事迹,此类录谢灵运《述祖德》二首。《诗经·大雅》中的《生民》《公刘》《绵》《皇矣》《大明》诸篇皆为叙述先祖的德业事迹。《离骚》中述祖德之语甚少,仅"帝高阳之苗裔兮,朕皇考曰伯庸"二句。

(三)劝励:李善注:"劝者,进善之名。励者,勖己之称。"劝励类录诗两人两题两首,其"劝励"对象或人或己,当"劝励"他人时亦"劝励"自己。《诗经》中政治讽刺诗颇多,这是针对他人的"劝励",《诗经》中亦有

---

① (汉)郑玄注,(唐)贾公彦疏:《仪礼注疏》,阮元校刻《十三经注疏》本,上海:上海古籍出版社1997年版,第985—987页。

面对自我的"劝励",如《周颂》中的《闵予小子》《敬之》《小毖》。《离骚》中进善、勖己之语颇多,比比皆是。整个《离骚》的主题也可以说分成进善、勖己两方面,一是进善、讽谏于楚王,一是表达自己实现理想的决心,所谓"宁溘死以流亡兮","民生各有所乐兮,余独好修以为常,虽体解吾犹未变兮,岂余心之可惩?"

(四)献诗:献给上位者的诗。此类录曹植两题两首及潘岳一首。《国语·晋语上》载邵公谏语曰:"故天子听政,使公卿至于列士献诗。"《国语·晋语下》记载范文子的话,也提到"在列者献诗";《毛诗·卷阿传》亦有"王使公卿献诗以陈其志";可见,周时公卿列士献诗是一种惯例,也是一种规矩,是较为普遍的情况。

(五)公宴:《六臣注文选》有注,吕延济注曹植《公宴》:"公宴者,臣下在公家侍宴也。此宴在邺宫,与兄(丕)宴饮。"张铣注王粲《公宴》:"此侍曹操宴,时操未为天子,故云公宴。"此类录诗十四人十四题十四首。《诗经》中事关宴飨的诗颇多,或即宴飨之诗,或为记录宴飨之诗。如《小雅·鹿鸣》是主待客,宴飨通用乐歌《小雅》的《鱼丽》《南有嘉鱼》,又如《小雅·常棣》是宴飨兄弟,《小雅·伐木》是宴飨亲友故旧。《楚辞·招魂》中的宴饮场面给读者留下深刻的印象,刘勰《文心雕龙·辨骚》亦称说屈原作品中叙写"娱酒不废,沈湎日夜,举以为欢"的情形。

(六)祖饯:一般的意义为送别,录七人七题八首。《诗经》中亦有表现送别意味的诗作,如《邶风·燕燕》,此为送嫁,但《文选》是不录如此之作的;又如《大雅》"荡之什"的《崧高》《烝民》《韩奕》《常武》。

(七)咏史:录九人十题二十一首。《诗经》有述祖先之作,那是特殊意味的咏史,但无普遍意味的咏史之作。《文心雕龙·辨骚》称屈原的作品"陈尧舜之耿介,称汤武之祇敬","讥桀纣之猖披,伤羿浇之颠陨",[1]这些出现在《离骚》中,即咏史的内容。《九章·惜往日》中述百里奚、伊尹、吕望、宁戚、伍子胥、介子推等,亦是咏史的内容。

(八)百一:李善注:"张方贤《楚国先贤传》曰:汝南应休琏作百一篇诗,讥切时事,遍以示在事者,咸皆怪愕。或以为应焚弃之。何晏独

① (南朝梁)刘勰著,詹锳义证:《文心雕龙义证》,上海:上海古籍出版社1989年版,第146页。

无怪也。然方贤之意，以有百一篇，故曰百一。李充《翰林论》曰：应休琏五言诗，百数十篇，以风规治道。盖有诗人之旨焉。又孙盛《晋阳秋》曰：应璩作五言诗百三十篇，言时事颇有补益，世多传之。据此二文，不得以一百一篇而称百一也。今书《七志》曰：应璩集谓之新诗，以百言为一篇，或谓之百一诗。然以字名诗，义无所取。据百一诗序云：时谓曹爽曰：公今闻周公巍巍之称，安知百虑有一失乎？百一之名，盖兴于此也。"①此类录应璩《百一诗》一首。

（九）游仙：李善注郭璞《游仙诗》："凡游仙之篇，皆所以滓秽尘网，锱铢缨绂，餐霞倒景，饵玉玄都。而璞之制，文多自叙，虽志狭中区，而辞无俗累，见非前识，良有以哉。"②可见"游仙之篇"有两类。此类录两人两题八首。《楚辞》游仙之意有二，一为称说登仙，此即《远游》中"贵真人之休德兮，美往世之登仙"；二为上天之游，此即《离骚》中"忽反顾以游目兮，将往观乎四荒"的天上之游。

（十）招隐：李善注左思《招隐诗》："《韩子》曰：闲静安居谓之隐。"③此类录两人两题三首。《楚辞》淮南小山《招隐士》招隐士出山，屈原作品有表露隐居之志者，如《惜诵》所称。

（十一）反招隐：此类录一人一题一首，即王康琚《反招隐诗》，以招隐之义的反面言之，所谓不隐居也可达到隐居，诗中称"小隐隐陵薮，大隐隐朝市"，都达到"与物齐终始"的境界，这是后起的思想，不能简单地理解为反对隐居或招隐士出山之意。

（十二）游览：游览景物之作，录十一人二十三题二十三首。《楚辞》的不少作品虽也写景物，写"游目"，但对自然景物的欣赏这件事本身尚未独立，其在诗歌中的表现亦未独立。

（十三）咏怀：此类录诗三人三题十九首，可分三种，一是阮籍《咏怀》，这是普遍意义的咏怀，二是谢惠连《秋怀》，以秋咏怀；三是欧阳建《临终诗》，临终抒怀。《诗经》中普遍意义上的咏怀之作当然很多；亦有感岁暮、述怀抱之作，如《唐风·蟋蟀》。《离骚》《九章》的部分诗

---

① （南朝梁）萧统编，（唐）李善注：《文选》，北京：中华书局1977年版，第305页下。

② （南朝梁）萧统编，（唐）李善注：《文选》，北京：中华书局1977年版，第306页下。

③ （南朝梁）萧统编，（唐）李善注：《文选》，北京：中华书局1977年版，第309页下。

作、《九辨》等自述生平的抒情诗,就其性质而言是后来咏怀诗的起源。以秋吟咏与临终咏怀,这在《楚辞》里亦有先导。前者如《九辨》"悲哉秋之为气也"定下历代文学作品的悲秋基调,后者如《九章·怀沙》定下必死的决心,都是突出的例子。

(十四)哀伤:此类录诗九人九题十三首,可分为两种,一是为人生、社会而哀伤,如数首《七哀》,这是普遍意义的哀伤;二是为他人死亡而哀伤,如潘安仁《悼亡》,这是特殊意义的哀伤。《诗经》中述普遍意义的哀伤的诗作当然有,但正因其是述普遍意义的,故难以一一印证;《诗经》中述他人死亡而哀伤的诗作,如《邶风·绿衣》,又如《秦风·黄鸟》。《楚辞》为他人死亡而哀伤的作品,如《招魂》《国殇》;为人生、社会而哀伤,如《哀郢》《离骚》中也有如此情绪。

(十五)赠答:《文选》录诗最多的类别,共二十四位诗人五十九题七十二首诗。《小雅》有《瞻彼洛矣》与《裳裳者华》,朱熹《诗集传》认为前者是"天子会诸侯于东都以讲武事,而诸侯美天子之诗",①认为后者是"天子美诸侯之辞,盖以答《瞻彼洛矣》也"。②《诗经》还有不少诗中赠答之间,如《郑风·东门之墠》共两章,为男女对唱,又如《郑风·女曰鸡鸣》为男女对话的记述。《诗经》是又有单纯述赠的作品,如《大雅·崧高》中称"吉甫作诵","以赠申伯"。《楚辞·九歌》中《湘君》《湘夫人》可以理解为互赠之辞。

(十六)行旅:描摹出门在外的所见所感,录诗十一人三十一题三十六首。《诗经》多有作品描摹出门在外的怀归之情,如《豳风·东山》《小雅·采薇》都是写路途思归,但所见所闻写得少,亦即游览之意少。《楚辞》之《涉江》《哀郢》均为述旅行中的所见所闻所感。其中多有山水景物,即刘勰所称"论山水,则循声而得貌"③。

(十七)军戎:此类只录王粲《从军诗》五首。《诗经》中写军事过程的作品没有,但有一些围绕军事所述的作品,如《邶风·击鼓》为军人自言心事,《郑风·清人》述驻军之事,《秦风·无衣》述出征,等等。《楚

① (宋)朱熹集注,赵长征点校:《诗集传》,北京:中华书局 2011 年版,第 210 页。
② (宋)朱熹集注,赵长征点校:《诗集传》,北京:中华书局 2011 年版,第 210 页。
③ (南朝梁)刘勰著,詹锳义证:《文心雕龙义证》,上海:上海古籍出版社 1989 年版,第 161—162 页。

辞》之《国殇》中的战争场面描摹,既气势恢宏,又细节逼真,而后世军戎类如王粲之作较为着重战争的前因后果之类具体性。

(十八)郊庙:祭天地、祭祖宗的乐歌,此类只录颜延之《宋郊祀歌》二首。《诗经》三《颂》多是对天地神祇与祖先宗庙的祈祷与歌颂,或是记录祭礼情况。《楚辞》之《九歌》本为民间祭祀神祇之作,经屈原加工改写而成。

(十九)乐府:录诗四十首,其中无名氏古乐府三题①,另注明作者九人三十七首。如果依《乐府诗集》所录乐府诗的概念,《文选》所录乐府诗还分布在军戎、郊庙、杂歌、挽歌诸类。

(二十)挽歌:录三人三题五首,都是叙写对自我死亡的感谢。《诗经》之《秦风·黄鸟》即秦人为殉葬者唱出的挽歌。但《文选》挽歌类作品的特殊意味是为自我唱挽歌,这在《诗经》中是没有前例的。《楚辞》之《九歌·国殇》亦是挽歌,但不是自我挽歌。

(二十一)杂歌:录四人四首,都为"楚歌体"作品。

(二十二)杂诗:共录诗八十四首,可分为两大类,即题名为"杂诗"与非题名为"杂诗"。非题名为"杂诗"者,又可分为三,一是《古诗十九首》,历来自成系统;二是"苏李诗",也历来自成系统;三是其他有确切题名者。李善注《文选·王粲〈杂诗〉》:"杂者,不拘流例,遇物即言,故云杂也。"②《六臣注文选》李周翰注:"兴致不一,故云杂也。"杂诗类中许多作品,可以在《诗经》中寻渊溯源,如写相思、写离别、咏物或述各种杂事。刘勰称屈原作品中"述离居,则怆怏而难怀",杂诗类中苏李之作、《古诗十九首》多为"述离居"的内容。

(二十三)杂拟:此类录诗六十三首,又可用有无确切模拟对象来分,模拟对象分作者、作品二者。此类传统悠久,《楚辞》之《九歌》也可说是屈原拟民间祭神的乐歌而作,甚或只是加工改写;屈原之后,多有文人模拟屈原,如宋玉《九辨》,就是在屈原直接影响下产生,且性质与《离骚》相类似,汉人拟《楚辞》风气更甚,《楚辞》所录《九怀》《九叹》《九思》即陈陈相因之作。

---

① 李善注:《文选》录古乐府三首,《六臣注文选》录古乐府四首,多《君子行》一首。
② (南朝梁)萧统编,(唐)李善注:《文选》,北京:中华书局1977年版,第415页上。

《文选》诗类别，未能从《诗经》中找到渊源者，或因其有特定意味，故难以有所对应，如"百一"；或因乐曲系统不同，如乐府、杂歌；或属于《诗经》时代没有的某些类别的生活内容，如"游仙""招隐""反招隐""游览"；或当时没有类似的创作风气，如杂拟。

《文选》诗类别，未能在《楚辞》中找到渊源者，或因其有特定意味而难以有所对应，如"百一"；或《楚辞》中没有写到此类生活内容，如祖钱；或因音乐系统不同，如"乐府"；或不是此类创作的外在目的，如"献诗"。

如果依《文选》诗的分类来研究中古诗歌，其研究至少可以在几个方面得到深化：一是几个为人忽视的类别如"补亡""述德""反招隐""挽歌"等可以予以认真讨论，有填补空白的意义；二是各种类别尤其如"献诗""咏史""游览""杂拟"等，可以被概括出若干写作模式，给诗史研究和作家批评提供有价值的参照；三是依每类诗歌的排列，细致地描述出其自身的发展，直接为诗史提供了切实可信的结论；四是通过各类诗歌的研究，可以从不同角度揭示中古时期诗人们的心灵状态和抒情方式。

四、《文选》之前诗的以"类"相分

萧统的"类分"，以"事"为诗作分类，《文选序》对此未作说明，但《文选序》中却对赋的以"事"分类作了说明，这与诗的以"事"分类是否有所关联？不过，可见他对以"事"分类是有所认识的。对诗以"类"相分，或许受到乐府分类的启发。汉末蔡邕《乐意》称"汉乐四品"，为：

> 一曰《大予乐》，典郊庙、上陵殿、诸食举之乐……二曰《周颂》雅乐，典辟雍、享射、六宗、社稷之乐……三曰《黄门鼓吹》，天子所以宴乐群臣……其短箫铙歌，军乐也。[①]

乐府本多以音乐曲调的不同来分类，但蔡邕此处强调其作用及内容的不同并以之分类。乐府可以以内容分类，诗是否也要如此？

又如任昉《文章缘起》[②]对传统上列入乐府范围或称音乐性的作品的划分：

---

① （清）严可均校辑：《全上古三代秦汉三国六朝文》，北京：中华书局 1958 年版，第 859 页。
② 郁沅、张明高：《魏晋南北朝文论选》，北京：人民文学出版社 1996 年版，第 312—316 页。

歌	燕荆轲作《易水歌》。
引	琴操有《箜篌引》。
乐府	古诗也。
辞	汉武帝《秋风辞》。
挽词	魏光禄勋缪袭作。
歌诗	汉枚皋作《丽人歌诗》。

此六者的名称,唯"挽词"是带有内容要素的,因此,对具音乐性作品的分类,人们不仅仅注意到音乐的不同,也注意到了其内容与作用上的差异。

五、《文选》诗"序"的情况

《文选》诗"剪截"史辞者只有"劝励类"韦孟《讽谏》、"杂歌类"荆轲《歌》及汉高祖《歌》,这几首诗都是史书所录载且有文字介绍解释的,《文选》所录的其他汉代诗作都未见史书录载,当然也谈不上"剪截"其文字介绍解释。至于说《文选》诗类基本无"序"的情况,只能说在当时的现实生活中,诗作大多数本来就是无"序"的;而记录汉代以后史事的史书,也只载录了很少量的诗作,还有不少是节录,那么史书对其有大量的介绍也就说不上了。以下简述一下《文选》诗"序"的情况。

其一,"序"与"本文"均录。如"赠答类"陆士衡《答贾长渊》并序,"杂诗类"张平子《四愁诗》并序,"杂拟类"谢灵运《拟魏太子邺中集八首》并序。"杂拟类"江文通《杂体诗三十首》,有的版本有"序",有的版本没有"序"。

其二,有的诗作本来应该有"序",而《文选》未录,由李善注可知,例子详下。

其三,在诗前附以其他文体,如"献诗类"的曹植《上责躬应诏诗表》,内有《责躬诗》《应诏诗》各一首,《三国志·任城陈萧王传》载录此二诗时有上疏,其前称:

（黄初）四年，徙封雍丘王。其年，朝京都。上疏曰。①

这段文字李善注引。"疏"即"表"，起首曰"臣植言"，末尾称"谨拜表献诗二篇"，《文选》载录诗作时亦全文收入表及献诗，并题名为"上责躬应诏诗表"。此处未称"序"而实为"序"，实际上以"表"为"序"了。"赠答类"刘越石《答卢谌》及卢子谅《赠刘琨》，前有"书"，是以"书"为"序"。这些是以其他文体作为"诗"作品的"序"。

其四，"剪截""史辞"而成"序"的情况。如"劝励类"有韦孟《讽谏》，《汉书·韦贤传》载录此诗时有说明文字：

> 为楚元王傅，傅子夷王及孙王戊。戊荒淫不遵道，孟作诗风谏曰。②

《文选》所录也有此说明文字，文字相同，《文选》把这段文字视作"序"。《文选》诗"杂歌类"荆轲《歌》，其正文前曰：

> 燕太子丹使荆轲刺秦王。丹祖送于易水上，高渐离击筑，荆轲歌，宋如意和之。③

《战国策·燕策三》与《史记·刺客列传》的记载稍长，黄丕烈《战国策札记》案："《文选》所云，出《燕丹子》耳，与《史记》及此《策》文不同。"④《燕丹子》载：

> 至易水上，荆轲起为寿，歌曰（略）高渐离击筑，宋如意和之。⑤

《文选》把这段文字视作"序"。《文选》诗"杂歌类"的汉高祖《歌》，其"歌"前载：

> 高祖还，过沛，留，置酒沛宫，悉召故人父老子弟佐酒。发沛中儿得百二十人，教之歌，酒酣，上击筑，自歌曰。⑥

---

① （晋）陈寿撰，（南朝宋）裴松之注：《三国志》，北京：中华书局1959年版，第562页。
② （汉）班固撰，（唐）颜师古注：《汉书·韦贤传》，北京：中华书局2000年版，第3101页。
③ （南朝梁）萧统编，（唐）李善注：《文选》，北京：中华书局1977年版，第407页下。
④ （西汉）刘向集录：《战国策》，上海：上海古籍出版社1998年版，第1137页。
⑤ （唐）徐坚等：《初学记》，北京：中华书局1962年版，第18页。
⑥ （南朝梁）萧统编，（唐）李善注：《文选》，北京：中华书局1977年版，第407页下。

这是对汉高祖某一段生平事迹的介绍，是叙说高祖"自歌曰"的背景。《文选》把这段文字视作"序"。上述文字见于《汉书·高帝纪》，仅首句人称不同；《史记·高祖本纪》亦载，文字不同处稍多，"高祖还"为"高祖还归"，"佐酒"为"纵酒"，"上击筑"为"高祖击筑"，"自歌曰"为"自为歌诗曰"。两相比较，《文选》这些文字当是出自《汉书》。《文选》把《汉书·高帝纪》这段文字"剪截"进来，这段文字就与汉高祖《歌》一起构成一个整体。

李善注《文选》，要依照《文选》原有的体例补充《文选》。

其一，有的诗作本来应该有"序"，而《文选》未录，李善搜寻一些诗序，即束晳《补亡诗六首》，李善注引《补亡诗序》；谢灵运《述祖德诗二首》，李善注引《述祖德诗序》；谢宣远《于安城答灵运》，李善注引谢灵运《赠宣远诗序》。这些应该是自序。应璩《百一诗》，李善注引《百一诗序》，有两段文字①：

> 时谓曹爽曰：公今闻周公巍巍之称，安知百虑有一失乎？
>
> "下流"，应侯自悔也。

这些文字不知是自序还是他序。

其二，据《文选》以其他文体作为"诗类"作品的附属，对潘安仁《关中诗》，李善注引《岳上诗表》，当是《关中诗》与《岳上诗表》分列两处而《文选》未及录。《晋书·周处传》仅有"时潘岳奉诏作《关中诗》"一句提及，诗也仅录"周徇师令，身膏齐斧，人之云亡，贞节克举"四句。②

其三，据《文选》诗有"剪截""史辞"而成"序"的情况，李善非常注意史书对诗作"序（叙）所以为作者之意"的记载。如：应吉甫《晋武帝华林园集诗》，李善注引干宝《晋纪》；谢宣远《九日从宋公戏马台集送孔令诗》，李善注引沈约《宋书》；颜延年《应诏宴曲水作诗》，李善注引裴子野《宋略》；颜延年《皇太子释奠会作》，李善注引裴子野《宋略》；张景阳《咏史》，李善注引臧荣绪《晋书》；颜延年《五君咏五首》，李善注引沈约《宋书》；应璩《百一诗》，李善注引张方贤《楚国先贤传》、孙

---

① （南朝梁）萧统编，（唐）李善注：《文选》，北京：中华书局1977年版，第305页下。

② （唐）房玄龄等：《晋书·周处传》，北京：中华书局1974年版，第1571页。

盛《晋阳秋》；欧阳坚石《临终诗》，李善注引孙盛《晋阳秋》（张铣注引王隐《晋书》）；嵇叔夜《幽愤石》，李善注引《魏氏春秋》；任彦昇《出郡传舍哭范仆射》，李善注引刘璠《梁典》；王仲宣《赠士孙文始》，李善注引《三辅决录》"赵岐注"；司马绍统《赠山涛》，李善注引臧荣绪《晋书》；刘越石《重赠卢谌》，李善注引臧荣绪《晋书》；谢玄晖《暂使下都夜发新林至京邑赠西府同僚》，李善注引萧子显《齐书》；颜延年《北使洛》，李善注引沈约《宋书》；王仲宣《从军诗五首》，李善注引《魏志》；陆士衡《园葵诗》，李善注引《晋书》；曹颜远《思友人诗》，李善注引臧荣绪《晋书》；等。李善注引的这些史辞，未尝不可视之为"序"，但李善未称其为"序"。

其四，李善又有引作家本集注"序（叙）所以为作者之意"的。如：谢宣远《王抚军庾西阳集别作》，李善注引《（谢宣远）集序》；郭泰机《答傅咸》，李善注引《傅咸集》云：

> 河南郭泰机，寒素后门之士，不知余无能为益，以诗见激切可施用之才，而况沉沦不能自拔于世。余虽心知之，而未如之何，此屈非文辞所了，故直戏以答其诗云。①

这些文字应该是自序。

其五，李善又有引目录书注"序（叙）所以为作者之意"的。如：谢宣远《张子房诗》，李善注引王俭《七志》；应璩《百一诗》，李善注引李充《翰林论》《今书七志》；王康琚《反招隐诗》，李善注引《古今诗英华》，等。李善注引的这些文字，未尝不可视之为"序"。

也就是说，当总集的编撰者未把"序所以为作者之意"的文字合于作品时，总集的注释者就想办法做了这一工作。

此处再顺便说一下《文选》除赋、诗外的其他文体的情况。篇内之"序"，《文选》是肯定载录的；篇外之"序"，有些本来不是"序"体但与"本文"紧密相连且是对作品的介绍解说，《文选》往往搜寻、采用以合于本文，这主要就是史辞对作品的介绍解说，《文选》把它们当作"序"，这种情况除前面所述之外，还有"论"的王褒《四子讲德论序》、"吊文"的贾

---

① （南朝梁）萧统编，（唐）李善注：《文选》，北京：中华书局1977年版，第353页下。

谊《吊屈原文序》等。

原来未录"序"的，李善注引有所搜罗。"骚"类上下，《离骚经》《九歌》《九章》《卜居》《渔父》《招魂》《招隐士》，都引王逸《序》。当然，李善注还引了其他文字对作品有所说明，但不依"序"称，此处不述。

第三节 《文选》以文体录文

一、《文选》专录"篇章""篇翰""篇什"

萧统《文选序》对录文范围有所说明。其先说不录"经"类文字，其曰：

> 若夫姬公之籍，孔父之书，与日月俱悬，鬼神争奥，孝敬之准式，人伦之师友，岂可重以芟夷，加之剪截？

他十分崇尚"经"类文字的地位，又称"经"类文字都是以整体出现的，是不能"加之剪截"而录哪些不录哪些的。接着说不录"子"类文字，其曰：

> 老、庄之作，管、孟之流，盖以立意为宗，不以能文为本，今之所撰，又以略诸。

此称《文选》要录"以能文为本"者，而"子"类文字"以立意为宗"，因此不录。又说不录"辞"类文字，其曰：

> 若贤人之美辞，忠臣之抗直，谋夫之话，辨士之端，冰释泉涌，金相玉振，所谓坐狙丘，议稷下，仲连之却秦军，食其之下齐国，留侯之发八难，曲逆之吐六奇，盖乃事美一时，语流千载，概见坟籍，旁出子史，若斯之流，又亦繁博。虽传之简牍，而事异篇章，今之所集，亦所不取。

称这些"辞"类文字，本含括在"坟籍""子史"之中而"事异篇章"，故有所不录。又说不录"史"类文字，其曰：

> 至于记事之史，系年之书，所以褒贬是非，纪别异同，方之篇

翰,亦已不同。

不录的理由与不录"子"类文字相似,因其是"褒贬是非,纪别异同"而不是"以能文为本",故《文选》不录。而从"以能文为本"出发,萧统又对"史"类文字哪些可录作出说明:

> 若其赞论之综缉辞采,序述之错比文华,事出于沈思,义归乎翰藻,故与夫篇什,杂而集之。

当萧统称说选录标准时,提及所录者为"篇章""篇翰""篇什",则表明其选录者为"以能文为本"的单篇文章。

二、文体观念的逐渐明确

"篇章""篇翰""篇什"何以独立成类?这与文体观念的逐渐明确紧密相连。经、史、子、集四部分类,自《汉书·艺文志》已有端倪,其分《六艺略》《诸子略》《诗赋略》《兵书略》《术数略》《方技略》,《六艺略》《诸子略》表明,经部、子部是独立为类的,而史书没有独立立类,《国语》《战国策》《楚汉春秋》《史记》含在《六艺略·春秋》之中;但诗、赋独立出来了。诗、赋本为《诗经》所属,《诗赋略》的建立是从"六艺"中分化出来,是集部的雏形,也是文体独立为类的标志。《汉书·艺文志》的《诗赋略》,著录的大部分就是个人的"辞赋"集,如《屈原赋二十五篇》《陆贾赋三篇》《孙卿赋十篇》等。故姚振宗《隋书经籍志考证》曰:

> 别集始于何人? 以余考之,亦始于刘中垒也。《诗赋略》五篇,皆诸家赋集、诗歌集,固别集之权舆。[①]

其后,在目录书中,"诗赋"更明确地独立成类。魏晋人荀勖《中经新簿》,《隋书·经籍志》就称其丁部有"诗赋、图赞、汲冢书",这是说集部以"诗赋"为主。南齐王俭编撰《七志》,"诗赋略"的名称改为《文翰志》,《隋书·经籍志》称之为"纪诗赋"。阮孝绪《七录序》称"王(俭)以诗赋之名,不兼余制,故改为文翰。窃以顷世文词,总谓之集,变翰为

---

① (清)姚振宗等撰,王承略、刘心明主编:《二十五史艺文经籍志考补萃编》第十五卷,《隋书经籍志考证》,北京:清华大学出版社 2014 年版,第 1635 页。

集,于名尤显。"①《七录》有《文集录》,专录文集。从以"诗赋"两种文体为代表来命名某类作品,到以文翰、文集来命名某类作品,意味着从举例两种文体到兼括各种文体的迈进。

本来,《六艺略》中录有许多文体,如《封弹议对》十九篇、《议奏》三十八篇,属《六艺略·礼》;"《奏事》二十篇。秦时大臣奏事,及刻石名山文也",属《六艺略·春秋》。故《文心雕龙·章表》解释说:"按《七略》《艺文》,谣咏必录;章表奏议,经国之枢机;然阙而不纂者,乃各有故事,而布在职司也。"②称章奏这些实用公文,收录在朝廷有关职能部门。而自晋时起,经、子、史外的文章,录入"诗赋""文翰""文集"之中。

再来看《汉书》对文士文章的记述:

> (《司马相如传》)相如它所著,若《遗平陵侯书》《与五公子相难》《草木书》篇,不采,采其尤著公卿者云。③

> (《东方朔传》)朔之文辞,此二篇(指《答客难》《非有先生论》)最善,其余有《封泰山》《责和氏璧》及《皇太子生》《屏风》《殿上柏柱》《平乐观赋猎》,八言、七言上下,《从公孙弘借车》,凡刘向所录朔书具是矣。④

以录篇名为主,或以"赋颂"为总称,如《严助传》称其"作赋颂数十篇",或有突出某种文体。

> 《扬雄传》:箴莫善于《虞箴》,作《州箴》;赋莫深于《离骚》,反而广之;辞莫丽于相如,作四赋:皆斟酌其本,相与放依而驰骋云。⑤

而《后汉书》在列传中详细著录了传主各种文体著述,如其《冯衍传》载:

> (衍)居贫年老,卒于家。所著赋、诔、铭、说、《问交》《德诰》《慎情》、书记说、自序、官录说、策五十篇,肃宗甚重其文。⑥

---

① (清)严可均校辑:《全上古三代秦汉三国六朝文》,北京:中华书局 1958 年版,第 3346 页。
② (南朝梁)刘勰著,詹锳义证:《文心雕龙义证》,上海:上海古籍出版社 1989 年版,第 830 页。
③ (汉)班固撰,(唐)颜师古注:《汉书·司马相如传》,北京:中华书局 1962 年版,第 2609 页。
④ (汉)班固撰,(唐)颜师古注:《汉书·东方朔传》,北京:中华书局 1962 年版,第 2873 页。
⑤ (汉)班固撰,(唐)颜师古注:《汉书·扬雄传》,北京:中华书局 1962 年版,第 3583 页。
⑥ (南朝宋)范晔撰,(唐)李贤等注:《后汉书·冯衍传》,北京:中华书局 1965 年版,第 1003 页。

范晔以东汉官修史书《东观汉记》为主要依据,参考其前的诸家后汉史著而撰成,总叙文士文章时突出了文体观念。而"三国时期的文体辨析较东汉时更为明晰而自觉了。就《三国志》著录的文体看,分类都比较整齐,不像《后汉书》那样往往将篇章与诸文体混杂记载"①。

如何改变史书记述文士文章的随意性? 从当时对文体论的日益重视来说,蔡邕《独断》论及策书、制书、诏书、戒书、章、奏、表、驳议诸文体,魏时曹丕《典论·论文》论四科八体:

> 夫文本同而末异,盖奏议宜雅,书论宜理,铭诔尚实,诗赋欲丽。此四科不同,故能之者偏也;唯通才能备其体。②

晋陆机《文赋》论十种文体:

> 体有万殊,物无一量······诗缘情而绮靡,赋体物而浏亮,碑披文以相质,诔缠绵而凄怆,铭博约而温润,箴顿挫而清壮,颂优游以彬蔚,论精微而朗畅,奏平彻以闲雅,说炜晔而谲诳。③

文体观念的逐渐明确,就是依文体将其归之于"集"。

《隋书·经籍志》说,总集的出现及繁盛的原因是"建安之后,辞赋转繁,众家之集,日以滋广",先是"辞赋"类作品的大量创作使得别集的产生成为必须,别集是适应"辞赋"类作品单独成类需要产生的;接着是别集的大量产生使总集的编撰成为必须:

> 晋代挚虞苦览者之劳倦,于是采摘孔翠,芟剪繁芜,自诗赋下,各为条贯,合而编之,谓为《流别》。是后文集总钞,作者继轨,属辞之士,以为覃奥,而取则焉。④

把个人独立成篇的各种文体的文章编撰成集,这就是别集。把世人独立成篇的各种文体的文章编撰成集,这就是总集。

① 傅刚:《〈昭明文选〉研究》,北京:中国社会科学出版社 2000 年版,第 82 页。
② (唐)欧阳询撰,汪绍楹校:《艺文类聚》,上海:上海古籍出版社 1965 年版,第 1017 页。
③ (南朝梁)萧统编,(唐)李善注:《文选》,北京:中华书局 1977 年版,第 241 页上。
④ (唐)魏征等:《隋书·经籍志》,上海:商务印书馆 1955 年版,第 137 页。

三、《文选》的文体分类

《晋书·挚虞传》谈到《文章流别》的分类，称挚虞"又撰古文章，类聚区分为三十卷，名曰《流别集》"云云，所谓"类聚区分"，《隋书·经籍志》载晋代挚虞"苦览者之劳倦，于是采摘孔翠，芟剪繁芜，自诗赋下，各为条贯，合而编之，谓为《流别》"，《文章流别》是依文体分类的总集。东晋李充编纂《翰林》，从《翰林论》佚文看，亦是依文体分类的总集。

《文选》亦是依文体分类的总集，其文体分类，一般根据现在常见的版本，认为是三十七类者，即：赋、诗、骚、七、诏、册、令、教、策文、表、上书、启、弹事、笺、奏记、书、檄、对问、设问、辞、序、颂、赞、符命、史论、史述赞、论、连珠、箴、铭、诔、哀、碑文、墓志、行状、吊文、祭文。骆鸿凯《文选学·义例第二》认为三十八类者，即在"书"体后多"移"体。① 又有认可三十九类者，如游志诚又在"檄"体后多"难"体。②

《文选序》论文体，对赋、骚、诗、颂所述较多，对"箴、戒、论、铭、诔、赞"只有一言之论，又言"诏、诰、教、令之流，表、奏、笺、记之列，书、誓、符、檄之品，吊、祭、悲、哀之作，答客、指事之制，三言八字之文，篇、辞、引、序，碑、碣、志、状"，连同众文体，称之为"众制峰起，源流间出。譬陶匏异器，并为入耳之娱。黼黻不同，俱为悦目之玩"。以下结合刘勰《文心雕龙》的文体论，依《文选》所录三十九体作品的顺序叙之。

赋。《文心雕龙·诠赋》曰："《诗》有六义，其二曰赋。赋者，铺也，铺采摛文，体物写志也。"③《文选序》曰：

> 《诗序》云："诗有六义焉，一曰风，二曰赋，三曰比，四曰兴，五曰雅，六曰颂。"至于今之作者，异乎古昔。古诗之体，今则全取赋名。荀、宋表之于前，贾、马继之于末。

萧统对赋的渊源、流别与类别作了简述，并述"自兹以降，源流寔繁"，单举"述邑居"与"戒畋游"两大类型述之，并以"纪一事，咏一物，风云草木

---

① 骆鸿凯：《文选学》，北京：中华书局1989年版，第24页。
② 详见傅刚《论文选"难"体》，《浙江学刊》1996年第3期。
③ （南朝梁）刘勰著，詹锳义证：《文心雕龙义证》，上海：上海古籍出版社1989年版，第270页。

之兴,鱼虫禽兽之流,推而广之,不可胜载矣"概之,即以十五类选赋。

当时人们认为文集、别集主要是"纪诗赋",故别集编纂则以诗赋为首;刘歆《七略》、班固《汉书·艺文志》中《诗赋略》著录以赋为首,现今所见的六朝人集子中,比较接近其原貌的当为鲍照、江淹、庾信三人的,都以赋为首,其次是诗。①《文选》录文以"赋"为首,与《汉书·艺文志》以及诸别集是一致的。

诗。《文心雕龙·明诗》曰:"诗者,持也,持人情性;三百之蔽,义归'无邪',持之为训,有符焉尔。"②《文选序》曰:

> 诗者,盖志之所之也。情动于中,而形于言。《关雎》麟趾,正始之道著。桑间濮上,亡国之音表。故风雅之道,粲然可观。自炎汉中叶,厥涂渐异:退傅有"在邹"之作,降将著"河梁"之篇。四言五言,区以别矣。又少则三字,多则九言,各体互兴,分镳并驱。

叙说诗的传统与诗的分类,一是"正始之道"与"亡国之音"两类,二是以语言表达的四言五言及"少则三字,多则九言"分类,《文选》录"诗"以二十三类出之。

骚。《文章流别集》入"骚"为赋,所谓《楚辞》之赋,赋之善者也。故扬子称赋莫深于《离骚》"云云。《文心雕龙》归《辨骚》为"文之枢纽",以汉淮南王刘安以为"《国风》好色而不淫,《小雅》怨诽而不乱,若《离骚》者,可谓兼之",视为与《诗经》同列。《辨骚》曰:

> 自《风》《雅》寝声,莫或抽绪,奇文郁起,其《离骚》哉! 固已轩翥诗人之后,奋飞辞家之前,岂去圣之未远,而楚人之多才乎!③

《文选》有"骚"体,《文选序》述"赋"后述"骚",再述"诗"。其曰:

> 又楚人屈原,含忠履洁,君匪从流,臣进逆耳,深思远虑,遂放湘南。耿介之意既伤,壹郁之怀靡愬。临渊有"怀沙"之志,吟泽有"憔悴"之容。骚人之文,自兹而作。

---

① 详见曹道衡《汉魏六朝文学论文集》,桂林:广西师范大学出版社1999年版,第49页。
② (南朝梁)刘勰著,詹锳义证《文心雕龙义证》,上海:上海古籍出版社1989年版,第171页。
③ (南朝梁)刘勰著,詹锳义证《文心雕龙义证》,上海:上海古籍出版社1989年版,第134页。

《文选》"骚"体，录《离骚》《九歌》六首、《九章》一首以及《卜居》《渔父》，还录宋玉《九辩》五首、《招魂》以及刘安《招隐士》。

七。《文心雕龙》入"七"体为"杂文"，《文选序》述"答客指事之制"，为明指"七"。《文选》"七"体，录枚乘《七发》、曹子建《七启》、张景阳《七命》。钱锺书《管锥编》云：

> 章学诚《文史通义》内篇一《诗教》下通诋昭明《文选》体例之谬，有曰："《七林》之文，皆设问也；今以枚生发问有七而遂标为《七》，则《九歌》《九章》《九辨》，亦可标为《九》乎？"其言是也，然归咎昭明则过矣。昭明承前人旧称耳，名之不正，非自彼始。《隋书·经籍志》四有谢灵运所集《〈七〉集》一○卷、又卞景所集《〈七〉林》一三卷，书亡今不可稽，然顾名思义，足见昭明乃从众而非杜撰。①

所谓"昭明承前人旧称"者，从《文章流别论》有独立论述《七发》的文字可见，"七"乃自《文章流别集》就自成一体，《文选》录《七发》不入"设问"而独立成体，当自《文章流别集》而来。

诏。《文心雕龙·诏策》曰："皇帝御宇，其言也神。渊嘿黼扆，而响盈四表，唯诏策乎！昔轩辕唐虞，同称为'命'。命之为义，制性之本也。其在三代，事兼诰誓。"②"诏者，告也。""诏"即诏书，帝王发布的公文一类。《文选序》只说"诏、诰、教、令之流"，《文选》录诏、教、令，未录诰，所录"诏书"体仅汉武帝的两篇。

册。《六臣注文选》吕向曰："册，符命也。诸侯进爵受于王，册书其功绩。"③故此"册"即《文心雕龙·诏策》之"策"，所谓"汉初定仪则，则命有四品：一曰策书，二曰制书，三曰诏书，四曰戒敕。敕戒州部，诏诰百官，制施赦命，策封王侯。"④册，通"策"，即册封王侯的简册上的文字。《文选》"册"体录潘元茂（勖）《册魏公九锡文》一篇，代汉献帝所作，故文前有"制诏"二字。

---

① 钱锺书：《管锥编》第3册，北京：中华书局1986年版，第904页。

② （南朝梁）刘勰著，詹锳义证：《文心雕龙义证》，上海：上海古籍出版社1989年版，第724、726页。

③ （南朝梁）萧统编，（唐）李善等注：《六臣注文选》，北京：中华书局2012年版，第664页。

④ （南朝梁）刘勰著，詹锳义证：《文心雕龙义证》，上海：上海古籍出版社1989年版，第730页。

令。《六臣注文选》刘良注曰："秦法：皇后、太子称令；令，命也。"①"令"特指皇后、太子或诸王的命令，以别于皇帝的诏命。《隋书·百官志上》："诸王言曰令，境内称之曰殿下。"②《文心雕龙·书记》："令者，命也。出命申禁，有若自天，管仲下命如流水，使民从也。"③《文选》"令"体录文仅任昉《宣德皇后令》一篇，《文选》李善注曰："梁王萧衍定京邑，迎后入宫，称制至禅位。梁王于荆州立萧颖胄为帝，进梁王为相国，封十郡为梁公，表让不受，诏断表，宣德皇后劝令受封。"④

教。《文选》李善注曰："蔡邕《独断》曰：诸侯言曰教。"⑤《六臣注文选》刘良注曰："秦法：诸公、王称教。教者，教示于人也。"⑥后又以官府或长上的告谕为"教"。《文选》"教"体录文二篇，都是傅季友（亮）代宋公（刘裕）所作。

策文。李善注《文选》《六臣注文选》均作"文"，其所录为：《永明九年策秀才文五首》《永明十一年策秀才文五首》《天监三年策秀才文三首》，作品题目与文体类别名称的关系在于其末尾标明为"文"，但此类文体不应该笼统而称之为"文"体，应该按前述《文选》类别命名的惯例而称之为"策秀才文"体或"策文"体。《文章缘起》论文体有"策文"，刘勰《文心雕龙·议对》载："对策""射策"："又对策者，应诏而陈政也；射策者，探事而献说也。言中理准，譬射侯中的；二名虽殊，即议之别体也。"⑦《文选集注》明确标明为"策秀才文"，南宋晁公武《郡斋读书志》卷二十著录李善注《文选》六十卷，即为"策秀才文"类。

表。蔡邕《独断》卷上："凡群臣上书于天子者有四名，一曰章，二曰奏，三曰表，四曰驳议。"⑧刘勰《文心雕龙·章表》曰："敷奏以言，则章表之义也。"⑨表，奏章的一种。"表"体录文分上下，共十九篇。

① （南朝梁）萧统编，（唐）李善等注：《六臣注文选》，北京：中华书局 2012 年版，第 670 页上。
② （唐）魏征《隋书·经籍志》，北京：中华书局 1973 年版，第 728 页。
③ （南朝梁）刘勰著，詹锳义证：《文心雕龙义证》，上海：上海古籍出版社 1989 年版，第 951 页。
④ （南朝梁）萧统编，（唐）李善注：《文选》，北京：中华书局 1977 年版，第 504 页上。
⑤ （南朝梁）萧统编，（唐）李善注：《文选》，北京：中华书局 1977 年版，第 505 页下。
⑥ （南朝梁）萧统编，（唐）李善等注：《六臣注文选》，北京：中华书局 2012 年版，第 672 页上。
⑦ （南朝梁）刘勰著，詹锳义证：《文心雕龙义证》，上海：上海古籍出版社 1989 年版，第 902 页。
⑧ （南朝梁）刘勰著，詹锳义证：《文心雕龙义证》，上海：上海古籍出版社 1989 年版，第 826 页。
⑨ （南朝梁）刘勰著，詹锳义证：《文心雕龙义证》，上海：上海古籍出版社 1989 年版，第 830 页。

上书。向君主进呈书面意见。《战国策·齐策一》："（齐威王）乃下令：'群臣吏民，能面刺寡人之过者，受上赏；上书谏寡人者，受中赏；能谤议于市朝，闻寡人之耳者，受下赏。'"①刘勰《文心雕龙·奏启》以上书入于奏文类，曰："昔唐虞之臣，敷奏以言；秦汉之辅，上书称奏。"②明人徐师曾《文体明辨序说》称"上书"的文体立类从萧统始，他说："萧统《文选》欲其别于臣下之书也，故自为一类，而以上书称之。"③《文选》录"上书"体七篇，除江淹外，都是秦汉作家所作。

启。刘勰《文心雕龙·奏启》曰："启者，开也。""自晋来盛启，用兼表奏。陈政言事，既奏之异条；让爵谢恩，亦表之别干。必敛饬入规，促其音节，辨要轻清，文而不侈，亦启之大略也。"④"启"，泛指奏疏、公文、书函。《文选》录"启"体三篇，均为任昉之作。

弹事。弹劾官吏的奏章。刘勰《文心雕龙·奏启》："后之弹事，迭相斟酌，惟新日用，而旧准弗差。"⑤《文选》"弹事"体录文三篇，其中任昉《奏弹刘整》一文，萧统录入时，其本状与供词，多所删略，李善注又多所详引，其曰："昭明删此文大略，故详引之。令与弹相应也。"

笺。刘勰《文心雕龙·书记》"笺记"连称，曰："记之言志，进己志也。笺者，表也，表识其情也。"⑥"笺"，书札、奏记一类；奏笺多用以上皇后、太子、诸王。《文选》"笺"体录文九篇，都是以下属身份进上之文。

奏记。刘勰《文心雕龙·书记》曰："迄至后汉，稍有名品，公府奏记，而郡将奏笺。记之言志，进己志也。"⑦上书三公府为"奏记"。姚华《论文后编·目录上》："奏之为言进也，于天子曰奏，于王公曰奏书，于公府曰奏记，于郡将曰奏笺，其他为白事。"⑧《文选》"奏记"体录文一篇，即阮嗣宗（籍）《奏记诣蒋公》，蒋公，蒋济，时为太尉。

书。指书信。刘勰《文心雕龙·书记》曰："详总书体，本在尽言，言

① （西汉）刘向集录：《战国策》，上海：上海古籍出版社1998年版，第326页。
② （南朝梁）刘勰著，詹锳义证：《文心雕龙义证》，上海：上海古籍出版社1989年版，第851页。
③ （明）徐师曾著，罗根泽校点：《文体明辨序说》，北京：人民文学出版社1998年版，第121页。
④ （南朝梁）刘勰著，詹锳义证：《文心雕龙义证》，上海：上海古籍出版社1989年版，第873页。
⑤ （南朝梁）刘勰著，詹锳义证：《文心雕龙义证》，上海：上海古籍出版社1989年版，第868页。
⑥ （南朝梁）刘勰著，詹锳义证：《文心雕龙义证》，上海：上海古籍出版社1989年版，第936页。
⑦ （南朝梁）刘勰著，詹锳义证：《文心雕龙义证》，上海：上海古籍出版社1989年版，第873页。
⑧ 姚华：《弗堂类稿·论文后编·目录上》，台北：文海出版社1974年版，第15页。

所以散郁陶，托风采，故宜条畅以任气，优柔以怿怀；文明从容，亦心声之献酬也。"①《文选》录"书"体二十二篇，多名篇，如司马迁《报任少卿书》、嵇康《与山巨源绝交书》等，因是朋友之间使用的文体，故可优柔任气怿怀、从容献酬心声。

移。刘勰《文心雕龙·檄移》曰："移者，易也，移风易俗，令往而民随者也。"②"移"用于民。《文选》录"移"体二文，为刘歆《移书让太常博士》与孔稚珪《北山移文》，刘勰对刘歆之文评价很高，称之为"辞刚而义辨，文移之首也"③。

檄。刘勰《文心雕龙·檄移》曰："故檄移为用，事兼文武；其在金革，则逆党用檄，顺命资移；所以洗濯民心，坚同符契，意用小异，而体义大同。"④"檄"用于军，《文选》"檄"体所录四文皆是。

难。责难、诘问。《汉书·艺文志》载录的有"难"体文字，"《董子》一篇。名无心，难墨子。""《虞丘说》一篇。难孙卿也。""《秦零陵令信》一篇。难秦相李斯。""《博士臣贤对》一篇。汉世，难韩子、商君。"⑤"难"体在汉魏晋已颇为盛行，如《后汉书·贾逵传》载贾逵"所著经传义诂及论难百余万言"⑥，《三国志·吴书·薛综传》："（薛综）凡所著诗赋难论数万言"⑦等。李充《翰林论》称"研核名理而论礁（'礁'当作'难'）生焉"⑧，收录"难"体。任昉《文章缘起》"喻难"体，以司马相如《喻巴蜀》并《难蜀父老》两文为代表。《文选》"难"体录文一篇：司马相如《难蜀父老》。

对问。刘勰《文心雕龙·杂文》曰："宋玉含才，颇亦负俗，始造对问，以申其志，放怀寥廓，气实使之。"⑨《文选》"对问"体也只录宋玉《对

① （南朝梁）刘勰著，詹锳义证：《文心雕龙义证》，上海：上海古籍出版社 1989 年版，第 933 页。
② （南朝梁）刘勰著，詹锳义证：《文心雕龙义证》，上海：上海古籍出版社 1989 年版，第 785 页。
③ （南朝梁）刘勰著，詹锳义证：《文心雕龙义证》，上海：上海古籍出版社 1989 年版，第 786 页。
④ （南朝梁）刘勰著，詹锳义证：《文心雕龙义证》，上海：上海古籍出版社 1989 年版，第 789 页。
⑤ （汉）班固撰，（唐）颜师古注：《汉书·艺文志》，北京：中华书局 1962 年版，第 1726、1727、1739、1741 页。
⑥ （南朝宋）范晔撰，（唐）李贤等注：《后汉书·贾逵传》，北京：中华书局 1965 年版，第 1240 页。
⑦ （晋）陈寿撰，（南朝宋）裴松之注：《三国志·吴书·薛综传》，北京：中华书局 1982 年版，第 1254 页。
⑧ （宋）李昉等编：《太平御览》，北京：中华书局 2000 年版，第 2678 页。
⑨ （南朝梁）刘勰著，詹锳义证：《文心雕龙义证》，上海：上海古籍出版社 1989 年版，第 489 页。

楚王问》一篇。而刘勰《文心雕龙·杂文》评价的"对问"体文字,有东方朔《客难》、扬雄《解嘲》、班固《宾戏》、崔骃《达旨》、张衡《应间》、崔寔《客讥》、蔡邕《释诲》、郭景纯《客傲》、陈思《客问》、庾敳《客咨》等。

设论。刘勰《文心雕龙·杂文》录"设论"入"对问",《文选》"设论"体所录东方朔《客难》、扬雄《解嘲》、班固《宾戏》三文,全在刘勰所论之列。

辞。"辞"作为文体,以"楚辞"得名,西汉初期已有,至刘向乃编辑成集为《楚辞》。《文选》"辞"体录武帝《秋风辞》一首和陶渊明《归去来兮辞》一首。萧统爱陶渊明文,曾亲为陶渊明编集、写序,又为立传,于是人们对《文选》录陶渊明文章太少而有所疑问。①

序。孔安国《尚书序》称"序所以为作者之意,昭然义见","序"体,一般是陈述作品的主旨、著作的经过等介绍评述,刘勰《文心雕龙·论说》把"序"体列为"论"体之中,称"序者次事"。"序"有大序有小序,《文选》收录共九篇序文,前三篇卜商《毛诗序》、孔安国《尚书序》、杜预《春秋左氏传序》以及任昉《王文宪集序》,是大序,是著作序;著作中的各篇也还会有序,那就是小序。《文选》收录的其他序是单篇作品序,是小序。

颂。《文选序》曰:"颂者,所以游扬德业,褒赞成功。吉甫有'穆若'之谈,季子有'至矣'之叹,舒布为诗,既言如彼。总成为颂,又亦若此。"此称"颂"体是从"诗"划分出来的。刘勰《文心雕龙·颂赞》也说:"四始之至,颂居其极。"②"四始",《诗大序》称《诗经》中《风》《小雅》《大雅》《颂》为"四始"。刘勰又说"颂者,容也,所以美盛德而述形容也"③,确定了"颂"体的性质。《文选》"颂"体录"颂"文五篇。

赞。刘勰《文心雕龙·颂赞》说:"赞者,明也,助也。昔虞舜之祀,乐正重赞,盖唱发之辞也。"④《文选序》曰"图像则赞兴",称"赞"体就是为图像作的说明。《文选》"赞"体录文两篇,其中夏侯湛《东方朔画赞》,

---

① 如傅刚《〈昭明文选〉研究》(北京:中国社会科学出版社 2000 年版,第 300 页)说:"他主要是欣赏陶渊明作品中显现的作者人格,《归去来兮辞》鲜明表现了陶渊明'旷而且真'的人格,这大概是此篇入选的主要原因。"

② (南朝梁)刘勰著,詹锳义证:《文心雕龙义证》,上海:上海古籍出版社 1989 年版,第 313 页。

③ (南朝梁)刘勰著,詹锳义证:《文心雕龙义证》,上海:上海古籍出版社 1989 年版,第 313 页。

④ (南朝梁)刘勰著,詹锳义证:《文心雕龙义证》,上海:上海古籍出版社 1989 年版,第 338 页。

就合乎《文选序》的说法。"赞"体用于赞颂人物等,多为韵语。

符命。"符命"体,述说瑞应以颂帝王功德。《文选》"符命"体录文三篇,为司马相如《封禅文》、扬雄《剧秦美新》、班固《典引》,刘勰《文心雕龙》归"符命"文为"封禅",此三文全在其中。

史论。《文选》不收经、子、史,但对史书"赞论之综辑辞采,序述之错比文华"者,则"杂而集之"。刘勰以"史论"入于"论",以"史述赞"入于"赞"。"史论",为作史者在"本纪""列传"之后评述所记史事和人物的文字;《文选》"史论"录文分上下,录有班固《汉书》、干宝《晋纪》、范晔《后汉书》、沈约《宋书》的"史论"共九篇。

史述赞。《文选》文有"史述赞"类,内收班孟坚三篇,《文选》中这三首的题名分别是《述高纪第一》《述成纪第十》《述韩英彭卢吴传第四》,如此,这三首的文体该是"述"。《文选》的如此命名,当来自挚虞的《文章流别》,刘勰《文心雕龙·颂赞》曾这样说:

> 及迁史固书,托赞褒贬,约文以总录,颂体以论辞。又纪传后评,亦同其名;而仲洽《流别》,谬称为述,失之远矣。①

黄侃《文选平点》指出:"然则昭明承仲洽之误者也。"②"史述赞"之文,全出自《汉书·叙传》,性质同于《史记·自序》,是对全书篇目的一一介绍,《文选》把其中文字抽绎出来而构造成篇。

论。《文选序》:"论则析理精微。"这是承袭《典论·论文》说"书论宜理"与《文赋》说"论精微而朗畅"而来。刘勰《文心雕龙·论说》:"圣哲彝训曰经,述经叙理曰论。"这是讲"论"体的性质。"原夫论之为体,所以辨正然否。穷于有数,究于无形,迹坚求通,钩深取极;乃百虑之筌蹄,万事之权衡也。故其义贵圆通,辞忌枝碎,必使心与理合,弥缝莫见其隙;辞共心密,敌人不知所乘:斯其要也。"③这是讲"论"体的文体规范。"论"体是《文选》录文的大类,共有十三篇,汉代四篇,魏晋七篇(其中陆士衡《辨亡论》分上下),梁代二篇。

---

① (南朝梁)刘勰著,詹锳义证:《文心雕龙义证》,上海:上海古籍出版社1989年版,第342页。
② 黄侃:《文选平点》,北京:中华书局2006年版,第572页。
③ (南朝梁)刘勰著,詹锳义证:《文心雕龙义证》,上海:上海古籍出版社1989年版,第696—697页。

连珠。刘勰《文心雕龙·杂文》:"扬雄覃思文阁,业深综述,碎文琐语,肇为《连珠》,其辞虽小而明润矣。"①连珠体的基本格式有三:一是以"某闻"起首,二是每个单篇的逻辑推理,体现在语言表达上就是"连珠",三是流传的连珠,大都是多篇连章,其串联也是"连珠"。《文选》"连珠"体录陆士衡《演连珠》五十首。

箴。《文选序》:"箴兴于补阙。"刘勰《文心雕龙·铭箴》:"箴者,所以攻疾防患,喻针石也。""箴"体的主要功能是规谏、告诫,起源甚早,刘勰所称:"斯文之兴,盛于三代。夏、商二箴,余句颇存。及周之辛甲,百官箴阙,唯《虞箴》一篇,体义备焉。"②《文选》"箴"体录文一首,即张华《女史箴》。

铭。刘勰《文心雕龙·铭箴》:"铭兼褒赞,故体贵弘润。"③《文选序》:"铭则序事清润。"二者所称相同。"铭"体的文字刻于碑版或器物,或以称功德,或用以自警。《文选》"铭"体录文五篇。

诔。陆机《文赋》:"诔缠绵而凄怆。"刘勰《文心雕龙·诔碑》:"诔者,累也,累其德行,旌之不朽也。"④《文选序》:"美终则诔发。""诔"体,古代用以列述死者德行的文体,本以之定谥(多用于上对下),后重在表示哀悼。《文选》"诔"体录文八篇。

哀。《文心雕龙·哀吊》:"哀者,依也,悲实依心,故曰哀也。"《文章流别论》说:"率以施于童殇夭折,不以寿终者,其体以哀痛为主,缘以叹息之辞。"⑤《文选》"哀"体所录三文:潘岳《哀永逝文》、颜延之《宋文元皇后哀策文》、谢朓《齐敬皇后哀策文》,都为悼念成年女性而作;后二文称"哀策文"(又作"哀册文"),实际上是另一种文体;颂扬帝王、后妃生前功德的韵文,多书于玉石木竹之上,行葬礼时,由太史令读后,埋于陵中。《后汉书·礼仪志下》:"太史令奉哀策立后。"⑥姚华《论文后编·目

---

① (南朝梁)刘勰著,詹锳义证:《文心雕龙义证》,上海:上海古籍出版社1989年版,第496页。
② (南朝梁)刘勰著,詹锳义证:《文心雕龙义证》,上海:上海古籍出版社1989年版,第409页。
③ (南朝梁)刘勰著,詹锳义证:《文心雕龙义证》,上海:上海古籍出版社1989年版,第420页。
④ (南朝梁)刘勰著,詹锳义证:《文心雕龙义证》,上海:上海古籍出版社1989年版,第427页。
⑤ (唐)欧阳询撰,汪绍楹校:《艺文类聚》,上海:上海古籍出版社1965年版,第1906页。
⑥ (南朝宋)范晔撰,(唐)李贤等注:《后汉书·礼仪志下》,北京:中华书局1965年版,第3145页。

录上》：“上哀下曰诔，始鲁庄公；下哀上曰哀策，始汉李尤。”①

碑文。刘勰《文心雕龙·诔碑》：“夫属碑之体，资乎史才，其序则传，其文则铭。”②《文选》所录碑文五篇，可分两类，四篇是墓碑文，又称神道碑，记述死者生平事迹；一篇是寺碑文，即王巾《头陀寺碑文》，述佛寺建筑。吴讷《文章辨体序说·碑》称：“至《唐文粹》《宋文鉴》，则凡祠庙等碑与神道墓碑，各为一类。”③

墓志。放在墓里刻有死者生平事迹的石刻。吴讷《文章辨体序说》：“墓志，则直述世系、岁月、名字、爵里，用防陵谷迁改。埋铭、墓记，则墓志异名。”④《文选》“墓志”体录文一篇，为任昉《刘先生夫人墓志》。

行状。专指记述死者世系、籍贯、生卒年月和生平概略的文章。也称状、行述。古人取行状作为议谥的依据。《文选》“行状”体录文一篇，为任昉《齐竟陵文宣王行状》一首。

吊文。《文心雕龙·哀吊》：“君子令终定谥，事极理哀，故宾之慰主，以至到为言也。”“自贾谊浮湘，发愤吊屈。体同而事覈，辞清而理哀，盖首出之作也。”⑤《文选》“吊文”体录贾谊《吊屈原文》与陆机《吊魏武帝文》，共两篇。徐师曾《文体明辨序说》说：“大抵吊文之体，仿佛楚骚，而切要恻怆，似稍不同。”⑥贾谊《吊屈原文》即楚辞体。贾谊《吊屈原文》，以《史记·屈贾列传》称贾谊“及渡湘水，为赋以吊屈原”，故又称《吊屈原赋》。

祭文。祭祀或祭奠时表示哀悼或祷祝的文章。刘勰《文心雕龙·祝盟》：“若乃《礼》之祭祝，事止告飨；而中代祭文，兼赞言行。祭而兼赞，盖引申而作也。”⑦《文选》“祭文”体录谢惠连《祭古冢冢文》、颜延之《祭屈原文》、王僧达《祭颜光禄文》，共三篇。

《文选序》中提到的文体有赋、骚、诗、颂、箴、戒、论、铭、诔、赞、诏、

① 姚华：《弗堂类稿·论文后编·目录上》，台北：文海出版社1974年版，第8页。
② （南朝梁）刘勰著，詹锳义证：《文心雕龙义证》，上海：上海古籍出版社1989年版，第457页。
③ （明）吴讷著，于北山校点：《文章辨体序说》，北京：人民文学出版社1998年版，第52页。
④ （明）吴讷著，于北山校点：《文章辨体序说》，北京：人民文学出版社1998年版，第53页。
⑤ （南朝梁）刘勰著，詹锳义证：《文心雕龙义证》，上海：上海古籍出版社1989年版，第474、479页。
⑥ （明）徐师曾著，罗根泽校点：《文体明辨序说》，北京：人民文学出版社1998年版，第155页。
⑦ （南朝梁）刘勰著，詹锳义证：《文心雕龙义证》，上海：上海古籍出版社1989年版，第372页。

诰、教、令、表、奏、笺、记、书、誓、符、檄、吊、祭、悲、哀、答客、指事、篇、辞、引、序、碑、碣、志、状共三十六类。其中有的为《文选》所不收,有戒、诰、誓、悲、引、碣等;《文选》实有其体而《文选序》未加论及的有七、册、策文、上书、启、弹事、难、对问等。《文选序》中提到的文体与《文选》实有文体,或名异而实同,或各有含括,还待仔细辨识。

南朝刘勰《文心雕龙》的文体论,以讨论"为文之用心"出发,要把所有文体都纳入进来。其不以"经"为文体,但以"宗经"的名义把"经"与文体联系起来。其文体论有"史传""诸子"二者,笼括"史传""诸子"的各种文体,虽然简略,但可以看出建设"文"的谱系的努力。《文选》作为总集,以文体为纲选录作品,与《文心雕龙》以理论来表述的文体观不一样,前者突出其一而强调特点,后者强调整体而突出体系。

四、章学诚论《文选》的文体分类

章学诚在其《文史通义·诗教下》中对《文选》的文体分类提出批评。

其一,称文体命名不可拘于"篇题形貌":

> 况文集所哀,体制非一,命意各殊,不深求其意指之所出,而欲强以篇题形貌相拘哉![1]

他的意思是不可以篇题定文体名称。"论文拘形貌之弊",这是章学诚论《文选》文体分类的中心意思,以下都是依次而展开。

其二,说"颂":

> 若夫《封禅》《美新》《典引》,皆颂也。称符命以颂功德,而别类其体为符命,则王子渊以圣主得贤臣而颂嘉会,亦当别类其体为主臣矣。[2]

实际上是说"颂"就是"颂",不可"别类其体"。

其三,说"史述赞",不赞成"史论之外,别出一体":

① (清)章学诚撰,叶瑛校注:《文史通义校注》,北京:中华书局1985年版,第81页。
② (清)章学诚撰,叶瑛校注:《文史通义校注》,北京:中华书局1985年版,第81页。

班固次韵,乃《汉书》之自序也。其云述《高帝纪》第一,述《陈项传》第一者,所以自序撰书之本意,史迁有作于先,故已退居于述尔。今于史论之外,别出一体为史述赞,则迁书自序,所谓作《五帝纪》第一,作《伯夷传》第一者,又当别出一体为"史作赞"矣。[1]

"史述赞"以篇题而论文体,本应为"史述",章学诚的意思是,"史述"与"史论"有什么区别呢?

其四,说"策文"与"诏":

汉武诏策贤良,即策问也。今以出于帝制,遂于策问之外,别名曰诏。然则制策之对,当离诸策而别名为表矣。[2]

此说"策问""诏""表"的区别。

其五,说"设问":

《七林》之文,皆设问也。今以枚生发问有七,而遂标为七,则《九歌》《九章》《九辨》,亦可标为九乎?《难蜀父老》,亦设问也。今以篇题为难,而别为难体,则《客难》当与同编,而《解嘲》当别为嘲体,《宾戏》当别为戏体矣。[3]

此称"设问"的含括很大,不可以篇题为据命名文体。

其六,指出"论"之录文,本已称不录诸子之作,却又收录《典论·论文》之类的作品:

贾谊《过秦》,盖《贾子》之篇目也。因陆机《辨亡》之论,规仿《过秦》,遂援左思"着论准《过秦》"之说,而标体为论矣。魏文《典论》,盖犹桓子《新论》、王充《论衡》之以论名书耳。《论文》,其篇目也。今与《六代》《辨亡》诸篇,同次于论;然则昭明《自序》,所谓"老、庄之作,管、孟之流,立意为宗,不以能文为本",其例不收诸子篇次者;岂以有取斯文,即可裁篇题论,而改子为集乎?[4]

① (清)章学诚撰,叶瑛校注:《文史通义校注》,北京:中华书局1985年版,第81页。
② (清)章学诚撰,叶瑛校注:《文史通义校注》,北京:中华书局1985年版,第81页。
③ (清)章学诚撰,叶瑛校注:《文史通义校注》,北京:中华书局1985年版,第81—82页。
④ (清)章学诚撰,叶瑛校注:《文史通义校注》,北京:中华书局1985年版,第81页。

第七章 《文选》录文与时代文学潮流

　　《文选序》称,《文选》收录作品,"自姬汉以来,眇焉悠邈;时更七代,数逾千祀";要求"略其芜秽,集其清英"。那么,《文选》之去取有无失当之处? 骆鸿凯《文选学·义例第二》论《文选》之去取,有"入选之文有为赝品者","入选之文有事与人不足录者","入选之文道理事理文理俱无者","入选之文失于滑泽者"四目述《文选》收录作品之失;又有"未选之文有宜取者","从而为之词者"两目述《文选》未选之文的问题,但其所述仅是宋代以来人们所论。什么作品可称为那时的"清英"? 刘师培有专文《论各家文章之得失应以当时人之批评为准》论之,其云:

　　　　历代文章得失,后人评论每不及同时人评论之确切。良以汉魏六朝之文,五代后已多散佚,传于今者益加残缺。例如东汉文章,以蔡伯喈所传独多,而《艺文类聚》所引,宋人刻本《蔡中郎集》已未尽收。南北朝文以庾子山所传独多,而今之《庾开府集》亦非全豹。故据唐宋人之言以评论汉魏,每不及六朝人所见为的;据近人之言以评论六朝,亦不如唐宋人所见较确。盖去古愈近,所览之文愈多,其所评论亦当愈可信也。①

《文选》视其所收录为"清英",这些作品我们已经知道了,那么是否有前代及当时视为"清英"者而《文选》未录呢? 这种情况是有的。此处专录当时视为"清英"而《文选》未录者,提供给人们一个思考方向,即为什么会有这样的情况出现。或者只是因为作品集与理论著作有所不同,但

---

① 陈引驰编校:《刘师培中古文学史论集》,北京:中国社会科学出版社1997年版,第141页。

此处还是尽可能地为所谓"清英"而《文选》未录的情况探求一种原因；如果没有很明显的原因，则不强求；或限于水平本人实在探求不出原因，则暂付阙如，以待来者。

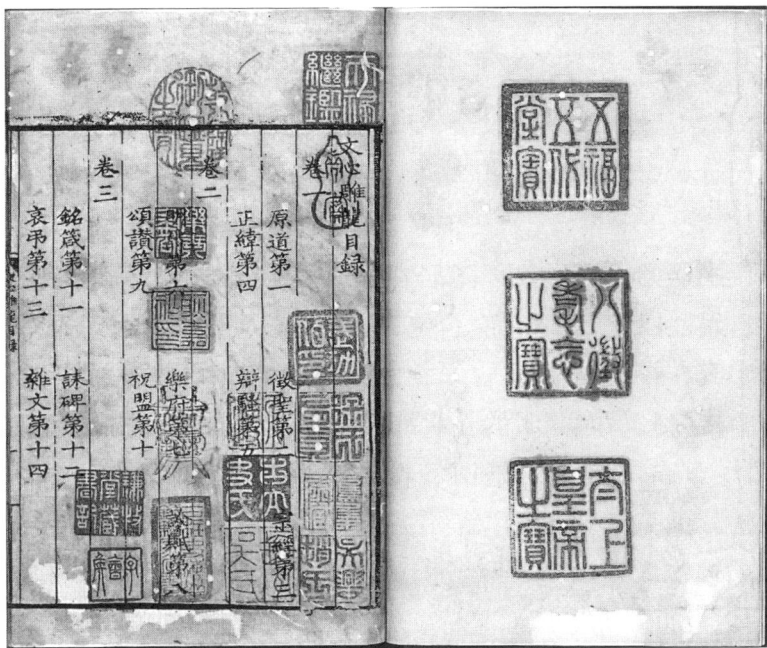

《文心雕龙》明弘治十七年冯允中刊本

《文选》是部总集，考察《文选》与时代文学潮流的关系，一方面从文学流派来进行，另一方面从南北朝几部著作的异同来进行。

第一节　萧统与陶渊明

一、萧统《陶渊明传》

《陶渊明传》，是萧统据臧荣绪《晋书》、沈约《宋书》的陶渊明旧传而成，萧统《陶渊明集序》说"并粗点定其传，编之于录"，从此句又知此传作于《陶渊明集序》之前。

萧统可谓陶渊明的知音，《陶渊明传》赞叹陶渊明，主要是叙写陶渊

明的隐士形象,极力推崇陶渊明的隐逸风度。首载陶渊明所著而"以自况"的《五柳先生传》:

> 先生不知何许人也,亦不详其姓字,宅边有五柳树,因以为号焉。闲静少言,不慕荣利。好读书,不求甚解;每有会意,便欣然忘食。性嗜酒,家贫不能常得。亲旧知其如此,或置酒而招之;造饮辄尽,期在必醉。既醉而退,曾不吝情去留。环堵萧然,不蔽风日;短褐穿结,箪瓢屡空,晏如也。常著文章自娱,颇示己志。忘怀得失,以此自终。①

这是一位隐居的士人形象。隐居在家干什么?"好读书""性嗜酒""常著文章自娱",以此三件事而"自终"。萧统说,"时人谓之实录",称之为陶渊明实实在在的形象。

传中接着叙写陶渊明的几次辞官不做。一是称其"起为州祭酒,不堪吏职,少日自解归";二是回答檀道济,称自己的不出仕是"志不及也";三是彭泽令的职务的"解绶去职"。四是"征著作郎,不就";五是称:"时周续之入庐山,事释慧远,彭城刘遗民亦遁迹匡山,渊明又不应征命,谓之'浔阳三隐'。"六是称"其妻翟氏,亦能安勤苦,与其同志",以衬托陶渊明的隐居。七是称:"元嘉四年,将复征命,会卒,时年六十三",似乎不复征命而隐居,是所谓的天命所在。

二、萧统《陶渊明集序》

《陶渊明集序》②,据日本学者桥川时雄《陶集版本源流考》说,他见到的《陶渊明集》旧抄本中,在此序言之后有"梁大通丁未年夏季六月昭明太子萧统撰"十七字。如此说可信,则此序撰于公元 527 年。③

萧统《陶渊明集序》分为两大部分,前一部分论证"韬光、遁世":

> 夫自衒自媒者,士女之丑行;不忮不求者,明达之用心。是以

---

① (晋)陶潜著,龚斌校笺:《陶渊明集校笺》,上海:上海古籍出版社 2011 年版,第 444 页。
② (南朝梁)萧统著,俞绍初校注:《昭明太子集校注》,郑州:中州古籍出版社 2001 年版,第 199—201 页。下同。
③ 见穆克宏、郭丹编著《魏晋南北朝文论全编》(南京:江苏教育出版社 1986 年版,第 465 页)对《陶渊明集序》的说明。

圣人韬光，贤人遁世。其故何也？含德之至，莫逾于道；亲己之切，无重于身。故道存而身安，道亡而身害。处百龄之内，居一世之中，倏忽比之白驹，寄遇谓之逆旅。宜乎与大块而盈虚，随中和而任放，岂能戚戚劳于忧畏，汲汲役于人间？齐讴赵女之娱，八珍九鼎之食，结驷连骑之荣，侈袂执圭之贵，乐既乐矣，忧亦随之。何倚伏之难量，亦庆吊之相及。智者贤人居之，甚履薄冰；愚夫贪士竞之，若泄尾闾。玉之在山，以见珍之终破；兰之生谷，虽无人而自芳。

此为讲述老庄之道，以下又举汲汲乎仕者与清清乎隐者两类人物：

故庄周垂钓于濠，伯成躬耕于野，或货海东之药草，或纺江南之落毛。譬彼鸳雏，岂竞鸢鸱之肉；犹斯杂县，宁劳文仲之牲？至于子常、宁喜之伦，苏秦、卫鞅之匹，死之而不疑，甘之而不悔。主父偃言："生不五鼎食，死则五鼎烹。"卒如其言。岂不痛哉！又楚子观周，受折于孙满；霍侯骖乘，祸起于负芒。饕餮之徒，其流甚众。唐尧四海之主，而有汾阳之心；子晋天下之储，而有洛滨之志。轻之若脱屣，视之若鸿毛，而况于他人乎？是以圣人达士，因以晦迹，或怀玉而谒帝，或披裘而负薪，鼓楫清潭，弃机汉曲。情不在众事，寄众事以忘情者也。

这是以具体人物、事件述说"韬光、遁世"。《集序》的后一部分述说陶渊明诗文：

有疑陶渊明诗，篇篇有酒，吾观其意不在酒，亦寄酒为迹者也。其文章不群，辞彩精拔，跌宕昭彰，独超众类，抑扬爽朗，莫之与京。横素波而傍流，干青云而直上。语时事则指而可想，论怀抱则旷而且真。加以贞志不休，安道苦节，不以躬耕为耻，不以无财为病，自非大贤笃志，与道污隆，孰能如此乎？

以"寄酒为迹"，引出对其诗文的评价就是对其为人的评价；"语时事则指而可想，论怀抱则旷而且真"二句，说出了陶渊明诗文叙事抒情的本质。

余爱嗜其文,不能释手,尚想其德,恨不同时。故加搜校,粗为区目。白璧微瑕,惟在《闲情》一赋。扬雄所谓劝百讽一者,卒无讽谏,何足摇其笔端?惜哉,亡是可也。并粗点定其传,编之于录。

这是以"素爱其文"讲《陶渊明集》的具体情况。至于说"白璧微瑕,惟在《闲情》一赋",虽说是从"卒无讽谏"着眼,但我想,萧统的意思还在于,"韬光、遁世"者没必要抒发如此热情、浓烈的情感吧。

尝谓有能读陶渊明之文者,驰竞之情遣,鄙吝之意祛,贪夫可以廉,懦夫可以立,岂止仁义可蹈,爵禄可辞! 不劳复傍游太华,远求柱史,此亦有助于风教尔。

这是以情感的力量讲陶渊明诗文的"风教"作用:遣、祛"驰竞之情""鄙吝之意",改变性情中的"贪夫""懦夫"成分。

张溥《汉魏六朝百三家集题辞注·梁昭明集题辞》

浔阳陶潜,宋之逸民,昭明既为立传,又特序之。以万乘元良,恣论山泽,唐尧汾阳,子晋洛滨,若有同心。摘讯《闲情》,示戒丽淫,用申绳墨,游于方内,不得不然。然《洛神》放荡,未尝删之,而偏訾此赋,于孔子存郑卫,岂有当焉? 二谛法身,解义详析,即弘宣来及厥考,而清净实出胸怀,识者以为则贤乎尔。[①]

论说萧统为陶渊明立《陶渊明传》,又作《陶渊明集序》,可知,萧统与陶渊明"若有同心",都向往山水,心念隐逸的士人生活。

三、《文选》与陶渊明诗文

《文选》"辞"录刘彻《秋风辞》与陶渊明《归去来兮辞》。萧统《陶渊明传》载:陶渊明在彭泽令任上,"岁终,会郡遣督邮至郡,吏请曰:'应束带见之。'渊明叹曰:'我岂能为五斗米,折腰向乡里小儿!'即日解绶去职,赋《归去来》"。《传》中有述,《文选》自然有录《归去来兮辞》。

《文选》"诗"录陶渊明诗作共八首。

---

① (南朝梁)萧统著,俞绍初校注:《昭明太子集校注》,郑州:中州古籍出版社 2001 年版,第 253—254 页。

《文选》"诗"之"行旅"类收陶渊明诗作二首。一是《始作镇军参军经曲阿》抒发隐逸情怀，先说本有隐居守穷的愿望：

> 弱龄寄事外，委怀在琴书。被褐欣自得，屡空常晏如。①

接着称出仕而"暂与园田疏"，最后述说对隐逸的渴望：

> 目倦川途异，心念山泽居。望云惭高鸟，临水愧游鱼。真想初在襟，谁谓形迹拘？聊且凭化迁，终返班生庐。②

陶渊明在这里讲隐逸也是"山泽居"，不过还没有付诸行动，只是"心念"而已。

二是《辛丑岁七月赴假还江陵夜行涂口》诗后一部分说：

> 怀役不遑寐，中宵尚孤征。商歌非吾事，依依在耦耕。投冠旋旧墟，不为好爵萦。养真衡茅下。庶以善自名。③

也是讲出仕中的隐逸愿望。据诗的题目，这两首诗均为行旅途中所作，诗人是抒发行旅途中的思想感情，入"行旅"类也是应该的。

《文选》"诗"之"杂诗"类收陶诗四首。《杂诗二首》在陶集中为《饮酒二十首》其五、其七。其五：

> 结庐在人境，而无车马喧。问君何能尔，心远地自偏。采菊东篱下，悠然见南山。山气日夕佳，飞鸟相与还。此中有其意，欲辨已忘言。④

所谓"大隐隐朝市"，这里叙说的完完全全是隐士的心态与风度。其七：

> 秋菊有佳色，裛露掇其英。泛此忘忧物，远我遗世情。一觞虽独进，杯尽壶自倾。日入群动息，归鸟趋林鸣。啸傲东轩下，聊复得此生。⑤

这首诗讲饮酒，是萧统所说"其意不在酒，亦寄酒为迹"的作品；即以饮

① （南朝梁）萧统编，（唐）李善注：《文选》，北京：中华书局1977年版，第376页。
② （南朝梁）萧统编，（唐）李善注：《文选》，北京：中华书局1977年版，第376—377页。
③ （南朝梁）萧统编，（唐）李善注：《文选》，北京：中华书局1977年版，第377页。
④ （南朝梁）萧统编，（唐）李善注：《文选》，北京：中华书局1977年版，第425页。
⑤ （南朝梁）萧统编，（唐）李善注：《文选》，北京：中华书局1977年版，第425页。

酒抒发"遗世情"之作。

《咏贫士》在陶集中共七首,《文选》所录为其一,有总括性质。传统上认为贫士是与隐士有关联的,"贫"也是隐士的品格,但此诗中又未点明"隐"。

《读山海经》,陶集中共十三首,《文选》所录为其一,有总括性质。诗云:

> 孟夏草木长,绕屋树扶疏。众鸟欣有托,吾亦爱吾庐。既耕亦已种,且还读我书。穷巷隔深辙,颇回故人车。欢然酌春酒,摘我园中蔬。微雨从东来,好风与之俱。泛览周王传,流观山海图。俯仰终宇宙,不乐复何如。①

诗中写的是隐士生活。一般来说,组诗的第一首有总括的意味,有序之类总述的意味,从《咏贫士》《读山海经》所录均为第一首来看,萧统以之为这两组诗的代表,也是可理解的。

《文选》"诗"之"杂拟"类收陶诗四首。《拟古》,陶集中共九首,此为其七,写"佳人"的"达曙酣且歌"以及"歌竟长叹息",无隐逸内容。

《文选》"诗"之"挽歌"类收陶诗《挽歌》,陶集中共三首,此为其三,写众人给自己送葬,自己则"死去何所道,托体同山阿",全诗无隐逸内容。

萧统对陶渊明诗作叙写自己生活在农村田园以及与农民交往并参加农事活动,颇为认同。

四、萧统认定陶渊明为新型隐士

《文选》所录陶渊明八首诗,有六首与隐逸相关,多是表现陶渊明的隐逸愿望与隐逸风度,这也是萧统对陶渊明隐逸的认定。但问题是,《文选》诗分二十三类,有"招隐""反招隐"二类,陶渊明诗为什么不入"招隐""反招隐"类?

南北朝唐代人都认定陶诗为田园诗,陶渊明诗作,江淹称之为"田居";其拟前代诗人的典型作品作《杂体诗三十首》,拟陶渊明之作为《陶

---

① （南朝梁）萧统编,（唐）李善注:《文选》,北京:中华书局 1977 年版,第 425 页。

征君潜田居》：

> 种苗在东皋，苗生满阡陌。虽有荷锄倦，浊酒聊自适。日暮巾柴车，路暗光已夕。归人望烟火，稚子候檐隙。问君亦何为，百年会有役。但愿桑麻成，蚕月得纺绩。素心正如此，开迳望三益。①

他认为陶渊明的典型作品为"田居"。《艺文类聚》卷三十六人部"隐逸"类所录，没有陶渊明诗作。白居易《与元九书》讲诗歌流变，所谓"以渊明之高古，偏放于田园"，称其为田园诗。宋代李昉诸人编《文苑英华》，上继《文选》，收文起于梁末，下迄唐五代。诗分二十四类，有隐逸类，没有陶渊明诗作。只有钟嵘《诗品》说：

> 宋征士陶潜：其源出于应璩，又协左思风力。文体省净，殆无长语。笃意真古，辞兴婉惬。每观其文，想其人德。世叹其质直。至如"欢言酌春酒"，"日暮天无云"，风华清靡，岂直为田家语邪！古今隐逸诗人之宗也。②

田家语，魏明帝曹叡《诏陈王植》："吾既薄才，至于赋诔特不闲。从儿陵上还，哀怀未散，作儿诔，为田公家语耳。"③"岂直为田家语耶"是在质疑或询问人们，难道陶渊明诗作只仅仅是"田家语"吗？于是他提出自己的见解说，应该把陶渊明看作"古今隐逸诗人之宗"，而不应该把陶渊明仅仅看作是"田家语"。这表明，一直到钟嵘时代，人们还是把陶渊明看作"田家语"，钟嵘是为了纠正社会、时代的这种看法，才提出了"岂直为田家语耶"的疑问，才提出了"古今隐逸诗人之宗也"的肯定。钟嵘的翻案，未得到萧统的认同。

我们来看《文选》诗"招隐""反招隐"类作品的隐逸品格。

左思《招隐》第一首，首四句为"杖策招隐士，荒途横古今；岩穴无结构，丘中有鸣琴"④，写隐士隐逸的地方是山林，而山林景物是荒凉的。第二首先述"经始东山庐，果下自成榛"，这是经营山居，改变环境，尤其

---

① （南朝梁）萧统编，（唐）李善注：《文选》，北京：中华书局 1977 年版，第 451 页。
② （南朝梁）钟嵘著，曹旭集注：《诗品集注》，上海：上海古籍出版社 1977 年版，第 336—337 页。
③ （清）严可均校辑：《全上古三代秦汉三国六朝文》，北京：中华书局 1958 年版，第 1103 页。
④ （南朝梁）萧统编，（唐）李善注：《文选》，北京：中华书局 1977 年版，第 309—310 页。

是从心理感觉上改变了山居环境；诗以下即写"前有寒泉井，聊可莹心神；峭倩青葱间，竹柏得其真；弱叶栖霜雪，飞荣流余津"，还是山林景物，虽不显得荒凉了，只显现山水自然中的原始、素朴与真趣，但诗中人物的清寒、独立于世还是看得出来的。

陆机《招隐》，写"朝采南涧藻，夕息西山足；轻条象云构，密叶成翠渥；激楚伫兰林，回芳薄秀木；山溜何泠泠，飞泉漱鸣玉；哀音附灵波，颓响赴曾曲；至乐非有假，安事浇淳朴"①。如此看来，山林仍显出原始的渺无人迹。

王康琚《反招隐诗》②，诗中主张"大隐隐朝市"，不同意"小隐隐陵薮"，故有"大隐""小隐"以及"反招隐"之称，但写起"中林士"的隐士生活，只是说"放神青云外，绝迹穷山里；鹍鸡先晨鸣，哀风迎夜起；凝霜凋朱颜，寒泉伤玉趾"，环境的清冷和艰苦都显示出来了。

通过上面的分析，可知《文选》诗"招隐""反招隐"类作品的隐逸品格有二，一是写隐士隐居在山林，二是写山林是荒无人烟的，景物是哀寒萧瑟的，环境是艰苦的。作品就是要以山水自然景物的素朴与真趣，衬出隐士在荒无人烟、哀寒萧瑟山林中的怡然自得，这种写法成为隐士类诗作的传统。隐士类诗作的必要条件一定是写出隐士在荒无人烟的山林中的生活。唐代吕向注《文选》诗"反招隐"类曰："康琚以为混俗自处，足以免患，何必山林然后为道，故作'反招隐'之诗，其情与隐者相反。"③认定在山林隐逸为隐逸，这也是自淮南小山《招隐士》以来的传统，当时人们都认同这种看法。

从《陶渊明传》来看，萧统对陶渊明的隐逸心态、隐逸情感、隐逸风度是认同的，但不认同陶渊明诗是正格的"招隐"诗作；因为陶诗与萧统《文选》诗"招隐""反招隐"类所认定的写法是不同的，即没有写到作为隐士的陶渊明是如何生活在偏僻、少人足迹的山林之中的；以淮南小山《招隐士》以来的传统隐逸诗品格来衡量，陶渊明作品是不合乎标

---

① （南朝梁）萧统编，（唐）李善注：《文选》，北京：中华书局 1977 年版，第 310 页。
② （南朝梁）萧统编，（唐）李善注：《文选》，北京：中华书局 1977 年版，第 310—311 页。
③ （南朝梁）萧统编，（唐）李善、吕延济、刘良、张铣、李周翰、吕向注：《六臣注文选》，北京：中华书局 2012 年版，第 404 页。

准的。

但萧统认定，即使诗作不合乎淮南小山《招隐士》以来的传统隐逸诗的品格，也要认定陶渊明是隐士。其认定的意义，一是认定陶渊明是特殊的、新型的隐士，这种隐士是不生活在偏僻、少人足迹的山林之中的，而是生活在人间、农村的；二是为田园诗的立类奠定了基础；如《艺文类聚》产业部上"农"类录陶诗《归园田居》（"种豆南山下"，节录）；产业部上"园"类录陶诗《归园田居》（"少无适俗韵"，节录）、《饮酒》（"结庐在人境"，节录）与《饮酒》（"秋菊有佳色"，节录）。

第二节 《文选》与《文心雕龙》

其一，刘勰《文心雕龙》专门论诗有《明诗》与《乐府》二篇，现考察此二篇的观点与萧统的观点有何异同，从中亦可见时代风气。

《明诗》所列汉代以来至晋末的诗人或著名诗作有：韦孟、《柏梁台诗》、李陵、班婕妤、《古诗》、张衡《怨篇》、曹丕、曹植、王粲、徐干、应玚、刘桢、何晏、嵇康、阮籍、应璩《百一》、张华、张协、潘岳、左思、陆机、袁宏、孙绰、郭璞。它与《文选》共同推崇《古诗》、推崇建安诗歌，而贬抑东晋诗人（及玄言诗），《明诗》提及袁宏、孙绰，用的是"溺乎玄风，嗤笑徇物之志，崇盛忘机之谈"的口吻。

除何晏与《柏梁台诗》之外，《明诗》称赏的诗人全为《文选》所录，当时的重要诗人几乎全在《明诗》正面肯定的诗人范围之内。但有二人是例外，此即陶渊明与鲍照。《文选》录陶诗八首，可以算是重要诗人，但《文心雕龙》未提陶渊明，这当然显示了《文选》编选者的眼光。《文选》录鲍诗十八首，鲍照是"元嘉三大家"之一，是刘宋时的重要作家，《文心雕龙》对他却一字未提，殊为遗憾。

《明诗》提及《柏梁台诗》，《文选》录张衡《四愁诗》，此二诗均为七言诗，《四愁诗》的艺术性高于《柏梁台诗》，而《柏梁台诗》早于《四愁诗》。显然，《明诗》与《文选》在七言诗的选择上，所用标准不一样。

乐府仅是《文选》诗二十三类之一，却是《文心雕龙》五十篇之一，后者视其为与诗具相同地位的文体。故相对于《文选》所录乐府诗作来说，《文心雕龙》述"乐府"较为详细。《乐府》单述文人作品，不述汉民间乐府，而《文选》则录《古乐府》三首，其中有民间乐府，这也显示出萧统的眼光。

《乐府》推崇建安乐府，《文选》则未突出选录。《乐府》中提及"观其'北上'众引，'秋风'列篇"①，即曹操《苦寒行》与曹丕《燕歌行》，均为《文选》诗乐府类所录。《乐府》又提及"观高祖之咏'大风'，孝武之叹'来迟'"，前者即汉高祖刘邦《汉高祖歌》，一般称为《大风歌》，录《文选》诗杂歌类，可见《文心雕龙》是视《文选》诗的杂歌类亦为乐府的，从此又可见《文心雕龙》是大乐府观念，《文选》是小乐府观念。《文选》诗挽歌类一般亦属乐府。《乐府》又称"子建、士衡，咸有佳篇"，《文选》所录刘宋前的乐府作品，亦以曹植、陆机为多。

其二，《文选》未录，却为《文心雕龙》文体论所称赏者。《文心雕龙·序志》称其文体论体例有"选文以定篇"，即确定各种文体的优秀的、具有代表性的作品。《文心雕龙》提及的作品很多，刘勰并非随便而论，而是在比较中"选文以定篇"的，如《文心雕龙·铭箴》中推崇扬雄的"箴"与"崔、胡补缀"，而对他人的"箴"都指出了缺点，其云：

> 至扬雄稽古，始范《虞箴》，作卿尹、州牧二十五篇。及崔、胡补缀，总称《百官》。指事配位，䩾鉴可征，信所谓追清风于前古，攀辛甲于后代者也。至于潘勖《符节》，要而失浅；温峤《侍臣》，博而患繁；王济《国子》，引广事杂；潘尼《乘舆》，义正体芜：凡斯继作，鲜有克衷。至于王朗《杂箴》，乃置巾履，得其戒慎，而失其所施；观其约文举要，宪章戒铭，而水火井灶，繁辞不已，志有偏也。②

可见刘勰的眼光是很严格的。

《文心雕龙·明诗》称"孝武爱文，《柏梁》列韵"③，《文心雕龙·时序》又称"柏梁展朝宴之诗，金堤制恤民之咏"④；其前颜延之《庭诰》亦提

① (南朝梁)刘勰著，詹锳义证：《文心雕龙义证》，上海：上海古籍出版社1989年版，第243页。
② (南朝梁)刘勰著，詹锳义证：《文心雕龙义证》，上海：上海古籍出版社1989年版，第414—419页。
③ (南朝梁)刘勰著，詹锳义证：《文心雕龙义证》，上海：上海古籍出版社1989年版，第182页。
④ (南朝梁)刘勰著，詹锳义证：《文心雕龙义证》，上海：上海古籍出版社1989年版，第1668页。

及《柏梁》。《文选》未录《柏梁台诗》与汉武帝《瓠子歌》。《柏梁台诗》历来有认为是后世依托者,如顾炎武《日知录》据《史记》《汉书》纪传年表,辨此诗年代官人皆相抵牾,因此定为后世依托;而逯钦立则认为此诗不疑,因其出自《东方朔别传》,而班固依之为《汉书·东方朔传》。①《明诗》又称"至于张衡《怨篇》,清典可味;《仙诗》《缓歌》,雅有新声",《文选》未录。

《文心雕龙·诠赋》所说优秀赋作为"凡此十家,并辞赋之英杰也"②,《文选》未录荀子赋;被称为"举要以会新"之"枚乘《兔园》",《文选》亦未录。此作载《古文苑》,名《梁王兔园赋》,《艺文类聚》有摘录,宋人章樵注《古文苑》认为此赋为枚乘之子枚皋所作。又,《文心雕龙·才略》有"汉室陆贾,首案奇采,赋《孟春》而选《典诰》,其辩之富矣"③;"(冯)敬通雅好辞说,而坎壈盛世,《显志》自序,亦蚌病成珠矣"④;"刘劭《赵都》,能攀于前修";"(应)吉甫文理,则《临丹》成其采"。⑤《孟春赋》(无考)、《显志赋》《赵都赋》《临丹赋》,《文选》未录。

《文心雕龙·颂赞》所说"颂"之优秀作品,《文选》未录较多,有屈原《橘颂》,又有"孟坚之序戴侯"(《安丰戴侯颂》)、"武仲之美显宗"(《显宗颂》)、"史岑之述熹后(《和熹邓后颂》)"、"陈思所缀,以《皇子》为标"(《皇太子生颂》)。又"赞"之优秀作品"相如属笔,始赞荆轲",《文选》未录。

《文心雕龙·祝盟》所说"祝盟"之优秀作品,其中"《楚辞·招魂》,可谓祝辞之组丽者也",《文选》录入骚体。"陈思《诘咎》,裁以正义矣","班固之《祀濛山》,祈祷之诚敬也;潘岳之《祭庾妇》,奠祭之恭哀也","臧洪歃辞(《酸枣盟辞》),气截云蜺;刘琨铁誓,精贯霏霜"⑥,《文选》未录。

《文心雕龙·铭箴》所说"铭"之"张昶《华阴》之碣"(《西岳华山堂阙

① 详见逯钦立《先秦汉魏晋南北朝诗》,北京:中华书局1983年版,第97页。
② (南朝梁)刘勰著,詹锳义证:《文心雕龙义证》,上海:上海古籍出版社1989年版,第289页。
③ (南朝梁)刘勰著,詹锳义证:《文心雕龙义证》,上海:上海古籍出版社1989年版,第1773页。
④ (南朝梁)刘勰著,詹锳义证:《文心雕龙义证》,上海:上海古籍出版社1989年版,第1773页。
⑤ (南朝梁)刘勰著,詹锳义证:《文心雕龙义证》,上海:上海古籍出版社1989年版,第1805页。
⑥ (南朝梁)刘勰著,詹锳义证:《文心雕龙义证》,上海:上海古籍出版社1989年版,第366—381页。

碑铭》)、"桥公之钺(《黄钺铭》),吐纳典谟",《文选》未录;"蔡邕铭思,独冠古今"①,《文选》亦未录,可能是因为《文心雕龙·铭箴》所说蔡邕之铭"全成碑文,溺所长也"之故。《文心雕龙·铭箴》十分推崇扬雄的"箴",《文选》未录,《文选》"箴"类只录张华《女史箴》一首。

《文心雕龙·诔碑》所称赏之杜笃《吴汉诔》,《时序》亦称"杜笃献诔以免刑",《文选》未录;《诔碑》又称"潘岳构意,专师孝山,巧于序悲,易入新切",《文选》中诔类录了潘岳的四篇诔文。其他所称赏者《文选》未录。《文心雕龙·诔碑》所称"碑"之优秀者:

> 自后汉以来,碑碣云起,才锋所断,莫高蔡邕。观杨赐之碑,骨鲠训典;陈郭二文,词无择言……孔融所创,有摹伯喈;张陈两文,辨给足采,亦其亚也。②

《文选》录蔡邕"碑"二篇,其他都未录。

《文心雕龙·哀吊》盛赞潘岳"哀"类作品,《文选》亦录。对"建安哀辞,惟伟长差善,《行女》一篇,时有恻怛"③,《文选》未录。"吊"类作品,《文心雕龙》称赏者颇多,《文选》只录贾谊《吊屈原文》与陆机《吊魏武文》。

《文心雕龙·杂文》分杂文为三,一为继宋玉《对楚王问》而来的"对问",刘勰称赏东方朔《客难》、扬雄《解嘲》、班固《宾戏》,此三者与《对楚王问》,《文选》均录;其他崔骃《达旨》、张衡《应间》、崔寔《客讥》、蔡邕《释诲》、郭景纯《客傲》,《文选》未录。二为"七"体:《文选》录《七发》、曹植《七启》及张景阳《七命》。三为《连珠》,刘勰独称赏陆机之作,《文选》录。

《文心雕龙·谐隐》所称作品,《文选》未录。

《文心雕龙》之《史传》《诸子》所称作品,《文选》未录。即《文选序》所谓不录"记事之史,系年之书",不录"老、庄之作,管、孟之流"之类。《文选》有"史论""史述赞",《文心雕龙·史传》未特意论述。

---

① (南朝梁)刘勰著,詹锳义证:《文心雕龙义证》,上海:上海古籍出版社1989年版,第401—403页。
② (南朝梁)刘勰著,詹锳义证:《文心雕龙义证》,上海:上海古籍出版社1989年版,第450—454页。
③ (南朝梁)刘勰著,詹锳义证:《文心雕龙义证》,上海:上海古籍出版社1989年版,第470页。

魏晋清谈之风兴起，《文心雕龙·论说》称"论"之优秀作品甚众，尤其陈说魏晋论体文及有玄言色彩者甚众，《文选》虽有五卷录"论"，但多是汉代或南朝作品而少录有玄言色彩者，《文心雕龙》《文选》二者只有贾谊《过秦》、李康《运命》、陆机《辨亡》三篇相同。"说"，属《文选》不取之"贤人之美辞，忠臣之抗直，谋夫之话，辨士之端"。

《文心雕龙·诏策》对汉武帝策三王文、潘勖《册魏公九锡文》、卫觊《为汉帝禅位魏王诏》最为称道。《文选》录汉武帝诏二篇、潘勖作品，未录卫觊《为汉帝禅位魏王诏》。

《文心雕龙·檄移》称道"隗嚣之檄亡新""陈琳之檄豫州""钟会檄蜀""桓温檄胡"（《檄胡文》）；称道"相如之《难蜀老》""刘歆之《移太常》""陆机之《移百官》"，[1]隗嚣、桓温、陆机之作，《文选》未录。

《文心雕龙·封禅》所称道"相如《封禅》"及"扬雄《剧秦》，班固《典引》"，[2]《文选》"符命"类全录。

《文心雕龙·章表》称道"左雄奏议，台阁为式；胡广章奏，天下第一：并当时之杰笔也"及"张骏《自序》"[3]，《文选》未录。

《文心雕龙·奏启》所列可称道者甚多，但《文选》卷三十九收"启"三篇，均任昉作，卷四十收"弹文"三篇，为任昉、沈约作，此可谓《文选》的详近远古。又，"弹文"中《奏弹刘整》本骈、散结合，《文选》对散文部分多有删节，另两篇为骈文，全录。

《文心雕龙·议对》所称作品，王运熙《文心雕龙译注》说："议对之文大抵文辞较为质朴，较少文采，故重视翰藻的《文选》不予选录。"[4]

《文心雕龙·书记》所称道而见于《左传》等史籍者，为《文选序》所说"虽传之简牍，而事异篇章"的文字，故不录。《书记》所称前汉作品，"观史迁之《报任安》，东方之《难公孙》，杨恽之《酬会宗》，子云之《答刘歆》"[5]，"东方之《难公孙》"与"子云之《答刘歆》"，《文选》未录。《书记》所称以后作品，崔瑗、陈遵、祢衡的"书"类作品未录。《书记》所称还有

① （南朝梁）刘勰著，詹锳义证：《文心雕龙义证》，上海：上海古籍出版社1989年版，第773—786页。
② （南朝梁）刘勰著，詹锳义证：《文心雕龙义证》，上海：上海古籍出版社1989年版，第804—809页。
③ （南朝梁）刘勰著，詹锳义证：《文心雕龙义证》，上海：上海古籍出版社1989年版，第831—839页。
④ 王运熙、周锋：《文心雕龙译注》，上海：上海古籍出版社2012年版，第161页。
⑤ （南朝梁）刘勰著，詹锳义证：《文心雕龙义证》，上海：上海古籍出版社1989年版，第924页。

"崔寔奏记于公府""黄香奏笺于江夏""公干笺记"(《谏曹植书》)、"刘廙谢恩"(《上疏谢徙署丞相仓曹属》)、"陆机自理"(《与吴王表》),①《文选》未录。而《文选》"笺""奏记""书"类所录作品,《文心雕龙》多有未提及者。

另,除文体论外,《文心雕龙》创作论如《风骨》《通变》《章句》《比兴》《夸饰》《事类》《指瑕》《时序》《才略》《序志》亦提及一些名篇,《文选》多有未录者。

《文选》未录《文心雕龙》所提之名作,有这样几种情况:其一,"虽传之简牍,而事异篇章"者,以先秦"书记"为著。其二,缺少文采者,以不录议对之文为代表;或删节一篇中缺少文采者。其三,《文心雕龙》是论述,可以提及者至多,而《文选》为录文,所谓优中选优。其四,《文心雕龙》详远略近,《文选》详近略远,近代的多录,当然有所不录。其五,作品真伪有疑问者,如《柏梁台诗》《梁王兔园赋》。其六,有玄言色彩者录的较少。其七,当是各自有心目中的名篇。其八,也有属于《文选》不录的文体者。

第三节 《文选》与《诗品》

钟嵘(约468—518),字仲伟,与萧统同时代,其所著《诗品》,专论五言诗,分为三品。钟嵘认为,当时"王公缙绅之士"论诗,"随其嗜欲","准的无依",因此,根据自己的看法,针对当时的诗风而作《诗品》。钟嵘的观点是通过品评名句名篇与理论阐述表现出来的,而萧统编撰《文选》时,其观点主要是通过选文定篇表现出来。此处考察钟嵘的观点与萧统的观点异同,从中亦可见时代风气。

有诗存《文选》而未入《诗品》者。《诗品》论诗一百二十三人(包括无名氏),《文选》诗类录诗人六十五人。《文选》诗作者未入《诗品》者共十人,现简析如下:

---

① (南朝梁)刘勰著,詹鍈义证:《文心雕龙义证》,上海:上海古籍出版社1989年版,第936—939页。

其一，不合《诗品》所论对象者，共五人。钟嵘《诗品序》称其所论对象为五言诗，那么，非五言诗作者的《文选》诗作者自然不入《诗品》，他们是：杂歌类的荆轲、刘邦，其入《文选》的诗是骚体诗，非五言；补亡类的束皙与劝励类的韦孟，其入《文选》的诗为四言；乐府类的张衡，其入《文选》的诗为七言。

其二，不入仅以单首诗存者。《文选》因类存人，如反招隐类的王康琚《反招隐》，此类诗在今存汉魏晋南北朝诗中仅此一首，由此可推知，《文选》因招隐类而有反招隐类，只因王康琚作《反招隐》而存其人。

其三，两书称谓不同者。《文选》有苏、李诗，南朝宋人颜延之《庭诰》统称之为"李陵众作"，且《隋书·经籍志》只称梁有《李陵集》二卷，未言有《苏武集》，江淹《杂体诗》三十首只拟李陵不拟苏武。因此，《诗品》不录苏武，统称其为李陵诗。

其四，应贞、司马彪、徐悱诸人不入《诗品》，当是《诗品》认为他们不入品。但《文选》诗公宴类应贞《晋武帝华林园集诗》，孙盛《晋阳秋》称之为众作最美。或其作较少，故《诗品》视其不入品。

又，《诗品》的末尾举魏晋宋二十二位诗人的代表性作品，称之为"斯皆五言之警策者也"：

> 陈思《赠弟》(赠答)、仲宣《七哀》(哀伤)、公干《思友》(赠答)、阮籍《咏怀》(咏怀)、子卿《双凫》(杂诗)、叔夜《双鸾》(未入)、茂先《寒夕》(杂诗)、平叔《衣单》(未入)、安仁《倦暑》(行旅及哀伤)、景阳《苦雨》(杂诗)、灵运《邺中》(杂拟)、士衡《拟古》(杂拟)、越石《感乱》(赠答及杂歌)、景纯《咏仙》(游仙)、王微《风月》(未入)、谢客《山泉》(游览及行旅)、叔源《离宴》(未入)、鲍照《戍边》(乐府)、太冲《咏史》(咏史)、颜延《入洛》(行旅)、陶公《咏贫》(杂诗)、惠连《捣衣》(杂诗)。[①]

从诗来说，有四首诗未入《文选》，而从诗人来说，只有一个未入《文选》，此即何晏及《衣单》之诗；其他三人嵇康、王微、谢混都有其他诗作入《文选》。二十二位诗人有二十一位在《文选》诗类中有著录，二十二首代表

① (南朝梁)钟嵘著，曹旭集注：《诗品集注》，上海：上海古籍出版社2011年版，第459页。

作有十八首《文选》诗类中收录，这个比率说明钟嵘与萧统对诸时代代表诗人与代表作的看法基本相同。

上述十八首诗代表作所居类别为（居两类者以前者计）：赠答三、哀伤一、咏怀一、杂诗五、行旅二、杂拟二、游仙一、游览一、乐府一、咏史一。《文选》诗有二十三类，此处占十类，大都是《文选》诗的大类，即创作的人较多，有较为广泛的群众基础与影响力的诗作类型，录七位诗人作品以上的有八类，另外咏怀、游仙虽属小类，但此二者历来就比较著名。这些情况说明：萧统认为的大类，也就是钟嵘评价的重点。

又，《诗品序》中有一段文字述五言诗发展历程，基本上可以与《文选》诗类所录作品印证。

又，《文选》未录而《诗品》所称赏者。如《诗品序》在抨击当日诗歌创作用事的风气时，表明了自己的态度并举不用事的好诗句的例子：

> 至乎吟咏情性，亦何贵于用事？"思君如流水"（徐干《室思》），既是即目；"高台多悲风"（曹植《杂诗》），亦惟所见；"清晨登陇首"（张华诗句，全诗已佚），羌无故实；"明月照积雪"（谢灵运诗句，全诗已佚），讵出经史。①

《文选》仅录一例，即杂诗类曹植《杂诗》六首其一"高台多悲风"。

《诗品序》抨击"宫商之辨"，举前人诗句为例，首举"置酒高殿上"，此为乐府类曹植《箜篌引》诗句；次举"明月照高楼"，此为哀伤类曹植《七哀》诗句。钟嵘所赞赏的诗例一半以上亦被《文选》所录。

钟嵘称所见到的古诗有近六十首，他称赏的是陆机所拟过的十四首，这十四首在《文选》杂诗类所录《古诗十九首》中占有十一首。"去者日以疏""客从远方来"在《文选》所录《古诗十九首》中。"橘柚垂华实"未录。

《文选》未录而《诗品》举其诗或诗句者，即徐淑、何晏、袁宏、谢世基、顾迈、班固、郦炎、赵壹、区惠恭、释宝月，均是《文选》未录之诗人。

---

① （南朝梁）钟嵘著，曹旭集注：《诗品集注》，上海：上海古籍出版社 2011 年版，第 220 页。

第四节 《文选》与《西府新文》《玉台新咏》

萧统《文选》收录作品,是建立在"随时变改"的文学史进程基础上的"集其清英"。与萧统《文选》同时代的某些总集,则是建立在时代风尚基础上的"集其清英";当为了提倡某种文风而编撰总集,那么这总集就要体现出一定的意义趋向,创作观在此作用便很大,如《西府新文》。《隋书·经籍志》著录有《西府新文》十一卷,梁萧淑撰,它与诸诗集排列在一起,因此,《西府新文》也可能是一部诗集。《新唐书·艺文志》著录了《西府新文》十卷,又著录有《新文要集》十卷,不知是否同一书。萧淑,《南史·萧介传》中有涉及,其云:

> (萧)介性高简,少交游,唯与族兄琛、从兄昽素及洽、从弟淑等文酒赏会,时人以比谢氏乌衣之游。①

湘东王萧绎组织编写、撰录过多部著作,此部书人们又称是"梁孝元在蕃邸时撰",因此,此部书应该是湘东王萧绎组织、萧淑所撰。颜之推《颜氏家训·文章》载:

> 吾家世文章,甚为典正,不从流俗;梁孝元在蕃邸时撰《西府新文》,迄无一篇见录,亦以不偶于世,无郑、卫之音故也。②

"西府",指湘东王官府;"新文",指当代作家的作品。据《梁书·文学·颜协传》载,颜之推的父亲颜协"释褐湘东王国常侍,又兼府记室,世祖(萧绎)出镇荆州,转正记室",是西府重要人物。其作品因"不从流俗""无郑、卫之音"而不被《西府新文》收录,证《西府新文》是"从流俗"的、是尚"郑、卫之音"的;而当日"从流俗"、尚"郑、卫之音"的诗作,当然是宫体诗了。那么,《西府新文》是一部西府文人、当代诗人的艳歌集,其编撰思想,就是以艳歌为时代风尚,于是专门收录艳歌,进而推广艳歌。

再从《玉台新咏》来看,是一部由古至今的艳歌集,从其以"玉台"为

---

① (唐)李延寿:《南史》,北京:中华书局 1975 年版,第 502 页。
② 王利器:《颜氏家训集解》,北京:中华书局 1993 年版,第 326 页。

书名,就可看出其编纂思想。玉台,或指玉镜台,为男女婚娶的聘礼、信物,《世说新语·假谲》载东晋温峤以玉镜台为聘礼①,《玉台新咏》所录诗作多有吟咏女性有关"镜""镜台"的作品。玉台,或喻妇人之贞。吴兆宜注、程琰删补《玉台新咏笺注》注曰:"案:王逸《九思》:登太乙兮玉台。晋陆机《塘上行》:发藻玉台下。注:喻妇人之贞也。"②所谓"妇人之贞",也就是情感之贞。玉台,或专指女性所居宫殿台阁,这较为切合《玉台新咏》的实际含义。《玉台新咏序》③,讲的都是宫中女性之事,其首几句就曰:

> 夫凌云概日,由余之所未窥;千门万户,张衡之所曾赋。周王璧台之上,汉帝金屋之中,玉树以珊瑚作枝,珠帘以玳瑁为柙,其中有丽人焉。

又说这些女性在宫殿台阁中编纂书籍与欣赏诗歌:

> 无怡神于暇景,惟属意于新诗。庶得代彼皋苏,蠲兹愁疾。但往世名篇,当今巧制,分诸麟阁,散在鸿都。不藉篇章,无由披览。于是然脂暝写,弄墨晨书,选录艳歌,凡为十卷。……于是丽以金箱,装之宝轴,三台妙迹,龙伸蠖屈之书,五色华笺,河北胶东之纸。高楼红粉,仍定鲁鱼之文;辟恶生香,聊防羽陵之蠹。灵飞太甲,高檀玉函,鸿烈仙方,长推丹枕。至如青牛帐里,余曲既终,朱鸟窗前,新妆已竟。方当开兹缥帙,散此绿绳,永对玩于书帷,长循环于纤手。

因此,所谓"玉台",无论从哪方面讲,都是与女性联系在一起的;故《玉台新咏》专录与女性有关的诗作。唐人刘肃《大唐新语·公直》载:

> 先是,梁简文帝为太子,好作艳诗,境内化之,浸以成俗,谓之"宫体"。晚年改作,追之不及,乃令徐陵撰《玉台集》以大其体。④

---

① (南朝宋)刘义庆撰,(梁)刘孝标注、余嘉锡笺疏:《世说新语笺疏》,上海:上海古籍出版社1993年版,第857页。

② (清)吴兆宜注,(清)程琰删补,穆克宏点校:《玉台新咏笺注》,北京:中华书局1985年版,第11页。

③ (陈)徐陵:《玉台新咏》,明小宛堂覆宋本,北京:人民文学出版社2010年版,第1—2页。下同。

④ (唐)刘肃撰,徐德楠、李鼎霞点校:《大唐新语》,北京:中华书局1984年版,第42页。

推广艳诗，"以大其体"，就是《玉台新咏》的编纂思想。从《西府新文》《玉台新咏》的编纂思路，更可以看清萧统的编纂思想。

《文选》的选录标准是强调文学性，所谓"以能文为本""综辑辞采""错比文华""事出于沈思，义归乎翰藻"的"清英"，即可称作"篇章""篇翰""篇什"的作品。而《玉台新咏》则自有其编纂目的、选录标准。

其一，徐陵《玉台新咏序》，称书编成后宫中妇女"永对玩于书帏，长循环于纤手"，这是一种闲适的吟读，是轻松愉快的，所谓"岂如邓学《春秋》，儒学之功难习；窦专黄老，金丹之术不成"。意思是说，《玉台新咏》的作品都是易解易懂的，这当然是从宫中妇女的实际情况出发而言的。于是不禁想起梁代诗人沈约提出的"易见事""易识字""易读诵"之"三易"说。如此看来，《玉台新咏》收录易解易懂的诗歌应该又是时代的风气所致。

其二，收录作品须能在更大范围内抒发情感。《文选》谈及各类作品时说："譬陶匏异器，并为入耳之娱；黼黻不同，俱为悦目之玩。"而徐陵《序》称，吟读《玉台新咏》的作品胜过吟读其他作品。其谈到《玉台新咏》编成后人们在吟读后会感到："固胜西蜀豪家，托情穷于鲁殿；东储甲观，流咏止于《洞箫》。"称宫中妇女的"托情""流咏"哪能只是《鲁灵光殿赋》《洞箫赋》之类的作品呢？言下之意，《玉台新咏》所收录的应该是能真正吟咏出妇女情感的作品。

其三，徐陵《序》又称"撰录艳歌，凡为十卷"，专门收录描述女色及女性生活的"艳歌"，要把《玉台新咏》编成一部具有某一类题材总成性质的选集。"艳"，先是特指女性的容色美好动人，所谓"艳歌"，或称"艳曲""艳诗"，都指有关男女情爱生活的诗歌作品。徐陵《序》又称《玉台新咏》所录作品："曾无参于《雅》《颂》，亦靡滥于风人，泾渭之间，若斯而已。"这是说，虽然这些作品不能列入《雅》《颂》的行列，但仍是在《国风》范围内而不曾逾越。

其四，《玉台新咏》多录乐府作品。徐陵《序》中多称撰录者能歌善曲："弟兄协律，自小学歌；少长河阳，由来能舞……琵琶新曲，无待石崇；箜篌杂引，非因曹植。传鼓瑟于杨家，得吹箫于秦女……长乐鸳鸯，奏新声于度曲。"晁公武《郡斋读书志》卷二"乐类"著录《玉台新咏》条，詹锳云,"《玉台》一书,多选乐府,取其便于咏歌也"①。与《文选》只录"古乐府"三首相比,已自有不同;且《玉台新咏》除收录汉乐府民歌外,还收录许多南朝乐府民歌。书名《玉台新咏》之"咏",就是歌唱、曼声长吟的意思。

其五,徐陵《序》称撰录者"无怡神于暇景,惟属意于新诗",即多关注当代诗人及当代"新诗";"往世名篇,当今巧制",即新产生的诗体,如宫体诗,如卷九专收七言,卷十专收五言绝句体小诗。

第五节 《文选》未录、《世说新语》所称赏者

南朝刘宋时刘义庆编《世说新语》,南朝梁时刘孝标注,其所载对文学作品评赏者甚多,此为当时风气。《文选》是否录之,则见风气之转移或承续。

> 夏侯湛作《周诗》成,示潘安仁,安仁曰:"此非徒温雅,乃别见孝悌之性。"潘因此遂作《家风诗》。(《文学》)②

所说《周诗》,即《补亡诗》,《文选》录;《家风诗》,载其宗祖之德及自戒也,《文选》未录,如录当在"述德"类。

> 庾子嵩作《意赋》成,从子文康见,问曰:"若有意邪,非赋之所尽;若无意邪,复何所赋?"答曰:"正在有意无意之间。"(《文学》)③
> 郭景纯诗云:"林无静树,川无停流。"阮孚云:"泓峥萧瑟,实不可言。每读此文,辄觉神超形越。"(《文学》)④

《文选》不录玄言诗,亦不录玄言赋。

> 庾仲初作《扬都赋》成,以呈庾亮。亮以亲族之怀,大为其名价

---

① 《玉台新咏三论》,原载《东方杂志》40卷6期,后收入詹锳《语言文学与心理学论集》,济南:齐鲁书社1989年版,第24页。
② 余嘉锡笺疏:《世说新语笺疏》,北京:中华书局2016年版,第278—279页。
③ 余嘉锡笺疏:《世说新语笺疏》,北京:中华书局2016年版,第282页。
④ 余嘉锡笺疏:《世说新语笺疏》,北京:中华书局2016年版,第282—283页。

云："可三《二京》、四《三都》。"（《文学》）①

　　或问顾长康："君《筝赋》何如嵇康《琴赋》?"顾曰："不赏者，作后出相遗。深识者，亦以高奇见贵。"（《文学》）②

《扬都赋》比起《两都赋》《二京赋》《三都赋》，《筝赋》比起《琴赋》就算不上名篇了，《文选》未录。

　　裴郎作《语林》，始出，大为远近所传。时流年少，无不传写，各有一通。载王东亭作《经王公酒垆下赋》，甚有才情。（《文学》）③

《世说新语·轻诋》载，谢安称此赋为假托。

　　袁虎少贫，尝为人佣载运租。谢镇西经船行，其夜清风朗月，闻江渚间估客船上有咏诗声，甚有情致；所咏五言，又其所未尝闻，叹美不能已。即遣委曲讯问，乃是袁自咏其所作《咏史诗》。因此相要，大相赏得。（《文学》）④

袁宏，字彦伯，小字虎。此《咏史》二首，《文选》未录；《文选》把诗"咏史"类的篇幅都给了左思《咏史》八首。

　　桓宣武命袁彦伯作《北征赋》，（刘孝标注：《续晋阳秋》："宏从温征鲜卑，故作《北征赋》，宏文之高者。"）既成，公与时贤共看，咸嗟叹之。（《文学》）⑤

　　袁宏始作《东征赋》，都不道陶公。胡奴诱之狭室中，临以白刃，曰："先公勋业如是！君作《东征赋》，云何相忽略?"宏窘蹙无计，便答："我大道公，何以云无?"因诵曰："精金百炼，在割能断。功则治人，职思靖乱。长沙之勋，为史所赞。"（《文学》）⑥

《东征赋》又更有盛誉，自三国时赤壁之战述起，至元帝司马睿渡江定都建康，建立东晋王朝。刘勰《文心雕龙·诠赋》概括"魏晋之赋首"有八

---

① 余嘉锡笺疏：《世说新语笺疏》，北京：中华书局 2016 年版，第 284 页。
② 余嘉锡笺疏：《世说新语笺疏》，北京：中华书局 2016 年版，第 302 页。
③ 余嘉锡笺疏：《世说新语笺疏》，北京：中华书局 2016 年版，第 296 页。
④ 余嘉锡笺疏：《世说新语笺疏》，北京：中华书局 2016 年版，第 294 页。
⑤ 余嘉锡笺疏：《世说新语笺疏》，北京：中华书局 2016 年版，第 297 页。
⑥ 余嘉锡笺疏：《世说新语笺疏》，北京：中华书局 2016 年版，第 301 页。

人，其中东晋二人即郭璞与袁宏，所谓"景纯绮巧，缛理有余；彦伯梗概，情韵不匮：亦魏、晋之赋首也"，《文选》赋"纪行"只录至西晋赋作。

> 羊孚作《雪赞》云："资清以化，乘气以霏。遇象能鲜，即洁成辉。"桓胤遂以书扇。（《文学》）①

> 孙绰作《列仙商丘子赞》曰："所牧何物？殆非真猪。倘遇风云，为我龙摅。"时人多以为能。王蓝田语人云："近见孙家儿作文，道'何物真猪'也。"（《轻诋》）②

> 王子猷、子敬兄弟共赏《高士传》人及《赞》，子敬赏"井丹高洁"。子猷云："未若长卿慢世。"（《品藻》）③

此三赞《文选》未录，《文选》只录夏侯湛、袁宏赞作。

> 王处仲每酒后，辄咏"老骥伏枥，志在千里。烈士暮年，壮心不已"。以如意打唾壶，壶边尽缺。（《豪爽》）④

王处仲吟咏的是曹操《步出夏门行》之《龟虽寿》，《文心雕龙》与《文选》对曹操诗作评价都不高。

> 桓公欲迁都，以张拓定之业。孙长乐上表，谏此议，甚有理。桓见表心服，而忿其为异。令人致意孙云："君何不寻《遂初赋》，而强知人家国事？"（《轻诋》）⑤

以《遂初》题名作赋者有好几篇，《文选》均未录。

> 王右军得人以《兰亭集序》方《金谷诗序》，又以己敌石崇，甚有欣色。（《企羡》）⑥

《文选》未录石崇《金谷诗序》及王羲之《兰亭集序》，后人颇有异议。

> 孙子荆除妇服，作诗以示王武子。王曰："未知文生于情，情生

---

① 余嘉锡笺疏：《世说新语笺疏》，北京：中华书局 2016 年版，第 304 页。
② 余嘉锡笺疏：《世说新语笺疏》，北京：中华书局 2016 年版，第 925—926 页。
③ 余嘉锡笺疏：《世说新语笺疏》，北京：中华书局 2016 年版，第 600 页。
④ 余嘉锡笺疏：《世说新语笺疏》，北京：中华书局 2016 年版，第 659 页。
⑤ 余嘉锡笺疏：《世说新语笺疏》，北京：中华书局 2016 年版，第 926 页。
⑥ 余嘉锡笺疏：《世说新语笺疏》，北京：中华书局 2016 年版，第 696 页。

于文？览之凄然，增伉俪之重。"(《文学》)①

孙兴公作《庾公诔》，袁羊曰："见此张缓。"于时以为名赏。
(《文学》)②

王北中郎不为林公所知，乃著论《沙门不得为高士论》，大略
云："高士必在于纵心调畅。沙门虽云俗外，反更束于教，非情性自
得之谓也。"(《轻诋》)③

此数篇《文选》未录。

《文选》未录而《世说新语》所称赏者有这样几种情况：其一，时代排
斥的某些作品，如玄言类作品是南朝人所不屑的，萧统与前代人观点有
所不同。其二，时代未及较高评价者，如曹操诗作；而王处仲之所以吟
诵，人们认为系同是一代枭雄的情感抒发。其三，比起前人来算不上真
正的名篇，如《扬都赋》《筝赋》。其四，作品真伪有疑问者，如《经王公酒
垆下赋》。其五，确实有所遗憾或搜罗不及者。其六，优中选优。

第六节　《文选》未录的其他名作

《北齐书·司马子如传》载其兄子司马膺，"好读《太玄经》，注扬
雄《蜀都赋》。每云：'我欲与扬子云周旋。'"④此证扬雄《蜀都赋》很著
名，而《文选》未录。

曹丕《典论·论文》曰：

王粲长于辞赋，徐干时有齐气，然粲之匹也。如粲之《初
征》《登楼》《槐赋》《征思》，干之《玄猿》《漏卮》《圆扇》《橘赋》，虽张、
蔡不过也。⑤

《文选》只录王粲《登楼赋》，其他未录；曹丕所提到徐干的辞赋，《文选》

① 余嘉锡笺疏：《世说新语笺疏》，北京：中华书局 2016 年版，第 279—280 页。
② 余嘉锡笺疏：《世说新语笺疏》，北京：中华书局 2016 年版，第 284 页。
③ 余嘉锡笺疏：《世说新语笺疏》，北京：中华书局 2016 年版，第 933 页。
④ (唐)李百药：《北齐书》，北京：中华书局 1972 年版，第 241 页。
⑤ (南朝梁)萧统编，(唐)李善注：《文选》，北京：中华书局 1977 年版，第 720 页。

全未录。这应该是只选取有代表性的,同一作者同一体裁的作品不过多收录。

傅玄《连珠序》称"连珠"体"兴于汉章帝之世,班固、贾逵、傅毅三子受诏作之,而蔡邕、张华之徒又广焉";并称"班固喻美辞壮,文章弘丽,最得其体"①。《文选》未录此数人之作,而录陆机之作。陆机晚于傅玄,傅玄未见陆机之作,这应该是萧统认为陆机之作强于班固及其他人。

挚虞《文章流别论》:

> 若《解嘲》之弘缓优大,《应宾》(即《答宾戏》)之渊懿温雅,《达旨》之壮厉忼慷,《应间》之绸缪契阔,郁郁彬彬,靡有不长焉矣。②

《文选》有"设论",录东方朔《答客难》、扬雄《解嘲》、班固《答宾戏》。未录崔骃《达旨》、张衡《应间》,此二篇今已佚。

葛洪《抱朴子·钧世》论今胜于古时说:

> ……而《清庙》《云汉》之辞,何如郭氏《南郊》之艳乎？ 等称征伐,而《出车》《六月》之作,何如陈琳《武军》之壮乎?③

郭璞《南郊赋》、陈琳《武军赋》,《文选》未录。

《晋书·张载传》载:

> (张)载又为《濛汜赋》,司隶校尉傅玄见而嗟叹,以车迎之,言谈尽日,为之延誉,遂知名。④

《晋书·张载传》史臣论张载曰:

> 孟阳镂石之文,见奇于张敏;《濛汜》之咏,取重于傅玄,为名流之所挹,亦当代之文宗。⑤

《文选》录张载《剑阁铭》,未录《濛汜赋》。

《晋书·郭璞传》载:

———————

① (清)严可均校辑:《全上古三代秦汉三国六朝文》,北京,中华书局 1958 年版,第 1724 页。
② (清)严可均校辑:《全上古三代秦汉三国六朝文》,北京,中华书局 1958 年版,第 1906 页。
③ (晋)葛洪著,金毅校注:《抱朴子内外篇校注》,上海:上海古籍出版社 2018 年版,第 1350—1351 页。
④ (唐)房玄龄等:《晋书》,北京:中华书局 1974 年版,第 1518 页。
⑤ (唐)房玄龄:《晋书》,北京:中华书局 1974 年版,第 1525 页。

（郭）璞著《江赋》，其辞甚伟，为世所称。后复作《南郊赋》，帝见而嘉之，以为著作佐郎。①

《江赋》见载《文选》，《南郊赋》未录。

萧统《陶渊明集序》：

白璧微瑕，惟在《闲情》一赋，扬雄所谓劝百讽一者，卒无讽谏，何足摇其笔端？惜哉，亡是可也。②

但其《文选》赋有"情"类，录宋玉《高堂赋》《神女赋》《登徒子好色赋》及曹植《洛神赋》，不录陶渊明《闲情赋》。

《宋书·谢庄传》载：

时南平王铄献赤鹦鹉，普诏群臣为赋。太子左卫率袁淑文冠当时，作赋毕，赍以示庄。庄赋亦竟，淑见而叹曰："江东无我，卿当独秀；我若无卿，亦一时之杰也。"遂隐其赋。③

《文选》录有祢衡《鹦鹉赋》，那么，谢庄、袁淑诸人的《赤鹦鹉赋》就可以不录了。

《北史·魏本纪五》载：

（北魏孝武）帝之在洛也……帝内宴，令诸妇人咏诗，或咏鲍照乐府曰："朱门九重门九闺，愿逐明月入君怀。"④

这是鲍照乐府《代淮南王》。《南齐书·文学传论》称鲍照创作"雕藻淫艳，倾炫心魂"⑤，惠休上人喜作抒男女之情的作品，《诗品》称其诗风"淫靡，情过其才。世遂匹之鲍照"⑥，有"休鲍之论"。民间的选择与正统选本的观念不同。这也属新潮之作，《文选》未录。

《南齐书·张融传》：

（张融）浮海至交州，于海中作《海赋》（赋略）。融文辞诡激，独

---

① （唐）房玄龄：《晋书》，北京：中华书局1974年版，第1901页。
② （南朝梁）萧统著，俞绍初校注：《昭明太子集校注》，郑州：中州古籍出版社2001年版，第200页。
③ （梁）沈约：《宋书》，北京：中华书局1974年版，第2167—2168页。
④ （唐）李延寿：《北史》，北京：中华书局1974年版，第174页。
⑤ （梁）萧子显：《南齐书》，北京：中华书局1972年版，第908页。
⑥ （南朝梁）钟嵘著，曹旭集注：《诗品集注》，上海：上海古籍出版社2011年版，第560页。

与众异，以示镇军将军顾觊之。觊之曰："卿此赋实超玄虚……"①

晋人木华，字玄虚，有《海赋》，《文选》录。张融之作，《文选》未录，《文选》赋类还不曾录有同题之作。东晋时庾阐亦有《海赋》，《文选》亦未录。

《南齐书·丘灵鞠传》：

> 宋孝武殿贵妃亡，灵鞠献挽诗三首，云"云横广阶暗，霜深高殿寒"，帝摘句嗟赏。②

《文选》未录。《文选》诗"挽歌"类作品，都有自挽意味。

《梁书·吴均传》称吴均"文体清拔有古气，好事者或效之，谓为吴均体"③，《文选》不录吴均作品，王通《文中子·事君》称吴均之文"怪以怒"，可能是不能收录的原因。也可能是人事上的原因，《南史·吴均传》载：

> （吴）均将著史以自名，欲撰齐书，求借起居注及群臣行状，武帝不许，遂私撰《齐春秋》奏之。书称帝为齐明帝佐命，帝恶其实录，以其书不实，使中书舍人刘之遴诘问数十条，竟支离无对。敕付省焚之，坐免职。④

梁武帝还有"吴均不均"之语。

《文镜秘府论·集论》批评《文选》不录王融《古意》二首：

> 至如梁昭明太子与刘孝绰等，撰集《文选》，自谓毕乎天地，悬诸日月。然于取舍，非无舛谬。方因秀句，且以五言论之，至如王中书（融）"霜气下孟津"及"游禽暮知返"，前篇则使气飞动，后篇则缘情宛密，可谓五言之警策、六义之眉首。弃而不纪，未见其得。⑤

《文选》未录的原因，恐是王融讲求音律的原因。

---

① （梁）萧子显：《南齐书》，北京：中华书局1972年版，第721—725页。
② （梁）萧子显：《南齐书》，北京：中华书局1972年版，第889页。
③ （唐）姚思廉：《梁书》，北京：中华书局1973年版，第698页。
④ （唐）李延寿：《南史》，李延寿撰，北京：中华书局2000年版，第1190页。
⑤ ［日］弘法大师原撰，王利器校注：《文镜秘府论》，北京：中国社会科学出版社1983年版，第354页。

《文镜秘府论·集论》：

> 借如谢吏部《冬序羁怀》……每思"寒灯耻宵梦"，令人中夜安寝，不觉惊魂；若见"清镜悲晓发"，每暑月郁陶，不觉霜雪入鬓。①

这是从鉴赏者受作品感动的角度谈及作品的优秀，"寒灯耻宵梦"，"清镜悲晓发"是谢朓《冬序羁怀》中的一联。《冬序羁怀》，全题作《冬绪羁怀示萧咨议虞田曹刘江二常侍》，此诗《文选》未录。

沈约有自鸣得意的作品，《梁书·王筠传》载，沈约"制《郊居赋》，构思积时，犹未都毕，乃要（王）筠示其草"，王筠对其中数句"皆击节称赞"，沈约"抚掌欣抃曰：'知音者稀，真赏殆绝，所以相要，政在此数句耳。'"②此赋《文选》未录，可能与赋作宣泄了被梁武帝疏远后的牢骚有关。

《南史·文学传》所称文学之士篇章、篇翰、篇什作品，不见《文选》收录。此录可确定为《文选》编定之前的作品如下：丘灵鞠献挽歌三首，已见前；"时（梁武）帝著《连珠》，诏群臣继作者数十人，（丘）迟文最美。坐事免，乃献《责躬诗》，上优辞答之"③；卞彬"乃拟赵壹《穷鸟》为《枯鱼赋》以喻意"，"乃著《蚤虱》《蜗虫》《蝦蟆》等赋，皆大有指斥"④；葛勔"作《云中赋》，指祭酒以下，皆有形似之目，坐事系东冶，作《东冶徒赋》，（齐）武帝见，赦之"⑤；"（齐）明帝为吴兴，（丘）巨源作《秋胡诗》，有讥刺语"⑥；孔逭"抗直有才藻，制《东都赋》，于时才士称之"⑦；周兴嗣，"梁天监初，奏《休平赋》，其文甚美，武帝嘉之"⑧，"其年，河南献舞马，诏兴嗣与待诏到沆、张率为赋，帝以兴嗣为工"，"时武帝以三桥旧宅为光宅寺，敕兴嗣与陆倕各制寺碑，及成俱奏，帝用兴嗣所制，自是《铜表铭》《栅塘

① ［日］弘法大师原撰，王利器校注：《文镜秘府论》，北京：中国社会科学出版社1983年版，第354页。
② （唐）姚思廉：《梁书》，北京：中华书局1973年版，485页。
③ （唐）李延寿：《南史》，北京：中华书局1975年版，第1763页。
④ （唐）李延寿：《南史》，北京：中华书局1975年版，第1767页。
⑤ （唐）李延寿：《南史》，北京：中华书局1975年版，第1768页。
⑥ （唐）李延寿：《南史》，北京：中华书局1975年版，第1770页。
⑦ （唐）李延寿：《南史》，北京：中华书局1975年版，第1770页。
⑧ （唐）李延寿：《南史》，北京：中华书局1975年版，第1780页。

碣》《檄魏文》《次韵王羲之书千字》,并使兴嗣为文"[1],等。

总结上述情况,《文选》未录有以下几种原因:

其一,选取有代表性的,同一作者同一体裁的作品不过多收录;同一文体同一题材的作品不过多收录。其二,坚持自己的选录,艳情、讲求音律等新潮作品不录。其三,时代相近的不可能多录。其四,人事上有麻烦者不录。

第七节 《文选》不录《兰亭集序》辨

或谓《文选序》所云"自姬汉以来,眇焉悠邈;时更七代,数逾千祀。词人才子,则名溢于缥囊;飞文染翰,则卷盈乎缃帙",如此长的时代、如此多的作家,漏选一些优秀作品在所难免。

或谓《兰亭集序》受后人重视本非文章华妙而以其书法。或谓由于"丝竹管弦""天朗气清"为语病,此就文辞而谈者。或谓序中所称"固知一死生为虚诞,齐彭殇为妄作"与东晋玄学不合,钱锺书辨之,其《管锥编》云:

> 前说谓昭明不取其词,此说谓昭明不取其意,所见似大,而亦想当然耳。刘琨《答卢谌》诗并《书》曰:"昔在少壮,未尝检括,远慕老、庄之齐物,近嘉阮生之放旷,怪厚薄何从而生,哀乐何由而至。自顷辀张,困于逆乱,国破家亡,亲友凋残……然后知聃、周之为虚诞,嗣宗之为妄作也。"与羲之若同声相应,顾《文选·赠答诗》门并录其《书》,足见……乔辈亿而未中矣。[2]

而我认为,不能说主张"一死生为虚诞,齐彭殇为妄作"就不是玄学。汤用彤《魏晋玄学流别略论》说,当日玄学有四派,其一为王辅嗣之学,其二为向秀、郭象之学,"故王谓万物本于无,而非对立。向、郭主万物之

---

① (唐)李延寿:《南史》,北京:中华书局 1975 年版,第 1780 页。

② 钱锺书:《管锥编》,北京:中华书局 1986 年版,第 1115—1116 页。又,王瑶对《文选》未录《兰亭集序》亦有论述,见其《中古文学史论集》,上海:上海古籍出版社 1982 年版,第 203—205 页。

自生,而无别体。王既着眼在本体,故恒谈宇宙之贞一。向、郭既着眼在自生,故多明万物之互殊。二方立意相同,而推论则大异"。① 王羲之的玄学,即向秀、郭象一派,其摆脱生死困惑的途径,乃是受道家思想影响而形成的放达与及时行乐。而《兰亭集序》的主旨之一,就是为什么不抓紧眼前美妙时刻享受呢? 南朝人鄙视涉及玄学的文章诗歌,《世说新语·文学》注引檀道鸾《续晋阳秋》曰:

> 正始中,王弼、何晏好庄、专玄胜之读,而世遂贵焉。至过江,佛理尤盛,故郭璞五言始会合道家之言而韵之。(许)询及太原孙绰转相好尚,又加以三世之辞,而诗骚之体尽矣。询、绰并为一时文宗,自此作者悉体之,至义熙中,谢混始改。②

沈约《宋书·谢灵运传论》云:

> 有晋中兴,玄风独振,为学穷于柱下,博物止乎七篇,驰骋文辞,义单(殚)乎此。自建武暨乎义熙,历载将百,虽缀响联辞,波属云委,莫不寄言上德,托意玄珠,遒丽之辞,无闻焉尔。仲文始革孙、许之风,叔源大变太元之气。③

刘勰《文心雕龙·时序》云:

> 自中朝贵玄,江左称盛,因谈余气,流成文体。是以世极迍邅,而辞意夷泰,诗必柱下之旨归,赋乃漆园之义疏。④

萧子显《南齐书·文学传论》云:

> 江左风味,盛道家之言,郭璞举其灵变,许询极其名理,仲文玄气,犹不尽除;谢混清新,得名未盛。⑤

钟嵘《诗品序》云:

> 永嘉时,贵黄老,稍尚虚谈,于时篇什,理过其辞,淡乎寡味。

① 汤用彤:《汤用彤学术论文集》,北京:中华书局 1983 年版,第 238 页。
② (清)严可均校辑《全上古三代秦汉三国六朝文》,北京:中华书局 1958 年版,第 703 页。
③ (梁)沈约:《宋书》,北京:中华书局 1974 年版,第 1778 页。
④ (南朝梁)刘勰著,詹锳义证:《文心雕龙义证》,上海:上海古籍出版社 1989 年版,第 1710 页。
⑤ (梁)萧子显:《南齐书》,北京:中华书局 1972 年版,第 908 页。

爱及江左,微波尚传,孙绰、许询、桓、庾诸公诗,皆平典似《道德论》
建安风力尽矣。①

萧统的观念亦是如此,《文选》不录玄言诗就是明证,今存"兰亭诗"甚
多,《文选》亦不录。至于说孙楚诗"莫大于殇子,老彭犹为夭",此为《文
选》诗"祖饯",主旨是"祖饯";而《文选》诗"赠答"录刘琨《书》,是把它当
作附属的说明文字的。

---

① (南朝梁)钟嵘著,曹旭集注:《诗品集注》,上海:上海古籍出版社 2011 年版,第 28 页。

第八章　历代的萧统纪念

第一节　萧统逝世时的悼念活动

　　萧统在世时,曾命刘孝绰为其文集作序,其《昭明太子集序》对萧统为人多有评价。其云,"汉之显宗,晋之肃祖,昔自春宫,盖好儒术。或专经止于区易,或持论穷于贞假。子桓虽摛藻铜省,集讲肃成,事在藩储,理非皇贰。未有正位少阳,多才多艺者也。"①刘孝绰通过与同为皇子的曹丕的对比,认为萧统更"多才多艺"。又云"若乃有纵自天,惟睿作圣,显仁立孝,行于四海。如圭如璋,不因琢磨之义;为臣为子,宁待观喻之言。惟性道难闻,而文章可见。故俯同志学,用晦生知。以弦诵之余辰,总邹鲁之儒墨,遍绨缃于七阁,弹竹素于九流。地居上嗣,实副元首。皇帝垂拱岩廊,委咸庶绩,时非从守,事或监抚。虽一日二日,摄览万几,犹临书幌而不休,对欹案而忘怠。况复延纳侍讲,讨论经纪。去圣滋远,愈生穿凿。枝分叶散,殊路倦驰。灵台辟雍之疑,禋宗祭社之缪,明章申老之议,通颜理王之说,量核然否,剖析同异,察言抗论,穷理尽微。于时淹中、稷下之生,金华、石渠之士,莫不过衢樽而挹多少,见斗极而晓西东。"②这是赞扬太子萧统为人显仁立孝,"临书幌而不休,对欹案而忘怠",意谓萧统在书房忙于看书而不休息,在书桌前就忘了

---

① (南朝梁)萧统著,俞绍初校注:《昭明太子集校注》,郑州:中州古籍出版社2001年版,第244页。
② (南朝梁)萧统著,俞绍初校注:《昭明太子集校注》,郑州:中州古籍出版社2001年版,第244—245页。

疲倦,赞扬其又有天纵之好学品行,且盛赞萧统于东宫集结学士谈论文学之盛况。又云"加以学贯总持,辨同无碍。五时密教,见犹镜象;一乘妙旨,观若掌珠。及在布金之园,处如龙之众,开示有空,显扬权实。是以遍动六地,普雨四花,岂直得解璎须提,舍钵瓶沙,腾昙言德"①。这是论说萧统能学贯儒、释、道,称赏萧统精妙的佛学修养如"普雨四花"一般恩泽四方。

萧统去世之后,梁代人有很多写文章、作序等评价他,时人亦有文章悼念他,从中可以看出对萧统为人的评价。

第一,评价萧统遵守礼仪,能做好以臣事君、以子事父、以幼事长的三种道德规范;作为个人勤于钻研学问,能"思探几赜",勤于写作文章;做太子善于招揽人才,并施行仁义,终能深得臣民之心,使四方归仁、天下向风。如王筠《昭明太子哀册文》云:

> 蜃辂俄轩,龙骖踽步;羽翿前驱,云旗北御。皇帝哀继明之寝耀,痛嗣德之殂芳;御武帐而凄恸,临甲观而增伤。式稽令典,载扬鸿烈;诏撰德于旌旐,永传徽于舞缀。②

前四句描写萧统出殡的情景。载着萧统棺椁的丧车轩昂高大,拉着车的骏马小步慢行着。乐舞者手执着送葬时用的羽葆幢,画有熊虎图案的云旗,向北而行。后四句说明王筠为太子萧统的英名伟德得以永传而撰作此哀册文。

> 式载明两,实惟少阳;既称上嗣,且曰元良。仪天比峻,俪景腾光;奏祀延福,守器传芳。睿哲膺期,旦暮斯在;外弘庄肃,内含和恺。识洞机深,量苞瀛海;立德不器,至功弗宰。宽绰居心,温恭成性,循时孝友,率由严敬。咸有种德,惠和齐圣;三善递宣,万国同庆。③

这一段王筠极力称赏太子。说萧统的德仪可以与天和阳光相匹配,太子的芳名流传后世。又称赞萧统是"立德不器"的全才,有包容外物的

---

① (南朝梁)萧统著,俞绍初校注:《昭明太子集校注》,郑州:中州古籍出版社2001年版,第245页。
② (唐)姚思廉:《梁书》,北京:中华书局1973年版,第169页。
③ (唐)姚思廉:《梁书》,北京:中华书局1973年版,第169页。

宽宏的气量,又有心虑深刻的庄严恭敬。萧统能做到对待父母孝敬,对待兄弟友爱,又能施恩德于臣民。可以称得上是聪明睿智的圣哲。

> 轩纬掩精,阴牺弛极;缠哀在疚,殷忧衔恤。孺泣无时,蔬馆不溢;禫遵逾月,哀号未毕。实惟监抚,亦嗣郊禋;问安肃肃,视膳恂恂。金华玉璪,玄驷班轮;隆家干国,主祭安民。光奉成务,万机是理;矜慎庶狱,勤恤关市。诚存隐恻,容无愠喜;殷勤博施,绸缪恩纪。①

王筠这里赞赏萧统能遵守礼仪,在为母守丧和作为嗣君主以太子监国的身份主持郊禋大礼以及关心百姓、安抚人民等方面做得极其出色,得到了各方面的认可和尊敬。

> 爱初敬业,离经断句;莫爵崇师,卑躬待傅。宁资导习,匪劳审谕;博约是司,时敏斯务。辨究空微,思探几赜;驰神图纬,研精爻画。沉吟典礼,优游方册;餍饫膏腴,含咀肴核。括囊流略,包举艺文;遍该缃素,殚极丘坟。勋帙充积,儒墨区分;瞻河阐训,望鲁扬芬。吟咏性灵,岂惟薄伎;属词婉约,缘情绮靡。字无点窜,笔不停纸;壮思泉流,清章云委。②

这一段王筠总结萧统能勤于钻研学问及其写作文章的特点。萧统敬业于分析经籍义理和读断文句,做到尊师重道,为学谦恭逊让。萧统有学习的天资,又能后天不断努力,向老师广求学问,还能做到恪守礼法。太子尤其精于钻研玄学之"无"和佛法之"空"的学问,对图谶和纬书也精于研究。萧统时常沉思于制度礼仪之书,又从容致力于史册典籍的研读,博览辞采华美的文章,品味咀嚼文学篇章,基本囊括了前代的九流七略书籍和六经群书,传说中的《九丘》《三坟》等古代典籍都几乎穷尽了,可以说古代的精装书册、儒家墨家等流派之学都学过了,而且对孔子的儒家美名心有向往。萧统作诗文能注重抒发性灵,而不只是纠结于微小的技艺之处,写作委婉含蓄,能做到"缘情绮靡"。经常是一气

① (唐)姚思廉:《梁书》,北京:中华书局1973年版,第169—170页。
② (唐)姚思廉:《梁书》,北京:中华书局1973年版,第170页。

第八章 历代的萧统纪念

呵成,中间不需要修改,豪壮的情思如泉水般奔涌而出,写作的文章如天上的云一样繁多。

> 总览时才,网罗英茂;学穷优洽,辞归繁富。或擅谈丛,或称文囿;四友推德,七子惭秀。望苑招贤,华池爱客;托乘同舟,连舆接席。摘文挦藻,飞绛泛幹;恩隆置醴,赏逾赐璧。徽风遐被,盛业日新;仁器非重,德辂易遵。泽流兆庶,福降百神;四方慕义,天下归仁。①

王筠于此赞扬萧统能网罗英才,与他们谈丛于文囿,成一时文学之盛况。并能以德治使天下人都仰慕其义和仁德之心。

> 云物告征,祲沴襄象;星霾恒耀,山颓杞壤。灵仪上宾,德音长往;具僚无荫,谘承安仰。呜呼哀哉!

王筠于此写萧统逝世的场景。天上五云之物的邪恶之气,展示出太子逝世的凶象。星光也被遮掩了耀眼的光芒,山如同杞壤般崩塌。太子的遗像将长居于天帝之所,他的好名声也随之而去。只剩下百官无所庇荫,还要仰仗他的光辉。

镇江增华阁

---

① (唐)姚思廉:《梁书》,北京:中华书局 1973 年版,第 170 页。

> 皇情悼愍，切心缠痛；胤嗣长号，跗萼增恸。慕结亲游，悲动氓众；忧若殄邦，惧同折栋。呜呼哀哉！

王筠于此详述萧统逝世时人们的哀痛和百姓的怀念之情。即《梁书·昭明太子传》所云："太子仁德素著，及薨，朝野惋愕。京师男女，奔走宫门，号泣满路。四方氓庶，及疆徼之民，闻丧皆恸哭。"①

> 首夏司开，麦秋纪节；容卫徒警，菁华委绝。书幌空张，谈筵罢设；虚馈馀馔，孤灯翳翳。呜呼哀哉！

王筠于此写萧统逝世后，初夏时节开始了，也到了麦熟的季节，但太子的仪仗和侍卫都已不见，书房帷帐也都空设，谈席也已停止，只剩下孤灯一盏晦暗不明。

> 简辰请日，筮合龟贞。幽埏夙启，玄宫献成。武校齐列，文物增明。昔游漳滏，宾从无声；今归郊郭，徒御相惊。呜呼哀哉！

王筠于此写萧统的安葬情景，并与生前的活动作比较。卜问吉日准备安葬太子，墓道和墓室充满肃静气氛，侍卫的武士和车服旌旗仪仗并行而列，以往太子与东宫文学之士同乘并载、舆轮徐动的场景已然不复存在了。

> 背绛阙以远徂，辗青门而徐转；指驰道而诇前，望国都而不践。陵修阪之威夷，溯平原之悠缅；骥蹀足以酸嘶，挽凄锵而流洟。呜呼哀哉！

王筠于此写萧统出殡路上的情景。太子出殡的车队离开宫殿寺庙，车轮徐徐经过东郭之处，太子的车马以后再也不能行驶在驰道上了。登上逶迤的山坡，骏马都踏足不前，发出悲叹的哀鸣声，牵引太子灵柩唱挽歌的挽郎亦泪流不止。

> 混哀音于箫籁，变愁容于天日；虽夏木之森阴，返寒林之萧瑟。既将反而复疑，如有求而遂失；谓天地其无心，遽永潜于容质。呜呼哀哉！

① （唐）姚思廉：《梁书》，北京：中华书局 1973 年版，第 171 页。

王筠于此写萧统逝世天地为之变色和人们的哀悼之情。悲伤之音混杂在箫笛声中,天地因而变色,草木为之含悲。人们恍惚疑惑太子仍在活着,但追寻而去却是人已永逝。谓天地无心,让有德之人长往。

> 即玄宫之冥漠,安神寝之清飔;传声华于懋典,观德业于徽谥。
> 悬忠贞于日月,播鸿名于天地;惟小臣之纪言,实含毫而无愧。呜
> 呼哀哉!①

王筠于此写萧统的英名后世不朽。

以上这几段王筠书写萧统逝世之事,并表达对他的哀痛和深切怀念,也述说太子逝世时臣民的哀悼悲痛,并讲述太子的安葬,描述天地为之色变和人民的哀悼,认为萧统的德行与功业能永垂于后世。

王筠《昭明太子哀册文》,一,开头一段讲述写作这篇哀册文的缘起;二,总括称赞太子萧统以"仪天比峻,俪景腾光;奏祀延福,守器传芳。睿哲膺期,旦暮斯在;外弘庄肃,内含和恺。识洞机深,量苞瀛海;立德不器,至功弗宰。宽绰居心,温恭成性,循时孝友,率由严敬"的为人特点;三,称述萧统能遵守礼仪;四,赞述萧统钻研学问的"思探几赜"与创作文章的"缘情绮靡";五,叙说萧统能招揽人才,并对他们施行仁义,使臣民四方思归;六,王筠哀痛于萧统的逝世,极力铺陈天下人的共同哀悼之情;七,说萧统能"播鸿名于天地",最后盛赞萧统的英名不朽于后世。

第二,关于萧统为人的评价,除了史书的记载外,最为全面、细致和丰富的则是萧纲的总结,他把萧统的品德总论为"孝与仁",且对萧统不同的仁德表现都有详细的分析与精准的定位。萧纲《昭明太子集序》云:

> 窃以文之为义,大哉远矣。故孔称性道,尧曰钦明,武有来商
> 之功,虞有格苗之德,故易曰,观乎天文,以察时变,观乎人文,以化
> 成天下。是以含精吐景,六卫九光之度,方珠喻龙,南枢北陵之采,
> 此之谓天文。文籍生,书契作,咏歌起,赋颂兴,成孝敬于人伦,移

---

① (唐)姚思廉:《梁书》,北京:中华书局 1973 年版,第 170—171 页。

风俗于王政，道绵乎八极，理浃乎九垓，赞动神明，雍熙钟石，此之谓人文。若夫体天经而总文纬，揭日月而谐律吕者，其在兹乎！①

萧纲此段论述天文之道和人文之理。先讲述前代"文之为义"之事，详述何为天文以及何为人文。

> 昭明太子，悬明离之极照，履得一之休征，曰孝与仁，穷神尽圣，丰下表异，垂发应期。若夫嵩霍之峻，无以方其高，沧溟之深，不能比其大，二曜朓蚀，而疑明弗亏，四气犹爽，而履信或一，言出知乎微，行立彰乎远，湛然玄默，巍乎庄敬，居身以约，在满必冲，九德之保，无以喻其审谕，六行之传，岂可语其拾遗，叔誉知穷，师旷心服，行一物而三善，固无得称焉。②

于此，萧纲总论昭明太子萧统的品德，他认为萧统的最大的品德就是"孝与仁"。接着以自然界的事物和现象来陈述萧统作为太子的神明不变，称赞萧统具备了古代贤人所具备的"忠、信、敬、刚、柔、和、固、贞、顺"九种优秀品格和"孝、友、睦、姻、任、恤"六种善行，还能补正别人的缺点过失，而且做一件事情能兼备"以臣事君、以子事父、以幼事长"三种道德规范，可以说萧统作为太子、作为儿子、作为兄弟都做到了尽善尽美的高度。

> 至如翠帏晨兴，斑轮晓骛，胡香翼盖，葆吹从风，问安寝门之外，视膳东厢之侧，三朝有则，一日弗亏，恭承宸庱，陪赞颜色，化阙梓于商庭，既欣拜梦，望直城而结轨，有悦皇心，此一德也。③

第一德指的是萧统"悦皇心"的纯孝之德及其天命所集。萧统的出生带来了"化阙梓于商庭，既欣拜梦"的好运，"望直城而结轨"指的是元帝太子遵守规矩，不敢绝驰道而走直城，汉成帝皇心大悦，萧纲以此比喻萧统也有此德行。据《南史》记载："太子（萧统）孝谨天至，每入朝，未五鼓便守城门开。东宫虽燕居内殿，一坐一起，恒向西南面台。宿被召当

① （南朝梁）萧统著，俞绍初校注：《昭明太子集校注》，郑州：中州古籍出版社2001年版，第247—248页。
② （南朝梁）萧统著，俞绍初校注：《昭明太子集校注》，郑州：中州古籍出版社2001年版，第248页。
③ （南朝梁）萧统著，俞绍初校注：《昭明太子集校注》，郑州：中州古籍出版社2001年版，第248页。

入,危坐达旦。"①萧统也能遵守皇制的规矩。

> 地德襄帷,天鸡掩色,构倾椒殿,沴结尧门,水浆不入,圭溢罕进,丧过乎哀,毁几乎灭,池绋既启,探摽之恸,陵园斯践,震中路之号,率由至要之道,以为生民之则,固已事彰朱草,理感图云,此二德也。②

第二德指的是萧统能严格恪守守丧之德,遵守儒家礼仪。萧统在母亲丁贵嫔生病时能服侍她一整夜到天明而不休息。丁贵嫔去世后,萧统哀痛不已,水浆不入口,即使梁武帝敕劝后也食不一溢,不尝果蔬之味。萧统的遵守守丧之道成为生民之则,甚至促成了《汉书·公孙弘传》所说的朱草生长、彩云飞翔的天下至治的状态。

> 垂慈岂弟,笃此棠棣,善诱无倦,诲人弗穷,躬履礼教,俯示楷模,群藩戾止,流连于终宴,下国远征,殷勤于翰墨,降明两之尊,匹姜肱之同被,纡作贰之重,弘临蓄而共馆,此三德也。③

第三德指的是萧统能遵守悌之德。萧纲说,弟弟进京,萧统便设宴招待,兄弟宴饮游乐。到远处任职,萧统就书信往来,诉说思念之情。并以曹植被曹丕陷害对比,赞赏萧统心胸宏大,和弟弟共同研究文学、研讨艺文,高度赞誉萧统能友于兄弟的深情厚谊。

> 好贤爱善,甄德与能,曲阁命宾,双阙延士,剖美玉于荆山,求明珠于枯岸,赏无缪实,举不失才,岩穴知归,屠钓弃业,左右正人,巨僚端士,丹毂交景,长在鹤关之内,花绶成行,恒陪画堂之里,雍容河曲,并当今之领袖,侍从北场,信一时之俊杰,岂假问谢鲲于温峤,谋黄绮于张良,此四德也。④

第四德指的是萧统能招揽人才之德,并促成晋宋以来未有的一时文学之盛的景象。萧统爱贤爱才,招揽文学之士,且能辨别发现人才而使人

---

① (唐)李延寿:《南史》,北京:中华书局1975年版,第1311页。
② (南朝梁)萧统著,俞绍初校注:《昭明太子集校注》,郑州:中州古籍出版社2001年版,第248页。
③ (南朝梁)萧统著,俞绍初校注:《昭明太子集校注》,郑州:中州古籍出版社2001年版,第248页。
④ (南朝梁)萧统著,俞绍初校注:《昭明太子集校注》,郑州:中州古籍出版社2001年版,第248—249页。

才不被埋没，东宫的文学之士都能各得其所，与萧统一起研讨文学、宴游欢乐、创作诗文，成一时文学之盛景。

> 皇上垂拱岩廊，积成庶务，式总万几，副是监抚，山依摇彩，地立少阳，物无隐情，人服睿圣，此五德也。①

第五德指的是萧统处理政务之德。萧纲称颂梁武帝立萧统为太子监国处理政务是"所任得人"。《梁书·昭明太子传》云："太子自加元服，高祖便使省万机，内外百司，奏事者填塞于前。太子明于庶事，纤毫必晓，每所奏有谬误及巧妄，皆即就辩析，示其可否，徐令改正，未尝弹纠一人。平断法狱，多所全宥，天下皆称仁。"②萧统以德施政，助皇帝萧衍垂拱。

> 罚慎其滥，书有作则，胜残去杀，孔著明文，任刑逞威，伥疵淳化，终食不违，理符道德，故假约法于关中，秦民胥悦，感严刑于阙下，汉后流名。是以远鉴前史，垂恩狱犴，仁同泣罪，幽比推沟，玉科归理遣之恩，金条垂好生之德，黔首齐民，亭育含养，咸欣然不知所以然，此六德也。③

第六德指的是萧统能以仁德爱民。赞誉萧统以敦厚的教化对待臣民，能以德爱民，不滥用刑罚，怀有哀悯之心，德行博厚，天下称仁。

> 梧丘之首，魂沉而靡托，射声之鬼，曝骨而无归，起掩骼之慈，被锡槥之泽，若使骢马知归，感埋金于地下，书生虽殒，尚飞被于天上，恩均西伯，仁同姬祖，此七德也。④

第七德指的是萧统有仁惠之德。萧统对贫苦的百姓深为爱抚，"若死亡无可以敛者，为备棺椟"⑤，如果百姓死亡而没有棺材收敛，萧统就为百姓做这样的仁惠之事。

---

① （南朝梁）萧统著，俞绍初校注：《昭明太子集校注》，郑州：中州古籍出版社 2001 年版，第 249 页。
② （唐）姚思廉：《梁书》，北京：中华书局 1973 年版，第 167 页。
③ （南朝梁）萧统著，俞绍初校注：《昭明太子集校注》，郑州：中州古籍出版社 2001 年版，第 249 页。
④ （南朝梁）萧统著，俞绍初校注：《昭明太子集校注》，郑州：中州古籍出版社 2001 年版，第 249 页。
⑤ （唐）姚思廉：《梁书》，北京：中华书局 1973 年版，第 168 页。

　　　　玄冥戒节,栈阴在岁,雪号千里,冰重三尺,炎炉吐色,丰貂在
　　御,留上人之重,愍终窭之氓,发于篇藻,形乎造次,辍宴心欢,秾容
　　动色,叹陋巷之无褐,嗟负薪之屡亡,发私藏之铜凫,散垣下之玉
　　粒,施周泽洽,无幽不普,衔命之人,不告而足,受惠之家,餐恩之
　　士,咸谓栎阳之金,自空而堕,南阳之粟,自野而生,此八德也。①

第八德指的是萧统救济穷人之德。"每霖雨积雪,遣腹心左右,周行间
巷,视贫困家,有流离道路,密加振赐。又出主衣绵帛,多作襦袴,冬月
以施贫冻。"②每到雨雪不停的天气,萧统就派心腹左右之人巡视街行巷
间,看到有贫困人家和流浪在外面道路上的人,便私下里赈济以谷物小
米等,还命做衣裤施舍给因寒冷而没衣服穿的穷苦之人,他心怀天下,
为百姓做这样的救济穷人之事。

　　　　阳河渌水,奇音妙曲,遏云繁手,仰秾来风,靡悦于胸襟,非关
　　于怀抱,事等弃琴,理均放郑,岂同魏两,作歌于长笛,终噪汉贰,托
　　赋于洞箫,此九德也。③

第九德指的是萧统不畜声乐的"放郑声"之德。据《梁书·昭明太子传》
记载:"性爱山水,于玄圃穿筑,更立亭馆,与朝士名素者游其中。尝泛
舟后池,番禺侯轨盛称'此中宜奏女乐'。太子不答,咏左思《招隐诗》
曰:'何必丝与竹,山水有清音。'侯惭而止。出宫二十余年,不畜声乐。
少时敕赐太乐女妓一部,略非所好。"④萧纲也于此处赞赏萧统的不爱好
舞乐,生怕沉迷于声乐的淫靡之风影响了国家政治,从而不同于魏太子
曹丕酣饮相乐,也不同于汉太子沉迷于《洞箫》音乐。

　　　　怪宝奇琛,不留于器服,仙珠玉玦,无取于浮玩,土木无绨绮,
　　宫殿靡磨砻,此十德也。⑤

---

① (南朝梁)萧统著,俞绍初校注:《昭明太子集校注》,郑州:中州古籍出版社 2001 年版,第 249 页。
② (唐)姚思廉:《梁书》,北京:中华书局 1973 年版,第 168 页。
③ (南朝梁)萧统著,俞绍初校注:《昭明太子集校注》,郑州:中州古籍出版社 2001 年版,第 249 页。
④ (唐)姚思廉:《梁书》,北京:中华书局 1973 年版,第 96 页。
⑤ (南朝梁)萧统著,俞绍初校注:《昭明太子集校注》,郑州:中州古籍出版社 2001 年版,第 249—
　　250 页。

第十德指的是萧统的俭朴之德。《南史》云："时俗稍奢，太子欲以己率物，服御朴素，身衣浣衣，膳不兼肉。"①萧统不喜奢华珍宝之物，也不过分要求昂贵的丝织物等穿着。《梁书》云："京师谷贵，太子因命菲衣减膳，改常馔为小食。"②京城的米价上涨了，萧统身为太子，便命令给他自己减衣缩食，把日常的膳食都改为点心零食。

> 承华广阔，肃成旦启，秋光洞入，春花洒树，名僧结侣，长裾总集，吐纳名理，从容持论，五称既辩，九言斯洽，如观巨海，如见游龙，令罗折谈，名儒称疾，无劳拥经八卷，岂假羊车诣门，此十一德也。③

第十一德指的是萧统集合名僧文士谈经讲佛之德。太子的东宫里名僧文士云集，谈经论佛，能达到九次往来问答的巨海般的谈薮。《梁书》萧统本传记载："高祖大弘佛教，亲自讲说；太子崇信三宝，遍览众经。乃于宫内别立慧义殿，专为法集之所。招引名僧，谈论不绝。太子自立二谛、法身义，并有新意。"④

> 研精博学，手不释卷，含芳腴于襟抱，扬华绮于心极，韦编三绝，岂直爻象，起先五鼓，非直甲夜，而敬案无休，书幌密倦，此十二德也。⑤

第十二德指的是萧统研精读书之德。萧统爱好读书，手不释卷，精研文学，积极汲取古代典籍知识和优秀的传统文化学养，他能像孔子那样勤于读书，却不仅仅是只读《易》，而是博览群书，经常伏案读书，不知疲倦。

> 群玉名记，洛阳素简，西周东观之遗文，刑名墨儒之旨要，莫不殚兹闻见，竭彼绵缃，总括奇异，征求遗逸，命谒者之使，置籝金之

---

① （唐）李延寿：《南史》，北京：中华书局 1975 年版，第 1308 页。
② （唐）姚思廉：《梁书》，北京：中华书局 1973 年版，第 168 页。
③ （南朝梁）萧统著，俞绍初校注：《昭明太子集校注》，郑州：中州古籍出版社 2001 年版，第 250 页。
④ （唐）姚思廉：《梁书》，北京：中华书局 1973 年版，第 166 页。
⑤ （南朝梁）萧统著，俞绍初校注：《昭明太子集校注》，郑州：中州古籍出版社 2001 年版，第 250 页。

赏，惠子五车，方兹无以比，文终所收，形此不能匹，此十三德也。①

第十三德指的是萧统征求遗逸之德。萧统喜欢搜罗前人遗留下来的文章，经常汇聚奇特之书，还专门设置赏金征求遗文散籍。"于时东宫有书几三万卷，名才并集，文学之盛，晋、宋以来未之有也。"②萧统的图书之多，即使是"其书五车"的惠子和收尽了秦朝丞相府图书典籍的萧何，都是和萧统比不了的。

借书治本，远纪齐佌，一见自书，闻之阙泽，事唯列国，义止通人，未有降贵纡尊，躬刊手掇，高明斯辨，己亥无违，有识□风，长正鱼鲁，此十四德也。③

第十四德指的是萧统校勘图书之德。"高明斯辨"，指萧纲赞赏萧统能识得"举烛"之类的误书，"己亥""鱼鲁"指书籍刊刻传写中的文字错讹。

萧纲《昭明太子集序》此文，一，论述天文、人文之理；二，总述萧统的为人具有"孝"与"仁"的品德。三，分而论述萧统的"十四德"，这十四种品德即是纯孝之德、遵守丧礼之德、遵守"悌"之德、招揽人才之德、处理政务之德、仁恕爱民之德、仁惠之德、救济疾苦之德、不蓄声乐之德、简朴黜靡之德、谈文论经之德、研精读书之德、征求遗逸之德、校勘图书之德。萧纲对萧统的人生作了一个非常全面细致的总结，可以说把萧统的为人定性为"曰孝与仁"，是较为准确和恰当的。

第二节　民间纪念萧统的活动

萧统作为仁孝的代表，得到了后世的推崇，特别是民间自发和自觉的敬仰，人们以修建昭明太子的读书台、衣冠冢、太子庙、钓台、文选阁和文选楼等建筑以及其他方式来纪念这位太子。

身为太子的萧统以国之储君的身份，协助梁武帝萧衍处理政事。

---

① (南朝梁)萧统著，俞绍初校注：《昭明太子集校注》，郑州：中州古籍出版社2001年版，第250页。
② (唐)姚思廉：《梁书》，北京：中华书局1973年版，第167页。
③ (南朝梁)萧统著，俞绍初校注：《昭明太子集校注》，郑州：中州古籍出版社2001年版，第250页。

他一生仁孝爱民,除了正史中记载其爱民赈灾之事外,在民间的传说及地方志书中也多有关于昭明太子赈灾救民、爱民如子的诸多记载,也正因此,他得到了历朝历代的后世民众的自发敬爱、自觉仰慕与纪念。为了纪念这位勤奋好学、聪慧仁孝、文采斐然、爱民如子的太子,从南朝萧梁时期到唐、宋、明、清等各个朝代,很多地方都相继建造了昭明太子读书台、衣冠冢、太子庙、钓台、文选阁和文选楼等建筑。据考,现存有昭明太子萧统读书台、衣冠冢、太子庙、钓台、文选阁和文选楼等建筑遗迹的有江苏的南京、镇江、常熟、江阴、扬州,湖北襄樊、浙江义乌,安徽池州等地。

一、修建昭明台供奉塑像纪念萧统

昭明台,即昭明太子读书台,指的是萧统读书著述的地方。在古代,"台"一般就是一个四方形的天然石墩或者人工建造的土木建筑,主要是供游人等游览或远眺之用的,后来则因为多有文人墨客时常在"台"读书著述,才慢慢变成为专属于一个人的"读书台"。

如据清乾隆《乌青镇志》记载,镇江市南郊招隐山建有昭明太子读书台,是萧统于梁天监二年(503)跟随沈约去乌镇读书而建。浙江义乌有地方志记载萧统求雨义西萧皇塘村之事。时义西天遇大旱,农作物绝收,又加流行瘟疫,多有饿殍,村落衰败萧条。时遇梁朝大兴佛教,昭明太子萧统代梁武帝巡视,在各地择地建造寺庙,听闻义西发生大旱和瘟疫,为救民赈灾,跪于覆釜岩诵经求雨,果然雨下,旱情得以解除。民众为感念昭明太子恩德,筑庙供奉其塑像,改此岩名为萧皇岩,以为纪念。

关于昭明台,据《襄阳府志》记载,襄阳古城正中建有昭明台,"楼在郡治中央,高三层,面南,翼以钟鼓,为方城胜迹",又载云:"文选楼,梁昭明太子统建,延贤士刘孝威、庾肩吾、徐昉、江伯瑶、孔敬通、申子悦、徐陵、王囿、孔烁、鲍至等十余人著文选于此。"[①]又据《太平御览》卷一八五引唐景龙《襄沔记》文云:"金城内刺史院有高斋。梁昭明太子于此斋

① 壬万芳:《襄阳府志》,光绪乙酉刻本。

造《文选》。鲍至云：简文为晋安王镇襄阳日，又引刘孝威、庾肩吾、徐昉、江伯操、孔敬通、惠子悦、徐陵、王囿、孔烁等于此斋综核诗集。于时鲍至亦在，数凡十人，资给丰厚，日设肴馔，于时号为'高斋学士'。"①又，《舆地纪胜》卷八二记载云："梁昭明太子所立，以撰《文选》。聚才人贤士刘孝威、庾肩吾、徐昉、江伯操、孔敬通、惠子悦、徐陵、王囿、孔烁、鲍至等十余人，号曰'高斋学士'。"②此按：此十人是萧纲"高斋十学士"，非萧统十学士。

此外，关于文选楼，指的是萧统组织编纂《文选》的地方，昭明太子撰《文选》与襄阳所筑"文选楼"毫不相干，与刘孝威、庾肩吾等"高斋学士"亦无任何瓜葛。③ 力之先生有专文论述学界之谬误，兹不赘述。

二、修建太子庙以傩仪傩戏祭祀萧统

池州的地方史志中亦较为详细地记载有民间修建昭明太子衣冠冢、太子庙等活动。古池州城门秀山门，乃宋代池州太守为纪念昭明太子萧统，将原城西秋浦门易名而来。池州古称石城，是昭明太子萧统的封邑，据明嘉靖《池州府志》记载："昭明太子墓在城西南七十里。太子姓萧名统，梁武帝子也。尝游观于池，悦秋浦秀山之胜。既薨，附于山民曰：'吾尝爱此，今上帝赐我矣，汝等可祀之，吾福汝也。'众乃诣请衣冠葬于是焉。"④天监年间，池州大旱无雨，庄稼颗粒无收，饿殍遍野，赤地千里，萧统得知消息后多次上书给梁武帝萧衍，安置开仓赈灾等事宜，放粮救济百姓，被黎民视作神灵救星，深受池州人民爱戴。萧统逝世后，池州百姓因敬仰其仁德之心，仰慕其才学，奏请朝廷请来萧统的衣服和帽子，在秀山建造昭明太子衣冠冢和太子庙，奉着昭明的牌位，当地民众尊称其为"案菩萨"。

又据《池州府志》卷五《祀典篇庙祠》记载："凡乡落自（正月）十三至十六夜，同社者轮迎社神于家，或踹竹马，或肖狮像，或滚球灯，妆神像，

① (宋)李昉等编：《太平御览》，北京：中华书局1960年版，第897页下。
② (宋)王象之：《舆地纪胜》，北京：中华书局1992年版，第2664—2665页。
③ 详参力之《襄阳"文选楼"与"高斋学士"所属辨证——关于一不难知的误说流行千年不止之思考及其他》，载广西师范大学学报(哲学社会科学版)2018年第6期，第100—110页。
④ (明)王崇纂修：《池州府志》，嘉靖刻本。

扮杂戏,震以锣鼓,和以喧号,群饮毕,返社神于庙。"①这是地方志对贵池傩戏活动的相关内容及形式较为明确的记载。民众以"迎社神于家"的形式,通过踹竹马、肖狮像、滚球灯、妆神像、扮杂戏、敲锣鼓等活动,对昭明太子萧统进行祭祀。萧统八月十五日生日之日,府城及四乡傩队举行"中秋迎神赛会"等隆重的傩仪祭祀活动。傩戏表演按角色戴彩绘面具,角色分为一末、二净、三生、四旦、五丑、六外、七贴旦、八小生等表演跳傩。在祭祀昭明太子傩事活动中,贵池各村抢夺一尊神像,只得将供奉昭明太子神龛的香案分割成七十二块带回去雕成昭明太子的神像,再设案供奉,因此称"案菩萨",又尊称"文孝案菩萨",即社神,故贵池有"七十二案"之说。《池州府志》又记载云:"文孝庙,有坊、有重门、有堂、有殿、有寝、有廊、有钟鼓楼,规制庄丽,为池诸庙之冠。在城西四里,梁昭明太子,宋赐额,累封英济忠显灵祐王。本朝仍曰昭明,又一在城西七十里秀山。萧梁时肇建,成化壬寅,知府常显增建前殿,侍郎孙仁防费。"②据宋李昉《太平御览》卷二百一十八引《六典》记载:"祠部郎中、员外郎,掌祠祀享祭、天文漏刻、国忌庙讳、卜筮医药、僧尼之事。凡祭祀之名有四:一曰祀天神,二曰祭地祇,三曰享人鬼,四曰释奠于先圣先师。其差有三:若昊天上帝、五方帝、皇地祇、神州、宗庙为大祀,日、月、星、辰、社稷、先代帝王、岳镇、海渎、帝社、先蚕、孔宣父、齐太公、诸太子庙为中祀,司中、司命、风师、雨师、众星、山林、川泽、五龙祠等及州县社稷、释奠为小祀。"③可见,太子庙建立一般是官方行为,可以依照朝廷制度享受与之相应的礼制、乐舞、馈食、斋等祭祀,太子庙属于中祀,而这种由民间自请在地方建立太子庙的情况尚不多见。由上,可知昭明太子萧统在民间的影响力之大和受民众爱戴程度之深。

　　这些分布于全国各地的昭明太子读书台、衣冠冢、太子庙、钓台、文选阁和文选楼等民间历史建筑,有些由于战乱或年久失修等原因原貌不存,但后来一些经过重建或者重新修缮又焕发出新的时代光彩。但这些读书台、衣冠冢太子庙、钓台和文选楼等建筑,有些地方萧统并没

① (明)王崇纂修:《池州府志》,嘉靖刻本。
② (明)王崇纂修:《池州府志》,嘉靖刻本。
③ (宋)李昉等编:《太平御览》,北京:中华书局1960年版,第1038页上。

有真的都去过，很多都是由当地民众自觉、自发主动建造和请建的，这些行为都足以说明昭明太子萧统不仅对后世的文学和文化等方面有重要的影响，而且实际上已经在一定意义上成为文化符号和民众民间所崇拜的仁德政治的精神代表。这一方面成为昭明太子萧统在文学、政治等方面的巨大影响力的体现和明证；另一方面有关昭明太子的建筑也成为当地珍贵的文化遗产，丰富着各地的文化发展，也不断拓深了地方文化的内涵和外延。

第三节　纪念萧统的诗文研究

一、修建文选阁、写作诗文纪念萧统

文选阁是指藏《文选》之地。关于文选阁，有的地方是因有太子祠在而兴建，据《明统一志》卷一六《池州府志》记载："文选阁，在城西四五里，以梁昭明太子祠在焉，池人因建此阁。"①有的文选阁还藏有《文选》，如据明嘉靖《池州府志》卷三记载："文选阁，在城西四五里西庙，贮梁昭明《文选》，有址。罗隐诗：'间生元子出萧梁，作《选》为书化万邦。三代已东成冠绝，六朝余外更无双。今朝集是群英仰，昨日谈非众耻降。辅国安民新试阁，滕王空作问临江。'"②此诗出于伪托。但也赞颂《文选》有文化万邦之功。此外还有些关于文选阁建立及其历史遭遇等等的记载。

值得注意和有较大文学价值的是，文选阁还多附有后人的序文、诗作等，赞美萧统及其编纂《文选》、流芳后世之举。如据清康熙《杏花村志》记载："文选阁，在西庙正寝殿右，今遗址尚存。顺治己亥司李钱黯拟重建贮《文选》版，因海兵犯池，未果。此古迹之最著者，亟宜修复之"（康熙《杏花村志》卷三《古迹》）。③

---

① （明）李贤、彭时等修撰：《明统一志》卷一六《池州府志》，内府藏本。
② （明）王崇纂修：《池州府志》，嘉靖刻本。
③ （清）郎遂：《杏花村志》，康熙刻本。

此外，郎遂又在记述方谟的《重建昭明太子殿碑记》后写道："按：昭明庙中诰敕，旧藏于祝周氏，当方太史作记时犹存也。迨其后，周氏居不戒于火，无有矣。则记所云崇宁大观中封显灵侯加昭德公，南渡后又封英济王，加忠显，加广利，又加灵佑，详哉！其及之于文孝之称，亦第云宋加之而已，不详所始矣。吴氏《耳湿湿集》所为据马贵与《文献通考》，而书于宋封两制后也。郡守叶公顾以神所致木自建府署，而乃更募以事此者，何哉？"①此是郎遂考证昭明庙之发展轨迹。

二、纪念萧统的诗文

康熙《杏花村志》卷三《古迹》录有十一首纪念萧统的诗文。

第一，福清林古度《文选楼诗》曰："秋浦楼过文选楼，隋梁胜迹在池州。细看万事皆虚往，不及昭明姓字留。"池州之地有秋浦楼、文选楼等历史遗迹，但林古度认为一切历史的过往皆是虚妄，都会如过眼云烟一般，只有昭明太子萧统因为《文选》而被历史记住。

第二，桐城周蔚《文选楼诗》曰："熟君《文选》薄轻衣，百尺高楼世所依。若把《华林》家法用，宏词博学与时违。"《华林》，当指萧统编纂《文选》受到《华林遍略》的影响之事，据《梁书·何思澄传》记载："天监十五年，敕太子詹事徐勉举学士入华林撰《遍略》，勉举思澄等五人以应选。"②徐勉领衔主编《华林遍略》，对萧统编纂《文选》当有所启发。于此，许逸民先生这样论述《文选》与《华林遍略》之关系："萧统受敕修《华林遍略》的触动，自天监十五年开始撰集诗文合集《类文》，天监末成千卷巨轶帙。"③周蔚诗作"薄轻衣"一句化用杜甫"熟精《文选》理，休觅彩衣轻"诗句，直言《文选》对科举考试之影响。

第三，刘廷銮《九日访文选楼故址诗》曰："梁家帝子到林丘，此地犹传文选楼。石镂断残学士姓，铜扉仅见老僧游。衣冠故冢山中在，庙食无鱼池上秋。向道登高能作赋，讲堂前席邈难俦。"梁家帝子当指萧统，林丘，指隐居的地方。文选楼已经破败不堪了，石头上镂刻的读书人的

① (清)郎遂：《杏花村志》，康熙刻本。
② (唐)姚思廉：《梁书》，北京：中华书局 1973 年版，第 714 页。
③ 许逸民：《文选编撰年代新说》，载《文学遗产》2000 年第 4 期，第 33—42 页。

姓氏已经残缺不全,铜门里也只看见年老的僧人在里面出入游览。萧统的衣冠冢也隐匿在深山里,萧统庙的鱼池里也许久没有人来喂食,一切都已经物是人非。

第四,晋江陈宝钥《文选阁诗有序》曰:"两汉不得不六朝也,犹六朝不得不八大家也,气运使然,质者岂为功,文者乌足罪耶? 虽然,绮丽伤意,流连伤情,繁芜并陈,瑜瑕不掩,而大雅于是乎阙矣。登斯阁者,得无叹滥觞之首乎? 抑有说焉,士必穷愁而后著书,若富贵场中人闻愁叹声则曰:彼咄咄者何为乎? 昭明生帝王家,习见华靡,宜其厌淳而喜纷也。呜呼,不有昭明,曷见昌黎,功越大禹,而任等孟轲也。"陈宝钥的序文提出,两汉必然会经历发展至六朝,而六朝时期的文学又势必会导致唐宋八大家的出现,认为六朝文学是唐宋文学发展至古文大繁荣的必然土壤。六朝的文章绮丽、辞采繁芜会有伤文意,但是瑕不掩瑜。萧统生在帝王之家,已经习惯了繁华奢靡,所以不喜欢质朴敦厚的风气而喜欢纷繁之风。陈宝钥序文直言"不有昭明,曷见昌黎,功越大禹,而任等孟轲也",他认为没有萧统,就不会出现后世的韩愈古文复兴的反正。

第五,陈宝钥《文选阁诗》曰:"都从字句巧争奇,六代芳华此一时。锦即成裘需碎后,金当跃冶孰陶之。风翻蝌蚪明窗入,夜唤蝉鱼古壁知。摘去楼梯深岁月,心精未许旁人知。"其诗作认为时人写诗都仅仅从字句巧争奇,这只是在于三国的吴、东晋和南朝的宋、齐、梁、陈的一时之用。就像精美鲜艳的纺织品要变成裘衣也需要剪碎重新裁剪,金子也要接受锤炼才能成为良器一样,就像风吹翻了蝌蚪书只有窗前的读者明了,夜里鸣叫的蝉也只有古老的墙壁知道一样,大智为蝉,大贤为鱼,蝉舞虚风,鱼舞清池,在历史的清影里,萧统编纂《文选》的用心之精旁人是不易知晓的。

第六,陈宝钥《文选阁诗》又曰:"名山藏实岂藏虚,美市都成忠孝余。伪晋未删令伯语,《剧秦》多录子云书。乾坤一镜悬孤榻,今古双珠照石渠。此日滥觞都散尽,总绿繁芜兆丘墟。"陈宝钥认为传之不朽的藏书之所都应该藏有真正的好书而不是徒有虚名。魏晋的李密奉事以孝闻,数次出使吴国,颇有才辩,西晋初被征为太子洗马,诏书多次下达让他去上任,但是他以与祖母相依为命为由上《陈情表》请辞,等到祖母卒后，又被征召为洗马，后来做了温令，迁汉中太守，但是因为在朝廷无援，不得为京官，颇有怨言，最终被奏免官。王莽篡汉自立国号为新，汉代的扬雄仿司马相如的《封禅文》撰《剧秦美新》一文，上呈王莽，贬斥秦朝，称美王莽的新朝。石渠，即石渠阁，泛指皇室藏书处。诗末是说仿佛所有的江河之源全部涌出，这个起源和发端面对着文选楼的废墟，总会呈现新的文学繁荣发展的征候的。

第七，宛平汪元绶《文选阁诗》曰："青宫弘睿藻，开阁对名山。万古文章地，诸峰锦绣环。簪缨随扈从，风雨失丹颜。重建楹榱焕，辉联星斗间。"汪元绶认为池州因萧统而可称"万古文章地"。青宫，此指萧统。因太子居东宫，东方属木，于色为青，故称太子所居为青宫。意思是说萧统所作的诗文都是好文章，而且他礼贤爱士，又可以把《文选》传之不朽。池州千峰锦绣环绕，是万古文章之地。明达显贵跟随皇帝出巡，风雨都失去了颜色。重新修建了厅堂前的柱子和椽子，又焕发出了新的光彩。

第八，余杭严曾榘《忆池阳文选楼送宗鹤问官其地诗》曰："高楼迥舆白云连，名自萧梁太子传。六代繁华长已矣，千秋风雅尚依然。几余陈迹空江上，忽尔怀人落照边。知向池阳官舍近，著书安肯让前贤。"严曾榘说六朝的繁华已逝，但萧统留下的千秋风雅至今尚在。虽然浩瀚寂静的江面只留下一点遗迹，忽然作者所怀念的人萧统就像在夕阳的余晖下一样。离池州市池阳的官署很近，撰写著作也要向前代的贤人或名人看齐，可见文选楼激发了作者的著书之志。

第九，江都吴绮同题诗曰："西风吹雁度江滨，送客还疑远望真。地藉文章传胜迹，天留台榭与才人。池鱼入馔羹香美，山鹤闻琴舞态新。到日楼头应有忆，不须乡萝往来频。"开首借西风吹着大雁飞过江滨，自己送行客人向远处看起首，发出了"地藉文章传胜迹"的感慨。

第十，秦中王宾同题诗曰："文选楼空锁暮烟，郊西明月尚依然。大江忽忆池阳好，旧迹还因帝子传。数百里中云影接，一千年后墨光连。少文此去攀佳胜，如在邗关古寺边。"此诗说忽然想起池阳处来，遗迹就是因为萧统才得以流传。在很远的距离上云影相接，好像文章风范千古相连。自己缺少文才去还要攀附名胜古迹，就如同在邗城的古寺旁边了。王宾前的题诗指出文选楼遗迹因昭明太子萧统之名而得以流传千古。

第十一，石埭曹有爵《文选楼怀古诗》曰："楼高瞻帝子，想见恋烟鬟。宫阙非梁代，衣冠冷秀山。鱼嘉宜易号，《文选》敢重删。地胜仍如昔，英风定往还。"在高高的文选楼上缅怀帝王之子萧统，内心里很迷恋这云雾缭绕的峰峦。虽然宫殿不是梁代的，只是池州的冷秀山。曹有爵怀古诗瞻仰太子萧统，认为鱼嘉可以轻易改变称呼，《文选》却不是谁人都可以重定加删的，诗人在这里充分肯定萧统编撰《文选》之功劳。

由以上十一首纪念诗文可见，萧统的影响巨大，波及后世，引起了后世文人以诗文对其人及其编选《文选》之功和对地方文化的影响的赞扬。有赞扬昭明太子萧统编纂《文选》的"立言"留名历史的；有直言《文选》对科举考试之影响的；有面对着文选楼遗迹发幽古之思的；有把萧统在文学发展史上的地位定位于超越了大禹之功、直追孟子、影响了韩愈的；有赞颂萧统编纂《文选》的用心之精的；有面对着文选楼遗迹的废墟，认为总会有新的文学繁荣发展的征候和迹象的；有认为池州因萧统而可称"万古文章地"的；有因文选楼而激发了著书之志的；有认为池州之地是借文选楼所藏《文选》才能成为胜迹的；有指出文选楼遗迹因昭明太子萧统之名而得以流传千古的；有认为《文选》不是任人重删的，等等。

第九章　《文选》与中国文学史

　　萧统更多的是以编纂《文选》名于后世,因而《文选》的影响,在一定意义上来说即萧统的影响。《文选》对后世的影响在两个方面最为显著。其一,《文选》对中国古代选本的编选影响巨大,后世的选本编选以之为标准,后或有质疑和发展创新者,从而走出了中国化的选本之路。其二,《文选》作为中国古代的学习范本影响深远,又因科举考试之故,逐渐成为科举考试考生和家教的学习范本。

第一节　《文选》与选本学

一、什么叫作"选本"?

　　《隋书·经籍志》曰:

　　　　总集者,以建安之后,辞赋转繁,众家之集,日以滋广,晋代挚虞,苦览者之劳倦,于是采摘孔翠,芟剪繁芜,自诗赋下,各为条贯,合而编之,谓为《流别》。是后文集总钞,作者继轨,属辞之士,以为覃奥,而取则焉。①

所谓"采摘孔翠,芟剪繁芜",已是"选本"的意味,故一般来说,总集与选本的意思是一样的。萧统《文选》"取则"挚虞《文章流别集》。《艺文类

---

① (唐)魏征:《隋书·经籍志四》,北京:中华书局1973年版,第1089—1090页。

聚序》云"《流别》《文选》,专取其文"①,欧阳询称其为承袭关系。明陈衍《选编序》称"自昭明《文选》行,文始有选"②,为什么这样说?一是《文章流别集》已佚,后人能够见到的最早选本是《文选》;二是《文选》给后世选本立下了规范,明顾大韶《海虞文苑序》说:

> 昔者昭明之为《文选》也,论世穷乎八代,取材极于九垓,囊括今古,包裹鸿细。然后鉴之以神识,裁之以体格,辨之以源流,审之以声韵。才累理者必去,疵间醇者必削,其用物也弘矣,其持法也严矣,故能继六经而垂世,并二曜以经天也。③

即此意。故明人王文禄曰:"《昭明文选》,文统也,恢张经、子、史也。选文不法《文选》,岂文乎?"④后世的选本,多有从《文选》出发,至有甚者,如《直斋书录解题》卷一五所载《选诗》七卷即从"《文选》中录出别行,以人之时代为次"⑤;又如元刘履编《风雅翼》,《四库总目提要》称之曰:

> 是编首为《选诗补注》八卷,取《文选》各诗删补训释,大抵本之"五臣旧注",曾原演义,而各断以己意。次为《选诗补遗》二卷,取古歌谣词之散见于传记、诸子,及乐府诗集者,选录四十二首,以补《文选》之阙。次为《选诗续编》四卷,取唐、宋以来诸家诗词之近古者一百五十九首,以为"文选嗣音"。⑥

既有再选《文选》之诗,又有选录历朝之诗,以《文选》为法甚明。

现从《文选》编纂的原创问题出发,讨论《文选》给古代"选本学"立下怎样的规范,历代人们围绕着《文选》给选本学提出并解决了哪些问题,这些问题如何发展了中国古代选本学。

---

① (唐)欧阳询编,汪绍楹校:《艺文类聚》,上海:上海古籍出版社 1982 年版,第 27 页。
② (明)陈衍撰,福建省文史研究馆编:《大江草堂二集》卷十二,南京:江苏广陵古籍刻印社 1996 年版,第 74 页。
③ (明)顾大韶:《炳烛斋稿》,沈乃文主编《明别集丛刊》第五辑第 24 册,合肥:黄山书社 2015 年版,第 206 页。
④ (明)王文禄:《文脉》卷一,《四库存目丛书》集部 417 册,济南:齐鲁书社 1997 年版,第 103 页下。
⑤ (宋)陈振孙:《直斋书录解题》卷十五,上海:上海古籍出版社 1987 年版,第 451 页。
⑥ (清)永瑢:《四库全书总目》集部四十一,北京:中华书局 1965 年版,第 1711 页下。

二、选文"以文衡"还是"以人衡"

　　人们讨论《文选》的编纂者时，往往提出刘孝绰的参与。刘孝绰平时最为萧统推重，《梁书》《南史》都有记载。《文镜秘府论·南卷·集论》："或曰：晚代铨文者多矣，至如梁昭明太子萧统与刘孝绰等撰集《文选》，自谓毕乎天地，悬诸日月。"①《玉海》卷五十四《艺文·总集文章》引《中兴书目》原注："与何逊、刘孝绰等选集。"②史书记载了这样一件事：刘孝绰和到溉、到洽兄弟有怨隙，刘峻（孝标）写过一篇《广绝交论》讽刺任昉门下之士忘恩，即影射到氏兄弟。到溉见到此文，愤恨不已，投之于地，而刘孝绰与诸弟却特别欣赏此文，相互写信称赞。《广绝交论》李善注引刘璠《梁典》载："刘峻见任昉诸子西华兄弟等，流离不能自振，生平旧交，莫有收恤。西华冬月著葛布帔、练裙。路逢峻，峻泫然矜之。乃广朱公叔《绝交论》。到溉见其论，抵几于地，终身恨之。"③于是人们称：《文选》选入《广绝交论》，可能是刘孝绰在到洽亡后，利用参与编辑工作的机会私自收录进去的。因为萧统对刘孝绰和到溉、到洽兄弟之间的怨隙，采取的是"和"的方式，史载："孝绰诸弟，时随藩皆在荆、雍，乃与书论共洽不平者十事，其辞皆鄙到氏。又写别本封呈东宫，昭明太子命焚之，不开视也。"④萧统是不会把攻击到溉、到洽兄弟的文章收录进《文选》的。

　　于是就出现了这样一个问题：选本编纂作品，以什么为标准？唐代的选本编纂对此就很注意。殷璠《河岳英灵集叙》曰："且大同至于天宝，把笔者近千人，除势要及贿赂者，中间灼然可尚者，五分无二，岂得逢诗辄赞，往往盈帙？"殷璠称中大通三年（531）萧统逝世后，梁大同年间到唐天宝年间，诗歌作者近千人，除去"势要"者与花钱买作品的那些人，"灼然可尚者，五分无二"，但这些作品"岂得逢诗辄赞，往往盈帙"；于是他提出："如名不副实，才不合道，纵权压梁、窦，终无取焉。"称自己

---

① 王利器：《文镜秘府论校注》，北京：中国社会科学出版社 1983 年版，第 354 页。
② （宋）王应麟：《玉海》，《景印文渊阁四库全书》第 944 册，上海：上海古籍出版社 1987 年版，第 437 页。
③ （南朝梁）萧统撰、（唐）李善注：《文选》，北京：中华书局 1977 年版，第 754 页下。
④ （唐）姚思廉：《梁书·刘孝绰传》，北京：中华书局 1973 年版，第 481 页。

要坚持原则,看作品之"实"、论作者之"才",并特别提出不考虑作者的官位大小。他又解释自己为什么要这样做:"盖身后立节,当无诡随,其应诠拣不精,玉石相混,致令众口销铄,为知音所痛。"①即不能因为"诠拣不精,玉石相混"而让自己在后世受到批评。晚唐郑谷《读前集二首》其一称赏殷璠曰:

> 殷璠裁鉴《英灵集》,颇觉同才得契深。何事后来高仲武,品题《间气》未公心。②

并批评高仲武《中兴间气集》选录诗作时的"品题"不出于"公心"。

后世选录作品是否出于"公心"的例子,正反两方面都有。正面的如:顾陶《唐诗类选自序》说"终恨见之不遍,无虑选之不公"。顾陶《唐诗类选后序》亦称自己选诗"不惧势逼,不为利迁,知我以类选起序者天也",是出于公心的;这些表白,恐怕都是由于有人攻击选诗有所"不公"而来。反面的如《旧唐书·裴潾传》载:

> (大和)七年,(裴潾)迁左散骑常侍,充集贤殿学士。集历代文章,续梁昭明太子《文选》,成三十卷,目曰《大和通选》,并音义、目录一卷,上之。当时文士,非素与潾游者,其文章少在其选,时咸薄之。③

《旧唐书》亦载:"集贤学士裴潾撰《通选》三十卷,以拟昭明太子《文选》。潾所取偏僻,不为时论所称。"又,唐芮挺章《国秀集》录自己的作品;又有所录作者楼颖作序,《四库总目提要》批评其为"陋":"考梁昭明太子撰《文选》,以何逊犹在,不录其诗,盖欲杜绝世情,用彰公道;今挺章与颖,一则以见存之人采录其诗,一则以选己之诗为之作序,后来互相标榜之风,已萌于此。知明人诗社锢习,其来有渐,非一朝一夕之故矣。"④

叶燮《选家说》:

---

① (清)董浩等编:《全唐文》卷四百三十六,北京:中华书局 1983 年版,第 4453 页上。

② (清)郑谷:《郑守愚文集》卷三,《四部丛刊续编》第 123 册,台北:新文丰出版公司 1989 年版,第 769 页上。

③ (后晋)刘昫等:《旧唐书》卷一七一,北京:中华书局 1975 年版,第 4449 页。

④ (清)永瑢:《四库全书总目》集部三十九,北京:中华书局 1965 年版,第 1688 页中下。

古文辞赋之有选也，自梁昭明始。昭明之《选》，其去取虽或未尽当，后人有訾之者，然其出乎一己之成见，初非有所附会。从实而不从名，而不以名假实。夫自周秦下逮萧梁，操觚之家当以万计，昭明不求诸人而求诸文，因文以见人，而人可屈指数，文亦可屈指数，后世亦未尝讥其不备也。自后唐宋人亦皆有选，率就文言文，未尝于文之外别有所鹜也。窃怪近今之选家则不然，名为"文选"，而实则人选。文选一律也，人选则不一律也。或以趋附，或以希求，或以应酬交际，其选以人衡，何暇以文衡乎？不以文衡，于是文章多弃人，天下多弃文矣。……吾愿选古之家，自不能效法圣人，其亦不失梁昭明之意，斯亦可矣。①

意思是说，选录什么作品，或出于眼光的高低，但《文选》并非《诗品序》所说：如"谢客集诗，逢诗辄取；张隐《文士》，逢文即书"②，还是有标准的，即"以文衡"而不是"以人衡"，也就是出于"公心"，也就是昭明太子为选家定出的规矩。

三、编次与选本录经、子、史、集文章

《文选序》曰："凡次文之体，各以汇聚。诗赋体既不一，又以类分。类分之中，各以时代相次。"萧统提出了"次文"的原则：一是文体，二是类型，三是人，"各以时代相次"说的是作品，实际要落实到作家。

选本"次文"以文体为凭所来有自。从史书所载录看，《汉书》所载：或录篇题，或录篇数，录文体只突出辞赋，如《司马相如传》："相如它所著，若《遗平陵侯书》《与五公子相难》《草木书》篇，不采，采其尤著公卿者云。"③又如《严助传》："有奇异，辄使为文，及作赋颂数十篇。"④而《后汉书》则篇题、各种文体俱重，如《蔡邕传》载："所著诗、赋、碑、诔、铭、赞、连珠、箴、吊、论议、《独断》《劝学》《释诲》《叙乐》《女训》《篆艺》、祝

① （清）叶燮：《已畦文集》卷三，《丛书集成续编》第124册，上海：上海书店1994年版，第669—670页。
② 曹旭：《诗品集注》，上海：上海古籍出版社1994年版，第186页。
③ （汉）班固撰，（唐）颜师古注：《汉书》，北京：中华书局1962年版，第2609页。
④ （汉）班固撰，（唐）颜师古注：《汉书》，北京：中华书局1962年版，第2790页。

文、章表、书记、凡四百篇，传于世。"①从文论家的文体论述看，有曹丕《典论·论文》、陆机《文赋》等；从文章选本看，已有《文章流别论》"导夫先路"。

选本"次文"以类型为凭，亦所来有自。或来自别集编纂，清人张澍曰："陈寿《进〈诸葛亮〉集表》有云：'删除复重，随类相从。'知二十四篇乃是总目，其诏、表、疏、议、书、教、戒、令、论、记、碑、笺，各以事类相附，不以文体次比也。"②诗以"类"相分，或受到乐府分类的启发。汉末蔡邕《乐意》称"汉乐四品"，一曰《大予乐》，二曰《周颂》雅乐，三曰《黄门鼓吹》等。③ 乐府的分类，本多以音乐曲调的不同分类，但蔡邕此处又强调其作用及内容的不同并以之分类。《文选》的诗歌分类，还受到类书编纂的影响，曹丕"又使诸儒撰集经传，随类相从，凡千余篇，号曰《皇览》"④。

唐人选唐诗则多以人为单位，如：《箧中集》《河岳英灵集》《国秀集》《御览诗》《中兴间气集》《极玄集》《又玄集》《才调集》等。对《搜玉小集》以作品为单位，《四库总目提要》批评说："既不以人叙，又不以体分，编次参差，重出叠见，莫能得其体例。"⑤

前人多称《文选》编次之例，如《文苑英华》，《四库总目提要》称："此书所录，则起于梁末，盖即以上续《文选》，其分类编辑，体例亦略相同，而门目更为烦碎，则后来文体日增，非旧目所能括也。"⑥《成都文类》，《四库总目提要》称："凡一千篇有奇，分为十有一门，各以文体相从，故曰《文类》。每类之中，又各有子目，颇伤繁碎。然《昭明文选》已创是例，宋人编杜甫、苏轼诗，亦往往如斯，当时风尚使然，不足怪也。"⑦《文选》作为选本之祖，不仅仅在"次文"之"例"方面提出表率，更重要的是给后代提出了具有启发性的问题：文选不录经、子、史、语的文

① （南朝宋）范晔：《后汉书》，北京：中华书局1965年版，第2007页。
② 《诸葛亮集》"卷首"，北京：中华书局1960年版，第23页。
③ 严可均：《全上古三代秦汉三国六朝文》，《全后汉文》卷七十，北京：中华书局1958年版，第859页下。
④ （晋）陈寿撰，（南朝宋）裴松之注：《三国志·文帝纪》，北京：中华书局1964年版，第88页。
⑤ （清）永瑢：《四库全书总目》，北京：中华书局1965年版，第1691页中。
⑥ （清）永瑢：《四库全书总目》，北京：中华书局1965年版，第1691页下。
⑦ （清）永瑢：《四库全书总目》，北京：中华书局1965年版，第1699页上中。

字,后代选本怎么办？选本不录经、子、史、语的文字要达到一个什么目的,《文选》给出了答案;选本要录经、子、史、语的文字,这是后代要超越《文选》之处,但这又要达到一个什么目的?

选本学发展的方向是:以《文选》的编次之例,合理合法地实现以文体、以类型"次文"的文章一统,实现以文体、以类型为核心的文章谱系,即选本应根据需要把经、子、史、语的作品也收录进来。"文章的分体与归类是文体学的重要内容"①,也是选本学的重要内容,以下分析《文选》开创的分体与归类是如何又开创了选本学的新局面的。

一是以文体为标准再造文章。再造文章,本是《文选》编纂的传统,如《文选》卷四十二曹植《与吴季重书》,据李善注,可知是两封信合成的。② 这是同一文体的合并。《文选》卷四十任昉《奏弹刘整》,李善注云:"昭明删此文大略,故详引之,令与《弹》相应也。"③李善注是恢复《奏弹刘整》的原貌,而《文选》是把本为"笔"的《奏弹刘整》改造成"文"的《奏弹刘整》,这是由某一文体改造为另一文体。由《文选》的文体改造出发,历代选本对经、子、史、语进行文体再造,令其成为合乎"篇章""篇什""篇翰"的文体文章而入集,即钱锺书云:"古人选本之精审者,亦每改削篇什。"④。如吕祖谦《左传博议》"随事立义","剪截"《左传》片段为文章而入集。又有"经"的进入总集。明孙鑛(号月峰)有《孙月峰评经》十六卷,有《诗经》四卷、《书经》六卷、《礼记》六卷,非论《诗经》等整体而论其篇章,四库馆臣批评说"经本不可以文论"⑤。《文选》有曹丕《典论》之《论文》入总集,这是以子书以"篇"的身份入总集的例子。而经、子的入集,往往以篇、章为名,如《孟子》的《齐桓晋文之事章》、《庄子》的《逍遥游篇》,曾为真德秀宾客的汤汉,其总集《妙绝古今》,卷一选摘《左氏》《国语》《孙子》《列子》《庄子》《荀子》文字,卷二选摘《国策》《史记》《淮南子》的文字。如此截取与合并以再造文章,是有意识的,从曾

① 吴承学:《中国古代文体学研究》,《论〈四库全书〉的文体学思想》,北京:人民出版社 2011 年版,第436 页。
② (南朝梁)萧统编,(唐)李善注:《文选》,北京:中华书局 1977 年版,第 595 页下。
③ (南朝梁)萧统编,(唐)李善注:《文选》,北京:中华书局 1977 年版,第 561 页上。
④ 钱锺书:《管锥编》第 3 册,北京:中华书局 1979 年版,第 1067 页。
⑤ (清)永瑢等:《四库全书总目》,北京:中华书局 1965 年版,第 282 页下—283 页上。

国藩《经史百家杂钞》之"钞",就知其特别的意味,即一定要经过选录以再造文章,才能进入选本。

二是以类型为标准再造文章。宋代真德秀《文章正宗》,开创以"归类"进行总集编纂①,他以功能把文体归类为辞令、议论、叙事、诗歌四大类。《左传》《史记》的文字,凭什么进入选本? 就是因为其某些部分的文字是"叙事"的;真德秀《文章正宗》"叙事"首列《叙隐桓嫡庶本末》,即是某一"纪事本末"的片段,其篇名则是编纂者所定。《文章正宗》破《史记》以"人"为单位的"记事",节录为以"事"为单位者,篇题为"叙某某"如《叙项羽救钜鹿》《叙刘项会鸿门》。又如其《屈原传》拆《史记》合传整篇而单录一人,且删略了原文所录屈原的《怀沙之赋》以及篇末的"太史公曰"等。曾为真德秀宾客的汤汉《妙绝古今》,其录诸子之文,从《孙子》《列子》《庄子》《荀子》《淮南子》选摘文章,并不依诸子之书中原有的篇章,选摘文章也没有题目,而是以"妙绝"为标准选摘一个个片段;原因就是"妙绝"成为文体的某一"归类"。明贺复征《文章辨体汇选》,其记体收录《周礼·考工记》的文字,就是因为有文体归类的"记"。文体学家让"经"的文字放下身段,进入文体谱系。

经、史、子的文字进入文体谱系,虽然也是以文体的身份进入文体谱系,但显示的是其文体功能,它们是经过改造才具备文体形式的。进而有了"经、史、子、集"为文体"归类"的总集。南北朝时颜之推提出文章"原出《五经》",这是归类于"五经"的文体谱系,明黄佐《六艺流别》,把古代文体分别系于《诗》《书》《礼》《乐》《春秋》《易》六经之下,四库馆臣称"是书大旨以六艺之源皆出于经,因采摭汉、魏以下诗文,悉以六经统之"②,"首次以选本建构文本六经的谱系"③。明陈仁锡编《古文汇编》,以经、史、子、集分部。又有曾国藩《经史百家杂钞》之类的新型总集,即涵括经、史、子、集四部,经、史、子三类的文字,约占全书四分之一的分量,又把所录文章"归类"为著述、告语、记载三门,下分为十一类文

---

① 吴承学称《文章正宗》开创了归类学的总集传统。见吴承学《中国古代文体学研究》,北京:人民出版社 2011 年版,第 340 页。
② (清)永瑢等:《四库全书总目》,北京:中华书局 1965 年版,第 1746 页上。
③ 吴承学:《中国古代文体学研究》,北京:人民出版社 2011 年版,第 392 页。

体,这是超越传统集部的总集,也是超越传统的文体谱系。又如以人为单位的文章归类,如《古文观止》,等。

以文体、类型为标准的选本"次文",其对选本学的意义,在于选本也可以构筑文章大一统的局面。

四、选本编纂的取舍与经典的建立

晚清著名石刻学者叶昌炽《语石》卷四"诗文一则"云:"余所见石刻赋,惟楼异《嵩山三十六峰赋》,僧昙潜书(建中靖国元年),笔意逼肖长公。易祓《真仙岩赋》,在融县。梁安世《乳床赋》,在临桂之龙隐岩,并皆佳妙。此三人皆无集行世,赋选亦不收,赖石刻以传耳。"①文章赖石刻以流传,是特殊的例子,文章能否流传,首要是入集,入集才可以有以后是否能成为经典的进一步可能。如《四库总目提要》称:《古文苑》,"其真伪盖莫得而明也","然唐以前散佚之文,间赖是书以传,故前人多著于录,亦过而存之之意欤"②;《江湖小集》:"南渡后诗家姓氏,不显者多,赖是书以传,其撷拾之功亦不可没也。"③

后代文论家往往挑剔选家的眼光,如元兢《古今诗人秀句序》称《文选》:"然于取舍,非无舛谬。方因秀句,且以五言论之。至如王中书'霜气下孟津'及'游禽暮知返',前篇则使气飞动,后篇则缘情宛密,可谓五言之警策,六义之眉首。弃而不纪,未见其得。"④

如苏轼称《文选》:"如李陵、苏武五言,皆伪而不能去。观《渊明集》,可喜者甚多,而独取数首。以知其余人忽遗者甚多矣!""李陵、苏武赠别长安,而诗有'江汉'之语,乃陵与苏武书,词句儇浅,正齐梁小儿所作,决非西汉文,而(萧)统不悟,刘子玄独知之。"⑤这是说李陵、苏武五言诗皆为伪托,而萧统不能识。

清黄子云《野鸿诗的》:"昭明材本平庸,诗亦暗劣,观其选本,多所未协。如机、云兄弟,休文、安仁之徒,警策者绝少,而采录几无遗漏;若

① 叶昌炽撰,柯昌泗评:《语石·语石异同评》,北京:中华书局1994年版,第222页。
② (清)永瑢等:《四库全书总目》,北京:中华书局1965年版,第1691页中下。
③ (清)永瑢等:《四库全书总目》,北京:中华书局1965年版,第1701页中下。
④ 王利器:《文镜秘府论校注》,北京:中国社会科学出版社1983年版,第354页。
⑤ (宋)苏轼:《苏东坡文集》卷六十七、四十九,北京:中华书局1986年版,第2093、1429页。

文姬《悲愤》、太冲《娇女》诸篇，反弃而不取。具识力者，自必有定论。故云子美‘精熟文选理’，精者，明察之谓。"①

清赵绍祖《消暑录》则称《文选》赘选："第既取《两都》，则《两京》《三都》可以从略，然犹曰以备地志也。至‘七’与‘连珠’等，但取一以备体足矣。‘符命’取《封禅》《典引》而并及《剧秦美新》，则真赘矣。"②

对《文选》的最大疑问，就是称其未选后代成为经典者——《兰亭集序》。宋代时，《兰亭集序》已为经典，于是有《文选》不录之疑。或谓《兰亭集序》受后人重视本非文章华妙而以其书法；或谓由于"丝竹管弦""天朗气清"为语病，此就文词而谈者；实际上为什么不录？有一个社会风尚的问题。或谓南朝人从文学上鄙视涉及玄学的文章、诗歌，如檀道鸾《续晋阳秋》、沈约《宋书·谢灵运传论》、刘勰《文心雕龙·时序》、萧子显《南齐书·文学传论》、钟嵘《诗品序》等，萧统的观念亦是如此，时存"兰亭诗"甚多，但《文选》一首未录。

不管怎么说，萧统的视野所在，其所谓"略其芜秽，集其清英"就是明证，要让选本之作成为经典。而萧统《文选》作品的经典化之路，也有其特殊性，即所谓开宗之作。人称其收录的汉代作品，"非汉之撰，乃汉之宗。《两都》以下汉氏乃独有其丽赋，《十九首》、苏李以下汉氏乃独有其古诗，《过秦》以下独有其论，《出师》以下独有其表，《逐客》以下独有其书，《封禅》以下独有其符瑞。其他《客难》《蜀檄》《七发》《连珠》者流，咸各自立规绳，不摹往匠。后者邈而莫追，前者旷若无始。《选》之必传，此其故欤！"③

后代的选本只有在精挑细选上下功夫，馆臣称唐元结编《箧中集》曰："其诗皆淳古淡泊，绝去雕饰，非惟与当时作者门径迥殊，即七人所作见于他集者，亦不及此集之精善，盖汰取精华，百中存一。"④又如唐姚合编《极玄集》自序："此皆诗家射雕手也，合于众集中更选其极玄者，庶

---

① （清）黄子云：《野鸿诗的》，《续修四库全书》第 1701 册，上海：上海古籍出版社 2002 年版，第 192 页下。
② （清）赵绍祖：《消暑录》，《续修四库全书》第 1161 册，上海：上海古籍出版社 2002 年版，第 114 页上。
③ （明）沈懋孝：《长水先生文钞·淇林馆杂钞》，《四库禁毁书丛刊》集部第 159 册，北京：北京出版社 1997 年版，第 95 页上。
④ （清）永瑢等：《四库全书总目》，北京：中华书局 1965 年版，第 1688 页。

免后来之非。"①馆臣称《极玄集》曰："然选录是集，乃特有鉴裁，所取王维至戴叔伦二十一人之诗，凡一百首，今存者凡九十九，合自称为皆诗家射雕手，亦非虚语。"②明沈懋孝《选诗钞序》："余既选《选》文矣，复选《选》诗，合之称《选钞》焉。"③

五、编纂目的与选本的实用性

为什么编纂选本？各有所目的。《隋书·经籍志四》对《文章流别集》的产生，只是说"总集者，以建安之后，辞赋转繁，众家之集，日以滋广，晋代挚虞，苦览者之劳倦，于是采摘孔翠，芟剪繁芜"；是为了阅读的方便。《晋书·挚虞传》介绍说："（挚虞）又撰古文章，类聚区分为三十卷，名曰《流别集》，各为之论，辞理惬当，为世所重。"名为"流别"，把古来文章"类聚区分"，其编撰目的就是以示源流，其编撰方法亦是如此，与编撰目的是重合的。

到《文选》时，情况不一样了，《文选序》论选录作品时称"略其芜秽，集其清英"，就是把历代有所定论的优秀作品集合起来。这也就是《文选序》在论各类体制的文章时说："譬陶匏异器，并为入耳之娱；黼黻不同，俱为悦目之玩。"所以其强调作品的"盖踵其事而增华，变其本而加厉，物既有之，文亦宜然，随时变改，难可详悉"。所以陈衍《选编序》称："自昭明《文选》行，文始有选。而《文选》所载专取巨丽为主，非巨丽者，虽工不录，一时之习尚也。"④称选本编纂目的与社会风尚、时代崇尚保持着紧密的关系。

萧统的编纂观与其创作观略为不同。萧统《答湘东王求文集及〈诗苑英华〉书》谈到自己创作的理想文风：

> 夫文典则累野，丽亦伤浮，能丽而不浮，典而不野，文质彬彬，

---

① 《唐人选唐诗十种》，上海：上海古籍出版社 1978 年版，第 318 页。

② （清）永瑢等：《四库全书总目》，北京：中华书局 1965 年版，第 1689 页下。

③ （明）沈懋孝：《长水先生文钞·淇林馆杂钞》，《四库禁毁书丛刊》集部第 159 册，北京：北京出版社 1997 年版，第 97 页上。

④ （明）陈衍撰，福建省文史研究馆编：《大江草堂二集》卷十二，扬州：广陵古籍刻印社 1996 年版，第 74 页。

有君子之致。吾尝欲为之,但恨未逮耳。①

总括而言,萧统视"文质彬彬"为自己的创作理想,称自己的文学创作对此非常向往。但不能把它等同于其编纂宗旨,这就是《金楼子》卷四《立言上》讲选本编纂如何处理"昔之所重,今反轻;今之所重,古之所贱"的问题②。所以,当讨论选家的编纂理想时,既要看到其于创作理想的关系,又不能等同于其创作理想。

人们继承着萧统的编纂观,编纂选本,各有鹄的。高仲武《中兴间气集序》称:"暨乎梁昭明,载述以往,撰集者数家,推其风流,正声最备",而"其余著录,或未至焉",所谓"《英华》失于浮浅,《玉台》陷于淫靡,《珠英》但纪朝士,《丹阳》止录吴人",就是由于"曲学专门",即为了某一专门目的,所以"何暇兼包众善",故"使夫大雅君子,所以对卷而长叹也"③。从经典的建立来说是不足,而从选本编纂来说,无可厚非。其中尤其要说一下《玉台新咏》,它是为宫中妇女提供读物,要把《玉台新咏》编成一部具有女性题材总成性质的选本,所谓"宫体",所谓"艳诗"。《玉台新咏序》云:"但往世名篇,当今巧制,分诸麟阁,散在鸿都。不藉连章,无由披览。于是然脂暝写,弄墨晨书,选录艳歌,凡为十卷。"④唐代刘肃《大唐新语·方正》这样评价《玉台新咏》:"梁简文帝为太子,好作艳诗,境内化之,浸以成俗,谓之宫体。晚年改作,追之不及,乃令徐陵撰《玉台集》,以大其体。"⑤

又如宋姚铉编《唐文粹》,《四库总目提要》称:"是编文赋惟取古体,而四六之文不录;诗歌亦惟取古体,而五七言近体不录。""则铉非不究心于声律者,盖诗文俪偶,皆莫盛于唐。盛极而衰,流为俗体,亦莫杂于唐。铉欲力挽其末流,故其体例如是。于欧、梅未出以前,毅然矫五代之弊,与穆修、柳开相应者,实自铉始。"⑥

① (南朝梁)萧统著,俞绍初校注:《昭明太子集校注》,郑州:中州古籍出版社2001年版,第155页。
② 许逸民:《金楼子校笺》,北京:中华书局2011年版,第852页。
③ 《唐人选唐诗十种》,上海:上海古籍出版社1978年版,第302页。
④ (南朝陈)徐陵编:《玉台新咏》,明小宛堂覆宋本,北京:人民文学出版社2010年版,第2页。
⑤ (唐)刘肃撰,许德楠、李鼎霞点校:《大唐新语》,北京:中华书局1984年版,第42页。
⑥ (清)永瑢等:《四库全书总目》,北京:中华书局1965年版,第1692页下。

后世选本,虽然亦多观赏目的,但往往又有其他实用目的,如为了科举考试、为了作文学习而编纂选本。姚铉《唐文粹序》自称:编纂"古文"入总集,"盖资新进后生千名求试者之急用尔"①;尤为突出者如吕祖谦,其自序编纂《左氏博议》的目的,"为诸生课试之作","谈余语隙,波及课试之文,予思有以佐其笔端,乃取左氏书理乱得失之迹,疏其说于下"②。真德秀《文章正宗·纲目》称"独取《左氏》《史》《汉》叙事之有可喜者,与后世记、序、传、志之典则简严者","以为作文之式"③。"作文之式"最可讲究的就是义法、篇法、章法等,所谓"言有序"④,其意思是指文章的组织结构。此处又突出所选文中的经典性、典范性,非此则不能实现其特殊目的。

　　《四库总目提要》对诸选本的各种目的有所阐述,其称吕祖谦编《古文关键》:"取韩愈、柳宗元、欧阳修、曾巩、苏洵、苏轼、张耒之文,凡六十余篇,各标举其命意布局之处,示学者以门径,故谓之'关键'。卷首冠以总论看文、作文之法。"⑤其称真德秀编《文章正宗》:"其持论甚严;大意主于论理,而不论文。"⑥其称宋楼昉撰《崇古文诀》:"陈振孙《书录解题》,称其大略如吕氏《关键》,而所录自秦、汉而下至于宋朝,篇目增多,发明尤精,学者便之。"⑦其称元方回撰《瀛奎律髓》:"是书兼选唐、宋二代之诗,分四十九类,所录皆五、七言近体,故名律髓。"⑧

　　所以,自《文选》以来,选本经历着从观赏向诸多明确目的的转换,尽管有着诸多的转换,选本应该具有观赏性、典范性的原则,还是第一位的,各种编纂目的的视野范围之内,都包括有观赏性、典范性的考虑。

① (宋)姚铉:《唐文粹》,四部丛刊初编第 1937 册,上海:上海书店 1989 年版,第 3 页。
② (宋)吕祖谦:《东莱先生左氏博议》,丛书集成初编,北京:中华书局 1985 年版,第 1 页。
③ (宋)真德秀:《文章正宗》,《景印文渊阁四库全书》第 1355 册,上海:上海古籍出版社 1987 年版,第 6 页。
④ 《周易正义》,《周易·艮》爻辞:"艮其辅,言有序,悔亡。"《十三经注疏》,第 63 页上。
⑤ (清)永瑢等:《四库全书总目》,北京:中华书局 1965 年版,第 1699 页上。
⑥ (清)永瑢等:《四库全书总目》,北京:中华书局 1965 年版,第 1699 页中。
⑦ (清)永瑢等:《四库全书总目》,北京:中华书局 1965 年版,第 1699 页下。
⑧ (清)永瑢等:《四库全书总目》,北京:中华书局 1965 年版,第 1707 页上。

六、余论

上述四者,实为一体,都指向选家。选本的"以文衡",即就该作品具有成为经典的可能而言,指向选家是否出于"公心",关乎选家的人品。选本的编次,虽说是"次文"的技术问题,最终指向选本构筑为文章的一统局面,关系到选本是面向集部还是面向经、史、子、集,选本能否以集部来一统经、史、子、集的文章;更是选家对待集部文字的态度、选家的气魄,有无以集部的文体、类型来统摄文字作品的决心的表现。选本编纂的取舍与日后经典的建立相联系,与选家的眼光是否具有长久的价值相关。编纂目的与选本的实用性,涉及选本编纂的现实目的问题,展示出选家的现实关怀。这些,《文选》都给后世作出了表率,或给后世提出了有益的启示。

第二节 《文选》与教材学

一、隋唐的"学习范本"

《文选》成书后,逐渐成为教授或学习的重要范本之一,并对后世教育影响深远。《文选》作为学习范本,在各个时期发展不同,特点不一。

隋朝创立了科举考试制度,隋唐的科举考试主要以诗、赋为主,唐代进士科要作杂文,即作诗、赋各一篇,后来进士科已经偏重于诗、赋取士了。科举考试注重诗、赋,也就客观上给诗文总集《文选》创造了更大的传播空间。进士科的评选标准甚是严格,也进一步令符合"略其芜秽,集其清英"标准的《文选》成为重要的师授教学的"学习范本",而文人士子的主动选择也使得《文选》成为自觉自学和家庭教育的"学习范本"。

《文选》成书后,其实隋唐以前的北齐时期就已广为流传。《太平广记》卷第二百四十七"石动箭"条载:"(北齐)高祖尝令人读《文选》,有郭璞《游仙诗》,嗟叹称善。诸学士皆云:'此诗极工,诚如圣旨。'动箭即起云:'此诗有何能,若令臣作,即胜伊一倍。'高祖不悦,良久语云:'汝是何等人,自言作诗胜郭璞一倍,岂不合死。'动筩即云:'大家令臣作,若不胜一倍,甘心合死。'即令作之。动筩曰:'郭璞《游仙诗》云'青溪千余仞,中有一道士。'臣作云:'青溪二千仞,中有两道士。'岂不胜伊一倍?'高祖始大笑。"①北齐高祖547年去世,即在此之前,《文选》已传至北朝。萧统531年去世,至547年共16年,《文选》已传至北齐,可见《文选》在当时当世已受人瞩目。② 之后不久即有专门研究者以专门著作研究《文选》,隋朝学者萧该传习《文选》,对《文选》成为师授教学的"学习范本"功不可没。《隋书·儒林传》载:

> 兰陵萧该者,梁鄱阳王恢之孙也。少封攸侯。梁荆州陷,与何妥同至长安。性笃学,《诗》《书》《春秋》《礼记》并通大义,尤精《汉书》,甚为贵游所礼。开皇初,赐爵山阴县公,拜国子博士。奉诏书与妥正定经史,然各执所见,递相是非,久而不能就,上谴而罢之。该后撰《汉书》及《文选》音义,咸为当时所贵。③

《文选》编成后,已在荆州地区流传。萧该传习《文选》,可能是在荆州萧绎幕府的时候。萧该撰写《汉书》和《文选》两书的《音义》时,或已入长安。《汉书音义》和《文选音义》二书"咸为当时所贵",说明《文选》在文献上的位置已经和《汉书》并列了。饶宗颐在《唐代文选学略述(代前言)》中说:"是时《汉书》已成热门之显学,《文选》初露头角,尚未正式成学,萧该、曹宪、李善均是先行之人,萧、李兼以《汉书》名家,不特《汉书》音注有益于《文选》所收录之汉代文章,且由《汉书》学起带头作用,从而有《文选》学之诞生。"④其时"《汉书》学"与"《文选》学"并重,这些"《文选》学"者,开始大都以"《汉书》学"闻名。

曹宪撰有《文选音义》,曾仕隋为秘书学士,"学徒数百人,公卿亦多从之学"⑤,也必以《文选》为学习范本教授。《旧唐书·儒林传》载:

① (宋)李昉等编:《太平广记》,北京:中华书局1961年版,第1916页。
② 傅刚:《文选版本研究》,西安:世界图书出版西安有限公司2014年版,第91页。
③ (唐)魏征等:《隋书》,北京:中华书局1973年版,第1715—1716页。
④ 饶宗颐编:《敦煌吐鲁番本文选》,北京:中华书局2000年版,第5页。
⑤ (唐)刘肃撰,许德楠、李鼎霞点校:《大唐新语》,北京:中华书局1984年版,第133—134页。

（曹宪）所撰《文选音义》，初，江、淮间为《文选》学者，本之于宪。又有许淹、公孙罗，复相继以《文选》教授，由是其学大兴于代。①

《旧唐书·儒林传》载：

许淹者，润州句容人也。少出家为僧，后又还俗。博物洽闻，尤精诂训。撰《文选音》十卷。②

《旧唐书·儒林传》又载：

公孙罗，江都人也。历沛王府参军，无锡县丞。撰《文选音义》十卷，行于代。③

以上可见，《文选》甚为当时所重。隋末唐初以讲授《文选》最为流行，除了把《文选》作为学习范本教授之外，还先后出现了曹宪的《文选音义》、许淹的《文选音》、公孙罗的《文选音义》等《文选》的注本作为教授的学习范本。

李善注《文选》，并以讲《文选》为业，对唐代"文选学"的"大行于世"起到了很大的作用。《旧唐书·儒林传》载：

李善者，扬州江都人。方雅清劲，有士君子之风。明庆中，累补太子内率府录事参军、崇贤馆直学士，兼沛王侍读。尝注解《文选》，分为六十卷，表上之。赐绢一百二十四，诏藏于秘阁。除潞王府记室参军，转秘书郎。乾封中，出为经城令。坐与贺兰敏之周密，配流姚州。后遇赦得还，以教授为业，诸生多自远方而至。又撰《汉书辨惑》三十卷。载初元年卒。子邕，亦知名。④

据《旧唐书·文苑传》记载："（李邕）父善，尝受《文选》于同郡人曹宪"⑤，"（曹）宪始以梁昭明太子《文选》授诸生，而同郡魏模、公孙罗、江夏李善

---

① （后晋）刘昫等：《旧唐书》，北京：中华书局1975年版，第4946页。
② （后晋）刘昫等：《旧唐书》，北京：中华书局1975年版，第4946页。
③ （后晋）刘昫等：《旧唐书》，北京：中华书局1975年版，第4946页。
④ （后晋）刘昫等：《旧唐书》，北京：中华书局1975年版，第4946页。
⑤ （后晋）刘昫等：《旧唐书》，北京：中华书局1975年版，第5039页。

相继传授,于是其学大兴。"①曹宪以《文选》为学习范本授业李善,后李善注解《文选》六十卷上表皇上,得到"赐绢一百二十匹"的嘉奖,李善注《文选》并被"诏藏于秘阁"。后来"(李)善坐配流岭外。会赦还,因寓居汴、郑之间,以讲《文选》为业"②,以致"诸生四远至,传其业,号《文选》学"③,李善以《文选》为学习范本讲授,着重在对《文选》的音义、训诂、典故等注释方面,一字一句、一篇一篇讲作品,为"《文选》学"成为唐代显学起到了极大的推动作用。以至于达到了唐国子监助教张简"曾为乡学讲《文选》"④的普及程度。

科举考试可以说是《文选》成为最重要的学习范本的直接推动力。隋文帝开皇七年(587)始建进士科,科举制度至此发端。《北史·杜正玄传》载:

> (杜子裕)子正玄,字知礼,少传家业,耽志经史。隋开皇十五年,举秀才,试策高第。曹司以策过左仆射杨素,怒曰:"周孔更生,尚不得为秀才,刺史何忽妄举此人? 可附下考。"乃以策抵地,不视。时海内唯正玄一人应秀才,余常贡者,随例铨注讫,正玄独不得进止。曹司以选期将尽,重以启素。素志在试退正玄,乃手题使拟司马相如《上林赋》、王褒《圣主得贤臣颂》、班固《燕然山铭》、张载《剑阁铭》《白鹦鹉赋》,曰:"我不能为君住宿,可至未进令就。"正玄及时并了。素读数遍,大惊曰:"诚好秀才!"⑤

杨素所出的考试试题拟司马相如《上林赋》等篇目多出于《文选》,可见,《文选》在隋朝已经成为科考出题的必备范本了,这也就导致了"考试考什么,考生就会学习什么"的直接结果,《文选》自然成为考生的学习范本。到了唐代,《唐会要》记载:"先时,进士但策试而已。思立以其庸浅,奏请贴经即试杂文"⑥,高宗时进士科考试内容制度化起来,除了

① (宋)欧阳修、宋祁:《新唐书》,北京:中华书局1975年版,第5640页。
② (后晋)刘昫等:《旧唐书》,北京:中华书局1975年版,第5039页。
③ (宋)欧阳修、宋祁:《新唐书》,北京:中华书局1975年版,第5754页。
④ (宋)李昉等编:《太平广记》,北京:中华书局1961年版,第3658页。
⑤ (唐)李延寿:《北史》,北京:中华书局1974年版,第961—962页。
⑥ (宋)王溥:《唐会要》,北京:中华书局1998年版,第1379页。

帖经和试时务策之外,还要试文、诗赋各一篇。徐松《登科记考》:"杂文两首,谓箴、铭、论、表之类。开元间始以赋居其一,或以诗居其一,亦有全用诗、赋者,非定制也。杂文之专用诗、赋,当在天宝之际。"①可见,进士科考试重视诗赋,《文选》作为收录诗文赋的作品总集,学子以其为科举考试的学习范本已成必然。《文选》在唐代成为学习范本非始于科举,唐代争读《文选》风气的形成,固然有隋唐以来施行科举考试、以诗赋取士的结果,但以诗赋取士并不能使当时的文人致力于《文选》的学习,因为还有大量的其他唐前总集的存在。众人事实上都不约而同地选择了《文选》的原因,显然与当时的文坛风尚以及唐初君臣爱好有关。② 但科举考试中重文学的趋势确实提升了《文选》作为学习范本的地位。

《文选》成为学习范本被教授或学习后,逐渐成为唐代文人士子甚至皇帝的心中所好,被视为自学的"学习范本",自然也就出现了许多以《文选》为学习榜样的模拟之作和续作。《旧唐书·本纪·文宗下》载:

> 壬辰,集贤学士裴潾撰《通选》三十卷,以拟昭明太子《文选》,潾所取偏僻,不为时论所称。③

《旧唐书·裴行俭列传》载:

> 高宗以(裴)行俭工于草书。尝以绢素百卷,令行俭草书《文选》一部,帝览之称善,赐帛五百段。行俭尝谓人曰:"褚遂良非精笔佳墨,未尝辄书,不择笔墨而妍捷者,唯余及虞世南耳。"④

唐高宗喜欢草书,命裴行俭写草书,以《文选》为书法作品的文本,虽然是出于书法的目的,但是对于抄写内容的选择,也在一定程度上看出唐时《文选》的地位,而政权最高代表的皇帝对《文选》的喜爱也更加强了其影响力。更有甚者,还有贫贱时借《文选》学习不成,富贵后主动刊刻

---

① (清)徐松撰,赵守俨点校:《登科记考》,北京:中华书局1984年版,第70页。
② 曹道衡:《南北文风之融合与唐代〈文选〉学之兴盛》,载《文学遗产》1999年第1期,第16—24页。
③ (后晋)刘昫等:《旧唐书》,北京:中华书局1975年版,第553页。
④ (后晋)刘昫等:《旧唐书》,北京:中华书局1975年版,第2802页。

给后学的举动,宋人王明清《挥麈录余话》卷二载:"毌丘俭(案:毌丘俭当为毌昭裔。毌丘俭为三国时人,见《魏志》)贫贱时,尝借《文选》于交游间,其人有难色。发愤:异日若贵,当版以镂之遗学者。后仕王蜀为宰,遂践其言刻之。印行书籍,创见于此。"①此外,还出现了裴潾《大和通选》三十卷、卜长福《续文选》三十卷、卜隐之《拟文选》三十卷、孟利贞《续文选》十三卷等以《文选》为学习对象进行模拟或续《文选》之作。

李白学《文选》,《酉阳杂俎》前集卷一二有载:

> (李)白前后三拟词选,不如意,悉焚之,唯留《恨》《别》赋。②

李白集中传世的仅见《拟恨赋》一篇,《拟别赋》则已佚去。关于李白三拟《文选》,清潘德舆《养一斋诗话》附《李杜诗话》有不同看法:"予毗渔洋能揭明李诗五言之复古,而恐其以《选》体当之,犹非了义也,故录而辩之。若《酉阳杂俎》谓'太白前后三拟《文选》,不成悉焚之,唯留《恨》《别》二赋。'此真梦呓。夫《文选》三十卷,太白全拟之,则有此才力而无此文体。……总之,李杜无所不学,而《文选》又唐人之所重,自宜尽心而学之,所谓'转益多师是吾师'也。若其志向之始,成功之终,则非《选》诗所得而囿。故谓太白学古兼学《文选》可,谓其复古为复《文选》体则不可。"③虽然潘德舆不同意王世祯认为李白复古全因学《文选》之功,甚至否认李白有三拟《文选》的"才力",但他也明确肯定了"唐人重《文选》"和李白"学《文选》"的不争事实。我们可看出李白对《文选》所下功夫之深,也足以说明李白把《文选》作为自觉学习的"学习范本"去主动学习。所以朱熹评价李、杜的诗写得好是因为学习了《文选》"诗"才好:"鲍明远才健,其诗乃《选》之变体,李太白专学之……李太白终始学《选》诗,所以好。杜子美诗好者,亦多是效《选》诗,渐放手,夔州诸诗则不然也。"④社会上具有一定影响的文人对《文选》的主动学习与摹拟行为,又引领并强化了《文选》作为学习范本的权威地位。

---

① (宋)王明清撰,中华书局上海编辑所编辑:《挥麈录》,北京:中华书局1961年版,第309—310页。
② 周勋初主编,严杰、武秀成、姚松编:《唐人轶事汇编》,上海:上海古籍出版社2016年版,第693页。
③ 郭绍虞编选,富寿荪校点:《清诗话续编》,上海:上海古籍出版社1983年版,第2172页。
④ (宋)朱熹撰,朱杰人、严佐之、刘永翔主编:《朱子全书》,合肥:安徽教育出版社2002年版,第4321—4323页。

二、《文选》与家教

　　除此之外，《文选》还成为文人士子家庭教育的必备"学习范本"。《新唐书·文艺中》列传第一百二十七载：

> 邕少知名。始善注《文选》，释事而忘意。书成以问邕，邕不敢对，善诘之，邕意欲有所更，善曰："试为我补益之。"邕附事见义，善以其不可夺，故两书并行。①

　　李善注《文选》，"书成以问邕"，与其探讨《文选》注释优劣，让其"试为补益"，可知李善家庭教育中必以《文选》为学习范本教授李邕，李邕才有可能与父亲李善共注《文选》，以致"不可夺，故两书并行"。于此，《四库全书总目·卷一八六·文选注提要》则认为《新唐书》记载不可信："《新唐书·李邕传》称其父李善始注《文选》，释事而忘义，书成以问邕。邕意欲有所更，善因令补益之，邕乃附事见义，故两书并行，今本事义兼释，似为邕所改定。然传称善注《文选》在显庆中，与今本所载进表题显庆三年者合。而《旧唐书·李邕传》称天宝五载坐柳勣杖杀，年七十余。上距显庆三年凡八十九年，是时邕尚未生，安得有助善注书之事。且自天宝五载，上推七十余年，当在高宗总章、咸亨年间，而《旧书》称善《文选》之学受之曹宪，计在隋末，年已弱冠。至生邕之时，当七十余岁，亦绝无伏生之寿，待其长而著书。考李匡义《资暇录》曰：李氏《文选》有初注成者，有复注、有三注、四注者，当时旋被传写，其绝笔之本皆释音训义，注解甚多。是善书定本，本事义兼释，不由于邕。匡义唐人，时代相近，其言当必有微。知《新唐书》喜采小说，未详考也。"②高步瀛《文选李注义疏》也不赞成此说："《四库总目》从李济翁说，以今本事义兼释者为李善定本，其说甚是，足证《新传》之诬。"③由是知，李善注《文选》应是其本人独立完成，与李邕共注《文选》可能不确，但是至少可以看出，《文选》成为时人家庭教育流行和推崇的"学习范本"一事，却是无疑了。

---

① （宋）欧阳修、宋祁：《新唐书》，北京：中华书局1975年版，第5754页。
② （清）永瑢等：《四库全书总目》，北京：中华书局1965年版，第1685页中一页下。
③ 高步瀛著，曹道衡、沈玉成点校：《文选李注义疏》，北京：中华书局1985年版，第34页。

杜甫也以《文选》为家庭教育的"学习范本"教育儿子宗武，要"熟精文选理"，这成为其"家学"的重要内容。

> 呼婢取酒壶，续儿诵《文选》。① 诗是吾家事，人传世上情。熟精《文选》理，休觅彩衣轻。②

杜甫的诗"大率宗法《文选》，撷其华髓，旁罗曲探，咀嚼为我语"③。他"得于《文选》多矣"④，所以，他教育儿子以《文选》为学习范本，从小就要"诵《文选》"，并"以此家学勖宗武"⑤。故而，张戒在《岁寒堂诗话》中说："《文选》中求议论则无，求奇丽之文则多矣。子美不独教子，其作诗乃自《文选》中来，大抵宏丽语也。"⑥

《文选》正因为本身所具的魅力和后代学人认识到的"学习范本"价值，才能逐渐成为隋唐人教授或学习的"学习范本"。所以钱锺书《管锥编》说《文选》终能成"文选学"：

> 昭明《文选》，文章奥府，入唐尤家弦户诵，口沫手胝。……正史载远夷遣使所求，野语称游子随身所挟，皆有此书，俨然与儒家经籍并列。……词人衣被，学士钻研，不舍相循，曹宪、李善以降，"文选学"专门名家（参观阮元《揅经室二集》卷二《扬州文选楼记》）。词章中一书而得为"学"，堪比经之有《易》学"《诗》学"等或《说文解字》之蔚成"许学"者，惟《选》学"与《红》学"耳。寥落千载，俪坐俪立，莫许参焉。⑦

《文选》"文章奥府"，因而才能成为学习范本被"家弦户诵，口沫手胝"，又被"学士钻研"，《文选》已经与儒家经籍并列，终成比肩《易》学"《诗》学""许学"的"文选学"。

要之，唐代以诗赋取士，唐代文学又和六朝文学具有密切的继承关

① （唐）杜甫著，（清）仇兆鳌注：《杜诗详注》，北京：中华书局1979年版，第1248页。
② （唐）杜甫著，（清）仇兆鳌注：《杜诗详注》，北京：中华书局1979年版，第1477—1478页。
③ （宋）胡仔纂集，廖德明校点：《苕溪渔隐丛话》（前集），北京：人民文学出版社1962年版，第56页。
④ （唐）李翱撰，魏连科点校：《戒庵老人漫笔》，北京：中华书局1982年版，第275页。
⑤ （唐）杜甫著，（清）仇兆鳌注：《杜诗详注》，北京：中华书局1979年版，第1478页。
⑥ （清）丁福保辑：《历代诗话续编》，北京：中华书局1983年版，第456页。
⑦ 钱锺书：《管锥编》，北京：生活·读书·新知三联书店2007年版，第2176—2177页。

系,因而《文选》就成为人们学习诗、赋的一种最适当的范本,甚至与经传并列,被唐代文人士子视为文学的教科书、自觉的自学"学习范本"和家庭教育的必备"学习范本"。

三、《文选》在宋代的文章写作范本作用

科举取士考试内容,宋代以论、策和大义为主。宋代大部分时间的科举内容与唐代分别不大,但王安石执政时,曾对科举制度进行改革,把帖经、墨义和诗赋等考试都取消了,改为以经义(解释经书)、论(对时局的评论)和策(提出解决时弊的办法)作为考试内容。苏轼等人对该项改革提出了抗议。但这也无碍《文选》成为科举考试的必备"学习范本"。宋人葛立方《韵语阳秋》卷三载:

> 杜子美诗喜用《文选》语,故宗武亦习之不置,所谓"熟精《文选》理,休觅彩衣轻",又云"呼婢取酒壶,续儿诵《文选》"是也。唐朝有《文选》学,而时君尤见重,分别本以赐金城,书绢素以属裴行俭是也。《外史梼杌》载郑奕尝以《文选》教其子,其兄曰:"何不教读《论语》? 免学沈、谢嘲风弄月,污人行止。"郑兄之言盖欲先德行而后文艺,亦不为无理也。①

郑奕以《文选》作学习范本教育儿子,其兄要其教之以《论语》,意为"先德行而后文艺",但也可以看出《文选》作为家庭教育的学习范本,在宋代有些人的观念里甚至有超越《论语》等经书的可能了。

又,陆游《老学庵笔记》卷八载:

> 国初尚《文选》,当时文人专意此书,故草必称"王孙",梅必称"驿使",月必称"望舒",山水必称"清辉"。至庆历后,恶其陈腐,诸作者始一洗之。方其盛时,士子至为之语:"《文选》烂,秀才半。"②

"《文选》烂,秀才半。"可知,宋初士人对《文选》的崇尚程度之高,《文选》作为科举考试"学习范本"的地位之重。宋初的进士科考试中诗和赋占

据了绝对重要的地位，也使宋初广大的士子热衷于"《文选》烂"，便不足为怪了。据吴曾《能改斋漫录》载："袁州自国初时，解额以十三人为率。仁宗时，查拱之郎中知郡日，因秋试进士，以'黄华如散金'为诗题，盖取《文选》诗'青条若总翠，黄华如散金'是也。"①可见，像以《文选》卷二十九张翰《杂诗》中的诗句出题，在宋初科举进士科考试中是很常见的。由于科举考试的导向性作用，士子必然会把《文选》作为考试的学习范本而努力研习。

但是，随着科举考试的变革，重注释的《文选》学却衰落了。宋末王应麟《困学纪闻》卷十七曾总结宋代《文选》学的衰落，其云：

> 李善精于《文选》因以讲授，谓之《文选》学。少陵有诗云：续儿诵《文选》。又训其子"熟精《文选》理"。盖《文选》学自成一家。江南进士试《天鸡弄和风》(《文选》诗句)，以《尔雅》天鸡有二，问之主司，其精如此。故曰：《文选》烂，秀才半。熙、丰之后，士以穿凿谈经，而《选》学废矣！②

宋代文学风气新变，修辞华丽受到文人的反对，《文选》的关注度自然就有所下降。不过，元祐六年的科考以经义与经义兼诗赋两科取士，"(元祐八年)太学生总员二千一百余人，而不兼诗赋者才八十二人"③。可见，虽然宋代科举考试经学内容的比重增大和诗赋比重的减少，客观上直接导致了《文选》作为学习范本的重要程度的削弱，但是《文选》还是文人心中学作文章的典范。正是因为宋人重为文，《文选》还是有其独特的学习范本价值的，《苕溪渔隐丛话》后集卷二引《雪浪斋日记》指出："昔人有言'《文选》烂，秀才半'。正为《文选》中事多，可作本领尔。余谓欲知文章之要，当熟看《文选》，盖《选》中自三代涉战国、秦、汉、晋、魏、六朝以来文字皆有，在古则浑厚，在近则华丽也。"④可见，《文选》是"知文章之要"必看的书，是人们习文所用的文学总集，读《文选》"可作

① (宋)吴曾：《能改斋漫录》，北京：中华书局1960年版，第112页。
② (宋)王应麟著，(清)翁元圻等注，栾保群、田松青、吕宗力校点，《困学纪闻》(全校本)，上海：上海古籍出版社2008年版，第1860—1861页。
③ (元)马端临《文献通考》，北京：中华书局1986年版，第296页上。
④ (宋)胡仔纂集，廖德明校点：《苕溪渔隐丛话》(后集)，北京：人民文学出版社1962年版，第9页。

本领"，即应付科举考试的能力。从三代到六朝，"古则浑厚""近则华丽"都有，"总的倾向，是从文章的角度推崇《文选》的。"①故而《文选》能博得试官及士子的青睐，成为士子学习写作文章必需的学习范本。

《文选》作为宋人士子学习写作文章的学习范本，对学人著书考订也影响甚深。骆鸿凯据清人汪师韩《文选理学权舆》、余仲林《文选纪闻》等指出："至积学之士，著书考订，其中涉及文选者仍多有。其著者，若沈适之《梦溪笔谈》、姚宽之《西溪丛话》、黄朝英之《靖康缃素杂记》、僧惠洪之《冷斋夜话》、朱翌之《猗觉寮杂记》。诸书考证《文选》，条数多寡不等，大抵多引据详明，有资考核。此则新经试士，足以蠹一般之士习，而不足以锢通儒之见闻，明矣。迄乎南渡，则有洪景庐著《容斋随笔》《续笔》，考证《文选》至数十条（原注：详载《理学权舆》），大致精审。嗣是则陆游之《老学庵笔记》，王观国之《学林》，罗大经之《鹤林玉露》，袁文之《甕牗闲评》，赵彦卫之《云麓漫钞》，王楙之《野客丛书》，张世南之《游宦纪闻》，葛立方之《韵语阳秋》，吴曾之《能改斋漫录》，程大昌之《雍录》《演繁露》，叶梦得之《石林燕语》《避暑录话》，相继而作。其考证《文选》，亦多能究根柢，非徒为臆断之谈。其他诸家说部，讨论艺文，亦常究心是书，其言颇足以备征引而资博识。迨于末叶，王氏《困学纪闻》作。应麟博洽多闻，在宋代罕有伦比，书中涉及《文选》凡数十条，考证尤多精鉴（亦载《理学权舆》）。凡此诸家，虽不为选学专著，而不得谓无贡献。"②

四、模拟、改编和续编《文选》

唐以后将《文选》作"学习范本"的另一集中体现，则是大规模的模拟、改编《文选》和续编《文选》。宋初文人对《文选》作品的摹拟现象可从杨亿《二京赋》见到一斑，据宋人袁褧《枫窗小牍》载：

> 杨亿作《二京赋》既成，好事者多为传写。有轻薄子书其门曰："孟坚再生，平子出世。《文选》中间，恨无隙地。"杨亦书门答之，

---

① 屈守元：《文选导读》，成都：巴蜀书社1996年版，第91页。
② 骆鸿凯：《文选学》，北京：中华书局1937年版，第74—75页。

曰:"赏惜违颜,事等隔世。虽书我门,不争此地。"余谓此齐东之言也,杨公长者,肯相较若尔耶?①

虽然"此齐东之言也",不能信以为真,但是宋初模拟《文选》作品的情况可以从这则轶事中有一个侧面的反映。朱熹也曾在《跋病翁先生诗》中说:

> 此病翁先生少时所作《闻筝》诗也。规模意态,全是学《文选·乐府》诸篇,不杂近世俗体,故其气韵高古,而音节华畅,一时辈流少能及之。②

作为宋代理学大师的朱熹认为病翁先生写的诗正是因为"规模意态"学习了《文选·乐府》,故而"不杂近世俗体""气韵高古""音节华畅",当时的同辈们都达不到这种高度,积极肯定了《文选》作为学习范本的价值,也高度肯定了《文选》之于学习写作文章的典范作用。又如宋代刘攽《文选类林》、苏易简《文选双字类要》和高似孙《文选句图》,明代凌迪知《文选锦字》、胡焕文《文选粹语》等体现了以《文选》为"学习范本"对用字用词的模拟学习。值得一提的是,尤其是清代则出现了更大量模拟《文选》作品的现象,在骈文复兴的背景下,研习和学习《文选》的风气大盛,正如阮元为《文选旁证》序说:"《文选》一书,总周、秦、汉、魏、晋、宋、齐、梁八代之文而存之。世间除诸经、《史记》《汉书》之外,即以此书为重。读此书者,必明乎《仓》《雅》《凡将》《训纂》、许、郑之学,而后能及其门奥。渊乎!浩乎!何其盛也。夫岂唐宋所谓潮海者所能及乎?"③另外,《文选》的选文阶段是先秦到齐梁,后人以其为学习对象,进行了所处时代文学作品的续编。如前有唐代卜长福《续文选》,元代有陈仁子《文选补遗》,明代有刘节《广文选》。再者,模仿学习《文选》进行续编的,如宋代的《文苑英华》《唐文粹》《宋文鉴》等,使得文选"学习范本学"又具有了编续的内涵。

① (宋)袁褧撰,袁颐续,周辉撰,尚成、秦克校点:《枫窗小牍 清波杂志》,上海:上海古籍出版社2012年版,第10页。
② (宋)朱熹撰,朱杰人、严佐之、刘永翔主编:《朱子全书》,上海:上海古籍出版社—合肥:安徽教育出版社2002年版,第3968页。
③ (清)梁章钜撰,穆克宏点校:《文选旁证》,福州:福建人民出版社2000年版,第9页。

五、《文选》作为学习范本的社会实用价值及其域外传播

元代统治者对科举考试采取了一定程度上的打压政策,对诗赋取士也持反对的态度,甚至认为士子"日为诗赋空文"。科举专以进士科取士,考试的指定读物有所变动,经义的考试内容包括四书,则以程朱理学对儒家的阐释作为主要的依据,《文选》的学习范本意义也就大为衰落。

明清的科举考试还要考论、策,有时判和诏、告、表还要任选一种,这些在《文选》的"论""表"等文体中都有很好的范文。明清以八股取士,八股文讲究排偶,《文选》所选的优秀诗文作为范本,多有可学之处,《文选》也因此成为科举考试的辅助学习范本。许多家学教育以《文选》为学习范本,如梁章钜《文选旁证自序》说:"伏念束发受书,即好萧《选》。仰承庭训,长更明师。南北往来,钻研不废。岁月迄兹,遂有所积。"①梁章钜从读书开始就喜欢《文选》,他受父亲的"庭训",指导他学习《文选》,可见其作《文选旁证》即受家学影响。另据其《师友集》"《选》理最纷纷""余作《文选旁证》,所述师说为多",可知他跟随老师林茂春学习,《文选》即是一门重要课程。

此外,文人的现实生活中写作酒宴酬答、墓志铭诔等应用之文的需要,也使得《文选》最适合学习模仿,适合各类学校作为教写作文的学习范本,体现了《文选》的社会现实价值。

《文选》从编撰出来到逐渐成为一门"显学",虽然中间有褒有贬,但丝毫不妨碍其经过大浪淘沙,成为师授、自觉学习或家庭教育的优秀"学习范本"。《文选》甚至跨越国界,在异域韩国也大放异彩。新罗统一三国后,神文王二年(682)设立了"国学"——即国家最高教育机关,据金富轼《三国史记》卷三十八《志》卷七《职官》记载,在其教学课程设置中,《文选》是作为最重要的学习对象的,要当作学习范本来学习。元圣王四年(788),又设置了"读书三品科"取士,《文选》被列为上品必考之书,具有与《左传》《礼记》《论语》《孝经》等经书同等重要的地位。高

---

① (清)梁章钜撰,穆克宏点校:《文选旁证》,福州:福建人民出版社2000年版,第13页。

丽时代（918—1392）《文选》则更进一步成为其文人学士学习的典范。光宗九年（958），高丽正式开始实行科举制，考试科目以诗、赋、颂、时务策为主（《高丽史·选举志》），朝野上下研习《文选》之风日渐兴盛。其时的崔滋《补闲集》引文安公之言云："凡为制作引用古事，于文则六经三史，诗则《文选》、李、杜、韩、柳，此外诸家文集不宜据引为用"。

不仅中国，《文选》在韩国逐渐成为科举考试的上品必考之书和文人学士的"学习范本"，必然自有其内在原因，究其理，可归为《文选》本身绽放的魅力和世人认同其价值的主动的追求。《四库全书总目》卷一百八十六集部三十九总集类序云："文籍日兴，散无统纪，于是总集作焉。一则网罗放佚，使零章残什，并有所归；一则删汰繁芜，使莠稗咸除，菁华毕出。是固文章之衡鉴，著作之渊薮矣。"①《文选》显然是属于"删汰繁芜，使莠稗咸除，菁华毕出"一类的，并在传播过程中地位逐渐凸显，并以其"略其芜秽，集其清英"逐渐确立了在总集中的重要地位。这正是因为萧统主动追求文学的"文质彬彬"的文学风格，其《答湘东王求〈文集〉及〈诗苑英华〉书》中说："夫文典则累野，丽亦伤浮。能丽而不浮，典而不野，文质彬彬，有君子之致。"②应该说，具有如此文风的人是较为能够容许各种文风的，其所编纂的总集也能够容纳各种文风的作品。③ 因此，才能使得《文选》具有"事出于沈思""义归乎翰藻"的特点，即所选之文用典故说事而丰富，义理用翰藻来表达而有文采。故，宋人郭思《瑶溪集》云：

> 子美教其子曰："熟兹《文选》理。"《文选》之尚，不爱奇乎！今人不为诗则已，苟为诗，则《文选》不可不熟也。《文选》是文章祖宗，自两汉而下，至魏、晋、宋、齐，精者斯采，萃而成编，则为文章者，焉得不尚《文选》也。唐时文弊，尚《文选》太甚，李卫公德裕云："家不蓄《文选》。"此盖有激而说也。老杜于诗学，世以谓前无古人，后无来者。然观其诗大率宗法《文选》，撷其华髓，旁罗曲探，咀

① （清）永瑢等：《四库全书总目》，北京：中华书局 1965 年版，第 1685 页。
② （梁）萧统著，俞绍初校注：《昭明太子集校注》，郑州：中州古籍出版社 2001 年版，第 155 页。
③ 胡大雷：《〈文选〉编纂研究》，桂林：广西师范大学出版社 2009 年版，第 6 页。

嚼为我语。至老杜体格,无所不备,斯周诗以来,老杜所以为独步也。①

郭思说《文选》是文章祖宗,认为"尚《文选》"的原因在于"精者斯采,萃而成编",这暗合了《文选》"略其芜秽,集其清英"的编纂思想,是《文选》真正生命力的所在。宋人真德秀在《文章正宗纲目》说:"自昔集录文章者众矣,若杜预、挚虞诸家,往往湮没弗传。今行于世者,惟梁昭明《文选》、姚铉《文粹》而已。繇今眡之,二者所录,果皆得源流之正乎?夫士之于学,所以穷理而致用也。文虽学之一事,要亦不外乎此。故今所辑以明义理、切世用为主,其体本乎古,其指近乎经者,然后取焉,否则辞虽工亦不录。"②可见,《文选》之所以能在众多"总集"中成为佼佼者,也是经过历史的选择的必然结果,因为它符合了"穷理而致用""明义理""切世用""其体本乎古,其指近乎经"的"学习范本"的价值、凸显了其"学习范本"的功用。

先秦时期的教育是有着较为完整的系统化建构的,教师、学习范本、受教育者、教育场所这四要素是在不断发展的过程中逐渐完善的。之后的教育在先秦时期建立的教育系统化延续下不断发展、变化,直至隋朝创立了科举考试制度,发生了较大的转向。隋唐的科举考试以诗赋为主,唐代进士科要作杂文,即作诗赋各一篇,后来进士科已经偏重于诗赋取士。科举考试注重诗赋也就客观上给符合"略其芜秽,集其清英"标准的诗文总集《文选》以更大的传播空间。进士科的评选标准严格,也进一步促进了《文选》成为重要的师授教学的"学习范本";而文人士子主观上的主动选择,使得《文选》成为自觉自学和家庭教育的"学习范本"。

至此,《文选》成书并被广泛传播和接受后,教育最关键的三大要素:教师、学习范本、受教育者,都和《文选》产生了紧密的联系,《文选》逐渐出现了成为典范化学习范本的倾向。教师主动以《文选》为教授的

---

① (宋)胡仔纂集,廖德明校点:《苕溪渔隐丛话》(前集),北京:人民文学出版社1962年版,第56页。
② (宋)真德秀编:《文章正宗纲目》,(清)永瑢、纪昀等纂修:《景印文渊阁四库全书》,台北:台湾商务印书馆1986年版,集部二九四,总集类,第1355册,第5页上。

学习范本;因科举考试的推行和诗题的指向性,《文选》也在被动选择中成为学习范本;受教育者及其家庭也会因为科举考试的导向而主动以《文选》为学习的典范和写作的范本,也决定了教育的重要目的之一:写作文章。当然,这都是在先秦时期的教育系统化建立之后发生的,随着政治的变异和文学发展传承,教育也必然随之发生变化。这变化很大程度上在于教育系统中某一或某几个因素的转向或变迁,如教师的主体性变化、受教育者群体的变化或扩大化、学习范本的不断出新和典范化,但基本都是囊括在先秦时期逐渐建立成熟起来的教育系统化中的。

第三节 《文选》与文体学、类型学

"选学"研究如何更加深入、开辟更加广阔的天地? 这是摆在我们面前值得深思的问题。"选学"肇始,主要为音释训诂之学,李善《文选注》又奠定了其注释学基业,其后,《文选》研究又有词章、广续、雠校、评论诸学。近代黄侃倡"平点学",即"文选黄氏学",其弟子骆鸿凯总结千余年之"选学",撰作有《文选学》,人们在追寻"选学"研究的系统化、整体化。20 世纪 60 年代,日本学者倡提及"新文选学",清水凯夫提出"新文选学"的范围为六个问题:《文选》的编者、《文选》的撰录标准、《文选》与《文心雕龙》《诗品》的关系、沈约声律论、简文帝萧纲《与湘东王书》、对《文选》的评价,非常具体。许逸民提出"新文选学",包括:文选注释学、文选校勘学、文选评论学、文选索引学、文选版本学、文选编纂学、文选文艺学,眼界开阔、含吐宏大。在此基础上,窃以为还须增加文选文体学、文选类型学,所谓后出转繁。

《隋书·经籍志》说,作家别集的出现及繁盛的原因是由于"建安之后,辞赋转繁,众家之集,日以滋广","辞赋"的大量创作使得别集的产生成为必然,或者说,别集是适应"辞赋"单独成类的需要而产生的。《汉书·艺文志》就曾为"辞赋"单独立类,命名为"诗赋略",其中著录的大部分可视为个人的"辞赋"集,如《屈原赋二十五篇》《陆贾赋三篇》《孙卿赋十篇》等。故姚振宗《隋书经籍志考证》曰："别集始于何人？以余考之，亦始于刘中垒也。《诗赋略》五篇，皆诸家赋集、诗歌集，固别集之权舆。"① 以后荀勖《中经新簿》，其丁部有"诗赋、图赞、汲冢书"，这是说文集、别集要归入"诗赋"类。刘宋时王俭编撰《七志》，"诗赋略"的名称改为《文翰志》。以后总集又多有冠名"诗集""赋集"者，《隋书·经籍志四》总集类有许多"赋集"，如谢灵运撰《赋集》九十二卷，宋新渝惠侯撰《赋集》五十卷，宋明帝撰《赋集》四十卷，后魏秘书丞崔浩撰《赋集》八十六卷，佚名《续赋集》十九卷（残缺），梁武帝撰《历代赋》十卷，等；还有各类专题《赋集》，如《杂都赋》十一卷、《献赋》十八卷，等。又有"诗集"，谢灵运撰《诗集》五十卷，宋侍中张敷袁淑补谢灵运《诗集》一百卷，颜峻撰《诗集》百卷，宋明帝撰《诗集》四十卷，江邃撰《杂诗》七十九卷，宋太子洗马刘和注《杂诗》二十卷、《二晋杂诗》二十卷，等。

　　总集产生，其所收录，既有诗赋，又有其他文章，摆在编纂者面前的问题就是如何编次。集，即集合；集，又有辑睦、安定的意思。那么作品在"集"中是否辑睦、安定，就是作品依照什么原则、按照什么身份集中在总集中，即编次问题，作品的编排原则与编排次序问题。从别集来看，或以个人一段段经历为单位编次作品，如《南史·王筠传》载，王筠"自撰其文章，以官为一集"，庾信集也是这样做的，可谓开作品编年的先河。或以文体编次。从史书依文体记载文士撰作可以想知，如《后汉书》本传称傅毅"著诗、赋、诔、颂、祝文、《七激》、连珠凡二十八篇"云云，但又有不能落实文体如《七激》的单行。而总集之祖《文章流别集》，《隋书·经籍志四》称"自诗赋下，各为条贯，合而编之，谓为《流别》"，这应该是按文体分类的编辑；《文章流别集》中论及的文体今日亦可见，大家都认定《文章流别集》是以文体分类的。但《晋书·挚虞传》谈到《文章流别集》的分类，称挚虞"又撰古文章，类聚区分为三十卷，名曰《流别集》"云云，所谓"类聚区分"，似乎应该是以"事类"分类。至萧统编《文选》，其序即称："凡次文之体，各以汇聚，诗、赋体既不一，又以类分。"那么，《文选》的编次，先以文体分，部分文体即诗、赋又以类型分。对《文

---

① （清）姚振宗撰，刘克东、董建国、尹承整理，《二十五史艺文经籍志考补萃编·隋书经籍志考证》，北京：清华大学出版社 2014 年版，第 1635 页。

选》之"体"及"类"各方面问题的关注，就是文选分体学、文选类型学的研究内容。

曹丕《典论·论文》提出四科八体："奏议宜雅，书论宜理，铭诔尚实，诗赋欲丽"；陆机《文赋》论述了十种文体："诗缘情而绮靡，赋体物而浏亮，碑披文以相质，诔缠绵而凄怆，铭博约而温润，箴顿挫而清壮，颂优游以彬蔚，论精微而朗畅，奏平彻以闲雅，说炜晔而谲诳。"《文章流别集》阐述的诸文体，今尚可见者有十数种。萧统则在《文选序》中论述文体，赋、骚、诗、颂数者论述最为详尽，其他则略略点过："次则箴兴于补阙，戒出于弼匡，论则析理精微，铭则序事清润，美终则诔发，图像则赞兴。又诏诰教令之流，表奏笺记之列，书誓符檄之品，吊祭悲哀之作，答客指事之制，三言八字之文，篇辞引序，碑碣志状，众制锋起，源流间出。"

但是，上述《文章流别集》《文选序》的文体论述，仅仅是文选文体学、文选类型学关注的外在对象，我们更须深入研究的是，《文选》所录作品的文体相分及某些文体中的类型相分是依照什么原则进行的。《文选》所录作品的文体，从胡刻本来看计为：赋、诗、骚、七、诏、册、令、教、文、表、上书、启、弹事、笺、奏记、书、檄、对问、设论、辞、序、颂、赞、符命、史论、史述赞、论、连珠、箴、铭、诔、哀、碑文、墓志、行状、吊文、祭文，共三十七体；有些版本又析出移、难二体，那就是三十八体或三十九体。根据这些文体，我们可以总结概括总集对文体是如何关注的。另外，对这些文体，如何一一概括其写作模式，给文学史研究和作家批评提供有价值的参照；又如何一一细致地描述其自身的发展状况，直接为文学史研究提供切实可信的结论；又如何通过各种文体作品的研究，揭示文人们的心态及历史时代的人文环境，也是研究的重点所在。再次，对每一文体而言，《文选》所录某文体作品的写作模式是一回事，而此时代此文体所有作品的写作模式可能又是另外一回事，对二者加以比较，就可以看出文学史的真实情况与萧统的收录意图了。

《文选》中赋、诗又是分类的，对赋、诗每种类型的研究，这种主要依主题、题材相分的类型又各具丰富的意味。如选诗研究，首先，对每一诗类，都能推源溯流，理清其初始形态与选诗的关系；其次，在对选诗每个诗类名家名作的分析中阐明其写作范式及其演变；复次，注意不同类别中相关、相近和同类别不同体裁作品的横向比较，在比较中揭示类别之间的交叉与相异，从而突出类别的各项特征；第四，将选诗与《文选》外的诗歌相比较，在更广阔的文学史背景中认识、把握选诗的经典意义与时代特征。第五，通过各类诗歌的研究，从不同的角度揭示中古诗人的心灵状态和抒情方式。

所以我们说，文选文体学、文选类型学的研究，不仅仅是文体学、类型学的本身研究，更重要的是，要使文学史研究、文学研究更显出有机性和整体性，更有立体感和历史感。进一步说，从"诗赋"到"文翰""文集"，从"诗赋"到总集收录各种文体，表明了中国古代泛文学、杂文学的观念已经形成。而从文体特征上讲，就是萧统《文选序》所说的"以能文为本""事出于沈思、义归乎翰藻"之类。当文学确定了自己"以能文为本"的性质，人们以文采为视角来看待经、史、子，甚至有时要把它们纳入文学的范畴。刘勰《文心雕龙·宗经》就提出"文能宗经"的口号，唐代古文运动时，就把五经子史的文章当作文学看待，称要向它们学习内容的表达与技巧的运用，韩愈《进学解》论及"《春秋》谨严，《左氏》浮夸，《易》奇而法，《诗》正而葩，下逮《庄》《骚》《太史》所录，子云、相如，同工异曲"；柳宗元《答韦中立论师道书》谈及先秦两汉典籍，称之"此吾所以取道之原也""此吾所以旁推交通而以为之文也"。文章"以能文为本"这种观念，贯穿了整个传统文论。综览传统文论的文体论，有一个问题值得注意，即人们在总结各种文体特点与风格的"敷理以举统"时，特别注意其文学性的叙说，如徐师曾《文体明辨序说》论"碑文"："又碑之体主于叙事，其后渐以议论杂之，则非矣"，"其主于叙事者曰正体，主于议论者曰变体，叙事而参之以议论者曰变而不失其正。至于托物寓意之文，则又以别体列焉"。此中所谓"叙事""托物寓意"云云，都是文学性的表现。传统文论中文学之所以为文学，是由"以能文为本"来确定的，而"能文"这个形式因素本身又是不很确定的，因为，传统文论是泛文学观念，文学与非文学之间有着很多的缠绕，保持着一种较大的张力。就文学来说，它凭借分类突出了自我的文学性而实现独立，当其独立后，它总是在力图扩大自己的领地，要把经学、哲学、史学的某些部分纳入自己的范围,要把其他文体纳入自己的范围;当它真正这样做时,实际上又吸取各种语言文字作品的营养而丰富了自己。就非文学而言,为了丰富自己的表现力,常常要运用文学手段,或者说,常常要使自己变得文学化一些。这就是从"诗赋"到"文翰""文集"、从"诗赋"到总集收录各种文体的文学史意义,这是关系文学生存空间的问题,传统文论一方面要尽力扩大文学的生存空间,所以进行泛文学的阐述;一方面又要凸现文学的特点与突出文学的地位,所以实施文体分类。所以,文选文体学、文选类型学的研究,是一种范围更大的文学研究,能使我们的文学史研究更为脚踏实地。

第四节　"选学"在"分立"与"综合"中前进

"选学"肇始,或释"音"或释"音义",李善及五臣的《文选注》,奠定了注释学的基业,其后,《文选》研究又有词章、广续、雠校、评论诸学,这些文献研究与整理,都是对"选学"某一局部的研究,此为"选学"的"分立"形态。清代"选学"大兴,开创"选学"研究的"综合"形态,此即汪师韩《文选理学权舆》八卷,大致分为四个方面的内容:"撰人""注引群书目录"、对李善注的探讨、"前贤评论"。其书《自序》云:"李注精博,学者萃毕生之力,寻绎无尽。""余尝取选注以类别为八门,末则缀以鄙说。"其特点是以李善注研究为主线,而展开的"选学"研究的"综合",故刘跃进《中古文学文献学》称之为"实际上是一部《文选概论》"。

随着西方现代学术传入中国,对《文选》进行全面的、整体性的观照,越来越成为"选学"研究的热点。高步瀛《选学举要》,其重点是第二至七卷的篇目讲疏、讲析,而其第一卷论"《文选》之作""文选学之由来""李善、五臣及诸家注""选学书目"等,虽然过简,却是"选学"的"综合"。后有周贞亮《文选学》,其上编为"篇题""纂次""选学"史、"刊刻及评骘"等,扩大了"选学"研究的范围;其下编为《文选》之"观察法""读法"等,总括出《文选》研究的各个角度。非常明显,其"选学"研究的主线是"综合"。骆鸿凯《文选学》亦是如此,分"纂集、义例、源流、体式、撰人、撰人事迹生卒著述考、征故、评骘、读选导言"等,在研究内容方面,尽可能有全面的"综合";在研究方法方面举分体研究、专家研究为例,意在"综合"但还是"分立"。

傅刚《〈昭明文选〉研究》,其研究主线是《文选》的编纂与文体二者,此二者是在对"选学"研究诸问题重新进行"综合"后得出的,既具有系统化、整体化的特点,又具有开创新的研究领域的特点。

以上所述是要说明,"选学"研究的"综合",发现了"选学"研究的许多新问题、新领域,这些发现不仅仅只是靠时代学术风气中的研究者的独特眼光,还依赖"选学"研究"综合"形态指导下的框架。学术现代转型下"选学"的"综合",为"选学"研究开拓出新的局面,其表现既在于"选学"研究自身的整体性,又在于当以"综合"的眼光对"选学"实施全面的、整体性的研究时,"选学"研究中原本不被注意的部分,在"选学"研究的整体性框架中堂而皇之占据着一席地位,引起研究者的关注,由附庸而蔚为大国。傅刚之作最具此方面的意义。比如《文选》的编纂问题,在"选学"分立阶段并不被注意,但在"选学"的"综合"下,高步瀛讨论《文选》之作",周贞亮、骆鸿凯讨论"纂次""纂集",最终在傅刚书中成为主要的讨论问题,之后王立群有《〈文选〉成书研究》、胡大雷有《〈文选〉编纂研究》。又比如《文选》文体学的问题,周贞亮在其《文选之观察法》章有"从文章体式"上观察《文选》,骆鸿凯则在其附编中有《〈文选〉分体研究举例》,列有"《文选》分体研究纲领",并有以"论"体为例的研究。而在傅刚的著述中,这成为其两大论题之一,并为当时正在兴起的古代文体学研究又点了一把火。

20世纪60年代,日本学者倡"新文选学",清水凯夫提出"新文选学"的范围为六个问题,突出的特点是扩大《文选》的视野与范围,但未能构成"选学"研究的整体性框架。进入新时期以来,许逸民提出"新文选学",包括:文选注释学、文选校勘学、文选评论学、文选索引学、文选版本学、文选编纂学、文选文艺学等,眼界开阔、含吐宏大。"新文选学"的意义,一是追求"选学"研究的更大的整体性,即还有哪些问题可以被整合进"选学"研究之中;二是说,由"综合"而发现的"选学"研究的新问题,如果得以"分立",也能够通过"综合"而达到自身的完整。前述《文选》的编纂问题就是一例。又比如《文选》的文体研究，正方兴未艾，但还有诸多可开发之处，如当《文选序》找出各种理由称不录经、子、语、史的文字，那么它所建立的是集部的文体谱系，是以文体类别为单位所构成的谱系；但它未尝不曾考虑过如何建立文章谱系，即以经、子、语、史、集诸文章类别为单位来构成谱系。又如《文选序》称"诗、赋体既不一，又以类分"，《文选》诗分二十三类，胡大雷《文选诗研究》已有讨论，《文选》赋分十五类，还未有充分的讨论，而这些又或可引发"文选类型学"的建立。这也就是说，"选学"某些"分立"的问题，是可以越做越大而实现其自身的"综合"的；各"分立"者是可以自身成"学"的。

"综合"与"分立"，"选学"研究的这两条路径，在"选学"的研究内容、研究方法中都有体现。此二者相辅相成，相互引发，在"综合"中可以发现哪些可以成为"分立"的问题，但"综合"是由"分立"组合而成的。"分立"也需要"综合"才能实现自身的完整。"综合"与"分立"，如此两条路径的平行或交替、交叉，在方法论的意义上推动着"选学"研究的不断前进，也使研究者们可以不拘一格，在自己擅长的、感兴趣的"选学"研究领域展示才华。

而从认识发展上说，《文选》从一个原始的整体到分门别类的研究，都使《文选》产生新的知识点，虽然最终还是要回到综合性研究，但这已是新的《文选》的总体性；于是我们说，每次分门别类的研究都可以使《文选》成为文学史新的基本经验，而被整合进入新的文学史的框架。

结语　《文选》编纂与萧统"立言不朽"

一、"立言不朽"与文集编纂

"立言",指著书立说,《左传·襄公二十四年》:"大上有立德,其次有立功,其次有立言,虽久不废,此之谓不朽。"①晋葛洪《抱朴子·行品》:"摛锐藻以立言,辞炳蔚而清允者,文人也。"②泛指写文章。南朝梁刘勰《文心雕龙·章句》:"夫人之立言,因字而生句,积句而成章,积章而成篇。"③

"立言不朽"最早的意义,在于"立言"的"虽久不废",杜预注是这样三个人可谓代表:"史佚、周任、臧文仲。"孔颖达疏:"立言,谓言得其要,理足可传,其身既没,其言尚存。"史佚、周任、臧文仲之"言"本为"口出以为言",之所以被"笔书以为文"记载下来,是因为经过了"言得其要,理足可传"的认定。但在后世,"立言"的意义有所转换,即"笔书以为文"就是"立言","形于翰墨"就是"立言",就可以"立名不朽"。如刘知几称《左传》的情况:

> 《左氏》述臧哀伯谏桓纳鼎,周内史美其谠言;王子朝告于诸侯,闵马父嘉其辨说。凡如此类,其数实多。斯盖当时发言,形于翰墨;立名不朽,播于他邦。④

---

① 《春秋左传正义》,《十三经注疏》,上海:上海古籍出版社1997年版,第1979页。

② (晋)葛洪:《抱朴子》,诸子百家丛书,上海:上海古籍出版社1990年版,第228页上。

③ (南朝梁)刘勰撰,詹锳义证:《文心雕龙义证》,上海:上海古籍出版社1989年版,第1250页。

④ (唐)刘知几、(清)章学诚:《史通 文史通义》,长沙:岳麓书社1993年版,第141页。

又如曹丕所谓"唯立德扬名，可以不朽，其次莫如著篇籍"①，就是强调只要是撰作，就有流传的可能。所以司马迁说：

> 古者富贵而名摩灭，不可胜记，唯俶傥非常之人称焉。盖西伯拘而演《周易》；仲尼厄而作《春秋》；屈原放逐，乃赋《离骚》；左丘失明，厥有《国语》，孙子膑脚，《兵法》修列；不韦迁蜀，世传《吕览》；韩非囚秦，《说难》《孤愤》……退论书策以舒其愤，思垂空文以自见。②

都因为有文字撰作，而成为"俶傥非常之人"。

在"笔书"的撰述可以使自己"声名自传于后"的观念得到普及的同时，士人不仅因为自己有所撰作而"立言不朽"，还因为依凭他人的文章的载录而"立言不朽"，如三国时蜀的秦宓谈到"文章"令严君平、李仲元、扬雄扬名"不朽"。秦宓称，严君平有道德有文章，自可扬名后世；扬雄这样的文章大家，"于今海内，谈咏厥辞"，也是扬名后世；而李仲元没有文章，"无虎豹之文"，但扬雄《法言·渊骞》称赏他是"其貌肃如""其言偡如""其行穆如"且"不屈其意，不累其身"的在野有德之士，如此"攀龙附凤"，李仲元也依凭他人的文章扬名"不朽"③。文章使其"立德"的情况留存下来，文章"不朽"，文章所叙写的对象也"不朽"。

进而，士人不仅因为自己有所撰作而"立言不朽"，而且其撰作还要依凭文集的载录被保留下来而"立言不朽"，所以，曹丕一方面说："盖文章经国之大业，不朽之盛事。年寿有时而尽，荣乐止乎其身，二者必至之常期，未若文章之无穷。是以古之作者，寄身于翰墨，见意于篇籍，不假良史之辞，不托飞驰之势，而声名自传于后。"④但"文"若失传，何以"声名自传于后"，故曹丕另一方面又在"徐、陈、应、刘，一时俱逝"后，"顷撰其遗文，都为一集"⑤，就是有以文集保存其撰作而使其"立言不朽"之意。而且，总集有时是录入别集的文章而成。章太炎《文学总略》曰："总集者，括囊别集为书，故不取六艺、史传、诸子，非曰别集为文，其

①《与王朗书》，（晋）陈寿：《三国志》，北京：中华书局1964年版，第88页。
②（汉）班固撰，（唐）颜师古注：《汉书·司马迁传》，北京：中华书局1962年版，第2735页。
③《与王商书》，（晋）陈寿撰，（南朝宋）裴松之注：《三国志》，北京：中华书局1964年版，第973页。
④《典论·论文》，（南朝梁）萧统撰，（唐）李善注：《文选》，北京：中华书局1977年版，第720页下。
⑤《与吴质书》，（南朝梁）萧统撰，（唐）李善注：《文选》，北京：中华书局1977年版，第591页。

他非文也。"①王运熙说,"《文选》正是大致继承挚虞《文章流别集》的体例而编选的一部总集,只选别集中的作品,即所谓篇章、篇翰、篇什"②。

至于说有撰作而其文字佚失,故未能实现"立言不朽",古来人们一直为这种情况感到遗憾,即如《论语·八佾》载孔子所说:"夏礼,吾能言之,杞不足征也;殷礼,吾能言之,宋不足征也。文献不足故也。足,则吾能征之矣。"③"文献不足","立言不朽"就谈不上了。又如百家争鸣时代,多少先秦诸子著书立说,但又有多少留存下来?虽然有其"名",但其思想因文字的佚失而佚失。

总集的意义于此可显,如《四库全书总目》称《玉台新咏》:"其中如曹植《弃妇篇》、庾信《七夕诗》,今本集皆失载,据此可补阙佚。"④而我们所说《孔雀东南飞》,就是因为《玉台新咏》载录而流传下来。因此,《文选》的意义,就保存文献使文人"立言不朽"而言,功莫大焉。

或有人推论《文选》为据前贤总集的再选本,先有注《文选》五臣之刘良,在《文选》诗"赠答"(二)张华《答何劭》作者张茂先下注称:《文选》"盖依前贤所编";今人有冈村繁、力之等提出此议⑤,王立群又举出"《文选》据前贤总集再选编之内证"有四⑥。倘若别集、其他总集有所佚失,那么《文选》就有得以"立言不朽"的实际功效;倘若别集、其他总集无所佚失,那么《文选》则扩大了"立言不朽"的传播以及接受;对"立言不朽"来说,《文选》总是有效益的。

总的来说,总集作为一个物质化的载体,主动地给文人的"立言"提供了栖身之地,使文人的"立言"能够以物质化的"不朽"来实现文人自身的"不朽"。

---

① 章太炎:《国故论衡》,上海:上海古籍出版社 2003 年版,第 55 页。

② 王运熙:《〈文选〉选录作品的范围和标准》,载《复旦学报》1988 年第 6 期。

③ (魏)何晏等注,(宋)邢昺疏《论语注疏》,阮元校刻《十三经注疏》本,上海:上海古籍出版社 1997 年版,第 2466 页下。

④ (清)永瑢等:《四库全书总目》,北京:中华书局 1965 年版,第 1687 页上。

⑤ [日]冈村繁:《〈文选〉编纂的实际情况与成书初期所受到的评价》,载俞绍初、许逸民主编《中外学者文选学论集》,北京:中华书局 1998 年版。力之:《关于〈文选〉的编者问题》,载《文学评论》1999 年第 1 期。

⑥ 王立群:《〈文选〉成书研究》,北京:商务印书馆 2005 年版,第 32—49 页。

二、总集编纂者的"立言"

《隋书·经籍志四》称《文章流别》为"选本之祖",其曰:

> 总集者,以建安之后,辞赋转繁,众家之集,日以滋广,晋代挚虞,苦览者之劳倦,于是采摘孔翠,芟剪繁芜,自诗赋下,各为条贯,合而编之,谓为《流别》。①

其中论述总集编纂的目的之一是解决"览者之劳倦"的问题。《文选序》称:

> 自姬汉以来,眇焉悠邈;时更七代,数逾千祀。词人才子,则名溢于缥囊;飞文染翰,则卷盈乎缃帙。自非略其芜秽,集其清英,盖欲兼功,太半难矣。②

其论述总集编纂的目的之一是要解决"盖欲兼功太半"的问题。

但这些并非总集编纂的全部目的,总集编纂还有"立言"的目的,这就是在总集编纂的同时有"论"。如《晋书·挚虞传》曰:

> 虞撰《文章志》四卷……又撰古文章,类聚区分为三十卷,名曰《流别集》,各为之论,辞理惬当,为世所重。③

《隋书·经籍志》集部总集类著录挚虞《文章流别集》四十一卷,注曰"梁六十卷,志二卷,论二卷",又著录挚虞《文章流别志、论》二卷。合起来看,《文章流别集》应该含有三部分的内容,即志、论、集。刘师培《搜集文章志材料方法》:

> 文学史者,所以考历代文学之变迁也。古代之书,莫备于晋之挚虞。虞之所作,一曰《文章志》,一曰《文章流别》。志者,以人为纲者也。流别者,以文体为纲者也。④

所谓"各为之论,辞理惬当"就是最为传统的"立言"。何谓"论"?"论"

---

① (唐)魏征:《隋书》,北京:中华书局1973年版,第1089—1090页。
② (南朝梁)萧统撰,(唐)李善注:《文选》,北京:中华书局1977年版,第1—2页。下同。
③ (唐)房玄龄等:《晋书》,北京:中华书局1974年版,第1427页。
④ 陈引驰编校:《刘师培中古文学论集》,北京:中国社会科学出版社1997年版,第105页。

為"立言"的常态，《文心雕龙·征圣》称"论文必征于圣"，"若征圣立言，则文其庶矣"①；诸子以"论"著称，《文心雕龙·诸子》以"立言"称之，其曰：

> 诸子者，入道见志之书。太上立德，其次立言。百姓之群居，苦纷杂而莫显；君子之处世，疾名德之不章。唯英才特达，则炳曜垂文，腾其姓氏，悬诸日月焉。②

三、萧统以总集"序"为"立言"

萧统以总集编纂为"立言"，首先是其《文选》有《序》。孔安国《尚书序》："序，所以为作者之意，昭然义见，宜相附近。"③《文选》有《序》，就是以其表达"作者之意"，这也就是"立言"。《文选序》的种种观念，不仅仅只是《文选》编纂思想的表达，更是萧统文学思想的表达。

萧统《文选序》的意义指向在于对"文"的确定。南北朝时有"文笔之辨"，刘勰称"今之常言，有文有笔；以为无韵者笔也，有韵者文也"④，以文体不同区分"文笔"，如隋人《文笔式》总括称："制作之道，唯笔与文"，"文"有诗、赋、铭、颂、箴、赞、吊、诔，"笔"有诏、策、移、檄、章、奏、书、启，"即而言之，韵者为文，非韵者为笔"⑤。《文选》的书名为"文"之"选"，并非"文笔之辨"之"文"。《文选序》多次述及"文"，萧统所说的"文"，在各具体语境中，其意味是不一样的。简而言之，萧统所说的"文"，既是文采之"文"，又是"文籍"之"文"，文翰、文集之"文"，以及文化之"文"；萧统所说的"文"的意味是与《文选》的选录标准——"综缉辞采""错比文华"以及"事出于沈思，义归乎翰藻"——联系在一起的，综合而言，"以能文为本"是《文选》的选录标准。而《文选序》称："《易》曰：'观乎天文，以察时变。观乎人文，以化成天下。'文之时义远矣哉！"以

① (南朝梁)刘勰著，詹锳义证：《文心雕龙义证》，上海：上海古籍出版社1989年版，第46、52页。
② (南朝梁)刘勰著，詹锳义证：《文心雕龙义证》，上海：上海古籍出版社1989年版，第622页。
③ (南朝梁)萧统撰，(唐)李善注：《文选》，北京：中华书局1977年版，第638页下。
④ (南朝梁)刘勰著，詹锳义证：《文心雕龙义证》，上海：上海古籍出版社1989年版，第1622页。
⑤ [日]弘法大师撰，王利器校注：《文章秘府论校注》，北京：中国社会科学出版社1983年版，第474页。

编纂为"立言"而"化成天下",其意味是明确的。当然,这也是萧统以总集编纂为"立言"的意义指向。

萧统的"立言",有着以《序》来叙说自己观点的特点。如他编纂《陶渊明集》,亦为之写下"序":

> 其文章不群,辞彩精拔,跌宕昭彰,独超众类,抑扬爽朗,莫之与京。横素波而傍流,干青云而直上。语时事则指而可想,论怀抱则旷而且真。加以贞志不休,安道苦节,不以躬耕为耻,不以无财为病,自非大贤笃志,与道污隆,孰能如此乎?余爱嗜其文,不能释手,尚想其德,恨不同时。故加搜校,粗为区目。……并粗点定其传,编之于录。尝谓有能观渊明之文者,驰竞之情遣,鄙吝之意祛,贪夫可以廉,懦夫可以立。岂止仁义可蹈,抑乃爵禄可辞。不必傍游泰华,远求柱史。此亦有助于风教也。①

这就是"论",论陶渊明作品的各方面意义。

四、萧统以选文宗旨为"立言"

《文选》录文,既要"集其清英",把"并为入耳之娱""俱为悦目之玩"的作品集中起来,但又要有自己的标准。作为折中派首领的萧统,以选文宗旨为"立言"观点。其《文选序》也提出类似"通变"的理论:

> 若夫椎轮为大辂之始,大辂宁有椎轮之质?增冰为积水所成,积水宁微增冰之凛,何哉?盖踵其事而增华,变其本而加厉。物既有之,文亦宜然。随时变改,难可详悉。

其《答湘东王求〈文集〉及〈诗苑英华〉书》称:"夫文典则累野,丽亦伤浮。能丽而不浮,典而不野,文质彬彬,有君子之致。吾尝欲为之,但恨未逮耳。"②刘孝绰《昭明太子集序》曾评价过萧统的诗风,称之为:

> 深乎文者,兼而善之,能使典而不野,远而不放,丽而不浮,约

① (南朝梁)萧统著,俞绍初校注:《昭明太子集校注》,郑州:中州古籍出版社 2001 年版,第 199—201 页。
② (南朝梁)萧统著,俞绍初校注:《昭明太子集校注》,郑州:中州古籍出版社 2001 年版,第 155 页。

而不俭,独擅众美,斯文在斯。①

这就是赞赏萧统的诗风,所谓"兼而善之""独擅众美"。

于是,人们判定其选文宗旨亦为"文质彬彬",诸人论述多矣,不再赘述。或以为用《文选》所录汉赋来说,"文质彬彬"不能作为《文选》的编撰宗旨,《汉书·扬雄传》载:"雄以为赋者,将以风也,必推类而言,极丽靡之辞,闳侈钜衍,竞于使人不能加也。"②扬雄在《法言·吾子》里也说"诗人之赋丽以则,辞人之赋丽以淫"③,其称汉赋的特点是大家所公认的。《文选》所录有许多是骈辞大赋,如"京都类"的《两都赋》《两京赋》《三都赋》等,"畋猎类"的《子虚》《上林》二赋、《羽猎赋》《长杨赋》等。《文选序》论赋也首先称说这些作品,其曰:

> 述邑居,则有"凭虚""无是"之作;戒畋游,则有《长杨》《羽猎》之制。

这些情况显然是与萧统"文质彬彬"的文学观不相符的。其实,此一时彼一时,汉赋比起南北朝后期的赋作,还是"文质彬彬"的,是有"讽谏"的。所谓"文质彬彬"之类的评价,都是有时代的相对性的。

五、萧统以特殊身份编纂《文选》

萧统是以太子的身份编纂《文选》的,这特殊的身份,对其作为以《文选》编纂而"立言"来说,有着特殊的意义。

其一,作为太子应该"博揽群才"。如"商山四皓"的故事,刘邦晚年,"欲易太子",后来见到"四人从太子,年皆八十有余,须眉皓白,衣冠甚伟",曰东园公、角里先生、绮里季、夏黄公。上乃大惊,曰:"吾求公数岁,公辟逃我,今公何自从吾儿游乎?"④这才知道太子羽翼已丰,不可易也。又如曹操为曹丕兄弟选文学之士。建安十六年春正月,曹丕为五官中郎将,曹植为平原侯,据为范阳侯,豹为饶阳侯,"太祖诸子高选官

---

① (南朝梁)萧统著,俞绍初校注:《昭明太子集校注》,郑州:中州古籍出版社2001年版,第245页。

② (汉)班固撰,(唐)颜师古注:《汉书》,北京:中华书局1962年版,第3575页。

③ (汉)扬雄:《扬子法言》,第二卷,上海:上海古籍出版社1989年版,第6页。

④ (汉)司马迁:《史记》,北京:中华书局1982年版,2046—2047页。

属"①,这些官属多为文学之士。

而"博揽群才"之前应该是"博采群言"。我们先来看太子是怎样培养起来的。如《国语·楚语上》载"庄王使士亹傅太子箴",又"问于申叔时",所谓"教之《春秋》,而为之耸善而抑恶焉,以戒劝其心;教之《世》,而为之昭明德而废幽昏焉,以休惧其动;教之《诗》,而为之导广显德,以耀明其志;教之《礼》,使知上下之则;教之《乐》,以疏其秽而镇其浮;教之《令》,使访物官;教之《语》,使明其德,而知先王之务用明德于民也;教之《故志》,使知废兴者而戒惧焉;教之《训典》,使知族类,行比义焉",等②;重在增进其知识。那么,太子则要显示出其主动的"博采群言",如《尚书大传》载:"天子太子年十八,曰孟侯,孟侯者,于四方诸侯来朝迎于郊者,问其所不知也。"③

历来太子都很重视"博采群言"的工作,这些工作中就有编纂文人文集一项。中古时如"魏文帝深好融文辞,每叹曰:'杨、班俦也。'募天下有上融文章者,辄赏以金帛"④。南齐文惠太子搜集鲍照作品,鲍照"身既遇难,篇章无遗,流迁人间者,往往见在。储皇博采群言,游好文艺,片辞只韵,罔不收集。照所赋述,虽乏精典,而有超丽,爰命陪趋,备加研访,年代稍远,零落者多,今所存者,傥能半焉。"⑤至萧统为陶渊明编纂文集,也是承袭传统而来。

其二,萧统既以太子身份,又是以文坛折中派领袖的身份编纂《文选》的。梁代文论分为三派⑥,裴子野"为文典而速,不尚丽靡之词。其制作多法古,与今文体异"⑦,刘之遴"好属文,多学古体"⑧,此数人等可以作为守旧派的代表,依附于梁武帝萧衍。趋新派的首领是萧纲,其称

① (晋)陈寿撰,(南朝宋)裴松之注:《三国志》,北京:中华书局1964年版,第383页。
②《国语》,上海:上海古籍出版社1978年版,第527—528页。
③ (唐)欧阳询编,汪绍楹校:《艺文类聚》,上海:上海古籍出版社1982年版,第291页。
④ (南朝宋)范晔:《后汉书》,北京:中华书局1965年版,第2279页。此处虽称"魏文帝",但当是曹丕当太子时事,其当太子时所作《典论·论文》,论文就首推孔融。
⑤ (南朝宋)鲍照著,钱仲联增补集说校:《鲍参军集注》,上海:上海古籍出版社1980年版,第5页。
⑥ 周勋初先生最先论证,见《梁代文论三派述要》,周勋初《汉魏南北朝文学论集》,南京:江苏古籍出版社1999年版,第230—253页。
⑦ (唐)姚思廉:《梁书》,北京:中华书局1973年版,第443页。
⑧ (唐)姚思廉:《梁书》,北京:中华书局1973年版,第574页。

"未闻吟咏情性,反拟《内则》之篇;操笔写志,更摹《酒诰》之作;迟迟春日,翻学《归藏》;湛湛江水,遂同《大传》"①,于是提倡"新变"。其代表人物,徐摛"属文好为新变,不拘旧体"②,徐陵"其文颇变旧体,缉裁巧密,多有新意"③,庾肩吾、庾信父子,"既有盛才,文并绮艳,故世号为徐、庾体焉。当时后进,竞相模范"④,还有萧子显等。又有折中派,文论著述的代表是刘勰,口号是"通变",《文心雕龙》专门有《通变》一篇论述。

折中派编选的总集即《文选》,萧统的特殊身份决定了"文质彬彬"也是可以作为《文选》的编撰宗旨的。对比趋新派编选的总集即《玉台新咏》的"立言"指向,徐陵《玉台新咏序》曰:"无怡神于暇景,惟属意于新诗。庶得代彼皋苏,蠲兹愁疾。""但往世名篇,当今巧制,分诸麟阁,散在鸿都。不藉篇章,无由披览。于是然脂冥写,弄笔晨书。选录艳歌,凡为十卷。曾无参于雅颂,亦靡滥于风人。"⑤显然,《文选》的主张与其不同。

正是由于上述二者,使得萧统以《文选》编纂的"立言",显得与众不同。

六、萧统以总集编纂为"立言"的素质

萧统总集编纂以"序"为"立言",尚属一般性才华;但其以"选文宗旨"为"立言",还须有一些特殊的才华、专业的技能。萧纲《昭明太子集序》,称萧统有十四德(才能),其中有些才能,就应该是与《文选》编纂有关的。

一曰读书之多、藏书之富:

> 群玉名记,洛阳素简,西周东观之遗文,刑名儒墨之旨要,莫不殚兹闻见,竭彼绨缃。总括奇异,征求遗逸,命谒者之使,置籯金之赏。惠子五车,方兹无以比;文终所收,形此不能匹。此十三

---

① (唐)姚思廉:《梁书》,北京:中华书局1973年版,第690页。

② (唐)姚思廉:《梁书》,北京:中华书局1973年版,第446页。

③ (唐)姚思廉:《陈书》,北京:中华书局1972年版,第335页。

④ (唐)令狐德棻:《周书》,北京:中华书局1971年版,第733页。

⑤ (陈)徐陵:《玉台新咏》,明小宛堂覆宋本,北京:人民文学出版社2010年版,第2页。

德也。①

群玉，泛指珍贵文献，诸如玉册、玉策、玉牒、玉简等。名记、素简，指典籍、著作。东观，东汉洛阳南宫内观名，明帝诏班固等修撰《汉记》于此，章、和二帝时为皇宫藏书之府。后因以称国史修撰之所，又是宫中藏书之所。"殚兹闻见，竭彼缃缥"，即指上述之书都被读过。又称萧统藏书之富，"命谒者之使"指汉成帝河平三年（前26）命光禄大夫刘向校中秘书、谒者陈农使求遗书于天下。"置籯金之赏"，指设置赏金征求遗文散籍，其先例如河间献王从民间得善书，必为好写与之，留其真，加金帛赐以招之；其后例如曹丕好孔融文辞，募天下有上孔融文章者，辄赏以金帛。因此，东宫藏书，所谓惠施"其书五车"比不上，入咸阳就尽收秦丞相府图籍文书的萧何（字文终）也比不上。《梁书·昭明太子传》："于时东宫有书几三万卷，名才并集，文学之盛，晋、宋以来未之有也。"②藏书之富、读书之多，是总集编纂最重要的前提。

二曰萧统校勘图书：

> 借书治本，远纪齐攸；一见自书，闻之阚泽。事唯列国，义止通人；未有降贵纡尊，躬刊手掇。高明斯辨，己亥无违，有识□风，长正鱼鲁。此十四德也。③

"借书"二句，指晋齐献王司马攸，每向人借书，必手刊其谬后还书；"一见"二句，指三国吴阚泽，常为人佣书，抄写既毕，诵读亦遍。称此二人哪里比得上萧统，降贵纡尊，亲手刊正图书"举烛高明""鲁鱼亥豕"一类的文字谬误。古时印刷术发明之前，读书必先校书，贵为皇太子的萧统也亲自从事这项工作，深得诗人赞叹；而校书，这也是总集编纂主要的一项专业技能。

后人称萧统的《文选》"事于神者"，即后人把萧统的《文选》刊刻出来用以敬奉萧统，就像敬奉神仙一样，达到了"至矣"的境地，可见，萧统因《文选》而得了后人的崇敬与敬畏。如宋袁说友《昭明太子集跋》云：

① （南朝梁）萧统著，俞绍初校注：《昭明太子集校注》，郑州：中州古籍出版社2001年版，第250页。
② （唐）姚思廉：《梁书》，北京：中华书局1973年版，第167页。
③ （南朝梁）萧统著，俞绍初校注：《昭明太子集校注》，郑州：中州古籍出版社2001年版，第250页。

池阳郡斋既刻《文选》与《双字》二书,于以示敬事昭明之意。今又得《昭明文集》五卷而并刊焉。呜呼!所以事与神者,至矣。夫神与人相依而行也,吏既惟神之恭,神必惟吏之相,则神血食,吏禄食,斯两无愧。淳熙八年,岁在辛丑,八月望日,郡刺史建袁说友书。(《丛刊》本《梁昭明太子文集》卷末)①

袁说友此文说池阳郡斋刻有《文选》与《双字》二书,用这种方式来敬奉萧统,用以表达对萧统的敬意。现在又有《昭明文集》五卷刊刻出来了,因此写出了这篇《昭明太子集跋》,然后以人以事与神作比,表达对萧统的"恭"。

正是由于《序》与"选文宗旨",萧统成功地实现了以总集编纂为"立言",而自隋唐起,"选学"就立足于世,萧统亦实现了"不朽"。明张燮《梁昭明太子集序》称:"从古选集希传,独昭明三十卷,词人奉为金柜;片简见录,便如名在丹台石室中。古今有一佳文字见遗,必求所以不入选之故,而递相揣摩。尔日殿最,顿贻坛苑,许大事。"②就是称赏《文选》以总集编纂而"立言"的整体效果。

---

① (南朝梁)萧统著,俞绍初校注:《昭明太子集校注》,郑州:中州古籍出版社2001年版,第250—251页。

② (南朝梁)萧统著,俞绍初校注:《昭明太子集校注》,郑州:中州古籍出版社2001年版,第252—253页。

参考文献

（汉）司马迁撰，（南朝宋）裴骃集解，（唐）司马贞索隐，（唐）张守节正义：《史记》，北京：中华书局1982年版。

（汉）班固撰，（唐）颜师古注：《汉书》，北京：中华书局1962年版。

（南朝宋）范晔撰，（唐）李贤等注：《后汉书》，北京：中华书局1965年版。

（晋）陈寿撰，（南朝宋）裴松之注：《三国志》，北京：中华书局1982年版。

（唐）房玄龄等：《晋书》，北京：中华书局1974年版。

（南朝梁）沈约：《宋书》，北京：中华书局1974年版。

（南朝梁）萧子显：《南齐书》，北京：中华书局1972年版。

（唐）姚思廉：《梁书》，北京：中华书局1973年版。

（唐）姚思廉：《陈书》，北京：中华书局1972年版。

（北齐）魏收：《魏书》，北京：中华书局1974年版。

（唐）李百药：《北齐书》，北京：中华书局1972年版。

（唐）令狐德棻：《周书》，北京：中华书局1971年版。

（唐）魏征等：《隋书》，北京：中华书局1973年版。

（唐）李延寿：《南史》，北京：中华书局1974年版。

（唐）李延寿：《北史》，北京：中华书局1974年版。

（后晋）刘昫等：《旧唐书》，北京：中华书局1975年版。

（宋）欧阳修、宋祁：《新唐书》，北京：中华书局1975年版。

（宋）司马光：《资治通鉴》，北京：中华书局1956年版。

陈国庆：《汉书艺文志注释汇编》，北京：中华书局 1983 年版。

姚振宗：《隋书经籍志考证》，二十五史补编本，北京：中华书局 1955 年版。

（南朝梁）萧统撰，俞绍初校注：《昭明太子集校注》，郑州：中州古籍出版社 2001 年版。

（南朝梁）萧统编，（唐）李善注：《文选》，清嘉庆十年胡克家刻本，北京：中华书局 1977 年版。

（南朝梁）萧统编，（唐）李善五臣注：《六臣注文选》，《四部丛刊》影印本，北京：中华书局 1987 年版。

（南朝梁）萧统编，（唐）五臣李善注：《文选》，韩国正文社影印奎章阁本。

周勋初辑：《唐钞文选集注汇存》，上海：上海古籍出版社 2000 年版。

（清）何焯：《义门读书记》，北京：中华书局 1987 年版。

（清）汪师韩：《文选理学权舆》，《丛书集成初编》本。

（清）孙志祖：《文选李注补正》，《丛书集成初编》本。

（清）孙志祖：《文选笔记》，《丛书集成初编》本。

（清）梁章钜撰，穆克宏点校：《文选旁证》，福州：福建人民出版社，2000 年版。

（清）胡绍煐：《文选笺证》，扬州：江苏广陵古籍刻印社 1990 年版。

高步瀛：《文选李注义疏》，北京：中华书局 1985 年版。

黄侃著，黄延祖重辑：《文选平点》（重辑本），北京：中华书局 2006 年版。

骆鸿凯：《文选学》，北京：中华书局 1989 年版。

屈守元：《文选导读》，成都：巴蜀书社 1993 年版。

张葆全主编：《新编今注今译〈昭明文选〉》，台北：黎明文化事业公司 1995 年版。

［日］清水凯夫：《清水凯夫〈诗品〉〈文选〉论文集》，周文海编译，北京：首都师范大学出版社 1995 年版。

俞绍初、许逸民主编：《中外学者文选学论集》（上、下），北京：中华书局 1998 年版。

穆克宏：《昭明文选研究》，北京：人民文学出版社 1998 年版。

罗国威：《敦煌本〈文选注〉笺证》，成都：巴蜀书社 2000 年版。

傅刚：《昭明文选研究》，北京：中国社会科学出版社 2000 年版。

傅刚：《文选版本研究》，北京：北京大学出版社 2000 年版。

胡大雷：《文选诗研究》，桂林：广西师范大学出版社 2000 年年版。

赵福海、刘琦、吴晓峰主编：《〈昭明文选〉与中国传统文化》，长春：吉林文史出版社 2001 年版。

赵福海：《昭明文选研读》，长春：时代文艺出版社 2001 年版。

[日]冈村繁：《文选之研究》，上海：上海古籍出版社 2002 年版。

王立群：《文选成书研究》，北京：商务印书馆 2005 年版。

韩晖：《〈文选〉编辑及作品系年考证》，北京：群言出版社 2005 年版。

陈延嘉：《文选学研究论文集》，长春：吉林人民出版社 2006 年版。

中国文选学研究会、河南科技学院中文系编：《中国文选学》（第六届文选学国际学术研讨会论文集），北京：学苑出版社 2007 年版。

顾农：《文选论丛》，扬州：广陵书社 2007 年版。

林大志：《四萧研究——以文学为中心》，北京：中华书局 2007 年版。

王书才：《明清文选学述评》，上海：上海古籍出版社 2008 年版。

吴晓峰主编：《文选学与楚文化》，武汉：武汉出版社 2008 年版。

胡大雷：《〈文选〉编纂研究》，桂林：广西师范大学出版社 2009 年版。

赵昌智、顾农主编：《李善文选学研究》，扬州：广陵书社 2009 年版。

南江涛选编：《文选学研究》（民国期刊资料分类汇编），北京：国家图书馆出版社 2010 年版。

《第八届文选学国际学术会议研讨会论文集》，扬州：广陵书社 2010 年版。

曹道衡、傅刚：《萧统评传》，南京：南京大学出版社 2011 年版。

李乃龙：《文选文研究》，桂林：广西师范大学出版社 2013 年版。

《〈文选〉与中国文学传统——第九届文选学国际学术研讨会论文集》，北京：中华书局2014年版。

《第十届文选学国际学术研讨会论文集》，开封：河南大学出版社2014年版。

胡大雷、韩晖：《昭明文选教程》，桂林：广西师范大学出版社2016年版。

江庆柏、刘志伟主编：《文选资料汇编》（总论卷），北京：中华书局2017年版。

陈延嘉、王大恒、孙浩宇：《萧统评传》，上海：上海古籍出版社2018年版。

陈延嘉主编：《文选学研究》第一辑，北京：中华书局2018年版。

刘锋、王翠红主编：《文选资料汇编》（序跋著录卷），北京：中华书局2019年版。

力之：《昭明文选论考》，桂林：广西师范大学出版社2020年版。

张葆全、胡大雷主编：《〈文选〉译注》，上海：上海古籍出版社2020年版。

逯钦立辑校：《先秦汉魏晋南北朝诗》，北京：中华书局1983年版。

（清）严可均校辑：《全上古三代秦汉三国六朝文》，北京：中华书局1958年版。

（唐）虞世南编：《北堂书钞》，北京：中国书店1989年影印本。

（唐）欧阳询等编，汪绍楹校：《艺文类聚》，上海：上海古籍出版社1982年版。

（唐）徐坚编：《初学记》，北京：中华书局1985年版。

（宋）李昉等编：《太平御览》，北京：中华书局1960年版。

［日］弘法大师撰，王利器校注：《文镜秘府论校注》，北京：中国社会科学出版社1983年版。

（南朝梁）刘勰撰，詹锳义证：《文心雕龙义证》，北京：上海古籍出版社1989年版。

（南朝宋）刘义庆撰，（南朝梁）刘孝标注，俞嘉锡笺疏：《世说新语笺疏》，上海：上海古籍出版社1993年版。

（南朝梁）钟嵘撰，曹旭集注：《诗品集注》，上海：上海古籍出版社1994年版。

（南朝梁）萧绎撰，许逸民校点：《金楼子》，北京：中华书局2011年版。

后　记

本课题是"江苏文库"工程之下的一个小项，接到这个课题，既高兴又惶恐，高兴的是得到"江苏文库"工程的信任，全国的"选学"的专家那么多，中国文选学研究会下属的学者那么强，而这样重大的任务却交给我们；惶恐的是，我们能完成这样重大的任务吗？国内已出过多种萧统传记著述，我们能完成撰作任务吗？幸著者之一胡大雷在"选学"研究领域耕耘多年，先是专门从事"选诗"研究，进而又有《〈文选〉编纂研究》《〈昭明文选〉教程》的撰作，有一定的萧统研究、"选学"研究经验，而另一著者于垄，其博士论文就是《萧统研究》。因此，我们两人各自发挥特长，再进一步在"萧统研究"上开拓、深耕，通过论述萧统的生平、著述，在文化、历史、文学、民俗等层面阐述萧统的文化贡献以及《文选》的各个方面及其多元生命构造，力图使对《文选》在传统文化、传统文学层面的论述更为深厚，推动《文选》研究进一步深化，争取在《萧统》中，展现出萧统的真身实像，清晰《文选》与传统文化、传统文学的关系，以更广泛的视野来观照萧统及其《文选》，令我们的撰写具有独到的学术价值和应用价值。

萧统是我国古代伟大的文学家、编辑家，他所编纂的《文选》，是我国现存最早的文学总集，也是我国最早以"选"命名的文学总集。它自产生以来，流传极为广泛，影响极为深远，沾溉后世，遗芳无穷。问世不久，便成一学："选学"。纵观国内外的选学研究，大抵以传统的注释、校雠、考订、辞章、点评、广续为主，尤以前三类最盛。当前以萧统研究、《文选》研究为核心的"选学"研究仍是学术前沿课题。我们的《萧统》，在汲取、综合前人的研究成果的基础上，突出了以下四个方面。

其一，考察萧统生平。从史书萧统本传出发，从其家世、父亲、兄弟关系以及生平交游、诗文交游来考察萧统生平，得出不同视角下萧统作为儿子聪慧仁孝、作为太子宽和容众、初为政者仁厚公义、作为文人爱才崇佛等的全面立体形象。

其二，以《昭明太子集》研究为中心，全面分类考察萧统的诗、文、赋创作。首先，考订萧统诗歌存佚，其次参照《文选》诗分类研究对萧统的诗歌进行分类研究，讨论萧统诗歌的艺术特色及蕴藏的内涵，探索萧统的诗歌创作与《文选》编纂的选录标准的关系，挖掘萧统诗歌创作的艺术追求与《文选》编纂的差异性及内在关联性。再次，考察萧统的赋，总结其艺术特点。又次，对萧统的文进行分类研究，考察其作为文学创作者身份的特异性。最后，考察《昭明太子集》的两次编纂过程，总结对《昭明太子集》的评价。

其三，讨论萧统时代《文选》编纂。讨论《文选》之"文""事出于沈思，义归乎翰藻"，讨论萧统"文质彬彬"的创作观与"集其清英"的编纂思想，讨论《文选》的录文情况以及《文选》诗、赋、文的编纂；讨论《文选》赋、诗的以类相分与以文体录文，探讨《文选》赋、诗对后世历代的赋、诗分类的意义和影响；讨论萧统对陶渊明的赏赞以及《文选》未录其他名作的原因，讨论《文选》录文与时代文学思潮的关系，以及《文选》与《文心雕龙》《诗品》《西府新文》《玉台新咏》之间的关系。

其四，论述萧统与《文选》的文化、文学影响。后世民间多有自发和自觉的纪念萧统的活动，如修建昭明太子的读书台、衣冠冢、太子庙、钓台、文选阁和文选楼等建筑；后世又多有纪念萧统的诗文。阐述《文选》对中国古代学习范本的影响，《文选》在隋唐时期就作为学习范本，在宋代时对文章写作具有典范作用，《文选》作为学习范本具备社会实用价值，并在域外得到传播与接受。《文选》对中国古代选本的编选影响巨大，历代选本以《文选》为标准，继承了《文选》，又有所发展。

社会上多有"萧统传"类著作，而本书无意于综合各部著作而成书，只是择其要者而论之，只是就著者所关心的问题而论之，鉴于此，本书阐述萧统，或有缺漏，或有不到位处，或有错谬之处，欢迎读者对我们的小书提出批评意见!

感谢江苏省社科院樊和平院长和文脉研究院姜建、王卫星两位院长对《萧统》撰写的大力支持。感谢负责联系的邓媛、王先勇两位老师为小书面世付出的辛劳。感谢江苏人民出版社的辛勤工作。

"选学"研究任重而道远,我们将为发扬光大"选学"而继续努力!

祝愿"江苏文库"蒸蒸日上!

胡大雷[①]于初稿完成之际

---

① 本书作者之一胡大雷,现任广西高校人文社科重点研究基地桂学研究院研究员。